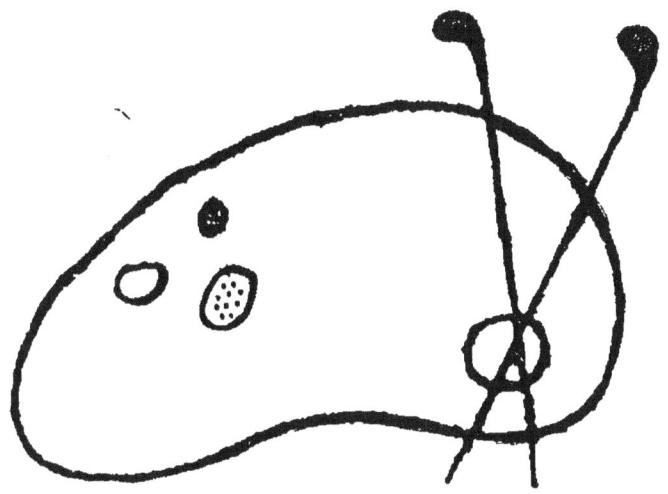

Début d'une série de documents
en couleur

J. DE CRÉBILLON

THÉATRE COMPLET

NOUVELLE ÉDITION

PRÉCÉDÉE D'UNE NOTICE

PAR

M. Auguste VITU

ET ILLUSTRÉE

DE QUATRE DESSINS EN COULEUR

par M. Henri ALLOUARD

PARIS

LAPLACE, SANCHEZ ET Cie, ÉDITEURS

RUE SÉGUIER, 3

1885

J. DE CRÉBILLON

THÉATRE COMPLET

CORBEIL. — Typ. et stér. CRÉTÉ.

JOLYOT DE CRÉBILLON.

Né à Dijon, en 1674, mort en 1762.

J. DE CRÉBILLON

THÉATRE COMPLET

NOUVELLE ÉDITION

PRÉCÉDÉE D'UNE NOTICE

PAR

M. Auguste VITU

ET ILLUSTRÉE

DE QUATRE DESSINS EN COULEUR

Par M. Henri ALLOUARD

PARIS

LAPLACE, SANCHEZ ET Cie, ÉDITEURS

3, RUE SÉGUIER, 3

1885

NOTICE SUR CRÉBILLON

SUR

SA VIE ET SES OUVRAGES.

I

Ceci est une résurrection, la résurrection par le livre. Des éditeurs intelligents et lettrés m'en ont demandé mon avis, et je me suis associé sans hésiter à leur initiative. Crébillon fut l'auteur tragique le plus célèbre du dix-huitième siècle; c'est le plus inconnu du nôtre. Une double question se pose : que valait donc cette gloire, d'où provient cette obscurité? Problème moins simple qu'il ne le paraît au premier abord, car on ne le peut élucider qu'en remuant dans leur poussière beaucoup de choses mortes, qu'en cherchant de nouveaux points de vue, propres à multiplier les comparaisons entre le présent et le passé de notre littérature et de notre état social.

Le théâtre est un art contingent et concret qui vit essentiellement d'action, et dont les feuilles inertes du livre ne livrent pas plus le mystère que la musique regardée par les yeux d'un lecteur habile ne fait vibrer en lui la sensation intégrale de la musique entendue. La difficulté est donc grande de faire pénétrer le lecteur et de pénétrer soi-même au cœur des ouvrages dramatiques abandonnés et dont la représentation publique est tombée en désuétude.

Le professeur de beaux-arts et d'esthétique a toutes ses aises pour expliquer à ses auditeurs le sens et les beautés d'un tableau de Raphaël ou d'un groupe de Puget; comme complément pratique de sa leçon, il leur dit : « Les portes du Louvre sont ouvertes; maintenant que je vous ai défini les chefs-d'œuvre, allez les voir. »

Cette ressource manque à la critique littéraire : la voix des vieux chefs-d'œuvre s'est tue.

On n'entend plus sur nos théâtres qu'un petit nombre d'ouvrages tragiques, suffisants à peine pour perpétuer la gloire de Corneille et de Racine, mais non pour maintenir la suite, le lien, la cohésion, en un mot la tradition de l'art classique français, tel qu'il fut créé par Pierre Corneille et doucement inhumé par Voltaire.

Mais Voltaire lui-même, qu'en a-t-on fait depuis la dernière représentation de *Zaïre*, voilà bientôt dix ans ? Il y a vingt ans qu'on a tenté la dernière reprise de Crébillon. Qui nous rendra *Mahomet, Sémiramis, Mérope, Rhadamiste et Zénobie, Catilina* ou *Manlius ?* Les noms de Crébillon, de Voltaire, de La Fosse sont bannis de l'affiche, ne laissant qu'une trace affaiblie et lointaine dans la mémoire des lettrés, inconnus de cette masse ignorante, et cependant pleine de bonne volonté, qui n'ajoute aux éléments succincts de l'école primaire d'autres connaissances littéraires que celle qu'elle puise dans la fréquentation des spectacles. Que la Comédie Française ait abdiqué sa mission ou que sa mission soit épuisée, c'est une question que je ne saurais débattre ici. Je ne constate que le fait matériel ; c'est l'abandon du répertoire. Le répertoire, en effet, ce n'est pas un petit nombre de chefs-d'œuvre triés sur le volet ou passagèrement choisis pour les convenances des acteurs plutôt que pour leur valeur intrinsèque. Le répertoire, véritable galerie de musée, consiste au contraire dans une série d'œuvres capitales, s'enchaînant d'âge en âge et donnant le tableau synthétique de la littérature française. Ce sont vraiment de trop fortes lacunes pour l'école de la tragédie que d'en avoir éliminé Rotrou avec son *Venceslas*, La Fosse avec son *Manlius*, Crébillon avec son *Rhadamiste*, Voltaire avec sa *Mérope*. Ce n'est pas que la comédie, de son côté, soit mieux traitée, puisque le Théâtre Français ne joue plus une seule pièce de Regnard, ni de Dancourt, ni de Le Sage, ni de Destouches, ni *le Méchant* de Gresset, ni *la Coquette corrigée* de La Noue, ni quantité d'œuvres supérieures ou intéressantes dont la nomenclature dépasserait le cadre d'un travail que je dois consacrer au seul Crébillon.

Parlons d'abord de l'homme et du poète. L'examen des œuvres suivra.

II

Prosper Jolyot naquit à Dijon le 15 janvier 1675, et fut baptisé le même jour en l'église Saint-Philibert.

Il était le fils aîné de Melchior Jolyot, notaire royal à Dijon, et de damoiselle Gagnard (1).

Les Jolyot descendaient de deux frères de ce nom, sergents d'armes, anoblis en 1442 pour leurs services militaires par Philippe le Bon. Ils portaient d'azur à une aigle éployée d'or, tenant en son bec une plante de trois lis d'argent.

L'aïeul de Prosper, père de Melchior, se nommait Oudin Jolyot; il était en 1627 huissier de la chambre des comptes de Bourgogne séant à Dijon.

Henriette (et non Geneviève) Gagnard était fille de N. Gagnard, lieutenant général en la ville de Beaune, et d'Anne Bretagne, issue d'une ancienne famille qui donna quantité de magistrats aux cours souveraines de Bourgogne.

Du mariage de Melchior Jolyot avec Henriette Gagnard naquirent cinq enfants, quatre fils et une fille, savoir : 1° Prosper, qui fut notre poète; 2° Melchior II, de qui je ne sais rien, sinon qu'il était vivant en 1720; 3° Louis, mort jeune; 4° Pierre, gendarme de la garde du roi; 5° Jeanne Jolyot.

Le notaire Melchior Jolyot s'était fait céder le 14 janvier 1679, par la famille Berthier de Sauvigny, la charge de maître clerc ancien en la chambre des comptes de Dijon; il y réunit en 1695 celle de gref

(1) L'auteur de la présente notice prévient le lecteur que la plupart des dates et des faits relatifs à la famille et à la jeunesse de Crébillon sont pour la plupart nouveaux et diffèrent essentiellement de ceux qu'on rencontre dans les biographies; ils lui ont été fournis, soit par les documents d'état civil que Jal avait recueillis aux Archives de la Seine incendiées en 1871, soit par ses recherches personnelles, couronnées de succès. Ce n'est que par exception qu'il signalera la rectification des erreurs les plus accréditées.

De même pour les anecdotes : il en est de très piquantes qu'on ne rencontrera pas ici, parce qu'elles paraissaient douteuses. A quoi sert de reproduire des historiettes controuvées, même pour les réfuter ?

fier en chef, ancien, alternatif et triennal (1), et celle de contrôleur au greffe de la chambre des comptes de Bourgogne et de Bresse.

Entre temps, il avait acheté, le 3 août 1686, le fief appelé Crébillon, sur la paroisse de Brochon (canton de Gevrey), à une lieue et demie de Dijon.

Le plus ancien biographe de Crébillon, M. de Laplace, qui lui consacra une notice étendue au lendemain même de sa mort (2), avance que le fils du greffier fit ses études à Paris au collège Mazarin; mais il ajoute qu'il en fut un des premiers écoliers, ce qui compromet l'exactitude de l'assertion, car le collège Mazarin était prêt à ouvrir ses classes dès l'année 1674, où naquit Crébillon. Les biographes subséquents affirment, au contraire, qu'il fit ses études de droit au collège des jésuites de Dijon, et ils citent en preuve l'inscription mise en regard du nom de Prosper Jolyot sur le registre matricule des élèves : *Puer ingeniosus, sed insignis nebulo*, « enfant plein d'esprit, mais un franc polisson. » Cinquante ans plus tard, le célèbre père Oudin, l'un des auteurs de la Bibliothèque latine de la Société de Jésus, aurait communiqué cette note à l'abbé d'Olivet, jésuite lui-même et membre de l'Académie française, qui s'empressa de la lire à haute voix devant ses collègues, dont était Crébillon, qui ne la connaissait pas, et qu'elle fit beaucoup rire. Le regretté bibliophile Jacob le donne comme élève du collège Louis-le-Grand. Quoiqu'il en soit, les jésuites ont eu l'insigne fortune, qu'ils n'avaient pas prévue, d'élever et de former quatre maîtres de la scène française, Corneille, Molière, Crébillon et Voltaire.

---

(1) J'ai expliqué ailleurs que cette triple dénomination correspondait à la division des exercices financiers en trois années. Le chef de service pour la première année s'appelait l'ancien; celui de la seconde année l'alternatif ; celui de la troisième le triennal. M. Jolyot le père réunissait les trois titres en sa personne, c'est-à-dire qu'il avait la charge tout entière et ne la partageait avec aucun collègue. Ceci soit dit pour répondre à Collé, qui prétend que M. Jolyot le père était premier greffier et non greffier en chef. Sa meilleure raison pour être en chef, c'est qu'il était seul.

(2) *Mercure* de juillet 1762. Cette notice, souvent réimprimée avec plus ou moins de changements, a été quelquefois attribuée à Crébillon fils sur la foi d'une note manuscrite de Jamet écrite sur la garde d'un livre. Ce n'est pas là une autorité.

Naturellement destiné à recueillir les charges de judicature occupées par son père, Prosper Jolyot fit, lit-on, ses études de droit à Besançon ; ce qui est sûr c'est qu'il fut reçu avocat au Parlement de Paris, titre qu'il porta constamment dans les actes et les documents publics. Il se borna sans doute à faire vérifier et enregistrer ses licences par le bâtonnier de l'ordre, selon l'usage du temps, sans requérir son inscription au tableau, n'ayant pas l'intention de plaider.

En même temps, il était entré chez un procureur pour y étudier les formes de la procédure et la pratique du droit. Ce procureur au Châtelet s'appelait Louis Prieur, fils d'un autre Prieur à qui Scarron avait adressé une épître en vers. Il exerça une influence décisive sur la destinée de Prosper Jolyot, en découvrant dans son élève le germe des facultés tragiques que le jeune homme, ardent à la dissipation, ne paraissait pas soupçonner en lui-même. M. de Laplace a raconté cette curieuse initiation sous la forme d'une anecdote, cent fois réimprimée, mais qui m'a tout l'air d'être arrangée pour prendre place dans les *anas* si chers au public français de tous les temps. Ce n'est ni par le hasard d'une pluie battante, ni par la conversation d'une après-midi que de pareilles révélations saisissent la pensée d'un homme et la fécondent.

Le journal de Collé nous a conservé, sous une date antérieure de plus de dix années (novembre 1751) à la biographie de M. de Laplace, un récit beaucoup mieux motivé et par conséquent plus vraisemblable. On peut s'y confier, puisque Collé le tenait certainement de la bouche de Crébillon, son ami, qu'il tutoyait, qu'il admirait, tout en le criblant d'injures dans son journal intime : gage d'impartialité, si l'on veut.

Donc, ce M. Prieur était un homme fort lettré et de beaucoup de mérite, qu'une prononciation difficile, qui allait jusqu'au bégayement, avait empêché d'aborder la profession d'avocat. Crébillon, n'aimant que le plaisir et fougueux dans ses passions autant que dans ses goûts, ne paraissait guère à l'étude du procureur. Il n'était assidu qu'aux cabarets à la mode et aux spectacles, « quand il n'était pas ailleurs », c'est un mot du temps, dont Collé souligne le sous-entendu. Cependant il mangeait quelquefois à la table de son patron ; on parlait monde et littérature ; le jeune Jolyot s'abandonnait de verve à des critiques vives et hardies non seulement contre « les étourneaux du Parnasse », mais contre Corneille et Racine eux-mêmes, dont il signalait les défaillances ou les erreurs avec une sagacité saisissante. Ce génie critique frappa M. Prieur qui lui dit un jour : « Mais, Monsieur de Crébillon (1), je vous « entends censurer, souvent avec raison, mais toujours « d'une façon remplie d'imagination, les chefs-d'œuvre « tragiques de nos deux grands maîtres. Vous faites « plus : quelquefois, en trouvant le défaut, vous trou- « vez le remède. Vous critiquez en poète et en homme « de génie ; il vous vient des idées heureuses et vous « imaginez des choses auxquelles ils seraient peut-être « bien aises d'avoir pensé. Faites donc quelque chose de « vous-même ; essayez-vous, et il n'est pas impossible « que vous, Monsieur, qui inventez quelquefois si bien « sur les ouvrages des autres, vous ne trouviez en vous « de quoi composer vous-même ; allons, faites un « essai.... » Ce discours, tenu par un connaisseur et un homme d'esprit, fit une impression profonde sur Crébillon ; c'était l'étincelle qui tombait sur la poudre et qui l'enflamma.

Crébillon se mit au travail sans vouloir en rien faire paraître ; mais le bon procureur qui, pendant une quinzaine de nuits de suite, entendit son clerc se promener à grands pas au-dessus de sa tête, lui dit un jour en dînant : « Avouez-moi la vérité, Monsieur, vous suivez mon conseil ; vous faites une tragédie. »

Crébillon en convint, et montra son premier essai. C'était *la Mort des Enfants de Brute*, sujet déjà traité sous le même titre par La Calprenède en 1647, repris par mademoiselle Bernard en 1690 et que traita Voltaire lui-même en 1730. Les Comédiens la refusèrent (2), quoiqu'elle décelât, dit-on, le talent d'un versificateur tragique ; on ne l'imprima point et Crébillon, la retrouvant dans ses papiers, la brûla quelque temps avant sa mort. Ce premier mécompte eut les suites ordinaires en pareil cas : fureurs excessives, malédictions terribles contre les comédiens, serment de ne plus s'exposer à pareil affront ;

---

(1) Prosper Jolyot n'eut droit au nom de Crébillon et ne le prit en effet dans les actes publics qu'à la mort de son père ; mais on le lui donnait dans le monde, suivant un usage de courtoisie généralement adopté.

(2) Probablement à l'amiable. Il n'existe aucune trace de la présentation ou du refus dans les archives du théâtre (note de M. Monval, archiviste de la Comédie-Française).

après quoi, Prosper Jolyot, toujours soutenu par Prieur, ne tarda pas à concevoir un autre poème tragique, qui s'appela *Idoménée*. La vocation se déclarait.

Cette fois, les portes de la Comédie-Française s'ouvrirent toutes grandes. *Idoménée*, reçu à l'unanimité le 10 septembre 1705 (1), fut représenté le 29 décembre suivant, à la rue de l'Ancienne-Comédie, et joué treize fois. C'en était assez en ce temps-là, sinon pour un succès, du moins pour un début honorable. Crébillon avait alors vingt-neuf ans ; la carrière s'ouvrait brillante devant lui. Il y rentra quinze mois plus tard par une œuvre capitale, qui demeure devant la postérité l'une des plus considérables de son auteur.

Mais, entre *Idoménée* et *Atrée et Thyeste*, Prosper Jolyot avait fait bien d'autres choses encore que des tragédies. Les trois premiers mois de l'année 1707 suffirent à le faire non seulement poète illustre, mais encore époux et père.

Le procureur au Châtelet Louis Prieur habitait, rue de Bièvre, une maison qui portait pour enseigne aux Sept-Dormants, et qui, d'après une indication de Lefeuve, pourrait s'identifier avec le n° 18 actuel. Cette longue et étroite rue, dessinant l'ancien cours de la Bièvre, et reliant le quai de la Tournelle avec la place Maubert, avait été habitée au xive siècle par le Dante, au xviie siècle par la Brinvilliers. C'était ainsi, de par la tradition, une rue sinistre et propre aux tragédies. *Idoménée*, *Atrée* et *Rhadamiste* étaient là comme chez eux.

Au tournant de la rue de Bièvre, sur la place Maubert, une boutique d'apothicaire étalait aux yeux des passants la savante et lumineuse ordonnance de ses bocaux colorés. L'apothicaire se nommait Claude-François Péaget (2). Il était bourguignon comme notre poète, raison très plausible pour celui-ci de lier un commerce d'amitié, et il avait une fille, raison moins plausible pour l'apothicaire de sceller ce commerce par des visites quotidiennes.

(1) Archives de la Comédie-Française.
(2) Son neveu le professeur Péaget, médecin du roi, qui signa comme témoin l'acte de décès de Crébillon en 1762, demeurait alors en la même rue de Bièvre qu'avait habitée Crébillon chez le procureur Prieur. Cela peut n'être qu'une coïncidence fortuite, mais peut être aussi l'indice de relations personnelles et même de parenté entre les Prieur et les Péaget.

Le résultat de ces relations mal surveillées entre « pays et payse » ne se fit pas attendre. Le dimanche 23 janvier 1707 le curé de Saint-Étienne du Mont publia au prône le premier ban du mariage entre Prosper Jolyot et Marie-Charlotte Péaget, âgée de vingt-deux ans, fille de Claude-François Péaget, maître apothicaire, bourgeois de Paris, et de dame Claude Gamard, demeurant place Maubert. Le lendemain 24, le fiancé acheta dispense des deux autres bans ; et à huit jours de là, le lundi 31 janvier, le mariage fut célébré, sans doute avec la permission expresse de l'ordinaire, en l'église de la Villette près Paris, par le vicaire de cette paroisse, en présence de deux habitants du lieu et de deux amis des Péaget. On put ainsi répandre dans le voisinage le bruit d'un mariage contracté bien antérieurement, pieux mensonge que Prosper Jolyot essaya lui-même d'accréditer plus tard ; et les nouveaux époux vinrent habiter la place Maubert, sans doute chez leurs parents.

Il était temps : quinze jours ne s'étaient pas écoulés que Marie Charlotte mit au monde (14 février 1707) un garçon qui fut baptisé le lendemain par le bon curé de Saint-Étienne du Mont, à qui l'on n'avait rien à cacher. Cet enfant de l'amour, qui eut pour parrain son grand-père M. Péaget, juge-consul, et sa tante Jeanne Jolyot, fille majeure, et qui reçut les prénoms de Claude-Prosper, ne faillit pas à son origine ; l'histoire le connaît sous le nom de Crébillon fils (1).

Juste un mois après la naissance de leur fils, madame Jolyot, relevée de couches, put assister à la première représentation d'*Atrée et Thyeste* à la Comédie-Française (14 mars 1707). Le succès en fut considérable et plaça le poète au premier rang (2).

M. Jolyot de Crébillon, le greffier, semble n'avoir pris aucune part au mariage de son fils aîné ; du moins demeura-t-il passif, embarrassé lui-même par la fausse situation où le plaçait devant ses enfants l'union qu'il venait de contracter en secondes noces après vingt

---

(1) Crébillon eut un autre fils, Pierre, né le 9 novembre 1709, baptisé le 26 à Saint-Étienne, et qui mourut jeune.

(2) La dernière représentation d'*Atrée et Thyeste* a eu lieu au Théâtre Français le 21 septembre 1866, sous la direction de M. Édouard Thierry ; reprise le 11 avril précédent, cette tragédie fut jouée six fois.

ans de veuvage. Du reste, il mourut cette année même le 24 décembre 1707, au moins septuagénaire.

Prosper Jolyot, devenu régulièrement M. de Crébillon, fut forcé de se rendre en Bourgogne pour recueillir sa part de l'héritage paternel. Il s'y trouva en face d'un désastre. Les contemporains et les amis même de Crébillon, ces éternels amis toujours prêts à la médisance et au blâme, en accusèrent son insouciance et son incapacité dans la conduite des affaires. Ils se trompaient. Des documents judiciaires, que j'ai eu la bonne fortune de rencontrer, en les cherchant (1), me permettent d'établir la vérité sur ce point.

Melchior Jolyot laissait un actif assez considérable, composé de ses charges de judicature, d'une maison à Dijon; de deux autres maisons et de plusieurs pièces de vignes, sises dans une localité dont le nom est estropié d'une manière qui ne permet pas de le reconstruire; enfin du fief de Crébillon sur la paroisse de Brochon; sans compter les meubles meublants et autres valeurs. Malheureusement les dettes étaient accablantes et dépassaient de beaucoup la valeur présumée de l'actif.

Crébillon et son frère Melchior n'acceptèrent la succession que sous bénéfice d'inventaire: leur troisième frère Pierre Jolyot y renonça purement et simplement. Les biens immeubles et les charges même de greffier en chef, de maître clerc et de contrôleur du greffe furent saisies réellement par les créanciers. Celles-ci furent adjugées à la barre de la Cour des Aides de Paris le 1er août 1714 à Jean François Cinqfonds, ancien greffier de la mairie de Dijon. Au nombre des créanciers figurait messire Louis-Bénigne Berthier de Sauvigny, président de la cinquième chambre des enquêtes du Parlement de Paris, pour le solde de la charge de maître clerc que feu Melchior n'avait pas achevé de payer au bout de vingt-huit ans. M. de Sauvigny fit opposition à la saisie par acte au greffe de la Cour des Aides le 7 septembre 1714, et requit l'ouverture d'un ordre de distribution, au profit des créanciers, de la somme de 18,050 livres, montant de l'adjudication prononcée au profit de Jean-François Cinqfonds; cette distribution eut lieu par arrêt de la Cour des Aides seulement le 10 juillet 1717. Les enfants Jolyot essayèrent au moins de sauver leur part

---

(1) Cabinet des Titres, dossier Jolyot.

a.

de l'héritage maternel ; ils se portèrent créanciers avec la masse. Ils n'y réussirent qu'en partie. Leur mère, Henriette Gaguard, était morte le 18 juillet 1686, léguant tous ses biens à son mari, par testament du 28 juin précédent, à la charge par le légataire universel de payer mille francs à chacun de leurs enfants. Mais il était ensuite intervenu entre ceux-ci, représentés par un curateur, et leur père, une transaction du 21 janvier 1688, aux termes de laquelle le greffier s'engageait à leur payer à chacun trois mille livres au lieu de mille.

Les trois frères demandèrent donc leur collocation à l'ordre pour trois mille francs par tête plus les intérêts ; M. Berthier de Sauvigny s'avisa d'attaquer la transaction de 1688 comme frauduleuse ou simulée ; la Cour lui donna gain de cause. Crébillon fut admis pour les mille livres du testament primitif plus cinq années d'arrérages, ensemble quelque chose comme douze cent cinquante livres en tout. Loin de lâcher prise, il continua de lutter, car des procurations données par lui à un de ses confrères du barreau de Paris, nommé Melchior Poulin de Soumis, prouvent qu'en 1721 cette liquidation compliquée n'avait pas encore pris fin.

Voilà des détails bien arides sans doute ; mais ils disculpent un homme célèbre de reproches injustes dont il souffrit plus qu'on ne le croyait autour de lui ; ils font en même temps comprendre les causes de la gêne profonde et inattendue qui remplaça pour lui, entre sa trente-cinquième et sa quarantième année, l'espoir d'une honnête aisance qui l'avait soutenu jusque-là.

III

Son séjour en Bourgogne ne se prolongea pas sans doute au delà des premiers mois de 1708 ; mettant à profit les loisirs que lui créait l'interminable et fastidieuse longueur des premières procédures, il rapporta de Dijon une troisième tragédie, intitulée *Electre*, que les Comédiens Français représentèrent le 14 décembre 1708, et qui ne fut pas accueillie avec moins d'admiration qu'*Atrée et Thyeste*. La place de Crébillon fut de ce jour marquée à l'Académie française ; il y aurait certainement obtenu l'un des sept fauteuils qui vaquèrent de 1708 à 1711, si deux cabales ne se fussent déchaînées contre lui, celle de Houdard La Mothe et celle de J.-B. Rousseau. La Mothe, méchant poète, mais fort galant homme, se fâcha d'une facétie de Crébillon, qui s'était permis d'écrire une « fable en vers marotiques » pour se moquer des fables spirituelles mais un peu plates de M. de La Mothe. Quant à J.-B. Rousseau, il enveloppait Crébillon dans la haine collective qu'il avait vouée aux habitués du café Laurent (1). Voltaire, acharné contre la mémoire de Crébillon, s'est efforcé de compromettre celui-ci dans cette ténébreuse et dégoûtante histoire des couplets, qui amenèrent la condamnation infamante de Rousseau. Cette méchanceté gratuite de Voltaire n'a pas trouvé crédit auprès de la postérité. Il n'en est pas moins vrai que les amis de La Mothe d'un côté, et de l'autre les amis de J.-B. Rousseau, s'il en eut, parvinrent pour un temps, et un temps fort long, à éloigner Crébillon de l'Académie. La Mothe, élu en 1710, tint Crébillon en échec jusqu'en 1731, et, par un retour vengeur mais bien tardif, Crébillon n'y entra que lorsque La Mothe en sortit par la mort.

Cependant *Rhadamiste et Zénobie*, représenté à la Comédie-Française le 23 janvier 1711, éleva la gloire de Crébillon à son apogée. Deux éditions de cette tragédie s'enlevèrent en huit jours; les représentations, commencées longtemps avant le carnaval, traversèrent le carême, et continuèrent encore après Pâques. La pièce s'est soutenue au répertoire de la Comédie-Française jusqu'au 28 mars 1829.

Crébillon ne put savourer sans mélange la joie de son triomphe. Sa femme mourut poitrinaire, âgée d'un peu plus de vingt-cinq ans, le 12 février 1711, laissant deux enfants en bas âge. Crébillon lui fit des obsèques solennelles, auxquelles prirent part trente prêtres de Saint-Étienne du Mont.

Ce deuil cruel le retint trois ans éloigné du théâtre; il n'y reparut que le 7 février 1714, avec *Xerxès*, la plus mal reçue de ses tragédies, qui tomba tout à plat et ne fut jouée que deux fois.

A travers les longs débats de la succession paternelle, Crébillon n'avait pour subsister d'autres ressources que le faible émolument de ses ouvrages, lorsque le

(1) Le café de la veuve Laurent, rue Dauphine. Voyez Jal.

crédit de quelques amis puissants lui fit obtenir l'office de receveur des amendes de la Cour des aides, auquel il fut nommé le 2 août 1715. Les cinq années qui suivirent la mort de Louis XIV virent naître et s'écrouler le système de Law. Crébillon, lancé dans le plus grand monde, le fut aussi, quoi qu'on ait dit, dans les grandes affaires. Il disposait d'assez fortes sommes, qui ne provenaient pas de sa modeste place de receveur. J'en trouve la preuve dans diverses procurations qu'il donna à Poulin de Soumis en octobre et novembre 1720 (Cabinet des Titres, pièces originales), pour payer divers créanciers hypothécaires de la succession paternelle en se faisant subroger à leurs droits.

Ce fut l'époque brillante de sa vie mondaine. Crébillon avait tout pour y réussir, la vigueur du corps et l'ardeur sensuelle. Il était noble de prestance, de démarche et de maintien; sa tête offrait le masque saillant des passionnés et des coloristes : le nez accentué, les yeux grands et bleus largement et lumineusement ouverts, surmontés de sourcils blonds très épais et très arqués. Coiffé de la grande perruque de cérémonie, il avait la mine imposante d'un magistrat; dans un de ses portraits, qui nous le montre sans perruque, il rappelle plutôt quelque César romain. Il eut des succès en tout genre et ne s'en lassait point. Le fils du greffier de Dijon, bon vivant, grand mangeur, buvant sec, aussi gaulois dans la conversation courante que dans le patois de son pays, qu'il n'oublia jamais, s'épanouissait à l'aise dans ce monde de la Régence, qui faisait flamber la vie par tous les bouts.

La chute du système le prit au dépourvu; la chronique veut qu'il eût gardé au fond d'un tiroir un bon de 57,000 livres, et que, lorsqu'enfin il essaya de le réaliser, il n'en trouva plus que 2,000 livres. Pour comble de malheur, sa place de receveur fut supprimée; et Crébillon se retrouva, à l'âge de quarante-sept ans, *solus, pauper, nudus*.

Il avait donné, le 10 avril 1717, sa sixième tragédie, *Semiramis*, qu'il retira après sept représentations. Une nouvelle tentative fut plus heureuse avec *Pyrrhus*, qui date du 29 avril 1726, et qui, bien que totalement oublié aujourd'hui, se maintint longtemps sur la scène française.

La fatalité qui poursuivait Crébillon le condamnait

à l'indigence ; il semble qu'il en ait cruellement souffert dans les dix années qui, avec la ruine de système et la perte de son office, dissipèrent sa dernière espérance de fortune.

Il avait quitté la place Maubert après la mort de Marie-Charlotte Péaget, et était venu loger rue Saint-Jacques, en face des Mathurins; ses bureaux étaient là. Lorsqu'il n'en eut plus besoin, il dut chercher une installation moins coûteuse. Je le trouve en 1731 logé dans la pauvre et sordide rue Macon, qui faisait communiquer la rue Saint-André des Arts avec la rue de la Harpe.

C'est là, selon toute vraisemblance, que la vie intime de Crébillon subit une transformation inattendue, et qui forme le plus frappant contraste avec l'éclat éphémère des années précédentes. Il avait aimé les habits somptueux et les meubles de prix; il sut se réduire aux vêtements les plus modestes et au plus humble des logis. Dans sa retraite, qui, pour un temps du moins, fut pour ainsi dire claustrale, il berça ses longues méditations dans la fumée du tabac, dont il prit l'habitude à ce point que ses amis durent la lui passer chez eux-mêmes, s'ils le voulaient avoir. Crébillon et sa pipe, ou point de Crébillon. En même temps il peupla sa solitude d'animaux domestiques, chiens et chats, ramassés malades dans la rue, et dont il se faisait l'infirmier. S'étonnait-on de le voir se plaire au milieu de cette ménagerie : « C'est que je « connais les hommes ! » répondait-il.

Les hommes, cependant, n'étaient pas aussi ingrats que Crébillon avait pu les juger dans ses accès d'humeur noire.

Un académicien plus connu de la diplomatie que de la littérature, Leriget de La Faye, étant mort en 1731, pour ainsi dire en même temps que Houdard de La Mothe, la candidature fut enfin décernée à Crébillon. Voltaire, qui n'était pas encore de l'Académie, mais qui, à cette époque, n'avait pas conçu contre Crébillon l'animosité farouche dont il le poursuivit jusqu'après le tombeau, l'assista dans les visites d'usage. « Je menai hier », écrit-il à la date du 19 août 1731, « M. de Crébillon chez M. le duc de Richelieu ; il nous récita des morceaux de son *Catilina*, qui m'ont paru très beaux. Il est honteux qu'on le laisse dans la misère. *Laudatur et alget.* » Crébillon fut élu le 17 septembre 1731. Le discours qu'il prononça en prenant séance le 27 du même mois avait été composé en vers, avec l'autorisation préalable de ses nouveaux collègues. Le remerciement obligé amène avec adresse l'éloge du cardinal de Richelieu et de Séguier, fondateurs de l'Académie, et celui du jeune roi Louis XV, en qui l'on voit paraître les vertus

> Que Rome, à quarante ans, admirait dans Titus.

Crébillon, n'apercevant encore dans le jeune monarque que le fidèle époux de Marie Leczinska, s'écriait de très bonne foi :

> Juste, clément, pieux, son austère jeunesse
> Semble déjà dicter les lois de sa vieillesse.

La prophétie dut le faire rire plus d'une fois lui-même, lorsqu'il se vit plus tard protégé et l'on peut dire caressé par madame de Pompadour.

Crébillon n'oublie pas son prédécesseur M. de La Faye, et il le loue sans emphase, d'un tour assez délicat.

> De combien d'agréments ta raison fut ornée !
> Sur quels objets encor parut-elle bornée ?
> Le goût du vrai, du beau ; censeur ingénieux,
> Qui sans humilier montrait à faire mieux :
> Le sel athénien, l'urbanité romaine ;
> Tour à tour Lélius, Malherbe ou La Fontaine ;
> Aimable paresseux, plongé dans le loisir,
> Quel n'eût-il pas été ? mais sa muse volage,
> Parmi tant de talents qui n'avait qu'à choisir,
> Aimait trop de l'esprit le doux libertinage.
> Quelle perte pour vous ! quelle honte pour moi !

Est-ce bien là le dur et sombre Crébillon, cet homme sans littérature, disait Voltaire, écrivain barbare, ajoute Jules Janin sans l'avoir jamais lu, qui a troussé ce compliment où l'on trouve précisément quelque chose de la grâce et de la facilité voltairiennes ? Il en fallait citer ici au moins un passage pour ne pas laisser dans l'ombre un des côtés originaux et séduisants du peintre des *Atrides*.

Mais un vers qu'on ne saurait omettre en parlant de ce discours rimé, qui n'avait pas eu de modèle et qui n'eut pas d'imitateur, c'est celui-ci :

> Aucun fiel n'a jamais empoisonné ma plume !

Lorsque Crébillon le prononça, l'Académie éclata en applaudissements. Cette noble déclaration du poète et l'approbation publique qu'elle reçut suffisent à détruire les insinuations perfides de Voltaire au sujet de La Mothe et de J.-B. Rousseau.

Quelque temps après son entrée à l'Académie, il fut attaché à la maison de M. le comte de Clermont (Louis de Bourbon-Condé), qui habitait le petit Luxembourg, où Crébillon eut un logement. Combien cela dura-t-il? Aux almanachs royaux de 1734 et 1736, le nouvel académicien, oiseau sur la branche, n'a déjà plus d'adresse. Mais, en cette dernière année, ayant été nommé censeur royal et censeur de la police, il s'alla loger rue de Grenelle Saint-Germain. Il en sortit en 1741 pour prendre rue Saint-Louis au Marais, à l'encoignure de la rue des Douze-Portes (aujourd'hui fort singulièrement baptisée Villehardouin), une installation définitive qu'il garda jusqu'à sa mort. La plupart des censeurs royaux pour les belles-lettres, l'histoire, etc., appartenaient à l'Académie française. Crébillon retrouva parmi eux ses collègues Fontenelle, l'abbé Sallier, Danchet, Hardion, Montcrif, de Boze, l'abbé Dubos, etc., etc. Très dévoué à l'ordre établi et au Roi, il exerça ses fonctions en conscience, toutefois avec assez de modération pour ne faire crier personne, jusqu'au jour où il eut le malheur de déplaire au tyran du jour, non pas au flegmatique et débonnaire Louis XV, mais au redoutable roi Voltaire.

Les censeurs royaux se partageaient la lecture et l'examen des livres qui sollicitaient la permission d'imprimer, et qu'on leur soumettait d'ordinaire en épreuves. Mais, en qualité de censeur de la police, Crébillon fut particulièrement chargé de la censure des théâtres, c'est-à-dire de l'examen des pièces proposées pour la représentation. S'il jugeait la pièce inoffensive, il lui accordait le *visa* sous sa propre responsabilité; dans le cas contraire, il en référait aux premiers gentilshommes de la Chambre, qui avaient la haute main sur la Comédie Française et sur la Comédie Italienne; au besoin la question était portée devant le ministre de la maison du roi, qui décidait en dernier ressort (1). C'est à peu près ainsi

---

(1) Voir, dans la *Gazette anecdotique* du 15 septembre 1884, une

que les choses se passent de nos jours en Angleterre, où la censure appartient au lord chambellan, qui fait examiner les pièces de théâtre par les *clerks* de ses bureaux.

Est-il vrai que le *Mahomet* de Voltaire ait passé par les mains de Crébillon, et qu'il n'ait pas dépendu de celui-ci que la pièce ne fût interdite? Rien de moins certain. Voltaire s'en plaignit en effet, mais à quelle date? en 1761, et *Mahomet* avait été joué en 1742. Il ne s'en était jamais avisé pendant vingt ans, et les récriminations contre Crébillon, qu'on rencontre si nombreuses et si amères dans sa correspondance, ne contiennent pas la moindre allusion à ce grief. Cependant on lit dans l'avertissement des éditeurs de Kehl : « En 1741, Crébillon refusa d'approuver la tragédie de *Mahomet,* non qu'il aimât les hommes qui avaient intérêt à faire supprimer la pièce » (ceci paraît viser les jansénistes, qui furent les véritables adversaires de Voltaire en cette occasion), « ni même qu'il les craignît, mais uniquement parce qu'on lui avait persuadé que *Mahomet* était le rival d'*Atrée*. M. d'Alembert fut chargé d'examiner la pièce, et il jugea qu'elle devait être jouée : c'est l'un de ses premiers droits à la reconnaissance des hommes et à la haine des fanatiques, qui n'ont cessé depuis de le faire déchirer dans les libelles périodiques. »

Tout cela est peu exact ou peu croyable. D'abord la date de 1741 est fausse. On n'a qu'à parcourir la correspondance de Voltaire, pour s'assurer qu'en 1741, après une représentation d'essai donnée à Lille par le comédien La Noue, qu'il appelait « le singe La Noue », Voltaire avait entrepris la refonte de sa tragédie. Le Théâtre Français ne la représenta que le 9 août 1742; l'examen par la censure ne doit pas remonter au delà du printemps de cette même année. Et que Crébillon redoutât dans le *Mahomet* de 1742 un rival pour son *Atrée* joué en 1707, où sont la vraisemblance et le bon sens? Reste la formidable « réclame » offerte par l'éditeur de Kehl, c'est-à-dire par Beaumarchais, à d'Alembert; mais on néglige de nous faire connaître à quel titre d'Alembert, qui n'avait que vingt-quatre ans en 1742, déjà célèbre il est vrai,

lettre de Crébillon au maréchal duc de Richelieu, à propos d'une pièce de Panard.

mais seulement par ses étonnantes aptitudes en géométrie qui l'avaient fait nommer en cette même année pensionnaire de l'Académie des sciences, aurait été convié à examiner une tragédie et à en faire son rapport.

Somme toute, sans exclure l'hypothèse que Crébillon, consulté, eût présenté quelques objections ou formulé quelques réserves au sujet d'un ouvrage que Voltaire lui-même qualifiait de difficile et d'épineux, j'estime que nous avons affaire ici à une de ces mille inventions que prodiguait Voltaire pour les besoins de sa cause, de cette cause permanente au fond, mais qui variait chaque jour d'objectif, celle de son intraitable orgueil. Nous allons retrouver tout cela un peu plus loin, à propos d'une autre pièce de théâtre, contre laquelle Crébillon prit décidément parti.

De nouvelles préoccupations, compensées par des joies intimes, se mêlèrent vers cette époque aux difficultés de toute espèce contre lesquelles Crébillon luttait avec philosophie. On sait qu'il avait eu de Marie-Charlotte Péaget un premier né, Claude-Prosper, et que cet enfant, demeuré bientôt fils unique, atteignait à peine sa quatrième année quand la mère mourut. Heureusement le redoutable poète des Atrides, le robuste bourguignon, si imposant de stature et de visage, était le meilleur des hommes et se révéla le père le plus tendre. Claude-Prosper, à trente-cinq ans, était l'homme du monde accompli, poli, spirituel, élégant de manières, et de mœurs réglées sous des formes légères. Rival heureux de Marivaux, avec plus de galanterie et moins de sérieux, il s'était fait un nom dont l'aimable auréole brillait d'une douce lueur à travers la gloire de son père. Les deux Crébillon donnaient ce spectacle charmant, mais non pas si rare qu'on n'en puisse rencontrer d'autre exemple en descendant le cours des âges, d'un père et d'un fils cultivant les lettres dans des genres différents, mais unis dans l'amitié la plus tendre et la plus indissoluble, jusqu'à ce que, le jour fixé par les lois naturelles étant venu, Dieu voulût accorder cette dernière grâce au grand poète et au grand homme de s'endormir pour toujours dans les bras de son fils. Mais il faut laisser la parole à Claude-Prosper, dédiant un de ses livres, le meilleur si je ne me trompe, à son père. C'est l'auteur des *Égarements du cœur et de l'esprit*, contraste qui peint un siècle et une société, qui parle à l'auteur de *Rhadamiste et Zénobie* : « Attaché à vous par les liens les plus étroits du sang, nous sommes, si j'ose le dire, plus unis encore par l'amitié la plus sincère et la plus tendre. Eh ! pourquoi ne le dirais-je pas ? Les pères ne veulent-ils donc que du respect ? leur donne-t-il même tout ce qu'on leur doit ? et ne leur devrait-il pas être bien doux de voir la reconnaissance augmenter et affermir, dans le cœur de leurs enfants, ce sentiment d'amour que la Nature y a déjà gravé ? Pour moi, qui me suis toujours vu l'unique objet de votre tendresse et de vos inquiétudes, vous mon ami, mon consolateur, mon appui, je ne crains point que vous voyiez rien qui puisse blesser le respect que j'ai pour vous, dans les titres que je vous donne et que vous avez si justement acquis ; ce serait même mériter que vous ne les eussiez pas pris avec moi, que de vous en priver. Et si jamais le public honore mes faibles talents d'un peu d'estime ; si la postérité, en parlant de vous, peut se souvenir que j'ai existé, je ne devrai cette gloire qu'au soin généreux que vous aviez pris de me former, et au désir que j'ai toujours eu que vous puissiez un jour m'avouer sans regret. » Je me reprocherais de louer cette page empreinte d'une sensibilité si fine et d'une émotion si vraie. Mais ne présente-t-elle pas aussi tout un côté extrêmement curieux et intéressant des mœurs du dix-huitième siècle ? Sachez que cette requête d'un fils, suppliant son père de lui permettre de se dire son ami sans manquer par là au respect qu'il lui doit, est ainsi souscrite : « Je suis, MONSIEUR, avec le plus profond respect, votre très humble et très obéissant serviteur et fils. » Relisez, sous l'impression de cette dédicace, *le Philosophe sans le savoir*, comparez avec les deux Crébillon les personnages de Vanderck père et fils, et vous goûterez, comme peinture de la vie réelle, précisément ce qui pouvait vous étonner ou vous choquer dans le chef-d'œuvre de Sedaine.

Il y a bien de l'esprit, bien de l'observation et bien du talent d'écrire cachés au fond de ces petits livres de Crébillon fils, si condamnables autrefois, devenus innocents par comparaison ; bien de la gaieté française aussi dans la création de ce type immortel, qui survit au *Sopha*, du sultan Shahabaham. On les trouva vifs; la société si extraordinairement corrompue qu'ils avaient peinte d'après nature en quelques pages d'une précision magistrale en leur effrayante sobriété (1), cette société, dis-je, ne voulut pas s'y reconnaître. Crébillon fils avait été envoyé à Vincennes après la publication de *Tanzaï et Néadarmé*, punition courte et légère en manière d'avertissement. Mais après *le Sopha*, les choses prirent une tournure plus sérieuse. Le 7 avril 1742, une lettre de cachet exila Crébillon fils à trente lieues de Paris. J'ai lu quelque part que madame de Pompadour avait inspiré cette sévérité; pur anachronisme pour amener une déclamation. Tout le monde sait que madame de Pompadour ne posséda et n'exerça aucune influence avant 1744. Pour les observateurs qui s'amusent doucement des inconséquences humaines et des bizarreries du sort, il suffit de remarquer que la prison et l'exil, infligés à l'auteur de livres jugés pernicieux, furent son noviciat pour une place de censeur royal. C'était débuter par l'émeute pour obtenir un grade dans la gendarmerie.

Crébillon le père n'avait été informé de rien; dans son inquiétude il écrivit au chancelier d'Aguesseau pour lui demander des nouvelles de son fils disparu; le chancelier lui fit répondre, le 31 mai, après six semaines de cruelles angoisses, que son fils avait passé en Angleterre. De loin, il put se justifier, et ses explications sont curieuses. Il avait écrit *le Sopha*, sur commande expresse, pour le grand Frédéric, roi de Prusse; et le manuscrit n'en avait pu être livré à l'impression que par une infidélité, dont l'auteur ne pouvait être tenu pour responsable. Il fallut se rendre à l'évidence. Crébillon fils fut rappelé le 22 juillet (2). Il s'était lié à Londres avec lord Chesterfield; peut-être y noua-t-il d'autres relations, dont les suites furent publiques, mais dont les commencements demeurent enveloppés de mystère.

On sait seulement, par les mémoires de Collé, que

(1) *Les Égarements du cœur et de l'esprit*, pp. 3 à 8, Ire partie, édition de la Haye, 1764 in-12.

(2) Ce singulier épisode a été révélé, dans le *Bulletin du Bibliophile*, par M. le comte de la Ferrière, d'après des papiers que cet infatigable érudit a découverts dans les archives impériales de Saint-Pétersbourg.

Crébillon fils avait rencontré, chez madame de Sainte-Maure, mademoiselle de Stafford, « fille dévote et qui ne connaissait pas le monde »; elle tomba subitement amoureuse de Crébillon fils; elle était louche et d'une laideur choquante; mais, ajoute Collé, « une bonne créature, fort douce, fort polie et ne manquant pas de sens. » Elle avait pour toute fortune des droits qui pouvaient monter à quarante ou cinquante mille livres, mais qui n'étaient point liquides. Cette liaison, d'abord irrégulière, s'étant ébruitée par la colère indiscrète des parents, aboutit à un mariage, qui, par le hasard le plus singulier, reproduisit les circonstances principales du mariage de Crébillon père avec Marie-Charlotte Péaget. Comme eux, Crébillon fils et miss Stafford reçurent la bénédiction nuptiale, non dans la paroisse de leur domicile réel, mais dans une église de la banlieue de Paris. C'est dans les registres de la paroisse d'Arcueil que Jal a relevé, sous la date du 23 avril 1748, l'acte de mariage de Claude-Prosper avec Marie de Stafford, âgée de trente-quatre ans, fille de défunt Jean de Stafford, chambellan de Jacques II, roi d'Angleterre, et de Thérèse Brigitte de Shieckland. Ses témoins furent haut et puissant seigneur Guillaume comte de Stafford, pair de la Grande-Bretagne, neveu de la mariée, messire Joseph de Shieckland, etc. Crébillon père n'assista pas plus à la cérémonie d'Arcueil que son propre père n'avait pris part autrefois à la cérémonie de la Villette.

La ressemblance entre les deux mariages ne s'arrêta pas là. Quinze mois après leur union, le 13 novembre 1749, M. et Mme Claude-Prosper de Crébillon firent baptiser, à l'église de la Madeleine en la Cité, un enfant issu de leurs œuvres le 2 juillet 1746, et qui n'avait été qu'ondoyé à sa naissance. Il reçut les noms d'Henry-Madeleine, de son parrain Guillaume de Stafford, et de sa marraine Magdeleine-Angélique de Villeroy, veuve de Joseph-Marie duc de Boufflers (1). La sœur cadette de Marie de Stafford était la femme de Guy-Auguste de Rohan-Chabot. Crébillon fils acquérait de belles alliances à défaut de richesses. Guillaume de Stafford constitua à sa nièce une

---

(1) L'enfant de Crébillon fils et de miss Stafford mourut en bas âge, le 27 janvier 1750.

pension de mille écus « qu'il paye comme il peut et quand il peut », disait Collé.

Le roi Louis XV étant tombé dangereusement malade à Nancy, la France en larmes lui décerna sur son lit de convalescence le nom de Bien-Aimé, qu'il conserva longtemps, à travers les tristes vicissitudes qui déshonorèrent la seconde partie de son règne.

Élu directeur de l'Académie française pour 1744-45, c'est à Crébillon qu'échut l'agréable devoir de complimenter le roi, le mardi 17 novembre 1744, sur le rétablissement de sa santé ; cette fois, il condescendit à parler en prose, mais pour un instant seulement ; à peine la prose débitée, Crébillon reprit la parole en vers. Il aurait pu dire au roi Louis XV, comme Auguste à Cinna : « Je t'en avais comblé, je t'en veux accabler. » Car, au bout de dix jours, il expédia au monarque une épître, cette fois d'un ton moins solennel, qui finit par cette plaisante apostrophe à son Apollon :

> Va, laisse-moi ; je te tiens quitte
> De l'avenir et du présent.
> Tu m'as donné, pour tout mérite,
> Le cruel et morne talent
> De hurler dans la tragédie.
> Tu diras de plus que c'est toi
> Qui m'as mis de l'Académie :
> Moi, je t'ai fait parler au Roi !

L'année suivante, il eut encore à complimenter le Roi sur le glorieux succès de la campagne de 1745: « Victorieux, adoré, digne de l'être, il ne manque à « Votre Majesté qu'un peu d'amour pour elle-même, « pour une vie glorieuse à laquelle la vie de tant de « millions d'hommes est si tendrement attachée. »

Ces adulations, inspirées par un sentiment sincère et d'ailleurs légitime au lendemain de Fontenoi, devaient plaire à Louis XV, non moins qu'à la nouvelle favorite Mme de Pompadour, qui se prit d'une intelligente affection pour le poëte énergique, le vieillard encore vert et galant sous la négligence voulue de ses dernières années. Il s'écoula quatre années encore avant que ces hautes bienveillances se manifestassent par des actes significatifs. Crébillon aurait pu répéter, en les appliquant à la Fortune, les vers de Tityre sur la Liberté :

..... Quæ sera tamen respexit inertem,
Candidior postquam tondenti barba cadebat ;
Respexit tamen...

IV

Depuis longues années, on pressait Crébillon d'achever ce *Catilina*, dont Voltaire louait les grandes beautés dès l'année 1731. L'atmosphère de sa ménagerie plaisait à son humeur misanthropique, et la fumée de la pipe engourdissait la muse. M. de Curis, son ami, intendant des Menus, lui offrit un appartement chez lui, rue du Croissant ; de beaux ombrages, une société agréable et choisie ranimèrent Crébillon, et *Catilina* fut enfin prêt pour la représentation.

A l'approche de cet événement littéraire, de cette résurrection d'un grand poète après vingt-deux ans de silence, les grâces commencèrent à pleuvoir sur lui.

Il fut d'abord attaché à la Bibliothèque du Roi, pour partager avec Danchet les fonctions de « rechercher les livres relatifs aux belles-lettres ». Cette adjonction n'eût pas laissé que d'avoir son côté piquant, s'il eût été vrai, comme le raconte Voltaire, que Danchet ayant eu à lire, comme censeur royal, en 1717, la *Sémiramis* de son nouveau confrère, eût donné à son approbation une tournure épigrammatique : « J'ai lu « *Sémiramis* » aurait-il écrit, d'après Voltaire, « et « j'ai cru que la mort de cette reine, au défaut de ses « remords, pouvait faire tolérer l'impression de cette « tragédie. » Danchet aurait, il est vrai, consenti à modifier sa première rédaction, mais en laissant subsister le médiocre jeu de mots entre mort et remords, dont Crébillon aurait eu la faiblesse de s'affliger. On voit que Voltaire insiste et qu'il précise les plus petits détails. Eh bien, j'y insiste à mon tour pour établir une fois de plus combien il serait imprudent d'accorder une confiance aveugle aux anecdotes qui foisonnent sous la plume de cet inépuisable inventeur. Le visa de Danchet, tel que je le relève sur l'édition originale (Pierre Ribou, 1717), est conçu en termes réservés, mais, somme toute, flatteurs pour Crébillon : « J'ai lu « par ordre de M. le chancelier la tragédie de *Sémira-* « *mis*. Cette Reine y fait voir des sentiments coupables, « mais son châtiment, au deffaut de ses remords,

« peut servir d'instruction. Le public en a vu les re-
« présentations avec plaisir et j'ai cru que l'impres-
« sion lui seroit agréable. Fait à Paris, le 8 mai 1717.
« Danchet. »

On comprendra, en lisant plus loin l'analyse de *Sémiramis*, pourquoi Danchet se croyait obligé de faire ses réserves sur les « sentiments coupables » de « cette Reine. » En supposant, toutefois, qu'un nuage se fût élevé entre les deux censeurs, il devait s'être dissipé au bout de trente ans.

A sa nouvelle place de bibliothécaire, qui ne comportait qu'une gratification annuelle de 600 livres et une pension de 400 livres pour l'indemniser du logement qu'elle comportait dans les maisons de la cour du vieux Louvre, récemment démolies, le roi ajouta successivement 1,000 livres de pension sur sa cassette particulière, et 2,000 livres sur le *Mercure*.

Le grand jour approchait. Crébillon fut mandé le 4 septembre 1748 au château de Choisy pour lire *Catilina* à madame de Pompadour. Voici, mot pour mot, le récit fait par Crébillon à son ami Collé : « Il « faudroit que je fusse un fat, si je te disois, mon ami, « la façon dont j'ai été accueilli là bas, et l'enthou-« siasme que la lecture de ma pièce a produit sur « ceux qui l'ont entendue. Madame de Pompadour, « après m'avoir comblé d'éloges, me dit de me pres-« ser de faire achever de copier *Catilina*, afin qu'on « l'imprimât aussitôt au Louvre, avec mes autres « OEuvres, dont le Roi veut faire faire une édition ma-« gnifique et me la donner. »

Le 10, la pièce fut lue aux Comédiens. Le rôle de Tullie fut distribué à mademoiselle Gaussin, et celui de Fulvie à mademoiselle Gauthier. Mais, au bout de quelques semaines, mademoiselle Gaussin, « mauvaise actrice de tragique », rendit son rôle sous le prétexte qu'elle était grosse. « Elle savoit bien qu'elle l'étoit, » dit Collé, « quand elle fit demander le rôle de Tullie « à Crébillon par madame de Pompadour ; elle n'igno-« roit pas qu'elle n'amèneroit pas le rôle à terme ; « mais elle craignoit qu'on ne le donnât à Clairon et « vouloit le faire tomber à mademoiselle Dumesnil. » C'est ce qui arriva, et mademoiselle Clairon dut se contenter du rôle de Fulvie, retiré à mademoiselle Gauthier. « Cette tracasserie pour un rôle, » ajoute philosophiquement Collé, « a été accommodée avec

« le sérieux et la dignité d'une affaire d'État. »

C'en était une en effet. Le Roi commanda pour *Catilina* des habits magnifiques, dont il fit présent aux Comédiens. La dépense n'en fut pas médiocre. Le sénat romain comptait dix-huit personnes, avec les deux consuls ; la toge de chaque sénateur était de toile d'argent avec des bandes de pourpre et une veste de toile d'or ; une autre bande de pourpre formait le laticlave ; le tout festonné et enrichi de diamants faux.

Ces marques tardives mais éclatantes de la faveur royale excitèrent l'envie et la déchaînèrent contre ce vieillard de soixante-quatorze ans. Voltaire n'y tint pas. Il saisit le premier prétexte venu. On avait joué sa *Sémiramis* le 28 août 1748 ; et, depuis cette soirée, dont le succès n'avait pas été très décisif, Voltaire n'avait plus qu'une préoccupation : c'était d'empêcher que les Italiens n'en donnassent une parodie ; il remua ciel et terre, s'adressant à tous ses amis, au maréchal de Richelieu surtout, leur représentant le tort et l'injure qu'on lui ferait en laissant parodier *Sémiramis*, au moins pendant sa nouveauté. Mais, enfin, au mois d'octobre, la tragédie de Voltaire avait fourni sa carrière ; et l'on ne voit pas que Crébillon manquât d'égards envers son illustre collègue en accordant aux Italiens le visa qu'après tout il n'avait pas le droit de refuser, en dehors de raisons d'ordre public qui n'existaient pas dans l'espèce. Voltaire aurait pu se dire que Crébillon était nommé par le Roi pour faire les affaires de l'État et du public, non celles de M. de Voltaire. Mais l'irascible auteur de *l'Ecossaise* n'envisageait pas les choses de sang froid.

A partir de ce jour, il déclara à Crébillon une guerre acharnée. « Crébillon », écrit-il le 10 novembre à M. d'Argental, « s'est conduit d'une manière indigne
« dans tout ceci, ou plutôt d'une manière très digne
« de sa mauvaise pièce de *Sémiramis*, qui n'a pas
« même été honorée d'une parodie. »

Il redouble, dans une autre lettre adressée de Lunéville le 28 novembre à Baculard d'Arnaud : « Vous
« êtes mal instruit de l'histoire des histrions. Crébil-
« lon a retiré tous ses rôles, les a corrigés, les a
« rendus, et Grandval attend encore ses quatrième et
« cinquième actes. Il aurait dû retirer aussi l'appro-
« bation qu'il a donnée à une plate parodie de *Sémi-*

« *ramis*, que le roi a défendue à Fontainebleau. Je
« me flatte qu'on récompensera Arlequin donnant son
« approbation à *Catilina*. Le bonhomme aurait dû se
« souvenir qu'on ne put pas seulement parodier sa
« *Sémiramis*. Je lui pardonne de ne pas aimer la
« mienne. »

Enfin, la première représentation eut lieu, devant l'élite de la Cour et de la ville, le vendredi 20 décembre 1748 (1). Madame de Pompadour y assistait et ne cessa de marquer son approbation. Lorsqu'elle revint à Versailles, le Roi lui demanda avec empressement : « Eh! bien, avons-nous gagné notre procès? Avons-« nous réussi? » Madame de Pompadour put répondre affirmativement, car, en dépit de critiques que j'examinerai plus loin, la pièce fut jouée vingt fois de suite. « *Catilina*, » écrit Collé sur son journal, « a eu plus de « succès que je n'en attendais, mais beaucoup moins « qu'il n'en mérite. » Voilà, je crois, la note juste. Ce qui n'empêcha pas Voltaire d'écrire à d'Argental : « Je « ne suis pas étonné de la chute de *Catilina*. La cabale « veut bien crier, mais elle ne veut pas s'ennuyer. Je me « conduis, je crois, un peu moins insolemment que « Crébillon. On ne peut pas abuser davantage de la « misérable place qu'il a de censeur de la police. Sa « conduite est cent fois plus mauvaise que celle de ses « pièces. » Cependant, il se voyait bien obligé de reconnaître que la cabale était cette fois victorieuse ; et il écrivait (18 mars 1749) à M. le marquis d'Argenson, avec la précision pénétrante qui est la marque de son style : « Les personnes qui vous ont ôté le ministère « protégent *Catilina* ; cela est juste. »

Il ne paraît pas que les acteurs eussent beaucoup servi Crébillon. Le jour que l'on donna sa tragédie à Versailles, le maréchal de Saxe s'approcha de lui à la chute du rideau et lui dit : « Voilà un triomphe, « monsieur, et, en vérité, il faut être un grand capitaine « pour gagner une bataille avec de tels soldats (2). »

Le Roi tint sa promesse et consacra la gloire du plus grand poète tragique qui fût alors vivant, par un témoi-

(1) C'est la vraie date relevée pour moi avec une parfaite obligeance par M. Monval, sur les registres de la Comédie. Les dates du 12 ou du 21, qui se trouvent presque partout, sont fausses.

(2) Voici leurs noms : MM. Le Grand, Dubreuil, Sarrazin, Grandval, Dubois, Bonneval, de La Noüe, Paulin, Rosely, Drouin, mesdemoiselles Dumesnil et Clairon.

gnage magnifique, en ordonnant que ses œuvres complètes fussent imprimées au Louvre, aux frais de sa cassette et au profit de l'auteur. Crébillon remercia Louis XV par une dédicace pleine d'émotion reconnaissante « J'ai commencé de voir le jour, » dit-il, « sous l'em-
« pire d'un roi si grand, que, sans son successeur, il
« n'aurait point eu de rival. »

L'édition du Louvre, décidée en décembre 1748 (1), rapporta plus de 6,000 livres à Crébillon ; mais elle ne parut qu'en 1750.

En attendant, et comment attendre à cet âge ! Crébillon se tirait péniblement d'affaire. Ses places et sa pension lui donnaient, depuis un an seulement, 6,000 livres de revenu ; ce n'était plus la misère ; mais trente années de détresse avaient accumulé sur sa tête blanchie l'écrasant fardeau des dettes arriérées. Il s'estima donc fort heureux que le libraire Prault, saisissant l'heure de la vogue, imprimât son *Xerxès*, demeuré inédit, sans attendre l'édition du Louvre, et lui en donnât quarante louis. Il présenta sa pièce au roi, qui l'ouvrit au hasard et tomba justement sur ce vers :

> La crainte fit les Dieux ; l'audace a fait les Rois.

Le roi trouva le vers très beau et le loua « de bonne foi », dit Collé.

Les honneurs publics éveillent la jalousie ; un semblant d'aisance réveille les créanciers. Les dettes surgirent de tous côtés, parmi lesquelles la créance prétendue de la veuve du sieur Thomas, maître ès-arts en l'Université de Paris, qui avait été le maître de pension de son fils, à qui il devait, à ce qu'assure obligeamment Collé, depuis plus de trente ans. On mit opposition sur ses droits d'auteurs entre les mains de Prault et des Comédiens français. Crébillon présenta requête au Conseil d'État pour voir dire, sans discuter « les fins de non-
« recevoir invincibles qu'il seroit en droit d'opposer
« aux prétentions des saisissants », que les fruits des productions de l'esprit humain n'étaient pas plus saisissables que les honoraires des avocats et autres personnes de profession libre, dont la saisie n'avait

---

(1) Deux volumes in-4°. Imprimerie royale, 1750. Frontispice et cul-de-lampe de Boucher, gravés par Le Bas ; portrait de Crébillon par Aved, gravé par Balechou.

jamais été tolérée en France. » Le Conseil d'État rendit le 21 mars 1749, à Versailles, en présence du Roi, un arrêt conforme à la requête de Crébillon.

Catilina parut peu après, précédé d'une dédicace à madame de Pompadour, dont le commencement parut assez obscur pour qu'on y appliquât ce vers de la pièce :

 Il sera toujours grand s'il est impénétrable.

Voltaire, qui ne décolérait pas, exigea que les Comédiens reprissent *Sémiramis* (10 mars); tentative inutile, qui échoua sur la sixième représentation. Ces mécomptes d'amour-propre enflammèrent le grand homme et lui inspirèrent l'idée la plus singulière du monde. On sait que Voltaire avait composé sa *Sémiramis* trente ans après celle de Crébillon, et, cette fois encore, comme dans la rivalité de Racine et du grand Corneille, la victoire, assez modeste dans le cas présent, était demeurée au plus jeune. Il ne conçut rien de plus sûr, pour écraser ce *Catilina* qui l'obsédait, que de le refaire. « Lisez », écrit-il de Lunéville au comte d'Argental le 12 août 1749, « lisez seulement ce que je vous envoie ; vous « allez être étonné, et je le suis moi-même. Le 3 « du présent mois, ne vous en déplaise, le diable « s'empara de moi et me dit : Venge Cicéron et la « honte de ton pays. Il m'éclaira, il me fit imaginer « l'épouse de Catilina, etc... En huit jours, oui, en « huit jours et non en neuf, *Catilina* a été fait... Vous « n'y verrez point de Tullie amoureuse, point de Ci- « céron proxénète ; mais vous y verrez un tableau ter- « rible de Rome et j'en frémis encore... » Et à Voiseson (4 septembre) : « C'est une plaisanterie de la « nature qui a voulu que je fisse en une semaine ce « que Crébillon avait été trente ans à faire. »

Catilina achevé, Voltaire accourt à Paris, distribue les rôles aux Comédiens et convoque quelques-uns de ceux-ci, Dumesnil, Grandval, Mlle Clairon, etc., avec MM. de Choiseul, Pont-de-Veyle, l'abbé Chauvelin et plusieurs autres amis sûrs, chez M. d'Argental, pour la lecture. Voltaire tire son manuscrit, et, commençant par lire les personnages, nomme Oreste, Clytemnestre, Electre, etc. Tout le monde demeure surpris ; et Voltaire dit alors à l'assemblée : « Vous vous atten-

« diez que j'allais vous faire une lecture de *Catilina*;
« point du tout, c'est *Electre* que je donne cette année,
« et je ne ferai paraître *Catilina* que l'année pro-
« chaine. » Ce changement bizarre fut ainsi com-
menté par un railleur: « Vous croyiez d'abord, mes-
« sieurs, qu'on allait jouer *Catilina*; on vous donne le
« change en répandant le bruit que ce serait *Electre*;
« il n'en est rien. M. de Voltaire va vous donner
« *Atrée et Thyeste*, afin de vous surprendre davan-
« tage. »

La prédiction était plus juste que ne le croyait lui-
même, au mois de novembre 1749, l'auteur de cette
facétie. Car, par une coïncidence trop répétée pour
qu'on l'imputât au hasard, sur les neuf tragédies
connues de Crébillon, Voltaire en a refait cinq : *Sémiramis* (1717), en 1748; *Electre* (1708), sous le titre
d'*Oreste* en 1750; *Catilina* (1748), sous le titre de *Rome
sauvée* (1750); *le Triumvirat* (1754), en 1765; enfin *Atrée
et Thyeste* (1707), sous le titre des *Pélopides* (1773).

Ici se place un nouveau contact entre Crébillon et
Voltaire, brièvement raconté par l'éditeur de Kehl :
« Crébillon était censeur des théâtres ; M. de Voltaire
« fut donc obligé de lui présenter sa tragédie
« (*Oreste*) (1). — Monsieur, lui dit Crébillon en la lui
« rendant, j'ai été content du succès d'*Electre*; je
« souhaite que le frère vous fasse autant d'honneur
« que la sœur m'en a fait. » La rencontre est piquante;
l'attitude des deux rivaux s'y dessine avec correction,
de la part de Voltaire, accomplissant en personne une
démarche obligée, et de la part de Crébillon régalant
son illustre confrère d'un compliment dont la politesse n'est peut-être pas exempte d'ironie. D'Alembert, rappelant cette entrevue si simple, dans son
Éloge de Crébillon, crut devoir l'embellir, bien
entendu à l'avantage de Voltaire, qui, à l'en croire,
aurait demandé Crébillon comme censeur, et là-dessus
il ajoute avec sérénité: « Tels étaient les sentiments
« réciproques de deux hommes, qu'une cabale odieuse
« cherchait à désunir. » Dans le temps que d'Alembert écrivait ces lignes étonnantes, Crébillon était
mort; Voltaire ne le craignait plus; le comble de
l'habileté, n'était-ce pas d'opérer entre eux une réconciliation posthume, et de rejeter sur une « cabale

(1) Représentée le 12 janvier 1750.

odieuse » les torts que Voltaire s'était donnés envers le Nestor des lettres françaises ?

Quoi qu'il en soit, le nouveau *Catilina* et la nouvelle *Electre* n'ajoutèrent rien à la gloire de Voltaire, non plus qu'elles ne diminuèrent la gloire ni le crédit de Crébillon. Voltaire, découragé, accepta les offres du roi de Prusse et quitta la France. A travers les contradictions dont sa correspondance fourmille, et qu'expliquent les complications de son immense rôle littéraire, politique et philosophique, nous avons son aveu catégorique sur un point qui se rattache si intimement à la biographie de Crébillon.

Il écrivait un jour de Berlin (27 janvier 1752) au maréchal duc de Richelieu : « Madame de Pompadour m'a écrit que mes amis avaient fait ce qu'ils avaient pu pour lui faire croire que je n'avais quitté la France que parce que j'étais au désespoir qu'elle protégeât Crébillon. Ce serait bien là une autre folie, dont assurément je suis incapable. »

Voilà la dénégation. Maintenant voici l'aveu. C'est dans une lettre datée de Ferney, février 1762, que je le trouve : « Il faut permettre à Crébillon le radotage et l'envie : le bonhomme est un peu fâché qu'on se soit enfin aperçu qu'une partie carrée ne sied point dans *Electre*. Je voudrais, pour la rareté du fait, que vous eussiez lu ou que vous lussiez son *Catilina*, que madame de Pompadour protégea tant, par lequel on voulut m'écraser, et dont on se servit pour me faire avaler des couleuvres dont on n'aurait pas régalé Pradon. *C'est ce qui me fit aller en Prusse, et ce qui me tient encore éloigné de ma patrie.* »

Catilina était devenu l'obsession de ce grand esprit ; au moment où l'on répétait sa pièce, il éclatait en doléances préventives : « Il est juste que le *Catilina* de Crébillon soit honoré et le mien honni... Crébillon m'a d'ailleurs enlevé la fleur de la nouveauté. Je n'ai ni... ni... ni le style coulant et enchanteur que fit réussir sa pièce. Je dois trembler..... Je n'envie point assurément le nectar qu'on a versé aux Duclos, aux Crébillons, ni le petit verre qu'on a donné aux Moncrifs ; mais je voudrais qu'on ne me donnât pas une éponge avec du vinaigre. » Cinq ans plus tard (3 mars 1757) il écrivait encore à Thiriot : « Jouissez de tant de charmes et de tant de gloire, messieurs les parisiens, et applaudissez encore au *Catilina* de Crébillon ! »

Cependant Crébillon, voulant prouver que la longue gestation de *Catilina* n'était pas un signe de l'épuisement de son génie, fit représenter *le Triumvirat*, le 29 décembre 1754. Il accomplissait alors sa quatre-vingtième année. Ce dernier ouvrage n'eut que dix représentations, bien que l'on y reconnût de sérieuses beautés. Crébillon, incroyablement actif et confiant dans l'avenir, entreprit sur-le-champ une autre tragédie toute d'imagination, intitulée *Cléomèdes*. Mais il n'en composa jamais que trois actes, et l'on n'en a rien connu ni conservé.

Les dernières années de Crébillon furent encore marquées, sinon troublées, car il ne paraissait pas s'en émouvoir beaucoup, par les attaques des auteurs dont il avait censuré les ouvrages. Collé, qui passait pour l'un de ses meilleurs amis, comme il l'était de son fils, avec plus de convenance d'âge, le traitait, dans le secret de son journal manuscrit, de lâche esclave et de bas valet; son crime était d'avoir biffé une trentaine de vers déclamatoires contre les rois et les prêtres, contenus dans une certaine tragédie d'*Amenophis*, représentée le 12 novembre 1750, et reçue de telle façon que l'auteur, dont Collé s'était fait le patron et le fondé de pouvoirs, jugea prudent de garder décidément l'anonyme. Certes, la situation d'un homme de lettres jugeant ses pairs et ses rivaux était fort délicate, et ne serait pas tolérée aujourd'hui; mais si nous avons conquis, assez chèrement, les mœurs de la liberté de la presse, on ne saurait sans quelque injustice reprocher aux écrivains de 1750 de ne les avoir point pratiquées. Si Crébillon nous apparaît assez diminué lorsqu'il allègue pour sa défense que des indulgences un peu trop fortes envers ses confrères lui ont fait perdre des gratifications et une pension; si nous plaignons sa vieillesse d'avoir subi le joug humiliant du ministère et de la lieutenance de police, cependant, sachons nous éviter la duperie d'indignations rétrospectives. Le croirait-on? l'auteur anonyme d'*Amenophis*, l'attendrissante victime de cette inquisition sur les pièces de théâtre et sur la librairie tout entière, que dénonçait Collé, se nommait Saurin, et était lui-même l'un des plus anciens collègues de Crébillon en qualité de censeur royal et de la police! Aussi garda-t-il le silence.

C'est ce qu'il ne fallait pas espérer de Voltaire.

L'ermite de Ferney, lui aussi, comprenait la liberté de la presse à sa manière : supprimer les ouvrages de ses adversaires et de ses rivaux, ou des simples indifférents qui ne travaillaient pas à sa gloire ; envoyer celui-ci aux Petites-Maisons ; enfermer cet autre à l'hôpital, et tenir toute la critique contemporaine au pain et à l'eau dans un cul de basse-fosse, tel était l'idéal de Voltaire en fait de liberté. « Ce n'est pas assez de rendre Fréron ridicule ; l'écraser est le plaisir ! » écrivait-il un jour à d'Argental. D'ailleurs, comme il jouissait de ce triple bonheur, de n'être pas censeur royal, de porter les titres de gentilhomme ordinaire de la chambre et d'historiographe royal, et surtout de posséder une immense fortune faite dans les fournitures et l'agiotage, que de plus il comptait parmi ses amis le duc de Richelieu, chef supérieur de la censure théâtrale, il avait beau jeu pour se défendre contre le crayon rouge et les ciseaux. En tout cas il leur tenait rancune.

On va voir quelle était la sincérité « des sentiments réciproques » béatement vantés par d'Alembert.

Crébillon, dédiant *Catilina* à la marquise de Pompadour, s'était écrié, dans l'effusion de sa reconnaissance : « Et qui ne sait pas les soins que vous avez daigné vous donner pour tirer des ténèbres un homme absolument oublié ! » Voltaire n'eut plus désormais d'autre idée fixe que d'obtenir la permission d'une semblable faveur ; il n'y parvint qu'après douze années de persistance et de manège. Enfin, il lui fut donné d'écrire en tête de *Tancrède*, représenté le 3 septembre 1760, ces mots qui devaient attester publiquement la fin de sa disgrâce : « A madame la marquise de Pompadour. » Cette dédicace, si impatiemment attendue non par celle à qui elle était destinée, mais par celui qui l'offrait, débute de la manière la plus étrange, la plus inconcevable, tranchons le mot, la plus inconvenante qu'on puisse imaginer : « Madame, » écrit Voltaire à la marquise, « toutes les épîtres dédicatoires *ne sont pas de lâches flatteries;* toutes ne sont pas *dictées par l'intérêt; celle que vous reçûtes de M. Crébillon,* mon confrère à l'Académie, et mon premier maître dans un art que j'ai toujours aimé, *fut un monument de sa reconnaissance;* le mien durera moins, mais il est aussi juste... *Si quelque censeur pouvait désapprouver l'hommage que je vous rends,* ce ne pourrait être qu'un être né ingrat. Je vous dois beaucoup, Madame, et je dois le dire. J'ose encore plus : j'ose vous remercier du bien que vous avez fait à un très grand nombre de *véritables gens de lettres*, de grands artistes, d'hommes de mérite en plus d'un genre. »

Ce petit morceau peut passer pour le comble du mauvais goût et de l'impertinence. Prévoir qu'un homme tel que lui, Voltaire, s'expose au blâme en dédiant une tragédie à madame de Pompadour, c'était rappeler bien étourdiment et bien cruellement à la favorite que les honneurs ne la préservaient pas du mépris. Prendre à partie un homme illustre, un de ses confrères à l'Académie, l'accuser de lâches flatteries dictées par l'intérêt, et le mettre à part des « véritables gens de lettres » à qui la marquise a fait du bien, transformer enfin une épître dédicatoire en une page de pamphlet, quel procédé est cela? Et comment Voltaire, avec tant d'esprit, ne comprit-il jamais les causes secrètes de sa défaveur permanente auprès de la marquise et surtout du roi Louis XV?

On a pu remarquer cependant cette qualification donnée à Crébillon : « mon premier maître dans un art que j'ai beaucoup aimé. » N'est-ce pas comme une marque de respect, à tout le moins l'atténuation des injures qui précèdent et qui suivent? Mais qu'on ne s'y laisse pas prendre ; ce serait mal connaître ce grand moqueur. Ce prétendu compliment n'était sous sa plume que la monnaie de singe dont il se servait entre amis par manière de jeu. Il avait écrit de Lunéville le 26 août 1749 à madame de Bocage : « Je me suis avisé de faire une tragédie de *Catilina*. Ce n'est pas que j'aie rien voulu disputer *à mon confrère et à mon maître* M. de Crébillon ; mais sa tragédie était toute de fiction, j'ai fait la mienne en qualité d'historiographe. » Telle est la formule qu'il resservit onze ans plus tard comme toute neuve à madame de Pompadour. Quel était le fond de sa pensée? Laissons-le s'ouvrir à madame d'Argental qu'il avait consultée sur la dédicace (des Délices, 26 novembre 1660) : « *Crébillon mon maître !* Bonne plaisanterie que Fréron prend pour du sérieux. Il faut pourtant ne pas trop changer ce que madame la marquise a approuvé. Voulez-vous : *que j'ai regardé comme mon maître ?* Politesse ne coûte rien et fait toujours un bon effet. »

Ce n'est ni de gaîté de cœur, ni de parti pris que

j'enregistre l'une après l'autre ces mesquineries, ces puérilités, ces fourberies chez un aussi grand personnage que Voltaire. Je ne suis pas le premier qui se soit trouvé littérairement dans cette situation et qui n'en ait éprouvé quelque scrupule... Sainte-Beuve, obligé de donner tort à Voltaire dans ses démêlés avec le président de Brosses, disait excellemment : » Je suppose, pour ne pas être injuste, qu'on a présent à l'esprit *le Siècle de Louis XIV*, *l'Histoire de Charles XII*, etc.; je suppose qu'on a relu, il n'y a pas longtemps, bon nombre de ces jugements littéraires exquis et naturels, rapides et définitifs, qui sont partout semés dans la correspondance de Voltaire et dans ses œuvres; eh bien, assuré alors qu'il ne saurait y avoir d'incertitude sur l'admiration due au plus vif esprit et au plus merveilleux talent, je serai moins embarrassé à parler de l'homme et à le montrer dans ses misères. » C'est ce qu'un ami de madame du Deffand, le chevalier du Alleurs, ambassadeur de France à Constantinople, l'un des esprits les plus éclairés et les plus libres de ce temps-là, avait résumé en ce jugement concis : « Le caractère de Voltaire dégoûtera toujours de ses talents. »

La fatalité de leur situation respective amena, au lendemain même de la scandaleuse dédicace à la marquise, un nouveau conflit entre Voltaire et Crébillon, conflit qui ne dut pas trouver celui-ci d'humeur conciliante.

Voltaire, à Ferney, ne savait qu'inventer pour employer ses heures ou pour satisfaire une activité cérébrale d'une activité dévorante et véritablement extraordinaire. Occupé tout à la fois à écrire et récrire *Tancrède* et *la Pucelle*, tout en faisant bâtir une église et en recommandant à ses « Très Chers Frères » de bien écraser l'Infâme », il avait broché une petite comédie qu'il qualifie lui-même en termes que je ne me crois pas obligé de reproduire ici ; cela s'appelait *le Droit du Seigneur ou l'Écueil du sage*, et fut expédié discrètement à M. d'Argental dans les derniers jours de 1760. Le mot était donné d'attribuer cette petite légèreté à un prétendu sieur Hurtaux. Il paraît que d'Argental fit d'abord la grimace en dégustant cette nouvelle primeur, qui lui arrivait des frontières helvétiques. Mais Voltaire tint bon et persuada M. d'Argental de l'imposer aux Comédiens.

L'imaginaire Hurtaux manquait par trop de vraisemblance, Voltaire découvrit mieux. Il plaidait alors à Dijon pour je ne sais quelle chicane à propos de son église de Ferney ; son avocat, M. Arnoult (le même, je crois, qui souleva la question des renonciations du traité d'Utrecht dans l'Assemblée constituante de 1789), le mit en relation avec un jeune magistrat, qui consentit à endosser un scandale certain et une gloire suspecte. Voltaire, enchanté, annonce fiévreusement cette bonne nouvelle à Damilaville (24 août 1761) : « Monsieur Le Gouz, maître des comptes à
« Dijon, jeune homme qui aime les arts et les Ca-
« couacs, veut bien qu'on sache que *le Droit du Sei-*
« *gneur*, aliàs *l'Ecueil du Sage*, est de lui. Il m'envoie
« cette petite addition et correction que les Frères ju-
« geront absolument nécessaire. Je crois que la pièce
« de M. Le Gouz restera au théâtre, et qu'ainsi le nom
« de philosophe y restera en honneur. *Il est absolu-*
« *ment nécessaire que M. Le Gouz soit reconnu.* Il
« compte enjoliver cette petite drôlerie par une pré-
« face en l'honneur des Cacouacs, qui sera un peu
« ferme et qui parviendra en cour, comme dit le
« peuple. Il y aura aussi une épître dédicatoire, qui
« ira en cour. Mais si un gros fin de Préville s'obstine
« à dire qu'il croit l'ouvrage d'un nommé V..., tout
« est manqué, tout est perdu. *Il est absolument néces-*
« *saire qu'on ne me soupçonne pas de ce que je n'ai pas*
« *fait*. On doit faire entendre aux Comédiens qu'ils se
« font grand tort à eux-mêmes *en s'opiniâtrant à me*
« *charger de cette iniquité*. C'est M. Le Gouz, vous
« dis-je, qui a fait cette c...rie. » Voltaire était passé maître en ces sortes de mystifications, qu'il soutenait avec un aplomb imperturbable, tout en mourant de peur qu'on ne le crût sur parole. Mais en vérité, la phrase « il est absolument nécessaire qu'on ne me
« soupçonne pas de ce que je n'ai pas fait » peut passer pour le *nec plus ultra* de la fourberie. Mascarille, Tartuffe et Sbrigani oseraient à peine aller si loin.

Donc, voilà que la Comédie présente la pièce du jeune M. Le Gouz à la censure, et le malheur veut qu'elle soit distribuée à Crébillon. Prévenu ou non, Crébillon ne vit dans *le Droit du Seigneur* que ce que tout autre censeur y aurait vu à sa place et que ce que Voltaire y avait voulu mettre. Il jugea la pièce indécente et contraire aux mœurs. On devine la fureur de

Voltaire : « Eh bien! (à Damilaville, 11 octobre 1761)
« frère Thiriot m'a donc caché ma turpitude et celle
« de Jolyot de Crébillon? Certes, ce Crébillon n'est
« pas philosophe. Le pauvre vieux fou a cru que j'étais
« l'auteur du *Droit du Seigneur*, et sur ce principe
« il a voulu se venger de l'insolence d'*Oreste*, qui a
« osé marcher à côté d'*Electre*. Il a fait, avec *le Droit
« du Seigneur*, la même petite infamie qu'avec *Maho-
« met*. Il prétexta la religion pour empêcher que
« *Mahomet* ne fût joué ; et aujourd'hui, il prétexte
« les mœurs. Hélas! le pauvre homme n'a jamais su
« ce que c'est que tout cela. Il faut, pour son seul
« châtiment, qu'on sache son procédé... Le mauvais
« procédé de ce poète, aussi méprisable dans sa con-
« duite que barbare dans ses ouvrages, ne peut faire
« que beaucoup de bien. Le public n'aime pas que
« la mauvaise humeur d'un examinateur de police le
« prive de son plaisir. » Et ailleurs : « Le pauvre vieux
« a encore les passions vives ; il est désespéré du suc-
« cès d'*Oreste* et on lui fait accroire que son *Electre*
« est bonne. Il se venge comme un sot. » Voilà le
mot lâché. Au siècle précédent, c'est également de
sot que l'auteur du *Cid* s'était vu traiter par l'auteur
de *Sylvie*. Certes, Voltaire était un autre homme que
Mairet, mais si Crébillon ne valait pas Corneille, ses
quatre-vingt-sept ans et sa gloire auraient dû le préserver de pareilles invectives. Ces excès de langage,
qu'on voudrait effacer de notre histoire littéraire, portent en eux une leçon que la critique de tous les temps
doit méditer et comprendre.

 Enfin, le dépit arrache à Voltaire cette exclamation
prodigieusement plaisante : « Je n'avoue point *le
« Droit du Seigneur*, mais il est bon qu'on sache que
« Crébillon l'a refusé parce qu'il l'a cru de moi! »
Ceci est un vrai trait de comédie, digne d'être recueilli de la part de cet homme de tant d'esprit, qui
ne put jamais en écrire une.

 Cependant toute la coterie parisienne s'en mêla,
M. d'Argental en tête, à qui Voltaire voulait persuader que c'était l'insulter personnellement que de refuser, sous prétexte de mœurs, un ouvrage auquel il
s'intéressait; insinuation audacieusement paradoxale,
puisque M. d'Argental n'avait pas caché son peu de
goût pour *le Droit du Seigneur*. On transigea avec la
censure, moyennant le sacrifice des quelques vers et

d'un acte tout entier. La pièce fut représentée le 18 février 1762, et tomba tout à plat. « Si l'on n'eût su qu'elle était de M. Voltaire, a dit un écrivain du temps, on ne l'aurait pas supportée jusqu'au bout » (1).

Naturellement, c'est encore à Crébillon que Voltaire impute la responsabilité de cette lourde chute. Il écrit de Ferney à madame de Fontaine : « On a mutilé, « estropié trois actes du *Droit du Seigneur* à la police. « C'est le bonhomme Crébillon qui a fait le carnage, « croyant que ces gens-là étaient mes sujets. » Et, dans l'excès de sa colère, il fait à sa nièce l'aveu que j'ai déjà cité, que sa rivalité malheureuse avec Crébillon fut le vrai motif de son voyage en Prusse, et que c'est elle qui le retient encore loin de sa patrie.

C'en fut le dernier épisode.

V.

Depuis le premier jour de l'année 1762, Crébillon, demeuré jusque-là aussi sain d'esprit que de corps, avait été atteint d'un érysipèle aux jambes; le mal fit des progrès rapides, malgré les soins de son chirurgien, le célèbre Pibrac. On jugea tout d'abord le danger si grave qu'on fit appeler le curé de l'église Saint-Gervais, qui, après l'avoir préparé pendant quinze jours, lui administra le 29 janvier les derniers sacrements. Il demeurait depuis plus de vingt ans sur cette paroisse, dont le vénérable curé, François Feu, doyen du clergé de Paris, venait de mourir nonagénaire. Son successeur, l'abbé Romain-Thomas Bouillerot, nommé en 1761, se trouvait, au contraire, le plus jeune des curés de Paris : faut-il croire qu'il apporta dans ses nouvelles fonctions l'ardeur d'un zèle que l'expérience ne pouvait modérer encore? Je ne serais pas éloigné d'admettre une telle supposition, qui, n'ayant pas en-

(1) L'abbé de la Porte, *Tablettes dramatiques*. Le récit des précautions prises par Voltaire, tel que j'en ai puisé les éléments dans sa correspondance, prouve qu'il n'y a pas un mot de vrai dans l'anecdote des Comédiens refusant la pièce à un jeune homme inconnu et la recevant ensuite avec admiration et respect des mains de M. de Voltaire, anecdote mise en circulation par les *Mémoires secrets* sous la date du 7 janvier 1782. C'est assez la coutume de ce recueil si vanté et qui ne mérite aucune confiance.

core été suggérée jusqu'ici, donne peut-être la clef d'incidents regrettables dont les causes sont demeurées obscures.

Cependant, la forte constitution de Crébillon lutta cinq mois encore contre le mal; peut-être la chute de *l'Ecueil du Sage* et les éclats de rage de Voltaire parvinrent-ils jusqu'à son lit de douleur. Crébillon fils, dont l'affection et le dévouement ne faiblirent pas une minute, vint partager l'appartement de son père, et eut la triste consolation de recevoir son dernier soupir. Administré une seconde fois, le 14 juin, Crébillon mourut le 17 à neuf heures du soir, âgé de quatre-vingt-huit ans, cinq mois et quatre jours. « Il ne « laisse qu'un fils », écrivait M. de La Porte, « à qui, « sans les bienfaits que Sa Majesté, en considération « de l'honneur que M. de Crébillon faisait à la nation « et aux lettres, a daigné répandre sur lui, il ne res- « teroit exactement que le nom de son père. »

Ses collègues de l'Académie française, ses parents et ses amis furent invités aux obsèques par une lettre de faire part dont le Cabinet des manuscrits conserve un exemplaire :

« Vous êtes priez d'assister au convoy et enterre- « ment de Prosper Jolyot de Crebillon, écuyer, l'un « des Quarante de l'Académie françoise, des Acadé- « mies de Dijon et de Rouën; Censeur Royal et de la « police, décédé en sa maison, rue des Douze Portes « au Marais ; Qui se feront cejourd'huy samedy « 19e juin 1762, à six heures du soir, en l'église de « Saint-Gervais sa paroisse où il sera inhumé. — « *Requiescat in pace*.

« De la part de Messire Jolyot de Crebillon, son fils. »

L'heure tardive de l'inhumation, sans être précisément exceptionnelle, car j'en connais plusieurs exemples, n'était cependant pas ordinaire ; le biographe du *Mercure* (juillet 1762) se crut obligé de l'expliquer par les ordres mêmes du défunt, donnés avec une précision telle qu'on ne pouvait s'y soustraire. Cette volonté avait-elle été spontanée ou inspirée, sinon dictée ?

J'indique ce problème sans m'y arrêter. Toutefois, les Comédiens ordinaires du Roi, mis dans l'impossibilité de rendre, comme ils en avaient manifesté l'intention, les derniers devoirs à l'illustre octogénaire, virent dans le choix de l'heure la préméditation de les éloigner de la cérémonie. La suite des événements ne fut pas pour les détromper.

Ayant conçu la pensée de faire dire à leurs frais une messe solennelle, ils s'en ouvrirent au curé de Saint-Gervais, qui les éconduisit. Ils éprouvèrent le même refus dans d'autres paroisses, dont les curés se conformaient aux instructions générales et spéciales données à cet effet par l'ordinaire, c'est-à-dire par l'archevêque de Paris.

Cet archevêque était, depuis l'année 1746, monseigneur Christophe de Beaumont, célèbre par ses démêlés avec la secte philosophique, non moins que par sa résistance aux arrêts du Parlement de Paris en matière ecclésiastique, résistance qui finit par l'écarter de son siège et le faire mourir en exil. Fidèle à la devise des Beaumont : *Impavidum ferient ruinæ*, ce prélat, qui sacrifia sa situation et son repos à des convictions intraitables, était respectable par l'austérité de ses mœurs et son inépuisable générosité ; mais il ne se piquait ni de tolérance quant aux principes, ni de ménagements dans la pratique journalière de la vie. On peut entrevoir, dans les incidents qui se rattachent à la mort de Crébillon, comme un contre-coup de la lutte que l'archevêque avait engagée contre le Parlement soutenu par le duc de Choiseul et la marquise de Pompadour. Or, Crébillon était ouvertement le protégé de celle-ci, qui se plaisait à lui attirer les marques publiques de la faveur royale. Je ne hasarde ici qu'une hypothèse ; mais il faut bien admettre quelque arrière-pensée de ce genre si l'on veut donner un sens aux taquineries qui scandalisèrent ou amusèrent les oisifs pendant un mois.

Repoussés par les curés de toutes les paroisses, les Comédiens imaginèrent de s'adresser à M. l'abbé Huot, curé de Saint-Jean-de-Latran. Cette église, fort ancienne, occupait entre la place Cambrai, la rue Saint-Jacques et la rue Jean-de-Beauvais le centre d'un îlot de maisons assez misérables dont elle était la paroisse (1), et formait une commanderie de l'ordre de Malte, placée, à ce titre, en dehors de la juridiction de l'ordinaire. L'abbé Huot ne vit rien que de

(1) L'emplacement de la commanderie de Saint-Jean-de-Latran est aujourd'hui traversé de l'est à l'ouest par la rue de ce nom.

louable dans le vœu des Comédiens, auquel il accéda. En conséquence l'invitation suivante fut lancée dans tout Paris; je la transcris également d'après l'exemplaire unique de la Bibliothèque Nationale :

« Vous êtes prié d'assister au service qu'on cele-
« brera mardi prochain 6 juillet 1762, à dix heures
« précises, pour le repos de l'Ame de Messire Prosper
« Jolyot de Crébillon, écuyer, l'un des Quarante de
« l'Académie françoise, des Académies de Dijon et de
« Rouen, Censeur Royal et de la Police; en l'Eglise Pa-
« roissiale de la Commanderie de Saint-Jean-de-La-
« tran ;

« Et aux Messes qui se diront depuis huit heures
« du matin jusqu'à midi dans la même Église.

« *Requiescat in pace.*

« De la part de messieurs les Comédiens françois,
« pensionnaires de Sa Majesté. »

La cérémonie eut lieu avec le plus grand éclat. L'église était entièrement tendue de noir et illuminée; quatre-vingts musiciens de l'Académie exécutèrent, sous la direction de Berton (le père de l'auteur de *Montano et Stéphanie*), une messe de Gilles (1) et un *De profundis* de Rebel. Crébillon fils, revêtu d'un long manteau noir, présent des Comédiens, conduisait le deuil, et prit la première place dans le chœur à droite du catafalque. La cour et la ville se pressèrent jusqu'à midi dans l'église. L'Académie française, qui avait fait célébrer quatre jours auparavant un service particulier pour Crébillon, son doyen d'âge, avait envoyé une députation à Saint-Jean-de-Latran.

Quant aux Comédiens, promoteurs de cette pieuse cérémonie, leur attitude fut des plus réservées et des plus modestes; deux d'entre eux se tenaient à l'entrée de l'église, auprès de l'ordonnateur officiel des pompes funèbres; mais ils s'étaient effacés devant la famille et les invités de distinction, dont les sièges étaient préparés dans le chœur, et ils n'avaient gardé pour eux-mêmes que des places dans la grande nef.

Ce qui n'empêcha pas Bachaumont d'écrire dans ses prétendus *Mémoires* : « Mademoiselle Clairon, en long
« manteau, menait le deuil. Cette sublime Melpomène

(1) La mème qui fut exécutée deux ans plus tard aux obsèques de Rameau, et dont le manuscrit appartient à la Bibliothèque du Conservatoire.

« a représenté avec toute la dignité possible ; Arle-
« quin y a figuré aussi. Enfin, tout a concouru à ren-
« dre cette cérémonie aussi mémorable que risible. »
Voilà comment les esprits forts de ce temps-là, ces libres penseurs que Voltaire appelait élégamment ses
Cacouacs, traitaient les « histrions » qui se permettaient de faire profession publique de religion chrétienne et de respect envers un grand écrivain, l'honneur
des lettres françaises. Leur persiflage trouva sa sanc-
tion dans l'intolérance de l'archevêque ; Mgr de Beaumont porta plainte à l'ordre de Malte contre « l'indé-
« cente cérémonie », pour parler comme Bachaumont.

Un consistoire fut tenu le 15 juillet chez M. le bailli
de Froullay, ambassadeur de l'Ordre ; il y fut décidé
que, afin d'éviter de compromettre un droit fort ancien, le curé Saint-Jean-de-Latran, quoique soustrait
à l'ordinaire par les privilèges de l'Ordre, recevrait
une punition pour avoir occasionné un scandale. La
punition du curé Huot, fixée par l'archevêque, fut de
trois mois de séminaire et deux cents livres d'amende.

Voltaire ne pouvait manquer cette occasion d'inju-
rier Crébillon dans sa tombe, et de faire entendre
quelques paroles de bon sens : « Il paraît bien in-
« juste, » écrit-il à Damilaville le 18 juillet, « de re-
« fuser des *De profundis* à Crébillon, tandis que toutes
« ses pièces en méritent, hors *Rhadamiste*, et l'on ne voit
« pas en quoi a péché ce pauvre curé quand il a fait un
« service pour l'âme poétique de M. de Crébillon. En
« effet, quoique cet auteur ait traité le sujet d'*Atrée*,
« il était chrétien, et son *Rhadamiste* durera peut-être
« aussi longtemps que les mandements de monsieur
« l'archevêque. » Et il ajoute, non moins agréa-
blement que raisonnablement : « Si le curé a été
« suspendu pour avoir fait ce service aux dépens des
« Comédiens du Roi, le service n'est-il pas toujours
« fort bon ? Il faudrait donc excommunier monsieur
« l'archevêque pour recevoir tous les ans environ trois
« cent mille livres que lui fournissent les spectacles
« de Paris, et qui sont le plus fort revenu de l'Hôtel-
« Dieu..... Pourquoi traiter les comédiens plus mal
« que les Turcs ? Ils sont baptisés ; ils n'ont point re-
« noncé à leur baptême. Leur sort est bien à plaindre.
« Ils sont gagés par le Roi, et excommuniés par
« les curés. Le roi leur ordonne de jouer tous les

« jours, et le rituel de Paris le leur défend. S'ils ne
« jouent pas, on les met en prison ; s'ils font leur de-
« voir, on les jette à la voirie. »

Cet incident, fort pénible pour les comédiens, mais non moins blessant pour les hommes de lettres et pour l'Académie française, n'eut guère de retentissement hors des cercles privés et des correspondances secrètes ; on s'entendit pour l'étouffer ; il n'y est pas fait la moindre allusion dans le récit officiel de la cérémonie de Saint-Jean de Latran, publié dans le *Mercure* par un de ses concessionnaires privilégiés, M. de Lagarde, censeur royal (celui que Marmontel, son prédécesseur spolié, appelait Lagarde-Bicêtre). Presque tous les biographes de Crébillon l'ont passé sous silence (1).

Il en fut de même à la Cour, où l'on tint ces incidents comme non avenus. Crébillon avait été inhumé sous les charniers de l'église Saint-Gervais (2). Le roi Louis XV voulut qu'un monument lui fût élevé aux frais de sa cassette, hommage bien rare, que le marquis de Marigny s'empressa de transmettre à Crébillon fils par la lettre suivante : « Le Roi vient
« d'accorder, Monsieur, à la mémoire de feu M. de
« Crébillon, votre père, une marque bien signalée du
« cas que Sa Majesté a fait des rares talents de ce
« grand homme. Elle m'a ordonné de faire faire un
« tombeau dans l'église où il a été inhumé, qui trans-
« mette à la postérité la plus reculée l'estime parti-
« culière dont l'honorait son Roi. Je vous apprends
« avec plaisir ce glorieux événement, qui va lui don-
« ner une nouvelle vie. »

L'exécution du monument en marbre fut confiée

---

(1) Les temps sont changés. Au moment où j'achève cette notice, le vénérable curé de Saint-Roch se prépare à faire célébrer un service solennel dans son église paroissiale en l'honneur du deux centième anniversaire de la mort de Pierre Corneille, et il vient d'adresser à la Comédie-Française une lettre par laquelle il prie les comédiens « de vouloir bien lui faire l'honneur d'y assister ».

(2) « A été inhumé sous les charniers de cette église, Prosper Jolyot de Crébillon, écuyer, l'un des Quarante de l'Académie françoise, et des Académies de Dijon et de Rouen, censeur royal et de la police, en présence de Claude Jolyot de Crébillon, écuyer, censeur royal, son fils, de M. Léandre Péaget, docteur régent de la Faculté de médecine en l'Université de Paris, ancien professeur desdites écoles, et ancien médecin du Roy au Chastelet de Paris, son neveu. » (Reg. de Saint-Gervais, dans Jal.)

au célèbre sculpteur J.-B. Lemoyne, à qui l'on devait déjà un buste de Crébillon, d'après le portrait de La Tour exposé au Salon de 1760. J'ignore si ce buste était identique à la terre cuite du même sculpteur, dont il existe une reproduction gravée par Auguste de Saint-Aubin, datée de 1770. Le biographe de l'édition Didot (an VII) assure que l'original en marbre décorait à cette époque le foyer de la Comédie-Française ; mais il y a lieu d'en douter, car le foyer public de la Comédie n'en possède aujourd'hui qu'une reproduction, fort belle d'ailleurs, signée d'Huez, et ornée de cette inscription qui fait supposer que Le Moyne n'avait exécuté que la terre cuite : « D'après le modèle de M. Le Moyne 1778. » Cette date est l'année même de la mort de Le Moyne. A quel état de projet ou d'avancement laissa-t-il le monument de Crébillon ? on l'ignore. Ce fut aussi d'Huez qui l'entreprit ou le continua. Alexandre Lenoir, dans le catalogue pour l'an VIII du Musée des monuments français, inscrit sous le n° 341, page 332, le « Monument élevé à Prosper « Jolyot de Crébillon, poète dramatique, mort en « 1762 », avec cette note : « D'Huez, auteur de ce mor« ceau, a représenté Melpomène en pleurs, appuyée « sur le buste de Crébillon. J'ai fait terminer ce mo« nument qui était resté imparfait et sans place. Il « était destiné à être placé dans l'église Saint-Gervais, « où il fut enterré ; mais le curé se refusa à son érec« tion, disant qu'un monument profane ne devait point « décorer son église, et qu'il y accéderait volontiers si « l'artiste voulait supprimer la figure de Melpomène. »

Alexandre Lenoir avait probablement recueilli le monument inachevé de Crébillon dans l'atelier de d'Huez, qui était mort dans une des dépendances du Louvre, rue des Poulies, le 26 octobre 1793. Est-il bien nécessaire de disculper l'abbé Bouillerot ou l'abbé Veyrard, qui lui avait succédé en 1784 dans la cure de Saint-Gervais, faut-il le louer, au contraire, d'avoir donné une leçon de goût au sculpteur en lui remontrant que les divinités mythologiques n'étaient point à leur place dans une église chrétienne ? Question bien inutile à trancher aujourd'hui. Après la dispersion du Musée des monuments français, le monument de Crébillon fut attribué en 1820 au musée de Dijon, sa ville natale, qui le conserve précieusement (1).

(1) Il est inscrit sous le n° 1045 au Catalogue de l'année 1883,

VI

Nous savons par les biographes que la vocation de Crébillon commença par la critique. A ceux qu'étonneraient ces entretiens fréquents et chaleureux entre un procureur et son clerc au sujet des œuvres tragiques anciennes et modernes, il faut rappeler ici quelle place occupait la tragédie dans les plaisirs littéraires et l'on peut dire dans la vie publique des Français au dix-septième et au dix-huitième siècle.

« De tous les arts que nous cultivons en France, » a dit Voltaire (épître dédicatoire de *Tancrède* à madame de Pompadour), « l'art de la tragédie n'est pas celui qui « excite le moins l'attention publique, car il faut avouer « que c'est celui dans lequel les Français se sont le plus « distingués. C'est d'ailleurs au théâtre seul que la na- « tion se rassemble; c'est là que l'esprit et le goût de la « jeunesse se forment; les étrangers y viennent ap- « prendre notre langue; nulle mauvaise maxime n'y « est tolérée, et nul sentiment estimable n'y est débité « sans être applaudi; c'est une école toujours subsi- « stante de poésie et de vertu. »

Il semblait en ce temps-là, qui ne connaissait et n'admettait ni la forme libre du drame ni aucune pièce sérieuse en prose, que la tragédie fût la forme nécessaire de toute action dramatique capable d'intéresser les âmes élevées et les esprits ornés. Bien que la fable et l'histoire ancienne donnassent le fond général de la matière tragique, les auteurs habiles ne laissaient pas que d'y introduire, sous un masque transparent, des aventures modernes, qui faisaient goûter aux spectateurs la saveur de l'actualité. C'est ainsi que Desmarets, par ordre de Richelieu, avait exposé sur la scène les amours du duc de Buckingham avec la reine Anne d'Autriche, déguisée en *Mirame;* et les successeurs immédiats de Racine, tels que Campistron et La Fosse, racontèrent, le premier, les amours prétendues de don Carlos et de sa belle-mère femme de Philippe II, sous le titre d'*Andronie* (1685), le second la conjuration de Venise de 1618, sous le titre de *Manlius Capitolinus,* sujets de source commune, empruntés l'un et l'autre

comme œuvre de J.-B. Le Moyne. Sa hauteur est de 2 mètres, sa largeur de 1^m,47 centimètres.

aux histoires romanesques et aux romans historiques de l'abbé de Saint-Réal. La tragédie, cadre naturel pour les allusions plus ou moins voilées et pour les prédications politiques et sociales plus ou moins audacieuses, n'était donc pas aussi aride qu'on l'imagine à distance, pour des spectateurs très au courant des choses, à qui l'on pouvait tout faire entendre et sous-entendre, et qui comprenaient tout à demi-mot.

Corneille et Racine avaient dit adieu au théâtre presque en même temps, le premier avec *Suréna*, représenté le 11 décembre 1674, le second avec *Phèdre*, donnée le 1er janvier 1677. Corneille, quoique de trente-trois ans plus âgé que Racine, ne s'arrêta que deux ans avant lui. Leur disparition marqua le couchant du grand siècle, Corneille en 1682, Racine en 1699. Il semble, à voir les choses en gros et de très loin, qu'avec ces deux hommes de génie, le théâtre français soit descendu tout entier dans la tombe et que la Muse tragique, désespérée comme Eurydice (1) et comme Phèdre, se soit ensevelie dans ses voiles, pour ne renaître qu'avec *Œdipe*, *Artémise*, *Marianne* et leur longue lignée qui finit par *Irène*. Une profonde obscurité couvre aujourd'hui les noms des successeurs de Corneille et de Racine, des prédécesseurs de Voltaire. A s'en tenir à ces impressions inconscientes, le génie littéraire de la nation se serait éclipsé pendant un demi-siècle, laissant le théâtre dans les ténèbres.

Cette vue générale n'est cependant exempte ni d'erreur ni d'injustice. Loin de moi la pensée de ressusciter des gloires défuntes et de ramener à la lumière du jour toutes les épaves entraînées par le fleuve de l'oubli. Mais, il faut bien qu'on le sache, le théâtre français et la Comédie-Française, c'est tout un au point de vue de la tragédie, ne cessa ni d'exister ni de florir après la retraite ou la mort de Pierre Corneille et de Racine.

On peut citer encore, parmi les tragédies qui s'inscrivirent au répertoire dans les vingt-cinq dernières années du dix-septième siècle et dans les cinq premières du dix-huitième, *le Comte d'Essex* de Thomas Corneille (1678); *Pénélope* de l'abbé Genet (1684); *Andronie*, de Campistron (1685); *Laodamie*, de Mlle Bernard (1688); *Brutus*, par la même (1690);

(1) Personnage de *Suréna*.

Tiridate, de Campistron (1691) : *Médée* de Longepierre (1694) ; *Polixène*, de La Fosse (1698) ; *Oreste et Pylade,* de la Grange Chancel (1697), le dernier rôle de la Champmeslé ; *Manlius*, de La Fosse (1698) ; *Arie et Pœtus*, de Mlle Barbier (1701) ; *Amasis*, de la Grange Chancel (1701) ; *Absalon*, de Ducher (1702) ; *Electre*, de Longepierre (1702) ; *Alceste*, de la Grange Chancel (1703) ; *Polidore*, de l'abbé Pellegrin (1705).

Cette liste d'une quinzaine de tragédies estimables, qui obtinrent les suffrages de la cour et de la ville, comprend seulement trois ouvrages vraiment supérieurs par la force de la composition et la pureté du style : la *Médée*, de Longepierre ; le *Manlius*, de La Fosse et l'*Absalon*, de Ducher. Trois chefs-d'œuvre, est-ce donc si peu de chose ?

C'est au lendemain de *Polidore*, de l'abbé Pellegrin (6 novembre 1705), que Crébillon prit rang avec son *Idoménée* (29 décembre suivant), et ce rang il le garda pour lui seul pendant trois années consécutives, car, de 1705 à 1708, la Comédie-Française ne connut pas d'autre succès tragique qu'*Idoménée*, *Atrée et Thyeste* (1707), et *Electre* (1708). L'année suivante, Mlle Barbier lui disputa la palme avec la *Mort de César* ; mais Crébillon reprit vigoureusement l'avantage avec *Rhadamiste et Zénobie*, proclamée jusqu'ici son œuvre capitale (1711), et son *Xerxès* (1714), qui réussit moins.

Les curieux ne se plaindront pas de rencontrer ici la liste des tragédies célèbres qui se suivirent jusqu'en 1726, époque où Crébillon fit représenter son étonnante composition de *Pyrrhus*, après laquelle il garda le silence pendant vingt-deux ans.

A *Xerxès* succéda *Athalie* (1717). L'œuvre immortelle de Racine, représentée pour la première fois en 1690 par les jeunes demoiselles de Saint-Cyr dans l'intimité royale du palais de Versailles, où elle reparut en 1702, jouée par la duchesse de Bourgogne, la comtesse d'Ayen, la présidente de Chailly, le duc d'Orléans, le comte de Lesparre, le comte d'Ayen et M. de Champeron, avait été imprimée en 1691, mais ne fut représentée en public ni du vivant de Racine ni du vivant de Louis XIV (1). Ce fut le duc d'Orléans, régent de

---

(1) Luneau de Boisjermain, copié par l'abbé de la Porte, a prétendu que le privilège d'imprimer *Athalie*, donné par Louis XIV le 3 mars 1691, en interdisait la représentation sur les théâtres ; le

France, qui eut le courage et la gloire de lever cette prohibition. *Athalie*, paraissant pour la première fois sur un théâtre le 3 mars 1717, obtint un succès d'autant plus grand qu'une fatalité providentielle lui donnait un cruel intérêt d'à-propos. Un mal mystérieux décimait la famille royale ; la branche cadette n'était plus représentée que par le jeune roi Louis XV âgé de sept ans. Comment ne pas s'attendrir sur les destinées chancelantes de ce frêle rejeton, en entendant les vers célèbres :

> Voilà donc votre roi, votre unique espérance !
> J'ai pris soin jusqu'ici de vous le conserver...
> Du fidèle David c'est le précieux reste...
> Songez qu'en cet enfant tout Israël réside, etc.

Athalie fut représentée quatorze fois de suite, c'est-à-dire jusqu'à la clôture annuelle. La première nouveauté qui suivit la réouverture fut la *Sémiramis* de Crébillon (10 avril 1717). Ainsi l'*Athalie* de Racine se place, dans la liste des pièces célèbres de la Comédie-Française, entre deux tragédies de Crébillon, *Xerxès* et *Sémiramis*. Le fait n'est pas notable seulement par la singularité. On ne saurait douter que l'apparition scénique d'*Athalie*, bientôt suivie d'*Esther*, ne dût exercer une influence irrésistible sur le talent de Crébillon, influence dont j'aurai plus d'une occasion de signaler les traces.

Donc après *Athalie*, *Sémiramis*; et après *Sémiramis*, voici venir *Œdipe* (1718). C'est le début de Voltaire, et le commencement d'une rivalité qui durera quarante ans. Notre énumération touche à sa fin ; *Artémise* de Voltaire paraît en 1720; *les Machabées* de La Mothe, le 6 mars 1721 ; l'*Esther* de Racine, émancipée comme *Athalie*, se montre privée de ses chœurs et réduite à trois actes le 8 mai suivant, et disparaît méconnue après huit représentations. C'est La Mothe qui triomphe avec le plus grand succès de larmes de tout le dix-huitième siècle, *Inès de Castro* (1723).

---

fait est faux. Ces écrivains ont confondu le privilège d'*Athalie* avec le privilège d'*Esther*, qui renferme en effet cette prohibition exceptionnelle, laquelle s'explique par ce fait peu connu que le privilège d'imprimer *Esther*, en date du 8 février 1689, fut accordé non pas à Racine, mais aux dames de la communauté de Saint-Louis, dite de Saint-Cyr.

Voltaire donne sa *Marianne* en 1724 et Crébillon son *Pyrrhus* en 1726.

A travers cette nomenclature un peu sèche, mais nécessaire, la chaîne des temps se renoue, et l'on reconstitue sans effort le milieu littéraire, brillant, élégant, un peu alangui, dans lequel le génie de Crébillon éclata comme un coup de tonnerre.

Sa première tragédie, *Idoménée,* est l'aventure d'un roi de Crète, moitié réel, puisqu'il figure parmi les guerriers qui assiégèrent Troie, moitié fabuleux, puisqu'il était le fils de Deucalion, petit-fils de Minos, et le propre neveu de Phèdre l'incestueuse. On rapporte que, revenant de Troie et se trouvant exposé à une furieuse tempête, il fit vœu à Neptune de lui sacrifier la première tête qui s'offrirait à ses regards lorsqu'il débarquerait en Crète. Ce fut son fils qui vint à sa rencontre, et qu'il sacrifia sans hésitation. Crébillon recula devant cette atrocité ; son Idamante se tue pour épargner un crime à son père.

Pour comprendre à quel point une pareille donnée échappe aux conditions de l'intérêt scénique, il suffit de la comparer au sacrifice d'Abraham ou bien au sacrifice d'Iphigénie. Abraham, comme Agamemnon, obéit à l'ordre du ciel, le premier avec toute humilité, le second avec révolte, tous deux avec un profond déchirement. Voilà de quoi toucher le cœur. De plus, le supplice d'Iphigénie est réclamé par Calchas, par l'armée, par la Grèce tout entière ; la conquête de Troie est à ce prix. Mais Agamemnon n'a pas offert le sang de sa fille innocente pour sauver sa propre existence ; l'on peut même croire qu'il donnerait sa vie pour celle de sa fille. Le cas d'Idoménée, au contraire, dont l'égoïsme se rachète aux dépens d'une victime sans tache, n'inspire que la répulsion et l'horreur.

On peut se demander à quel texte précis Crébillon, débutant dans la carrière des lettres, avait emprunté l'argument de son premier poème tragique. Connaissait-il les traditions incertaines qui se greffèrent sur les poèmes homériques ? Je ne crois pas qu'il ait cherché si loin. L'histoire d'Idoménée est racontée en prose excellente dans le dernier des quatre livres de *Télémaque,* qui venaient de paraître en 1699 ; il est probable que Crébillon, en écrivant sa tragédie, représentée en 1705, ne songea qu'à dramatiser quelques pages d'un livre exquis, qui jouissait d'une vogue infinie et qui se trouvait dans toutes les mains. Les dramaturges d'aujourd'hui n'agissent pas autrement avec les romans en vogue.

Le style d'*Idoménée*, à part quelques incorrections et quelques remplissages, est d'une remarquable fermeté ; on a cité souvent le récit du naufrage, imité du premier livre de l'*Énéide*, morceau de rhétorique que Fréron louait avec excès et que La Harpe a dénigré sans ménagement.

Atrée et Thyeste est une composition bien autrement savante, vigoureuse et saisissante qu'*Idoménée*. Le fond et la conduite générale en sont empruntés à Sénèque. Ici l'intérêt proprement dit est primé par l'horreur ; cependant le développement du caractère d'Atrée est d'une force extrême ; Fréron eut raison de dire qu'il n'est rien du plus beau au théâtre, le beau s'entendant ici au sens de ces vers de Boileau :

> Il n'est pas de serpent, ni de monstre odieux,
> Qui par l'art imité ne puisse plaire aux yeux.

L'atroce sujet de cette tragédie trouva son expression précise dans le style solide, concentré, tout en substance et en saillie que caractérise ce court et célèbre dialogue des deux frères devant la coupe sanglante :

> Méconnais-tu ce sang ? — Je reconnais mon frère !

Atrée et Thyeste fonda la renommée de Crébillon ; mais en même temps il la fixait et l'enfermait pour ainsi dire dans une faculté unique, en vertu de laquelle ses admirateurs eux-mêmes s'accordaient à lui refuser d'autres dons. « Ses vers », écrivit d'Alembert, « ont plus de force que d'harmonie, et son pinceau « mâle ne peint jamais que des objets terribles ; en un « mot son génie nous asservit, mais c'est un tyran, à « force de nous faire trembler, et d'étaler à nos yeux « le carnage et l'horreur. » Montesquieu, plus modéré, ne lui rendait pas, au fond, une justice plus étendue ni plus clairvoyante : « Nous n'avons pas d'auteur « tragique qui donne à l'âme de plus grands mouve- « ments que Crébillon, qui nous arrache plus à nous- « mêmes, qui nous remplisse plus de la vapeur du « dieu qui l'agite. C'est le seul tragique de nos jours « qui sache bien exciter la véritable passion de la tra- « gédie : la terreur. »

Ces jugements exclusifs ne doivent pas être acceptés sans de larges atténuations et modifications par une critique plus compréhensive et moins partiale que celle des contemporains de Voltaire.

L'accusation, enveloppée dans d'apparents éloges, de ne savoir toucher que la corde d'airain, put se produire avec quelque apparence de bonne foi au lendemain d'*Atrée et Thyeste*. Crébillon sentit les conséquences qu'on en prétendait tirer contre son avenir théâtral. Il se défendit dans une rude et altière préface, pénétrée, comme l'était ce vaillant esprit, d'une ironie incisive, où l'on retrouve au naturel « le bourguignon salé ». A ceux qui lui reprochaient d'avoir exagéré la vengeance d'Atrée, motivée par un soupçon jaloux, il répondait sans sourciller : « Je n'aurais jamais « cru que, dans un pays où il y a tant de maris mal-« traités, Atrée eût si peu de partisans. » Il ne cédait rien sur le fond, et maintenait énergiquement les droits de la tragédie, tout en se défendant plaisamment de toute complicité personnelle avec les crimes des Atrides. « On eut la bonté », dit-il encore, « de me lais-« ser tout l'honneur de l'invention ; on me chargea de « toutes les iniquités d'Atrée ; et l'on me regarde en-« core dans quelques endroits comme un homme avec « qui il ne fait pas sûr de vivre ; *comme si tout ce que* « *l'esprit imagine devait avoir sa source dans le* « *cœur !...* » Profonde remarque d'esthétique, que les poètes et les romanciers auraient trop souvent l'occasion d'opposer aux jugements inconsidérés comme aux imputations calomnieuses.

Je ne crois pas offenser mes contemporains ni rien dire de nouveau en affirmant que le sens tragique n'existe plus parmi nous ; et j'éprouve quelque embarras à faire pénétrer le lecteur de 1884 dans la pensée commune qui unissait il y a cent cinquante ou deux cents ans ceux qui composaient des tragédies et ceux qui les écoutaient. Nos aïeux se plaisaient à frémir, à se sentir abattus, consternés par les émotions du théâtre ; une scène pathétique les faisait trembler, une phrase entrecoupée les plongeait dans la terreur, un hémistiche suspendu faisait couler leurs larmes.

Ce mode spécial de sensibilité a cessé d'affecter les masses hétérogènes qui remplacent le public choisi d'autrefois. Des causes diverses, complexes et confuses, ont contribué à cette transformation.

Il est assez naturel de penser que la Révolution, en installant la Terreur dans la rue, l'a fait descendre du théâtre, et que la tragédie réelle en a tué le goût littéraire chez la nation. La tragédie, à ne la considérer, comme il convient, qu'à partir du *Cid*, fut le noble divertissement d'une élite et l'enseignement respectueusement reçu de la foule, sous les règnes, relativement paisibles à l'intérieur, de Louis XIII, de Louis XIV et de Louis XV. Quelques hautes têtes fauchées sur de solennels échafauds, Montmorency, Marcillac, Bouteville, Cinq-Mars ou Rohan, n'inquiétaient pas la multitude ; le spectacle ou le souvenir de ces infortunes isolées ne faisait qu'aviver, à la vue des catastrophes analogues que reproduit la tragédie, le sentiment aristotélique de la pitié et de la terreur. Plus la France devenait paisible, plus les sentiments terribles et farouches étaient recommandés au poète. Corneille, grand, généreux, sublime, n'a guère sacrifié qu'une fois à l'horrible, dans sa colossale *Rodogune;* Racine, doux et tendre, ne connaît guère de cruauté que dans l'amour ; cependant il avait fini par aborder avec *Athalie* l'assassinat politique. La corde ne tarda pas à se tendre chez ses successeurs, qui s'accordent à proscrire l'amour comme « indigne de « la majesté du cothurne ».

Atrée et Thyeste, qui répondait précisément à ces exigences artificielles d'une rhétorique sans entrailles, produisit une sensation d'une intensité telle que Crébillon put craindre d'avoir dépassé le but ; c'est par une sorte de compensation qu'il osa, dans son *Electre*, donner de l'amour à la fille d'Agamemnon pour le fils du meurtrier de son propre père. D'un autre côté, Oreste, qui ne se connaît pas lui-même, ayant été élevé sous un nom d'emprunt par son gouverneur, le sage Palamède, aime une jeune princesse, fille d'Egisthe et sœur du jeune prince aimé d'Electre. Tel est l'élément nouveau ajouté par Crébillon aux données de la tradition grecque ; c'est ce qu'il plut à Voltaire d'appeler « la partie carrée d'*Electre* » et qui lui inspira mille sarcasmes. A mon avis, à part le nom ridicule d'Iphianasse attribué à la fille d'Egisthe, sœur d'Itys, la combinaison de Crébillon est aussi ingénieuse qu'intéressante ; elle a le grand avantage de tempérer, au moins dans les prolégomènes, cette sombre histoire de l'assassinat d'une mère par son fils, et surtout, en forçant les vengeurs d'Agamemnon de renoncer à leur tendresse pour les rejetons d'une race ennemie, de mêler un sacrifice de cœur au sacrifice sanglant accompli par les bourreaux de Clytemnestre.

Crébillon s'imaginait peut-être qu'on lui saurait gré d'avoir attendri Melpomène et prêté à son Electre comme à son Oreste quelque chose d'humain ; c'est qu'il avait compté sans les zélateurs de l'antiquité, qui jetèrent les hauts cris et l'accusèrent d'avoir commis une sorte de sacrilège en altérant la simplicité de la fable grecque. Aux pédants résolus à bannir l'amour du théâtre, il aurait pu répondre en s'autorisant des licences accordées par le sévère Boileau lui-même :

> Bientôt, l'amour fertile en tendres sentiments
> S'empara du théâtre ainsi que du roman.
> De cette passion la sensible peinture
> Est pour aller au cœur la route la plus sûre.
> Peignez donc, j'y consens, les héros amoureux.

Il préféra défendre, à l'occasion de son *Electre*, les droits de l'inventeur, c'est-à-dire du poète, et la liberté de l'esprit humain. « Sophocle », osa-t-il écrire dans sa préface, « ne pouvait donner à son Electre des « sentiments qui n'étaient point en usage sur la scène « de son temps ; s'il eût vécu du nôtre, il eût peut-être « fait comme moi. Cela ne laisse pas d'être un attentat « jusque-là inouï, qui a soulevé contre un moderne « inconsidéré toute cette région idolâtre, où il ne man- « que plus au culte qu'on y rend aux anciens, que des « prêtres et des victimes. » Et, plus audacieux encore, il ajoute : « Il ne s'agit que de rendre Electre tout à fait « à plaindre ; je crois y avoir mieux réussi que Sopho- « cle, Euripide, Eschyle et tous ceux qui ont traité » le même sujet. C'est ajouter encore à l'horreur « du sort de cette princesse que d'y joindre une pas- « sion dont la contrainte et les remords ne font pas « toujours les plus grands malheurs. »

Cette fière attitude du génie qui a conscience de sa force déchaîna contre Crébillon des attaques auxquelles Voltaire eut la faiblesse de participer. N'est-ce pas lui, pourtant, qui, obligé à son tour de se disculper devant les censures de l'étroite critique contemporaine, écrivait dans sa *Dissertation sur la tragédie :* « Je dis que ce serait manquer d'âme et de jugement « que de ne pas avouer combien la scène française est

« au-dessus de la scène grecque, par l'art de la con-
« duite, par l'invention, par les beautés de détail qui
« sont sans nombre. » Crébillon n'avait pas dit autre
chose dans sa préface d'*Electre*.

Cette tragédie tant attaquée triompha glorieusement de ses détracteurs devant le parterre de 1708, par des qualités de premier ordre et par l'intérêt des épisodes que la critique condamnait comme autant de fautes. L'amour d'Electre, fille de la victime, pour Itys, fils du meurtrier, en la rapprochant de la Chimène de Corneille, colore d'une teinte de mélancolie chevaleresque la sanglante catastrophe qui noie leur amour dans le sang d'Egisthe et de Clytemnestre.

>Non! je ne te haïs point!

dit Électre, comme Chimène, et cela à l'heure même où elle vole près d'Oreste pour prendre sa part d'un meurtre parricide. Mais combien est différente la suite des deux scènes :

>Ton père est aux autels,

dit Électre,

>Je m'en vais l'y trouver...

Itys se jette à ses genoux :

>Quoi ! vous m'abandonnez à mes cruels transports !
>— Que fais-tu, malheureux ? Laisse-moi mes remords !

répond Électre. Si l'auteur tragique peut être blâmé d'avoir mis au cœur d'Électre un sentiment d'amour, on ne peut pas l'accuser d'avoir fait parler à cet amour un langage doucereux.

D'ailleurs, les puritains avaient de quoi se satisfaire dans toutes les parties d'*Electre* où Crébillon s'inspire fidèlement des modèles de l'antiquité. Par exemple, la scène de Clytemnestre et d'Électre au premier acte est d'une beauté achevée; j'y renvoie le lecteur, mais je ne puis me priver de citer ici les derniers vers de la plainte d'Électre à sa mère, morceau si touchant et si tragique :

>Vous m'aimâtes ; pourquoi ne vous suis-je plus chère?
>Ah ! je ne vous hais point ! et malgré ma misère,
>Malgré les pleurs amers dont j'arrose ces lieux,
>Ce n'est que des tyrans dont je me plains aux dieux !

> Pour me faire oublier qu'on m'a ravi mon père,
> Faites-moi souvenir que vous êtes ma mère !

Enfin, il faut bien le rappeler ici, puisque les générations oublieuses paraissent n'en plus rien savoir, la scène des fureurs d'Oreste, qui termine cette grande œuvre, est un morceau admirable, qui, par l'invention comme par le style, dépasse tout ce qu'on avait écrit avant lui en ce genre, même la dernière scène d'*Andromaque*. Tout serait à citer dans un cours de littérature ; il faut se borner à ce passage unique :

> Que vois-je ! mon aspect épouvante les ombres !
> Que de gémissements ! que de cris douloureux !
> « — Oreste ! » — Qui m'appelle en ce séjour affreux ?

Ce trait sublime n'appartient qu'à Crébillon ; quoi de plus terrible et de plus vrai que le désespoir de ce parricide, effrayé d'entendre son nom qu'il a prononcé lui-même ? On dit que l'auteur dut cette inspiration à la rencontre d'un homme ivre qui s'appelait et se répondait à haute voix. Népomucène Lemercier, qui nous a conservé cette anecdote, fait remarquer avec raison que des hasards de ce genre courent les rues, mais que le génie seul les observe et sait les transporter dans le domaine de l'art.

Rhadamiste et Zénobie, qui se place immédiatement après *Electre* dans l'ordre chronologique, est l'œuvre demeurée la plus célèbre de Crébillon, et qui a conservé le plus de temps sa place au répertoire de nos deux premières scènes françaises (1). C'est évidemment la seule tragédie de Crébillon qu'on puisse qualifier de romanesque ; cela ne suffit pas à justifier la prédilection qu'on lui attribue pour les fictions de La Calprenède, qui, cinquante ans après la mort de ce célèbre auteur gascon, devaient être singulièrement oubliées et démodées. Un biographe fantaisiste a découvert qu'il serait curieux de rechercher et de transcrire les passages de La Calprenède imités par Crébillon ; que ne les recherchait-il et ne les transcrivait-il

---

(1) Cette tragédie fut encore jouée à l'Odéon en 1824 ; Frédérick Lemaitre y avait débuté deux ans auparavant par le rôle du confident Mitrane. La dernière représentation au Théâtre-Français est du 28 mai 1829, avec Lafon et Mlle Duchesnois dans les deux principaux rôles, que Talma et Mlle Georges avaient remplis à une reprise antérieure, le 6 avril 1808.

lui-même? je crois qu'il y aurait perdu son temps. Ce n'est ni dans les dix volumes de *Cassandre*, ni dans les vingt-trois volumes de *Cléopâtre* que Crébillon puisa la première idée de *Rhadamiste*, mais tout simplement dans les Annales de Tacite (chapitres XLV à LI du livre XII). Ce Rhadamiste, fils de Pharasmane, roi d'Ibérie (la Géorgie d'aujourd'hui), avait épousé sa cousine Zénobie, fille de son oncle Mithridate, roi d'Arménie. Il fit étouffer son oncle et beau-père sous de lourds tapis, et s'empara de ses États. Ceci se passait sous le règne de l'empereur Claude. L'ignoble proconsul Julius Pélignus, gagné par l'or de Rhadamiste, sanctionna au nom de Rome cette usurpation. Mais bientôt une révolte éclata en Arménie et Rhadamiste dut chercher son salut dans la fuite. Il partit de toute la vitesse de ses chevaux; il emmenait Zénobie qui était enceinte.

« Toutefois », rapporte Tacite (1), « la crainte de l'ennemi et la tendresse conjugale lui donnèrent des forces, et elle supporta le mieux qu'elle put les premières fatigues. Bientôt les continuelles secousses d'une course prolongée lui déchirant les entrailles, elle conjure son époux de la soustraire par une mort honorable aux outrages de la captivité. Rhadamiste l'embrasse, la soutient, l'encourage, passant tour à tour de l'admiration pour son héroïsme à la crainte de la laisser au pouvoir d'un autre. Enfin, transporté de jalousie, habitué d'ailleurs aux grands attentats, il tire son cimeterre, l'en frappe, et l'ayant traînée au bord de l'Araxe, il l'abandonne au courant du fleuve, pour que son corps même ne puisse être enlevé. Pour lui, il regagna précipitamment les États de son père. »

Cette dramatique aventure eut un double dénouement, plus extraordinaire encore.

« Cependant Zénobie, » continuent les Annales, « flotta doucement jusque sur la rive, respirant encore et donnant des signes manifestes de vie. Des bergers l'aperçurent, et, jugeant à la noblesse de ses traits qu'elle n'était pas d'une naissance commune, ils bandent sa plaie, y appliquent des remèdes connus aux champs; ensuite, instruits de son nom et de son aventure, ils la portent dans la ville d'Artaxarte. De

---

(1) J'emprunte ici l'excellente traduction de M. J.-L. Burnouf.

là elle fut conduite, par les soins des magistrats, à la cour de Tiridate (roi des Parthes), qui la reçut avec bonté, et la traita en reine. »

Cette princesse, ces bergers, ce roi généreux, ces remèdes connus aux champs, qui guérissent des coups de sabre et de l'asphyxie, paraîtraient en effet bien romanesques même dans un roman. Cependant, ceci n'est ni du La Calprenède, ni du Scudéry, c'est du Tacite.

Quant à Rhadamiste, il périt quatre ans plus tard, égorgé par ordre de son père Pharasmane, comme traître à sa personne royale et infidèle aux Romains (Annales, ch. XXXVII, liv. XIII).

Avec de tels points de départ, Crébillon aurait pu se permettre les inventions les plus incroyables, sans atteindre à l'invraisemblable de la réalité. Il s'arrêta, tout au contraire, à la plus simple de toutes, et cette simplicité même atteste la puissante profondeur de son génie dramatique. Rhadamiste revient à la cour de son père, et il y retrouve Zénobie. Celle-ci, qui se croyait veuve, a laissé parler son cœur; elle aime le prince Arsame, le propre frère de Rhadamiste. La reconnaissance des deux époux, au troisième acte, passe, de l'aveu des critiques les plus rigoureux et de Voltaire lui-même, pour la plus pathétique et la plus passionnée que l'on connaisse au théâtre. Mais bientôt l'inclination mutuelle de Zénobie et d'Arsame est devinée par Rhadamiste, dont les fureurs jalouses se réveillent. La justification de Zénobie est admirable :

> Ton frère me fut cher, je ne puis le nier ;
> Je ne cherche pas même à m'en justifier ;
> Mais, malgré son amour, ce prince, qui l'ignore,
> Sans tes lâches soupçons, l'ignorerait encore.
> *A Arsame.*
> Prince, après cet aveu, je ne vous dis plus rien.
> Vous connaissez assez un cœur comme le mien
> Pour croire que sur lui l'amour ait quelque empire.
> Mon époux est vivant, ainsi ma flamme expire.
> Cessez donc d'écouter un amour odieux,
> Et surtout gardez-vous de paraître à mes yeux.
> *A Rhadamiste.*
> Pour toi, dès que la nuit pourra me le permettre,
> Dans tes mains, en ces lieux, je viendrai me remettre.
> Je connais la fureur de tes soupçons jaloux ;
> Mais j'ai trop de vertu pour craindre mon époux.

Le dénouement de *Rhadamiste* est conforme à l'histoire ; et de son horreur même Crébillon a su tirer l'effet le plus pathétique et le plus déchirant. Il faut savoir que Rhadamiste s'est présenté à la cour de son père, qui ne l'a pas vu depuis son enfance, en qualité d'ambassadeur de Néron et sous un nom romain. L'entrevue solennelle de Pharasmane, placé sur son trône, et recevant avec l'orgueil asiatique ce fils qu'il ne reconnaît pas, est d'une grandeur incomparable. Le choc ne tarde pas à se produire entre le despote enivré de sa toute-puissance et l'ambassadeur de César. Pharasmane s'emporte en entendant contester les droits de sa couronne :

> Et qui doit succéder à mon frère, à mon fils ?
> A qui des droits plus saints ont-ils été transmis ?

— Ah ! s'écrie Rhadamiste, ne pouvant plus se contenir,

> Ah ! doit-on hériter de ceux qu'on assassine !

Ce vers fameux est à la fois naturel et profondément tragique dans la situation où le poète l'a placé. Après une entrevue d'un caractère si menaçant, la catastrophe finale s'annonce d'elle-même ; Pharasmane donne l'ordre de tuer, quoi qu'il en puisse arriver, l'ambassadeur de Rome ; Rhadamiste vient mourir sur le théâtre ; c'est alors que se produit la reconnaissance du père et du fils. Pharasmane, troublé par un sombre pressentiment, s'écrie :

> .....Hélas ! si c'est lui, quel crime ai-je commis !
> Nature, ah ! venge-toi, c'est le sang de mon fils !
>
> RHADAMISTE.
>
> La soif que votre cœur avait de le répandre
> N'a-t-elle pas suffi, seigneur, pour vous l'apprendre ?
> Je vous l'ai vu poursuivre avec tant de courroux
> Que j'ai cru qu'en effet j'étais connu de vous !

Voilà encore un de ces traits de profondeur tragique vraiment dignes de l'antiquité et qui n'appartiennent qu'à Crébillon.

Rhadamiste expire enfin,

> Heureux quoiqu'en mourant de retrouver mon père !

Il est difficile de ne pas reconnaître dans cette

suite d'émouvantes péripéties l'idée première de la scène de Zopire avec Palmyre et Séide, au quatrième acte de *Mahomet :*

<blockquote>Frappez vos assassins ! — J'embrasse mes enfants !</blockquote>

Voltaire avouait l'avoir empruntée au *Marchand de Londres*, de Lillo ; c'était pour ne pas reconnaître sa dette envers Crébillon. Il ne faisait pas d'ailleurs difficulté d'admirer *Rhadamiste*.

La Harpe, malgré l'injustice habituelle dont il poursuivait Crébillon pour servir les haines de Voltaire, jugeait la scène de l'aveu de Zénobie comparable à celle de Pauline et de Sévère dans *Polyeucte*. Népomucène Lemercier allait plus loin, déclarant que son admiration pour la scène de Corneille ne l'empêchait pas de mettre celle de Crébillon au-dessus, « parce que la présence de l'époux, témoin du chaste aveu que prononce Zénobie avec la dignité de sa pudeur et au péril de ses jours, ajoute, au sensible intérêt qui attache le spectateur à sa victime, l'épouvante qu'inspire le caractère de Rhadamiste. » Ce qu'on peut dire de plus, c'est que cette scène, digne de Corneille par sa sublimité, est digne de Racine par l'élégante et pure noblesse de sa diction. Un succès d'admiration et de larmes, qui se prolongea pendant cent dix-huit ans (1711-1829), a consacré *Rhadamiste et Zénobie* au rang des chefs-d'œuvre du théâtre.

Crébillon, cependant, parvint non à se surpasser, du moins à s'égaler lui-même dans une autre composition moins célèbre, sa tragédie de *Pyrrhus*, que deux autres ouvrages, relativement inférieurs, *Xerxès* et *Sémiramis*, séparent de *Rhadamiste et Zénobie*.

Ce n'est pas que *Xerxès* soit un ouvrage méprisable. Le plan toutefois en est mieux conçu qu'exécuté ; le ministre Artaban, qui gouverne absolument le faible Xerxès, roi de Perse, a formé le noir projet d'armer l'un contre l'autre les deux fils de Xerxès, et, se débarrassant de l'un par l'autre, d'usurper la couronne. C'est l'amour qui, naturellement, divise les deux princes ; mais le procédé assez uniforme par lequel Artaban entretient leur mésintelligence amoureuse appartient plutôt à la comédie romanesque qu'à la tragédie, et rappelle même d'assez près *le Jaloux sans sujet*, de Charles Beys. Le caractère de l'artificieux Artaban est cependant assez fortement tracé pour maintenir l'unité de cette intrigue un peu lâche. La force étonnante de Crébillon éclate dans des vers tels que ceux-ci :

> Dieux cruels ! jouissez du transport qui m'anime ;
> C'en est fait, je sens bien que j'ai besoin d'un crime !

Ou bien encore cette exclamation ironique :

> Dans l'état où je suis, je ne crains que les dieux !

La scélératesse cynique et impie d'Artaban fait songer au Séjanus de Cyrano de Bergerac ; aussi fut-elle de même suspectée. A une époque où, selon la juste remarque de Voltaire, nulle mauvaise maxime n'était tolérée sur la scène française, le rôle d'Artaban fut jugé dangereux, et *Xerxès* ne put se maintenir au théâtre.

Une raison de même ordre condamna *Sémiramis*. Dans cette pièce comme dans celle de Voltaire, Ninias apparaît d'abord sous un faux nom, Agénor chez Crébillon, Arsace chez Voltaire. Sémiramis s'est éprise d'Agénor, dont elle ne soupçonne pas l'origine ; lorsqu'enfin elle reconnaît en lui Ninias, elle ne peut dompter sa fatale passion et elle se tue. Crébillon vit qu'il s'était trompé en supposant qu'il serait possible de laisser entrevoir sur la scène ce que les historiens racontent de l'amour incestueux de Sémiramis pour Ninias. Tels sont « les sentiments coupables » auxquels Danchet faisait allusion dans le *visa* que j'ai cité plus haut. On peut ajouter que, de toutes les passions monstrueuses, Crébillon était allé choisir celle qui ne sera jamais supportée au théâtre.

Entre *Sémiramis* (10 avril 1717) et *Pyrrhus* (29 avril 1726), il s'était écoulé un intervalle de neuf années, pendant lesquelles Crébillon, successivement riche et ruiné, eut le temps de réfléchir, à travers les vicissitudes du système de Law, sur les vicissitudes non moins étonnantes de l'auteur dramatique. Le résultat de ce long recueillement fut sa tragédie de *Pyrrhus*, qui semble calculée pour faire oublier les bassesses d'Artaban, les crimes d'Atrée, les fureurs d'Oreste et les transports de Sémiramis. Tout dans *Pyrrhus* est héroïque et vertueux, et, pour aller jusqu'au bout dans son parti pris, l'auteur osa dénouer une tragédie sans ensanglanter le théâtre.

Ce système accumulait les difficultés comme à

plaisir; Crébillon eut le bonheur et la gloire de les vaincre ; car *Pyrrhus* est une des pièces les plus intéressantes et les plus touchantes qu'on puisse lire, comme elle en est une des plus nobles et des plus élevées.

Ce Pyrrhus occupe dans l'histoire quelques lignes, dont voici la substance : « Pyrrhus, roi d'Épire, « du sang des Æacides et descendant d'Achille, fut « laissé fort jeune par son père sous la tutelle de « Glaucias. A l'âge d'homme, il combattit Néoptolême, « son compétiteur au trône, et le tua (272 ans av. J.-C.). » Sur ces linéaments, Crébillon construisit une fable simple et savante.

Pyrrhus, comme l'Oreste de son *Electre*, passe pour le fils de son tuteur Glaucias, et ne se connaît pas lui-même; il porte le nom d'Hélénus, qu'il a illustré par ses hauts faits. Cependant, les destinées de la guerre ont été contraires à Glaucias ; Néoptolême, vainqueur, a fait de nombreux prisonniers, parmi lesquels se trouve Illyrus, le véritable fils de Glaucias ; il offre de le rendre, si, en échange, Glaucias lui livre ce Pyrrhus, dont on ignore la retraite, mais dont le nom seul tient en échec l'usurpation de Néoptolême. Glaucias refuse ; fidèle au sang d'Achille, il laissera périr son propre fils plutôt que de livrer Pyrrhus. L'abnégation presque surhumaine de Glaucias provoque moins d'admiration que d'étonnement et de révolte chez Hélénus et Illyrus, qui se croient frères. Illyrus, qui ne peut pas mettre en doute la tendresse paternelle de Glaucias, conçoit un soupçon qui ne tarde pas à se changer en certitude; il a deviné qu'Hélénus n'était pas son frère et devait être ce Pyrrhus tant redouté. Dès lors, il se soumet à son destin et accepte silencieusement le sacrifice de sa vie ; c'est ce qu'il fait entendre à Glaucias :

> Je pourrais d'un seul mot éviter mon malheur ;
> Mais ce mot échappé vous percerait le cœur.
> C'est dans le fond du mien qu'enfermant ce mystère,
> Je vais sauver Pyrrhus, votre gloire, et me taire.

Hélénus, à son tour, demande compte à Glaucias de l'indifférence barbare qui lui fait abandonner Illyrus. La scène est vraiment magnifique. « Qu'est-ce que ce « Pyrrhus », s'écrie-t-il, « que vous préférez à votre « propre sang ? Que fait-il ? Où se cache-t-il ? »

> Je ne sais, mais je crains que ce grand nom d'Achille
> Ne soit pour lui d'un poids plus onéreux qu'utile ;
> Que sans gloire ses jours ne se soient écoulés...

Glaucias l'interrompant :

> Ah ! si vous connaissiez celui dont vous parlez !

Hélénus insiste pour pénétrer le secret de Glaucias, qui continue à résister.

> Quoi ! ce même Hélénus que l'univers admire,
> Et dont les dieux semblaient lui désigner l'empire,
> L'ennemi des tyrans, l'ami des malheureux,
> Flétrit en un seul jour tant de jours si fameux,
> Et me demande à moi le sang d'un misérable !
> . . . .
> Ah ! mon fils, étouffez ces désirs envieux ;
> Et Pyrrhus puisse-t-il pour jamais disparaître !
> HÉLÉNUS.
> Je commence, seigneur, à ne me plus connaître.
> Pour la dernière fois j'embrasse vos genoux...
> GLAUCIAS.
> Ah ! quel emportement ! c'en est trop, levez-vous.
> Reconnaissez Pyrrhus à ma douleur extrême.
> HÉLÉNUS.
> Achevez...
> GLAUCIAS.
> Je me meurs... Malheureux ! c'est vous-même.

La résolution que Pyrrhus prend sur l'heure est à la hauteur du dévouement de Glaucias et d'Illyrus ; il sauvera celui qui fut son frère en se livrant volontairement à Néoptolême. Son sacrifice sera d'autant plus douloureux qu'il aimait Éricie, la fille de l'usurpateur, et qu'il faut lui annoncer la révolution du sort qui les sépare à jamais. Cet aveu détermine encore une reconnaissance, la troisième de la pièce, et qui cependant n'en est pas la moins émouvante ; n'est-ce pas la perfection de l'art que de renouveler une situation par ce moyen si simple et si difficile, qui consiste à la présenter successivement sous ses différentes faces ?

> ... Vous allez (dit Éricie) livrer un malheureux,
> Sans cesser d'être grand ni d'être généreux ?
> Ah ! je vous reconnais à cet effort suprême ;
> Justes dieux ! c'est Pyrrhus qui se livre lui-même !

Rien n'arrête le digne héritier des Æacides :

> Un descendant d'Achille a-t-il peur de la mort ?

Il assure d'abord la délivrance d'Illyrus, puis il jette son épée au pied de Néoptolème :

... Frappe! voilà Pyrrhus!

Glaucias se précipite et interpelle Néoptolème :

De quoi va s'occuper ton injuste vengeance?
Sont-ce les mouvements qu'il te doit inspirer?
Il se livre à tes coups : que veux-tu? — L'admirer!

répond Néoptolème qui, saisi d'une émotion respectueuse, s'incline devant le petit-fils d'Achille, et ne lui demande, pour prix d'une réconciliation sincère, que de le reconnaître comme prince de son sang.

Telle est cette tragédie vraiment héroïque, où les sentiments grandioses élèvent l'âme à des hauteurs inaccoutumées, sans cesser de toucher le cœur. Si j'avais à prononcer un jugement comparé sur l'œuvre entière de Crébillon, c'est à *Pyrrhus* que je donnerais le prix.

On ne saurait dire que cet ouvrage, d'une beauté sereine et achevée, ait été méconnu; il fut applaudi dans sa nouveauté, et remis plusieurs fois au répertoire pendant le cours du XVIIIe siècle. Cependant il semble que Crébillon, découragé et lassé, quoiqu'il fût dans la force de l'âge et dans la maturité du talent, eût résolu, après *Pyrrhus*, de renoncer au théâtre. De pareilles déterminations ne sont pas sans d'illustres exemples dans l'histoire de l'art. Racine, après les injustices dont *Phèdre* avait souffert, Rossini, après son *Guillaume Tell* méconnu, Ingres, se retirant des expositions publiques pour ne plus encourir la dérision des critiques humiliantes qui martyrisèrent son Saint Symphorien, Victor Hugo, insulté dans ses *Burgraves* par une réaction dont la niaiserie égalait la violence, s'éloignèrent des luttes publiques; mais ils ne cessèrent pas de produire.

Crébillon, au contraire, ne composa plus rien, conservant seulement dans son vaste cerveau, réduit au modeste exercice des menues affaires administratives et académiques, les tirades politiques qu'il avait esquissées d'abord pour un *Cromwell*, abandonné presque aussitôt qu'achevé, et qui se transformèrent, avec moins de péril et de responsabilité, à l'usage d'un *Catilina*, tour à tour repris et abandonné pendant plus de vingt ans. Il fallait que cette tragédie du grand vieillard se défendît par des qualités de premier ordre, pour ne pas aboutir aux déceptions qui suivent trop souvent les longues attentes.

Les discours tiennent, dans cette tragédie purement politique et délibérative, d'après le moule cornélien, une place considérable, justifiée d'ailleurs par la présence de Cicéron, de Caton et du sénat romain. Un tel parti pris obligeait le poète à une éloquence puissante et mâle, capable d'éveiller et de soutenir l'attention du spectateur. Cette obligation, Crébillon l'a remplie dans toute son étendue. Personne, depuis Corneille, dont le nom revient comme de lui-même à propos de Crébillon, n'avait exposé la politique de Rome avec plus de clarté, de force et de hauteur. Tacite ne désavouerait pas ces deux portraits incrustés en quatre vers comme des médailles de bronze :

> Timide, soupçonneux et prodigue de plaintes,
> Cicéron lit toujours l'avenir dans ses craintes ;
> Et Caton, d'un génie ardent mais limité,
> Ne connaît de vertu que la férocité.

La scène capitale de *Catilina* est la séance du sénat (acte IV, sc. II), tableau plein de couleur et de mouvement. On sait que Catilina mourut les armes à la main en combattant Pétréius sous les murs de Rome. Les préceptes reçus et les ressources fort limitées de la mise en scène ne permettaient pas de montrer un champ de bataille, comme le fit de nos jours Alexandre Dumas traitant le même sujet ; un récit était, en ce temps-là, l'unique ressource des auteurs médiocres, qui l'avaient discréditée. Crébillon passa entre ces deux écueils, l'impossible et le banal ; il prit envers l'histoire une liberté qui me paraît fort excusable. Son Catilina n'est pas mort sur le champ de bataille, il a pu s'échapper, il rentre en scène couvert de sang, n'ayant plus d'autre arme qu'un poignard avec lequel il se tue pour échapper aux vengeances du sénat ; mais, avant de mourir, il voit défiler devant lui Lentulus, Céthégus et les autres conjurés, que les licteurs conduisent à la mort. Il interpelle Cicéron et Caton, ses vainqueurs ; il salue le premier de cette apostrophe méprisante qui, par un trait d'observation profonde, dévoile l'orgueil du patricien chez le conspirateur démagogue :

> Approche, plébéien, viens voir mourir un homme
> Qui t'a laissé vivant pour la honte de Rome.

Puis, s'adressant à Caton :

> Et toi dont la vertu ressemble à la fureur,
> Au gré de mes désirs tu feras son malheur.

A tous deux :

> Qu'heureusement pour vous la force m'abandonne !
> Mais croyez qu'en mourant mon cœur n'est point changé.
> O César, si tu vis, je suis assez vengé !

Ainsi s'achève la tragédie, par un vers aussi beau que la scène dont il est le couronnement et la synthèse.

L'admiration des connaisseurs ne désarma pas la critique. On s'en prit au caractère de Cicéron, ravalé, disait-on, d'une manière indécente. On avait chargé Crébillon des crimes d'Atrée ; peu s'en fallut cette fois qu'on ne le rangeât parmi les complices de Catilina. Voltaire jeta les hauts cris ; les amis mêmes de Crébillon n'osaient l'absoudre de ce chef. Avec un peu de bonne foi, l'on aurait compris qu'un conspirateur hardi, payant son audace de sa tête, offrirait toujours un plus brillant personnage à l'optique spéciale du théâtre que le magistrat éloquent et sans épée, chargé d'assurer le triomphe de l'ordre et de la loi. Nous ne connaissons plus ces scrupules ni ces résistances. Alexandre Dumas, dans son drame de 1848 que je citais tout à l'heure, alla plus loin que Crébillon ; sous le masque transparent d'un Cicéron d'actualité, il livra à la risée publique l'honnête personnalité de M. Odilon Barrot et les idées de tout un parti, longtemps populaire, aujourd'hui conspué, qu'on appelle le centre gauche. Alexandre Dumas ne rencontra pas d'obstacles dans cette voie ; il n'y recueillit que des applaudissements.

Crébillon, cependant, qui n'avait que très involontairement offensé la mémoire de Cicéron, résolut de marquer sa déférence pour l'avis unanime de la critique, et d'accorder une réparation publique au grand orateur romain. Dans un cas analogue, un écrivain moderne écrirait une lettre aux journaux ; sa conscience et l'opinion publique ne lui en demanderaient pas davantage. Crébillon ne se contenta pas pour soi-même de si peu ; ce fut une tragédie en cinq actes qu'il offrit aux mânes irrités de Cicéron. Vaillant effort d'un poète de quatre-vingts ans, fier et robuste comme un grand chêne. Cette tragédie expiatoire, intitulée le *Triumvirat ou la Mort de Cicéron*, témoigne encore de la vigueur du vieux rhapsode ; elle n'ajoute rien à sa gloire, mais ne la diminue pas.

VII

L'étude rapide de ces grandes œuvres montre chez Crébillon une inspiration soutenue qui le maintient sur les hautes cimes de l'art comme dans sa région naturelle. On a été moins juste pour son style que pour ses plans et ses combinaisons tragiques. Voltaire et La Harpe se sont entendus pour lui assurer une réputation d'écrivain incorrect et barbare, contre laquelle protestent d'avance les citations que j'ai faites de ses œuvres au cours de la présente notice. Le procédé de La Harpe, cher à l'ancienne critique, consiste à choisir certains vers d'un poète, et à les isoler de ce qui les entoure, en signalant par des caractères italiques les expressions peu usitées ou réellement incorrectes, les associations de mots nouvelles, les figures inventées, par conséquent les défauts et les beautés pêle-mêle. Le lecteur ainsi prévenu se laisse prendre à des chicanes minuscules et puériles, au moyen desquelles on prouverait je ne dis pas que Voltaire ou La Harpe, ce serait trop aisé, mais que le grand Corneille et Racine lui-même écrivaient en mauvais français.

Certes Crébillon a ses défauts ; il en est un surtout qui a dû tenir à sa manière de travailler ; il n'écrivait rien ; il composait ses vers comme un orateur ses discours en se les récitant à haute voix. Ç'est seulement la pièce finie qu'il se décidait à la confier au papier. Voilà pourquoi l'on ne possède rien de celles qu'il avait rêvées ou entreprises sans les achever. Du reste, Crébillon, qui possédait le sens critique à un très haut degré, comme le prouvent ses remarquables préfaces, s'est expliqué sur la question des « corrections », d'où dépend la correction, avec la netteté qui caractérise ses écrits en prose. Voltaire avait fait précéder sa *Sémiramis*, publiée en 1748, par une dissertation sur la tragédie, qui visait çà et là Crébillon. Le vieux poète y répondit à mots couverts, dans sa préface de l'édition du Louvre, dont le début mérite d'être recueilli tout entier :

> J'avais résolu de donner une dissertation sur la tragédie. Ceux qui sont doués d'un génie heureux puisent des leçons dans leurs propres talents ; ceux qui en sont dénués n'ont besoin que d'un seul précepte, c'est de ne point écrire.
> Je n'ai jamais eu grand foi aux corrections ; la plupart ne sont que des fautes nouvelles. Lorsqu'on n'est plus dans la chaleur des premières idées, on ne peut trop se défier des secondes.
> Quant aux brochures que l'on fait courir contre moi, je ne me pique pas d'y répondre ; les critiques les plus envenimées me font encore beaucoup d'honneur ; j'en aurais même remercié les auteurs si j'avais trouvé des instructions qui pussent m'être de quelque utilité. Mais franchement je n'y ai entrevu qu'un dessein formé de m'humilier ou de me fâcher ; mes censeurs ont manqué leur coup. La critique n'humilie que les orgueilleux, et ne fâche que les sots. J'aurois presque osé me flatter de n'être ni l'un ni l'autre.

Le sentiment de Crébillon sur les corrections et les retouches n'est pas seulement une théorie personnelle ; c'est en même temps un coup droit à l'adresse de Voltaire, qui remaniait sans cesse ses pièces de théâtre, faisant annoter ses tragédies par ses amis, par d'Argental, par Thiriot, par Damilaville, par Cideville et vingt autres, profitant de tous les avis, et, en fin de compte, parvenant rarement à couvrir les vices originaux de sa méthode, qui étaient le défaut de maturité dans les plans, l'improvisation dans la forme.

Il n'en est pas moins vrai qu'une révision attentive aurait débarrassé le style de Crébillon de certaines répétitions fastidieuses, que lui reprochèrent durement les mêmes scholiastes auxquels les centaines d'yeux et de larmes dont l'*Andromaque* de Racine est constellée et inondée ne causèrent jamais le plus léger souci.

Parfois ce sont des archaïsmes que l'on condamne chez Crébillon sans même les reconnaître. On ne voudrait pas qu'il eût employé deux ou trois fois, en plus de vingt mille vers, le mot éprouver dans son sens primitif et normal :

> Princesse, si l'amour vous *éprouve* inflexible.

La justice exigerait qu'on le condamnât aussi dans *l'Illusion comique* du grand Corneille :

d.

> Toujours de plus en plus je l'*éprouve* cruelle

et dans l'*Amasis* de La Grange-Chancel :

> ... Se peut-il que ce fils malheureux
> Vous *éprouve* toujours si contraire à ses vœux ?

Une locution anciennement et généralement en usage chez de bons auteurs peut plaire ou déplaire, mais non pas être prise pour une faute de langue.

D'ailleurs, si Crébillon paraît descendre de Corneille par la sévérité de ses plans et la hauteur de ses caractères, rarement attendris, on ne peut pas douter qu'il n'eût la mémoire meublée des ouvrages de Racine, auquel il emprunte sans y penser des tournures de phrase et parfois des vers tout entiers. Comme ce rapprochement entre Crébillon et Racine peut paraître inattendu et choquer les préjugés accrédités par Voltaire et par La Harpe, on me pardonnera de le justifier par quelques citations décisives.

Dans *Electre* :

> Mon père, s'il est vrai que sur les sombres bords
> Les malheurs des vivants puissent toucher les morts,
> Ah ! combien doit frémir ton ombre infortunée
> Des maux où ta famille est encor destinée !
>
> Acte Ier, sc. 1.
>
> Ah ! combien frémira son ombre épouvantée,
> Lorsqu'il verra sa fille à ses yeux présentée !
>
> *Phèdre*, IV, vi.
>
> Dans l'état où je suis, toujours triste, quels charmes
> Peuvent avoir des yeux presque éteints dans les larmes !
>
> II, iii.
>
> Quels charmes ont pour vous des yeux infortunés
> Qu'à des pleurs éternels vous avez condamnés !
>
> *Andromaque*, I, iv.
>
> Vous le savez, Oreste a vu les sombres bords,
> Et l'on ne revient point de l'empire des morts.
>
> IV, ii.
>
> On ne voit point deux fois le rivage des morts,
> Seigneur ; puisque Thésée a vu les sombres bords...
>
> *Phèdre*, II, v.
>
> Mais quoi ! quelle vapeur vient obscurcir les airs !
>
> V, ix.
>
> Mais quelle épaisse nuit tout à coup m'environne !
>
> *Andromaque*, V, sc. dernière.
>
> Cachons-nous dans l'horreur de l'éternelle nuit !
>
> *Électre*, même scène.
>
> Voulez-vous m'enlever dans l'éternelle nuit ?
>
> *Andromaque*, même scène.

Et dans *Rhadamiste* :

> Qu'un soin bien différent et m'agite et me guide !
> III, II.
>
> Qu'un soin bien différent me trouble et me dévore !
> *Phèdre* II, v.
>
> Vous verrai-je toujours les yeux remplis de larmes
> Par d'éternels transports remplir mon cœur d'alarm
> Le sommeil en ces lieux verse en vain ses pavots,
> La nuit n'a plus pour vous ni douceur ni repos.
> I,
>
> Vous verrai-je toujours, renonçant à la vie,
> Faire de votre mort les funestes apprêts ?
> . . . .
> Les ombres par trois fois ont obscurci les cieux
> Depuis que le sommeil n'est entré dans vos yeux,
> *Phèdre*, I, II.
>
> Cessez donc d'écouter un amour odieux,
> Et surtout gardez-vous de paraître à mes yeux.
> IV, IV.
>
> .... Mais quoi qu'il en puisse être,
> Pour jamais à mes yeux gardez-vous de paraître.
> *Bérénice*, III, III.

J'arrête là ce parallèle qu'il serait facile de poursuivre dans les autres ouvrages de Crébillon.

Ces réminiscences raciniennes se confondent si bien avec les formes générales du style de Crébillon qu'elles sont demeurées inaperçues de la critique; l'unité du style, maintenue entre les parties géniales et les parties empruntées, sans l'ombre de disparate, est la meilleure preuve d'une filiation littéraire d'autant plus certaine qu'on ne la soupçonnait même pas. La différence reste grande entre le maître et le disciple; ce dernier paraissant plus fort et plus nerveux parce qu'il est moins poétique et moins délicatement sensible. En effet Crébillon, chez qui fourmillent les vers sonores, à la manière moderne, par exemple

> Hélénus, à la fois soldat et capitaine...

laisse de côté les procédés savants dont Racine se sert jusqu'à l'abus pour alanguir sa diction; il possède au contraire un art particulier de dire fortement les choses tendres.

Écoutez Pyrrhus, se jurant à soi-même de renoncer à Éricie, et mettant la gloire du sacrifice au-dessus de celle des armes :]

> Héros, qui pour tout bien recherchez la victoire,
> Qu'un peu de sang perdu couvrit souvent de gloire,
> Pour en savoir le prix c'est peu d'être guerrier,
> Il faut avoir un cœur à lui sacrifier!

La pensée de ces beaux vers est touchante; la forme en est plutôt héroïque. C'est ainsi que Crébillon fait plus naturellement sonner le clairon que parler la flûte ou le hautbois.

Le vers de Crébillon n'a pas que la sonorité du vers moderne; il en a la libre souplesse, grâce à des rejets et à des enjambements qui durent faire frémir les Viennets du XVIIe siècle :

> Elle est femme, jalouse, imprudente, hardie;
> Elle sait tout.....
>   *Catilina.*
>
> Je dois tout à Pyrrhus, ma gloire, ma couronne
> Et la vie.....
>   *Pyrrhus.*

Il excelle à exprimer dans un petit nombre de mots la profondeur d'un caractère ou l'énergie d'une situation :

> Méconnais-tu ce sang? — Je reconnais mon frère!

Ce dialogue fulgurant et rapide comme le choc de deux glaives est tout à fait dans la manière de Corneille, qui a tant créé de ces vers pleins et serrés, où le sens déborde les mots, tels que ceux-ci, qui se trouvent dans la dernière scène de *Suréna :*

> — Quoi! vous causez sa perte et n'avez point de pleurs?
> — Non, je ne pleure pas, Madame; mais je meurs.

De pareils traits, qui, pour être sentis au théâtre, exigent une grande intensité de sentiment chez l'acteur et une rare soudaineté de perception chez l'auditeur, échappaient à Voltaire et probablement à ses frivoles contemporains. « Que cela est faux! que cela est pauvre! » écrit-il à propos des deux admirables vers de *Suréna*, qu'on vient de lire. Voltaire était un vulgarisateur; il sentait d'instinct que les esprits paresseux ont besoin, pour comprendre, que le poète développe et noie sa pensée dans cette « abondance stérile », qui est le propre des littératures de décadence. On voit que si Voltaire était injuste pour Crébillon, il ne s'astreignait pas à plus de respect envers Corneille.

VIII

C'est qu'au fond Voltaire, voilà sa gloire, avait l'esprit tourné vers ce quelque chose de nouveau et d'indéfinissable qu'on appelle l'avenir, n'ayant que du mépris pour le passé, dont les gens habiles n'ont aucun parti à tirer pour la fortune ni pour la renommée, et que du courroux contre le présent, qui ne lui donnait l'une et l'autre qu'en lui refusant son estime. Voltaire se bat en vain les flancs pour admirer et pasticher l'antiquité ; son inclination est ailleurs. Il rêve la tragédie mouvementée, pittoresque, costumée, décorative et machinée, la tragédie amusante : française, orientale, égyptienne, musulmane, péruvienne, américaine ou chinoise. Au début de sa prodigieuse carrière, il avait écrit *la Henriade*; de l'épopée moderne et française à la tragédie moderne et française, la distance était courte et facile à franchir. *La Henriade* date de 1723 ; *Zaïre* vit le jour en 1732 ; puis vinrent *Adélaïde Duguesclin* (1734), et *Tancrède* (1760), séparés par une seconde épopée nationale, le *Poème de Fontenoi* (1745). On sait que les tragiques grecs, depuis Eschyle, metteurs en œuvre de l'*Iliade* et de l'*Odyssée*, se proclamaient les enfants d'Homère; de même, toute distance gardée, la tragédie française est née de *la Henriade*.

Des flancs de ce maigre poème, dont je signale la fécondité méconnue, sortit tout un vestiaire nouveau, composé de panaches blancs, d'écharpes à franges, de toques à créneaux, de tuniques abricot à crevés de velours noir, de demi-bottes à éperons, et de gants blancs brodés, à l'usage d'une légion de chevaliers français, tous gascons, s'admirant avec une sincérité parfaite, et incapables d'accomplir le plus petit acte de générosité ou seulement de courtoisie, sans renverser la tête en arrière, secouer leurs plumes, se mettre la main gauche sur la hanche, et s'écrier, en regardant par dessus les toits :

> Du chevalier français tel est le caractère !

Au demeurant, fidèles, généreux, braves, vrais fils de

la patrie, et les meilleurs gens du monde. Tronchin, avec sa *Marie Stuart* (1735), Morand, avec son *Childéric* (1737), Baculard d'Arnaud, avec son *Coligni* (1740), son *Comte de Comminges* (1768) et son *Fayel* (1770), du Rozoy (1762) et de Belloy (1765), avec leur double *Siège de Calais*, enfin, Marie-Joseph Chénier, avec son *Charles IX* (1789), sont les enfants de Voltaire. Du règne de Henri IV à la Révolution française, commencent, se poursuivent et s'achèvent, avec un cycle littéraire, les destinées de la maison de Bourbon.

Crébillon, au contraire, fut un homme du passé ; en politique, il était sincèrement attaché au monarque et à la monarchie ; ce n'était pas chez lui superstition mystique ; on n'en peut soupçonner le poète qui avait placé dans *Pyrrhus* ces assertions hardies :

> La force en fit le droit, un meurtre la conquête,
> Il est vrai ; mais combien de trônes sont remplis
> Par les usurpateurs qui s'y sont établis ?
> Votre aïeul en fut un ; j'en nommerais mille autres
> Qui n'eurent pour régner d'autres droits que les nôtres.

C'était donc par goût, par raison et par une habitude connexe à des nécessités de position, qu'il aimait et servait les institutions de son temps. Quant à la littérature, il ne la cultiva que sous la forme spéciale de la tragédie, et ne comprit la tragédie que dans les règles consacrées, sans songer ni à les enfreindre ni à les élargir, encore moins à les briser. Le choix de ses sujets, empruntés aux temps fabuleux ou à l'histoire ancienne, était conforme aux tendances de son esprit. Une seule fois il eut le dessein de peindre un caractère moderne et d'aborder en même temps l'histoire contemporaine. Certes, Crébillon était de taille à se mesurer avec *Cromwell*. Mais il calcula les obstacles. On avait proscrit son Artaban, de *Xerxès*, comme immoral, impie, propagateur de maximes suspectes et coupable de lèse-majesté envers le roi des Perses. Quelles clameurs indignées ne soulèverait pas un Cromwell, factieux et régicide ? Cromwell rentra dans l'ombre de sa pensée au profit de Catilina.

Enfin, considération décisive, en dépit de la fameuse « partie carrée » d'*Electre*, des beaux rôles de Zénobie, d'Éricie et de Tullie, Crébillon n'a employé l'amour, dans ses tragédies, que comme un ressort utile ou comme un contraste. Or, en un point, Voltaire avait raison ; l'amour affaiblit une tragédie s'il ne la domine en tyran, « il n'est point fait pour la « seconde place ». Crébillon n'a laissé ni une Chimène, ni une Pauline, ni une Hermione, ni une Phèdre. Voilà l'une des raisons qui peu à peu ont fait abandonner ses pièces, et peut-être n'en faut-il point chercher d'autres.

Son rang n'en reste pas moins très élevé sur le Parnasse tragique. Les défauts qu'on aperçoit en lui sont de peu de conséquence ; ses qualités sont de premier ordre : grandeur dans la conception, intrépidité dans la conduite, élocution pleine de chaleur et d'éclat, pinceau mâle et terrible. Nul n'appliqua plus fermement que lui et ne poussa plus rigoureusement jusqu'en ses dernières conséquences le double précepte d'Horace pour les caractères donnés par la légende ou par l'histoire :

> Sit Medea ferox invictaque ; flebilis Ino,
> Perfidus Ixion, Io vaga ; tristis Orestes.

Et pour les sujets inventés :

> .....Servetur ad imum
> Qualis ab incepto processerit, et sibi constet.

Armé de ce courage, j'allais dire de cette férocité tragique, il ne recula ni devant la coupe d'Atrée, ni devant l'assassinat de Rhadamiste par son père, ni devant l'amour incestueux de Sémiramis. Les parisiens de la Régence frémirent avec enthousiasme à l'aspect de ces noirs tableaux. Je crois qu'on les supporterait difficilement aujourd'hui. L'art de fouiller dans l'horrible et d'y découvrir de nouvelles perspectives d'horreur révolte la délicatesse de nos fibres, amollies par une civilisation débilitante, en même temps que saturées d'horreur réelle par cent années de désordres, d'émeutes, d'assassinats, de pillages et d'incendies. Cependant, c'était l'art d'Eschyle et de Sophocle. Devons-nous y renoncer à jamais ?

Un des successeurs de La Harpe dans la chaire de l'Athénée s'écriait, il y a déjà soixante-quinze ans : « Dans la tragédie, la hardiesse des grands caractères, l'éminence des pensées, le choc nouveau des passions extraordinaires, s'élevant parfois au-dessus des communs esprits, n'ont plus pour vrais juges et pour défenseurs qu'une minorité d'hommes habiles. » Si ces réflexions de Népomucène Lemercier étaient vraies en 1810, qu'on juge de l'état d'esprit où la tragédie trouve le public d'aujourd'hui, qui ne demande plus au théâtre qu'un agréable emploi de ses loisirs, sans application et sans fatigue !

La réintégration de Crébillon au répertoire de nos premières scènes françaises n'est donc pas à prévoir, autrement que comme un essai de curiosité intelligente ou comme un hommage au génie du seul homme dont le nom puisse s'adjoindre, sans inégalité, à ceux de Corneille et de Racine.

Quelqu'un disait un jour à Crébillon fils, au foyer de la Comédie-Française : « On a beau faire, votre père sera toujours le troisième de nos tragiques. — Dites sera toujours un des trois ! » répondit-il. J'estime que cette affirmation filiale sera le jugement même de la postérité.

Auguste VITU.

7 octobre 1884.

IDOMÉNÉE

TRAGÉDIE

REPRÉSENTÉE POUR LA PREMIÈRE FOIS LE 29 DÉCEMBRE 1705.

A. S. A. S. MONSEIGNEUR LE DUC DE BOURBON

Toi qui, par mille exploits divers,
Soutiens le poids d'un nom si fameux dans le monde,
Héros, à tes bontés souffre que je réponde,
    Et reçois l'offre de mes vers.
Je méditais en vain de t'en faire l'hommage,
    En vain je me l'étais promis,
Jamais ton nom sacré n'eût paré mon ouvrage,
    Si toi-même ne l'eus permis.
Non, quel que soit pour toi le zèle qui me guide,
Quel que fût de mes vers le prix ou le bonheur,
    Grand Prince, ma muse timide
Ne te les eût offerts que dans le fond du cœur.
Un auteur vainement, sous le nom de prémices,
    Croit son hommage en sûreté :
    Dans nos plus humbles sacrifices,
    On nous croit sans humilité.
    C'est tendre à l'immortalité
Que de paraître au jour sous de si grands auspices ;
C'est rendre enfin mes vers ou suspects ou complices
    D'une coupable vanité.
    Heureux que ma muse indiscrète
    N'ait point suivi sa folle ardeur,
Et que, prête à livrer le héros au poète,
Elle ait d'un front modeste épargné la pudeur !
Si, plus que toi peut-être instruite de ta gloire,
Rappelant des périls que tu ne craignis pas,
Te les reprochant même au sein de la victoire,
Ma muse t'apprenait tout ce que fit ton bras...
    Non, ne crains point que son audace,
De Steinkerque ou Nerwinde embrassant les exploits,
    Fasse résonner une voix
    A peine connue au Parnasse.
Mais si du dieu des vers je me fais avouer,
Si sur moi d'un rayon il répand la lumière,
    Je ne rentre dans la carrière
    Que pour apprendre à te louer.
               JOLYOT DE CRÉBILLON.

ACTEURS

IDOMÉNÉE, roi de Crète.
IDAMANTE, fils d'Idoménée.
ÉRIXÈNE, fille de Mérion, prince rebelle.
SOPHRONYME, ministre d'Idoménée.
ÉGÉSIPPE, officier du palais.
POLYCLÈTE, confident d'Idamante.
ISMÈNE, confidente d'Érixène.
Suite du roi.
Gardes.

La scène est à Cydonie, capitale de la Crète, dans le palais d'Idoménée.

ACTE PREMIER

SCÈNE PREMIÈRE

IDOMÉNÉE.

Où suis-je? quelle horreur m'épouvante et me suit!
Quel tremblement, ô ciel! et quelle affreuse nuit!
Dieux puissants, épargnez la Crète infortunée.

SCÈNE II

IDOMÉNÉE, SOPHRONYME

IDOMÉNÉE.
Sophronyme, est-ce toi?
SOPHRONYME.
Que vois-je? Idoménée!
Ah! seigneur, de quel bruit ont retenti ces lieux!
IDOMÉNÉE.
Eh quoi! tant de malheurs n'ont point lassé les dieux!
Depuis six mois entiers une fureur commune
Agite tour à tour Jupiter et Neptune.
La foudre est l'astre seul qui nous luit dans les airs:
Neptune va bientôt nous couvrir de ses mers.
C'en est fait! tout périt; la Crète désolée
Semble rentrer au sein de la terre ébranlée.
Chaque jour, entouré des plus tristes objets,
La mort jusqu'en mes bras moissonne mes sujets.
Jupiter, sur moi seul épuise ta vengeance!

N'afflige plus des lieux si chers à ton enfance !
Mes peuples malheureux n'espèrent plus qu'en toi :
Si j'ai pu t'offenser, ne tonne que sur moi.
Pour les seuls innocents allumes-tu la foudre ?
Sur son trône embrasé réduis le prince en poudre,
Épargne les sujets : pourquoi les frapper tous ?
Qui d'eux, ou de leur roi, mérite ton courroux ?
SOPHRONYME.
Quoi ! toujours de nos maux vous croirez-vous cou-
N'armez point contre vous une main redoutable. [pable ?
Le ciel, depuis longtemps déclaré contre nous,
Semble, dans sa fureur, ne ménager que vous.
Dans les maux redoublés dont la rigueur nous
Votre seule pitié, seigneur, nous intéresse. [presse,
IDOMÉNÉE.
Les dieux voudraient en vain ne ménager que moi :
Eh ! frapper tout son peuple, est-ce épargner un roi ?
Hélas ! pour me remplir de douleurs et de craintes,
Pour accabler mon cœur des plus rudes atteintes,
Il suffirait des cris de tant d'infortunés,
Aux maux les plus cruels chaque jour condamnés :
Et c'est moi cependant, c'est leur roi sacrilège
Qui répand dans ces lieux l'horreur qui les assiège !
Je ne gémirais point sur leur destin affreux,
Si le ciel était juste autant que rigoureux.
Mais ce n'est pas le ciel, c'est moi qui les foudroie :
Juge de quels remords je dois être la proie.
Quels regrets quand je vois mes peuples malheureux
Craindre pour moi les maux que j'attire sur eux,
Prier que pour eux seuls le ciel inexorable
Porte loin de leur roi le coup qui les accable !
SOPHRONYME.
Quoi ! seigneur, vous seriez l'auteur de tant de maux,
Et de vous seul la Crète attendrait son repos ?
Quoi ! des dieux irrités ce peuple la victime...
IDOMÉNÉE.
L'est moins de leur courroux qu'il ne l'est de mon
Cet aveu te surprend. A peine croirais-tu, [crime.
Sophronyme, à quel point j'ai manqué de vertu :
Mais telle est désormais ma triste destinée...
SOPHRONYME.
Quel crime a donc commis le sage Idoménée ?
Fils de Deucalion, petit-fils de Minos,
Vos vertus ont passé celles de ces héros :
Nous trouvions tout en vous, un roi, les dieux, un [père.

Seigneur, par quel malheur, à vous-même con-
Avez-vous pu trahir des noms si glorieux ? [traire,
Qui fit donc succomber votre vertu ?

IDOMÉNÉE.

Les dieux.

SOPHRONYME.

Quel forfait peut sur vous attirer leur colère ?

IDOMÉNÉE.

On n'est pas innocent lorsqu'on peut leur déplaire ;
Les dieux sur mes pareils font gloire de leurs coups ;
D'illustres malheureux honorent leur courroux.
Entre le ciel et moi sois juge, Sophronyme :
Il prépara du moins, s'il ne fit pas mon crime.
Par vingt rois dès longtemps vainement rassemblés,
Les Troyens à la fin se virent accablés ;
De leurs bords désolés tout pressait la retraite :
Ainsi, loin de nos Grecs je voguai vers la Crète.
Le prince Mérion, prompt à m'y devancer,
Sur mon trône peut-être aurait pu se placer,
Si mon fils n'eût dompté l'orgueil de ce rebelle.
A Samos, par tes soins, j'en reçus la nouvelle.
Je peindrais mal ici les transports de mon cœur
Lorsque j'appris d'un traître Idamante vainqueur ;
La gloire de mon fils me causa plus de joie
Que ne firent jamais les dépouilles de Troie.
Après dix ans d'absence, empressé de revoir
Cet appui de mon trône et mon unique espoir,
A regagner la Crète aussitôt je m'apprête,
Ignorant le péril qui menaçait ma tête.
Sans que je te rappelle un honteux souvenir,
Ni que de nos affronts je t'aille entretenir,
Tu sais de quels forfaits ma race s'est noircie.
Comme Pasiphaé, Phèdre, au crime endurcie,
Ne signale que trop et Minos et Vénus.
Tous nos malheurs enfin te sont assez connus.
Né de ce sang fatal à la déesse en proie,
J'avais encor sur moi la querelle de Troie :
Juge de la vengeance, à ce titre odieux.
Ce fut peu de sa haine, elle arma tous les dieux.
La Crète paraissait, tout flattait mon envie ;
Je distinguais déjà le port de Cydonie :
Mais le ciel ne m'offrait ces objets ravissants
Que pour rendre toujours mes désirs plus pressants.
Une effroyable nuit sur les eaux répandue
Déroba tout à coup ces objets à ma vue ;

La mort seule y parut... Le vaste sein des mers
Nous entr'ouvrit cent fois la route des enfers.
Par des vents opposés les vagues ramassées,
De l'abîme profond jusques au ciel poussées,
Dans les airs embrasés agitaient mes vaisseaux,
Aussi près d'y périr qu'à fondre sous les eaux.
D'un déluge de feux l'onde comme allumée
Semblait rouler sur nous une mer enflammée ;
Et Neptune en courroux à tant de malheureux
N'offrait pour tout salut que des rochers affreux.
Que te dirai-je enfin ? Dans ce péril extrême
Je tremblai, Sophronyme, et tremblai pour moi-
[même.
Pour apaiser les dieux, je priai... je promis...
Non, je ne promis rien : dieux cruels ! j'en frémis...
Neptune, l'instrument d'une indigne faiblesse,
S'empara de mon cœur, et dicta la promesse :
S'il n'en eût inspiré le barbare dessein,
Non, je n'aurais jamais promis de sang humain.
« Sauve des malheureux si voisins du naufrage,
« Dieu puissant ! m'écriai-je, et rends-nous au ri-
[vage :
« Le premier des sujets rencontré par son roi
« A Neptune immolé satisfera pour moi... »
Mon sacrilège vœu rendit le calme à l'onde;
Mais rien ne put le rendre à ma douleur profonde ;
Et l'effroi succédant à mes premiers transports,
Je me sentis glacer en revoyant ces bords.
Je les trouvai déserts, tout avait fui l'orage :
Un seul homme alarmé parcourait le rivage ;
Il semblait de ses pleurs mouiller quelques débris ;
J'en approche en tremblant... hélas ! c'était mon
A ce récit fatal tu devines le reste.   [fils.
Je demeurai sans force à cet objet funeste ;
Et mon malheureux fils eut le temps de voler
Dans les bras du cruel qui devait l'immoler.

SOPHRONYME.

Ai-je bien entendu ? quelle horrible promesse !
Ah ! père infortuné !

IDOMÉNÉE.

Rebelle à ma tendresse,
Je fus près d'obéir ; mais Idamante enfin
Mit mon âme au-dessus des dieux et du destin ;
Je n'envisageai plus le vœu ni la tempête ;
Je baignai de mes pleurs une si chère tête.

Le ciel voulut en vain me rendre furieux ;
La nature à son tour fit taire tous les dieux.
Sophronyme, qui veut peut braver leur puissance ;
Mais ne peut pas qui veut éviter leur vengeance.
A peine de la Crète eus-je touché les bords,
Que je la vis remplir de mourants et de morts.
En vain j'adresse au ciel une plainte importune ;
J'ai trouvé tous les dieux du parti de Neptune.

SOPHRONYME.
Qu'espérez-vous des dieux en leur manquant de foi ?

IDOMÉNÉE.
Que du moins leur courroux n'accablera que moi ;
Que le ciel, fatigué d'une injuste vengeance,
Plus équitable enfin, punira qui l'offense ;
Que je ne verrai point la colère des dieux
S'immoler par mes mains un sang si précieux.

SOPHRONYME.
Seigneur, à ce dessein vous mettez un obstacle :
Pourquoi par Égésippe interroger l'oracle ?
Vos peuples, informés du sort de votre fils,
Voudront de leur salut que son sang soit le prix.

IDOMÉNÉE.
Que le ciel, que la Crète à l'envi le demandent,
N'attends point que mes mains à leur gré le ré-
　　　　　　　　　　　　　　　　　　[pandent.
J'interroge les dieux ! ce n'est pas sans frayeur ;
L'oracle est trop écrit dans le fond de mon cœur.
J'interroge les dieux ! que veux-tu que je fasse ?
Pouvais-je à mes sujets refuser cette grâce ?
Un peuple infortuné m'en presse par ses cris :
J'ai résisté longtemps ; à la fin j'y souscris.
Tu vois trop à quel prix il faut le satisfaire.
Ne puis-je être son roi qu'en cessant d'être père ?
Mais pourquoi m'alarmer ? Les dieux pourraient
　　　　　　　　　　　　　　　　　　[parler...
Non, les dieux sur ce point n'ont rien à révéler.
Que le ciel parle ou non sur ce cruel mystère,
Ne puis-je pas forcer Égésippe à se taire ?

SOPHRONYME.
Il se tairait en vain : par le ciel irrité,
Son silence, seigneur, sera-t-il imité ?
A se taire longtemps pourrez-vous le contraindre ?
Que je prévois de maux ! que vous êtes à plaindre !

IDOMÉNÉE.
Tu me plains ; mais, malgré ta sincère amitié,

ACTE I, SCÈNE II.

Tu n'auras pas toujours cette même pitié,
Quand tu sauras les maux dont le destin m'accable,
Et que l'amour a part à mon sort déplorable...
Je vois à ce nom seul ta vertu s'alarmer,
Et la mienne a longtemps craint de t'en informer.
Tu sais que Mérion, à mon retour d'Asie,
De son sang criminel paya sa perfidie :
Lorsque je refusais une victime aux dieux,
J'osai bien m'immoler ce prince ambitieux.
Qu'il m'en coûte ! Sa fille en ces lieux amenée,
Érixène a comblé les maux d'Idoménée.
Croirais-tu que mon cœur, nourri dans les hasards,
N'a pu de deux beaux yeux soutenir les regards ;
Et que j'adore enfin, trop facile et trop tendre,
Les restes de ce sang que je viens de répandre ?
SOPHRONYME.
Quoi ! seigneur, vous aimez ! et parmi tant de maux...
IDOMÉNÉE.
Cet amour dans mon cœur s'est formé dès Samos.
Mérion, incertain du succès de ses armes,
Y crut mettre sa fille à l'abri des alarmes.
Je la vis, je l'aimai ; conduite par Arcas,
Je la fis dans ces lieux amener sur mes pas.
Il semblait qu'une fille à mes regards si chère
Devait me dérober la tête de son père ;
Mais Vénus, attentive à se venger de moi,
Fit bientôt dans mon cœur céder l'amant au roi.
J'immolai Mérion, et ma naissante flamme
En vain en sa faveur combattit dans mon âme ;
Vénus, qui me gardait de sinistres amours,
De ce prince odieux me fit trancher les jours.
Que dis-je ! dans le sang du père d'Érixène
J'espérais étouffer mon amour et ma haine :
Je m'abusais ; mon cœur, par un triste retour,
Défait de son courroux, n'en eut que plus d'amour.
Si depuis mes malheurs je ne l'ai pas vu naître,
En dois-je moins rougir d'avoir pu le connaître ?
SOPHRONYME.
Menacé chaque jour du sort le plus affreux,
Nourrissez-vous, seigneur, un amour dangereux ?
IDOMÉNÉE.
Je ne le nourris point, puisque je le déteste ;
C'était des dieux vengeurs le coup le plus funeste.
Que n'a point fait mon cœur pour affaiblir le trait !...

SCÈNE III

IDOMÉNÉE, IDAMANTE, SOPHRONYME, POLYCLÈTE.

   IDOMÉNÉE, bas, à Sophronyme.
Je vois mon fils : laissons cet entretien secret.
Je t'ai tout découvert, mon amour et mon crime :
Cache bien mon amour, encor mieux ma victime.
   (A Idamante.)
Que cherchez-vous, mon fils, dans cette affreuse
           IDAMANTE.   [nuit ?
Longtemps épouvanté par un horrible bruit,
Tremblant pour des malheurs qui redoublent sans
                                              [cesse,
Sans repos, toujours plein du trouble qui vous
Alarmé pour des jours si chers, si précieux, [presse,
Je vous cherche... Pourquoi détournez-vous les
                                              [yeux ?
Seigneur, qu'ai-je donc fait ? Vous craignez ma
                                           [présence !
Quel traitement, après une si longue absence !
           IDOMÉNÉE.
Non, il n'est pas pour moi de spectacle plus doux,
Mon fils ; je ne sais rien de plus aimé que vous.
Mais je ne puis vous voir que mon cœur ne frémisse ;
Je crains le ciel vengeur, et qu'il ne me ravisse
Un bien...
           IDAMANTE.
     Ah ! puisse-t-il, aux dépens de mes jours,
A des maux si cruels donner un prompt secours !
La mort du moins, seigneur, finirait mes alarmes.
Vous ne paraissez plus sans m'arracher des larmes ;
Triste, désespéré, vous cherchez à mourir :
Et vous m'aimez, seigneur ! Est-ce là me chérir ?
Le ciel en vain de vous écarte sa colère,   [faire.
Vous vous faites des maux qu'il ne veut pas vous
Il vous rend à mes pleurs quand je vous crois perdu ;
M'ôterez-vous, seigneur, le bien qu'il m'a rendu ?
           IDOMÉNÉE.   [tance,
Ah, mon fils ! nos malheurs ont lassé ma cons-
Et de fléchir les dieux je perds toute espérance,
Trop heureux si le ciel, secondant mes souhaits,
Me rejoignait bientôt à mes tristes sujets !

IDAMANTE.
Pour eux, plus que le ciel, vous seriez inflexible,
Si vous leur prépariez un malheur si terrible.
Tous les dieux ne sont point contre vous ni contre [eux,
Puisqu'il nous reste encore un roi si généreux :
Conservez-le, seigneur, et terminez nos craintes.
Peut-être que le ciel, plus sensible à nos plaintes,
Va s'expliquer bientôt, et, fléchi désormais...
IDOMÉNÉE.
Ah, mon fils! puisse-t-il ne s'expliquer jamais!
Adieu.

SCÈNE IV

IDAMANTE, POLYCLÈTE.

IDAMANTE.
De cet accueil qu'attendre, Polyclète ?
Que ce silence affreux me trouble et m'inquiète !
Que m'annonce mon père? Il me voit à regret :
Aurait-il pénétré mon funeste secret ?
Sait-il par quel amour mon âme est entraînée ?
Hélas! bien d'autres soins pressent Idoménée :
Ce roi comblé de gloire, et qui n'aima jamais,
Ne s'informera point si j'aime ou si je hais.
Il ignore qu'un sang qui fit toute sa haine
Fasse tout mon amour, que j'adore Érixène.
Que ne m'est-il permis d'ignorer à mon tour
Que la haine sera le prix de mon amour !
Je défis Mérion ; plus juste ou plus sévère,
Le roi sacrifia ce prince téméraire :
Prémices d'un retour fatal à tous les deux,
Prémices d'un amour encor plus malheureux !
C'est en vain que mon cœur brûle pour Érixène ;
En vain...

SCÈNE V

IDAMANTE, ÉRIXÈNE, POLYCLÈTE, ISMÈNE.

IDAMANTE.
Dans cette nuit, ciel! quel dessein l'amène?
(A Érixène.)
Madame, quel bonheur! Eussé-je cru devoir
A la fureur des dieux le plaisir de vous voir?

1.

ÉRIXÈNE.

J'espérais, mais en vain, jouir de leur colère,
J'ai cru que cette nuit allait venger mon père,
Et que le juste ciel, de sa mort irrité,
N'en verrait point le crime avec impunité.
D'un courroux légitime inutile espérance!
Avec trop de lenteur le ciel sert ma vengeance :
En vain pour vous punir il remplit tout d'horreurs,
Puisqu'il peut de mes maux épargner les auteurs.

IDAMANTE.

J'ignore auprès des dieux ce qui nous rend coupa-
J'ignore quel forfait les rend inexorables; [bles,
Mais je sais que le sang qui fait couler vos pleurs
N'a point sur nous, madame, attiré ces malheurs.
Avant qu'un sang si cher eût arrosé la terre,
Le ciel avait déjà fait gronder son tonnerre.
Ainsi, pour vous venger, n'attendez rien des dieux,
Si ce n'est de l'Amour, qui peut tout par vos yeux.
Que le courroux du ciel de cent villes fameuses
Fasse de longs déserts, des retraites affreuses ;
Que les ombres du Styx habitent ce séjour ;
Tout vous vengera moins qu'un téméraire amour.
Seul il a pu remplir vos vœux et votre attente :
Je défis votre père, il vous livre Idamante;
Lorsque vous imploriez les traits d'un dieu vengeur,
Tous les traits de l'Amour vous vengeaient dans mon

ÉRIXÈNE.   [cœur.

Quoi! seigneur, vous m'aimez?

IDAMANTE.

Jamais l'amour, madame,
Dans le cœur des humains n'alluma plus de flamme.
Sans espoir, dans vos fers toujours plus engagé.....

ÉRIXÈNE.

O mon père! ton sang va donc être vengé!

IDAMANTE.

Si l'amour près de vous peut expier un crime,
Je rends grâce à l'amour du choix de la victime :
Heureux même à ce prix que vous daigniez souffrir
Des vœux qu'un tendre cœur brûlait de vous offrir !
Je sais trop que vos pleurs condamnent ma ten-
                                [dresse ;
Au sang que vous pleurez, hélas! tout m'intéresse.

ÉRIXÈNE.

Que m'importent, cruel, les vains regrets du cœur,
Après que votre main a servi sa fureur ?

IDAMANTE.
J'ai suivi mon devoir, madame ; et sa défaite
Importait à mes soins, importait à la Crète.
La sûreté du prince ordonna ce trépas ;
Et, pour comble de maux, j'ignorais vos appas.
Mérion a rendu sa perte légitime :
Sa mort, sans mon amour, ne serait pas un crime.
ÉRIXÈNE.
C'est-à-dire, seigneur, qu'il mérita son sort ?
Sans vouloir démêler les causes de sa mort,
Si de ces tristes lieux le funeste héritage
Du superbe Minos dut être le partage ;
Si mon père, sorti du sang de tant de rois,
D'Idoménée enfin a dû subir les lois ;
Quel espoir a nourri cet amour qui m'outrage ?
Et pourquoi m'en offrir un imprudent hommage ?
Vainqueur de Mérion, fils de son assassin,
La source de mes pleurs s'ouvrit par votre main :
Est-ce pour les tarir que vos feux se déclarent ? [rent ?
Songez-vous que ces pleurs pour jamais nous sépa-
Sous le poids de vos fers, je n'arrive en ces lieux
Que pour y recevoir les plus tristes adieux.
Mérion expirait ; sa tremblante paupière
A peine lui laissait un reste de lumière ;
Son sang coulait encore, et coulait par vos coups :
Barbare ! en cet état me parlait-il pour vous ?
Qu'il m'est doux de vous voir brûler pour Érixène !
Conservez votre amour, il servira ma haine. [cours
Adieu, seigneur : c'est trop vous permettre un dis-
Dont ma seule vengeance a dû souffrir le cours.

SCÈNE VI

IDAMANTE, POLYCLÈTE.

POLYCLÈTE.
Ah ! seigneur ! fallait-il découvrir ce mystère ?
Avez-vu dû parler ?
IDAMANTE.
     Ai-je donc pu me taire ?
Près de l'objet enfin qui cause mon ardeur,
Pouvais-je retenir tant d'amour dans mon cœur ?
Que dis-tu ? Toujours plein de cette ardeur extrême,
Le hasard sans témoin m'offre tout ce que j'aime ;
Et tu veux de l'amour que j'étouffe la voix,

Libre de m'expliquer pour la première fois !
D'un attrait si puissant, eh ! comment se défendre ?
Mon amour malheureux voulait se faire entendre...
Mais quel trouble inconnu remplit mon cœur d'ef-
Cherchons dans ce palais à rejoindre le roi : [froi !
Allons. Bientôt la nuit, moins terrible et moins
[sombre,
Va découvrir les maux qu'elle cachait dans l'ombre.
Ces lieux sont éclairés d'un triste et faible jour :
Égésippe déjà doit être de retour.
Suis-moi : près de mon père il faut que je me rende.
Sachons, pour s'apaiser, ce que le ciel demande.
Quel présage ! et qu'attendre en ces funestes lieux,
Si tout, jusqu'à l'amour, sert le courroux des dieux ?

ACTE DEUXIÈME

SCÈNE PREMIÈRE

ÉRIXÈNE, ISMÈNE.

ISMÈNE.
Madame, en ce palais pourquoi toujours errante ?
ÉRIXÈNE.
Lieux cruels, soutenez ma fureur chancelante ;
Lieux encor teints du sang qui me donna le jour,
Du tyran de la Crète infortuné séjour,
Éternels monuments d'une douleur amère ;
Lieux terribles, témoins de la mort de mon père ;
Lieux où l'on m'ose offrir de coupables amours,
Prêtez à ma colère un utile secours :
Retracez-moi sans cesse une triste peinture ;
Contre un honteux amour défendez la nature..
O toi qui vois la peine où ce feu me réduit,
Vénus, suis-je d'un sang que ta haine poursuit ?
Ou faut-il qu'en des lieux remplis de ta vengeance
Les cœurs ne puissent plus brûler dans l'innocence ?
Laisse au sang de Minos ses affronts, ses horreurs
Sur ce sang odieux signale tes fureurs ;

ACTE II, SCÈNE I.

Laisse au sang de Minos Phèdre et le labyrinthe,
Au mien sa pureté sans tache et sans atteinte.
                ISMÈNE.
Madame, quel transport! qu'entends-je! et quel [discours?
Quoi! vous vous reprochez de coupables amours?
                ÉRIXÈNE.
Tout reproche à mon cœur le feu qui le dévore:
Je respire un amour que ma raison abhorre.
De mon père en ces lieux j'ose trahir le sang ;
De mon père immolé je viens rouvrir le flanc ;
A la main des bourreaux je joins ma main san-
Enfin ce cœur si fier brûle pour Idamante. [glante ;
                ISMÈNE.
Vainqueur de votre père...
                ÉRIXÈNE.
                        Ismène, ce vainqueur
Sut sans aucun effort se soumettre mon cœur.
Je me défiais peu de la main qui m'enchaîne,
Ayant tant de sujets de vengeance et de haine ;
Ni qu'Idamante en dût interrompre le cours,
Avec tant de raisons de le haïr toujours ;
Comptant sur ma douleur, ma fierté, ma colère,
Et, pour tout dire enfin, sur le sang de mon père ;
Et mon père en mes bras ne faisait qu'expirer,
Lorsqu'un autre que lui me faisait soupirer.
A des yeux encor pleins d'un spectacle effroyable,
Idamante parut, et parut trop aimable.
Aujourd'hui même encor l'amour a prévalu :
J'allais céder, Ismène, ou peu s'en est fallu.
Quand le prince m'a fait le récit de sa flamme,
Il entraînait mon cœur, il séduisait mon âme :
Déjà ce faible cœur, d'accord avec le sien,
Lui pardonnait un feu qu'autorise le mien.
Des pleurs que j'ai versés prête à lui faire grâce,
Mon amour m'alliait aux crimes de sa race :
Près de ce prince enfin mon esprit combattu,
Sans un peu de fierté, me laissait sans vertu ;
Et lorsque ma raison a rappelé ma gloire,
Dans le fond de mon cœur j'ai pleuré ma victoire.
                ISMÈNE.
Votre cœur sans regret ne peut donc triompher
D'un feu qu'en sa naissance il fallait étouffer?
Ah! du moins, s'il n'en peut dompter la violence,
Faites à vos transports succéder le silence.

ÉRIXÈNE.

Si je craignais qu'un feu déclaré malgré moi
Dût jamais éclater devant d'autres que toi,
Dans la nuit du tombeau toujours prête à descendre,
J'irais ensevelir ce secret sous ma cendre.
Quoiqu'à mes yeux peut-être Idamante ait trop plu,
Il me sera toujours moins cher que ma vertu;
D'un amour que je crains il aura tout à craindre,
Avec ma haine seule il serait moins à plaindre.
Non, mon père, ton sang lâchement répandu
A tes fiers ennemis ne sera point vendu;
Et le cruel vainqueur qui surprend ma tendresse
Ajoute à ses forfaits celui de ma faiblesse.
Je saurai le punir de son crime et du mien...
Le roi paraît... Fuyons un fâcheux entretien.

SCÈNE II

IDOMÉNÉE, ÉRIXÈNE, SOPHRONYME, ISMÈNE.

IDOMÉNÉE.

Madame, demeurez... Demeurez, Érixène.
Mérion par sa mort vient d'éteindre ma haine;
Ainsi ne craignez point ma rencontre en ces lieux:
Vous pouvez y rester sans y blesser mes yeux.
Mérion me fut cher; mais de cet infidèle
Mes bienfaits redoublés ne firent qu'un rebelle.
Vous le savez; l'ingrat, pour prix de ces bienfaits,
Osa contre leur roi soulever mes sujets.
Son crime fut de près suivi par son supplice,
Et son sang n'a que trop satisfait ma justice:
Je l'en vis à regret laver son attentat;
Mais je devais sa tête à nos lois, à l'État:
Et près de vous j'oublie une loi trop sévère,
Qui rend de mes pareils la haine héréditaire.

ÉRIXÈNE.

Si, content de sa mort, votre haine s'éteint
Dans le sang d'un héros dont ce palais est teint,
La mienne, que ce sang éternise en mon âme,
A votre seul aspect se redouble et s'enflamme.
J'ai vu mon père, hélas! de mille coups percé;
Tout son sang cependant n'est pas encor versé...
Que sa mort fût enfin injuste ou légitime,
Auprès de moi du moins songez qu'elle est un crime:
Mon courroux là-dessus ne connaît point de loi

Qui puisse dans mon cœur justifier un roi.
De maximes d'État colorant ce supplice,
Vous prétendez en vain couvrir votre injustice :
Le ciel, qui contre vous semble avec moi s'unir,
De ce crime odieux va bientôt vous punir ;
Contre vous dès longtemps un orage s'apprête ;
De mes pleurs chaque jour je grossis la tempête.
Puissent les justes dieux, sensibles à mes pleurs,
A mon juste courroux égaler vos malheurs !
Et puissé-je à regret voir que toute ma haine
Voudrait en vain y joindre une nouvelle peine !
IDOMÉNÉE.
Ah ! madame, cessez de si funestes vœux ;
N'offrez point à nos maux un cœur si rigoureux.
Vous ignorez encor ce que peuvent vos larmes :
Ne prêtez point aux dieux de si terribles armes,
Belle Érixène ; enfin, n'exigez plus rien d'eux.
Non, jamais il ne fut un roi plus malheureux :
Du destin ennemi je n'ai plus rien à craindre : [dre.
J'éprouve des malheurs dont vous pourriez me plain-
Ces beaux yeux, sans pitié qui pourraient voir ma
Ne refuseraient pas des larmes à mon sort. [mort,
Sur mon peuple des dieux la fureur implacable
Des maux que je ressens est le moins redoutable :
Sur le sang de Minos un dieu toujours vengeur
A caché les plus grands dans le fond de mon cœur.
Objet infortuné d'une longue vengeance,
J'oppose à mes malheurs une longue constance :
Mon cœur sans s'émouvoir les verrait en ce jour,
S'il n'eût brûlé pour vous d'un malheureux amour.
ÉRIXÈNE.
C'était donc peu, cruel, qu'avec ignominie
Mon père eût terminé sa déplorable vie ;
Ce n'était point assez que votre bras sanglant
Eût jeté dans les miens Mérion expirant :
De son sang malheureux votre courroux funeste
Vient jusque dans mon cœur poursuivre encor le
Oui, tyran, cet amour dont brûle votre cœur [reste !
N'est contre tout mon sang qu'un reste de fureur.
IDOMÉNÉE.
Le reste de ce sang m'est plus cher que la vie :
Souffrez qu'un tendre amour me le réconcilie.
Madame, je l'aimai, je vous l'ai déjà dit ;
Songez que Mérion lui-même se perdit...
Quoi ! rien ne peut fléchir votre injuste colère !

Trouverai-je partout le cœur de votre père ?
Sa révolte à vos yeux eut-elle tant d'attraits ?
Mon amour aura-t-il le sort de mes bienfaits ?
Vous verrai-je, au moment que cet amour vous
Achever les forfaits d'une famille ingrate ? [flatte,

ÉRIXÈNE.

Achever des forfaits ! C'est au sang de Minos
A savoir les combler, non au sang d'un héros.

SCÈNE III

IDOMÉNÉE, SOPHRONYME.

SOPHRONYME.

Que faites-vous, seigneur ? est-il temps que votre âme
S'abandonne aux transports d'une honteuse
IDOMÉNÉE. [flamme ?
Pardonne ; tu le vois, la raison à son gré
Ne règle pas un cœur par l'amour égaré.
Je me défends en vain : ma flamme impétueuse
Détruit tous les efforts d'une âme vertueuse ;
D'un poison enchanteur tous mes sens prévenus
Ne servent que trop bien le courroux de Vénus.
Je sens toute l'horreur d'un amour si funeste ;
Mais je chéris ce feu que ma raison déteste :
Bien plus, de ma vertu redoutant le retour,
Je combats plus souvent la raison que l'amour.

SOPHRONYME.

Ah ! seigneur ! est-ce ainsi que le héros s'exprime ?
Est-ce ainsi qu'un grand cœur cède au joug qui l'op-
Le courroux de Vénus peut-il autoriser [prime ?
Des fers que votre gloire a dû cent fois briser ?
Parmi tant de malheurs, est-ce au vainqueur de Troie
A compter un amour dont il se fait la proie ?
Qu'est devenu ce roi plus grand que ses aïeux,
Que ses vertus semblaient élever jusqu'aux dieux,
Et qui, seul la terreur d'une orgueilleuse ville,
Cent fois aux Grecs tremblants fit oublier Achille ?
L'amour, avilissant l'honneur de ses travaux,
Sous la honte des fers m'a caché le héros.
Peu digne du haut rang où le ciel l'a fait naître,
Un roi n'est qu'un esclave où l'amour est le maître.
N'allez point établir sur son faible pouvoir
L'oubli de vos vertus ni de votre devoir.
Que l'amour soit en nous ou penchant ou vengeance,

ACTE II, SCÈNE III.

La faiblesse des cœurs fait toute sa puissance.
Mais, seigneur, s'il est vrai que, maîtres de nos cœurs,
De nos divers penchants les dieux soient les auteurs,
Quand même vous croiriez que ces êtres suprêmes
Pourraient déterminer nos cœurs malgré nous-mêmes,
Essayez sur le vôtre un effort glorieux ;
C'est là qu'il est permis de combattre les dieux.
Ce n'est point en faussant une auguste promesse
Qu'il faut contre le ciel vous exercer sans cesse.
Se peut-il que l'amour vous impose des lois ?
Et le titre d'amant est-il fait pour les rois ?
Au milieu des vertus où sa grande âme est née,
Doit-on de ses devoirs instruire Idoménée ?

IDOMÉNÉE.

A ma raison du moins laisse le temps d'agir,
Et combats mon amour sans m'en faire rougir.
Avec trop de rigueur ton entretien me presse :
Plains mes maux, Sophronyme, ou flatte ma faiblesse.
A ce feu que Vénus allume dans mon sein,
Reconnais de mon sang le malheureux destin.
Pouvais-je me soustraire à la main qui m'accable ?
Respecte des malheurs dont je suis peu coupable.
Pasiphaé ni Phèdre, en proie à mille horreurs,
N'ont jamais plus rougi dans le fond de leurs cœurs.
Mais que dis-je ! est-ce assez qu'en secret j'en rougisse
Lorsqu'il faut de ce feu que mon cœur s'affranchisse ?
Eh ! d'un amour formé sous l'aspect le plus noir,
Dans mon cœur sans vertu quel peut être l'espoir ?
Ennemi, malgré moi, du penchant qui m'entraîne,
Je n'ai point prétendu couronner Érixène :
Je m'ôte le seul bien qui pouvait l'éblouir ;
De ma couronne enfin un autre va jouir.

SOPHRONYME.

Gardez-vous de tenter un coup si téméraire.

IDOMÉNÉE.

Par tes conseils en vain tu voudrais m'en distraire.
A mon fatal amour, tu connaîtras du moins
Que j'ai donné mon cœur, sans y donner mes soins :
Car enfin, dépouillé de cet auguste titre,
Ton roi de son amour ne sera plus l'arbitre.
Dans ces lieux, où bientôt je ne pourrai plus rien,
Mon fils va devenir et ton maître et le mien.
Essayons si des dieux la colère implacable
Ne pourra s'apaiser par un roi moins coupable ;
Ou du moins, sur un vœu que le ciel peut trahir,

Mettons-nous hors d'état de jamais obéir.
Non comme une victime aux autels amenée,
Tu verras couronner le fils d'Idoménée.
Le ciel après, s'il veut, se vengera sur moi :
Mais il n'armera point ma main contre mon roi ;
Et, si c'est immoler cette tête sacrée,
La victime par moi sera bientôt parée.
Ce prince ignore encor quel sera mon dessein ;
Sait-il que je l'attends ?

SOPHRONYME.
     Dans le temple prochain,
Au ciel, par tant d'horreurs qui poursuit son sup-
Il prépare, seigneur, un triste sacrifice ; [plice,
Et mouillant de ses pleurs d'insensibles autels,
Pour vous, pour vos sujets, il s'offre aux immortels.

IDOMÉNÉE.
Vous n'êtes point touchés d'une vertu si pure !
Pardonnez donc, grands dieux, si mon cœur en mur-
O mon fils !   [mure.

SCÈNE IV

IDOMÉNÉE, SOPHRONYME, ÉGÉSIPPE.

IDOMÉNÉE.
    Mais que vois-je ? et quel funeste objet !
Égésippe revient, tremblant, triste, défait !
Que dois-je soupçonner ? Ah ! mon cher Sophro-
Le ciel impitoyable a nommé sa victime. [nyme !

ÉGÉSIPPE.
Quelle victime encor ! que de pleurs, de regrets
Nous vont coûter des dieux les barbares décrets !
Pourrais-je sans frémir nommer...

IDOMÉNÉE.
       Je t'en dispense ;
Couvre plutôt ce nom d'un éternel silence :
De ton secret fatal je suis peu curieux,
Et sur ce point enfin j'en sais plus que les dieux.

SOPHRONYME.
Écoutez cependant.

IDOMÉNÉE.
     Que veux-tu que j'écoute ?
D'un arrêt inhumain tu crois donc que je doute ?...
Mais poursuis, Égésippe.

ÉGÉSIPPE.
     Au pied du mont sacré

Qui fut pour Jupiter un asile assuré,
J'interroge en tremblant le dieu sur nos misères.
Le prêtre destiné pour les secrets mystères
Se traine, prosterné, près d'un antre profond,
Ouvre... Avec mille cris le gouffre lui répond ;
D'affreux gémissements et des voix lamentables
Formaient à longs sanglots des accents pitoyables,
Mais qui venaient à moi comme des sons perdus,
Dont résonnait le temple en échos mal rendus.
Je prêtais cependant une oreille attentive.
Lorsque enfin une voix, plus forte et plus plaintive,
A paru rassembler tant de cris douloureux,
Et répéter cent fois : « O roi trop malheureux ! »
Déjà saisi d'horreur d'une si triste plainte,
Le prêtre m'a bientôt frappé d'une autre crainte,
Quand, relevant sur lui mes timides regards,
Je le vois, l'œil farouche et les cheveux épars,
Se débattre longtemps sous le dieu qui l'accable,
Et prononcer enfin cet arrêt formidable :
« Le roi n'ignore pas ce qu'exigent les dieux :
« Maître encor de la Crète et de sa destinée,
« Il porte dans ses mains le salut de ces lieux ;
   « Il faut le sang d'Idoménée. »
    IDOMÉNÉE.
Le roi n'ignore pas ce qu'exigent les dieux !
 (à Sophronyme.)
Tu vois si les cruels pouvaient s'expliquer mieux.
Grâces à leur fureur, toute erreur se dissipe ;
J'entrevois... Il suffit : laisse-nous, Égésippe.
Sur un secret enfin qui regarde ton roi,
Songe, malgré les dieux, à lui garder ta foi.

SCÈNE V

IDOMÉNÉE, SOPHRONYME.

    IDOMÉNÉE.
Tu vois sur nos destins ce que le ciel prononce :
En redoutais-je à tort la funeste réponse ?
Il demande mon fils ; je n'en puis plus douter,
Ni de mon trépas même un instant me flatter.
Mânes de mes sujets, qui des bords du Cocyte
Plaignez encor celui qui vous y précipite,
Pardonnez : tout mon sang, prêt à vous secourir,
Aurait coulé, si seul il me fallait mourir ;

Mais le ciel irrité veut que mon fils périsse,
Et mon cœur ne veut pas que ma main obéisse.
Moi, je verrais mon fils sur l'autel étendu !
Tout son sang coulerait par mes mains répandu !
Non, il ne mourra point... je ne puis m'y résoudre.
Ciel, n'attends rien de qui n'attend qu'un coup de
[foudre.

SCÈNE VI

IDOMÉNÉE, IDAMANTE, SOPHRONYME.

IDAMANTE.
Par votre ordre, seigneur...
IDOMÉNÉE.
Dieux ! qu'est-ce que je vois ?
IDAMANTE.
Quelles horreurs ici répandent tant d'effroi ?
Quels regards ! d'où vous vient cette sombre tristesse ?
Quelle est en ce moment la douleur qui vous presse ?
Du temple dans ces lieux aujourd'hui de retour,
Égésippe, dit-on, s'est fait voir à la cour.
Le ciel a-t-il parlé ? sait-on ce qu'il exige ?
Est-ce un ordre des dieux, seigneur, qui vous afflige ?
Savons-nous par quel crime...
IDOMÉNÉE.
Un silence cruel
Avec le crime encor cache le criminel.
Ne cherchons point des dieux à troubler le silence ;
Assez d'autres malheurs éprouvent ma constance...
Ah ! mon fils, si jamais votre cœur généreux
A partagé les maux d'un père malheureux,
Si vous fûtes jamais sensible à ma disgrâce,
Au trône en ce moment daignez remplir ma place.
IDAMANTE.
Moi, seigneur ?
IDOMÉNÉE.
Oui, mon fils : mon cœur reconnaissant
Ne veut point que ma mort vous en fasse un présent.
Je sais que c'est un rang que votre cœur dédaigne ;
Mais qu'importe ! Il le faut... régnez...
IDAMANTE.
Moi, que je règne,
Et que j'ose à vos yeux me placer dans un rang
Où je dois vous défendre au prix de tout mon sang !

A cet ordre, seigneur, est-ce à moi de souscrire ?
Ciel ! est-ce à votre fils à vous ravir l'empire ?
IDOMÉNÉE.
Régnez, mon fils, régnez sur la Crète et sur moi ;
Je le demande en père, et vous l'ordonne en roi.
Cher prince, à mes désirs que votre cœur se rende :
Pour la dernière fois peut-être je commande.
IDAMANTE.
Si votre nom ici ne doit plus commander,
N'attendez point, seigneur, de m'y voir succéder.
Et qui peut vous forcer d'abandonner le trône ?
IDOMÉNÉE.
Eh bien! régnez, mon fils... c'est le ciel qui l'ordonne...
IDAMANTE.
Le ciel lui-même, hélas ! le garant de ma foi,
Le ciel m'ordonnerait de détrôner mon roi ?
De tout ce que j'entends que ma frayeur redouble !
Ah ! par pitié, seigneur, éclaircissez mon trouble ;
Dissipez les horreurs d'un si triste entretien :
Est-il dans votre cœur des secrets pour le mien ?
Parlez, ne craignez point d'augmenter mes alarmes ;
C'est trop se taire... Ah! ciel! je vois couler vos larmes!
Vous me cachez en vain ces pleurs que j'ai surpris.
Dieux ! que m'annoncez-vous ? Ah ! seigneur !...
IDOMÉNÉE.
Ah! mon fils !
Voyez où me réduit la colère céleste...
Sophronyme, fuyons cet entretien funeste...
IDAMANTE.
Où fuyez-vous, seigneur ?
IDOMÉNÉE.
Je vous fuis à regret,
Mon fils ; vous n'en saurez que trop tôt le secret.

SCÈNE VII

IDAMANTE.

Dieux! quel trouble est le mien! Quel horrible mystère
Fait fuir devant mes yeux Sophronyme et mon père ?
Non, suivons-le : son cœur encor mal affermi
Ne me pourra cacher son secret qu'à demi :
Je l'ai vu s'émouvoir, et contre ma poursuite
Il se défendait mal sans une prompte fuite.
Pénétrons... Mais d'où vient que je me sens glacer ?

Quelle horreur à mes sens vient de se retracer !
Quelle invisible main m'arrête et m'épouvante ?
Allons... Où veux-je aller ? et qu'est-ce que je tente ?
De quel secret encor prétends-je être informé ?
Eh ! ne connais-je pas le sang qui m'a formé ?
Peu touché des vertus du grand Idoménée,
Le ciel rendit toujours sa vie infortunée :
Son funeste courroux l'arracha de sa cour,
Et n'a que trop depuis signalé son retour.
Ah ! renfermons plutôt mon trouble et mes alarmes,
Que d'oser pénétrer dans d'odieuses larmes.
Suivons-le cependant... Pour calmer mon effroi,
Dieux, faites que ces pleurs ne coulent que pour moi.

ACTE TROISIÈME

SCÈNE PREMIÈRE
ÉRIXÈNE, ISMÈNE.

ISMÈNE.
Enfin l'amour soumet aux charmes d'Érixène
L'objet de sa tendresse et l'objet de sa haine.
Vous triomphez, madame ; et vos fiers ennemis
Bientôt par vos appas se verront désunis.

ÉRIXÈNE.
Quel triomphe ! peux-tu me le vanter encore,
Quand je ne puis dompter le feu qui me dévore !
Après ce que mon cœur en éprouve en ce jour,
Du soin de me venger dois-je charger l'amour ?
En me livrant le fils, s'il flattait ma colère,
Je ne l'implorais pas pour me venger du père.
Tant qu'aux lois de l'amour mon cœur sera soumis,
Que dois-je en espérer contre mes ennemis ?

ISMÈNE.
Vous pouvez donc, madame, employant d'autres [armes,
Punir sans son secours l'auteur de tant de larmes,
Puisque le juste ciel, de concert avec vous,
Semble sur vos désirs mesurer son courroux.

Tout vous livre à l'envi le fier Idoménée :
Par un arrêt des dieux sa tête est condamnée ;
L'oracle la demande, et ce funeste jour
Va le punir des maux que vous fit son retour.
Si vous voulez vous-même, achevant sa disgrâce,
Hâter le coup affreux dont le ciel le menace,
Répandez le secret qui vous est dévoilé,
Et qu'Égésippe en vain ne l'ait point révélé.
Du prince votre père ami toujours fidèle,
Vous voyez à quel prix il vous marque son zèle :
Imitez-le, madame, et qu'un sang odieux
Par vos soins aujourd'hui se répande en ces lieux.
De l'intérêt des dieux faites votre vengeance,
Et d'un peuple expirant faites-en la défense ;
Montrez-lui son salut dans ce terrible arrêt :
Lui, vous, les dieux enfin, n'avez qu'un intérêt...
D'où vient que je vous vois interdite et tremblante
Craignez-vous d'exciter les plaintes d'Idamante?
                    ÉRIXÈNE.
Hélas! si près des maux où je le vais plonger,
Un seul moment pour lui ne puis-je m'affliger?
Que veux-tu! je frémis du spectacle barbare
Que mon juste courroux en ces lieux lui prépare :
Je sens trop, par les pleurs que je verse aujourd'hui,
Quelle est l'horreur du coup qui va tomber sur lui.
Tu sais que pour le roi son amour est extrême.
                    ISMÈNE.
Il ne vous reste plus que d'aimer le roi même !
Qu'entends-je? De vos pleurs importunant les dieux,
Vos plaintes chaque jour font retentir ces lieux ;
Et quand le ciel prononce au gré de votre envie,
Vous n'osez plus poursuivre une odieuse vie !
Songez, puisque les dieux vous ouvrent leurs secrets,
Qu'ils vous chargent par là du soin de leurs décrets.
Et qu'auriez-vous donc fait, si, trompant votre at-
L'oracle eût demandé la tête d'Idamante, [tente,
Puisque vous balancez...
                    ÉRIXÈNE.
                            A quoi bon ces transports?
Je conçois bien, sans toi, de plus nobles efforts.
Malgré tout mon amour, mon devoir est le même :
Mais peut-on sans trembler opprimer ce qu'on aime?
Un je ne sais quel soin me saisit malgré moi,
Et mon propre courroux redouble mon effroi. [te
Ne crains rien cependant, mais laisse sans contrain-

A des cœurs malheureux le secours de la plainte.
Je n'ai point succombé pour avoir combattu,
Et tes raisons ici ne font point ma vertu.
Égésippe en ces lieux se fait longtemps attendre.

SCÈNE II

ÉRIXÈNE, ISMÈNE, ÉGÉSIPPE.

ÉGÉSIPPE.

Madame, pardonnez : j'ai dû plus tôt m'y rendre ;
Mais un ordre pressant, que je n'attendais pas,
Malgré moi loin de vous avait porté mes pas...
C'en est fait, le tyran échappe à notre haine.
Hâtons notre vengeance, ou sa fuite est certaine ;
Ses vaisseaux sont tout prêts ; et déjà sur les flots
Remontent à l'envi soldats et matelots.
Un gros de nos amis près d'ici se rassemble :
Tandis que dans ces lieux tout gémit et tout tremble,
On peut dans ce désordre échapper du palais.
Venez au peuple enfin vous montrer de plus près...
Mais le tyran paraît ; évitez sa présence.
Je vais dès ce moment servir votre vengeance.

SCÈNE III

IDOMÉNÉE, ÉGÉSIPPE.

IDOMÉNÉE.

Mes vaisseaux sont-ils prêts ?

ÉGÉSIPPE.

Oui, seigneur ; mais les eaux
D'un naufrage assuré menacent vos vaisseaux :
La mer gronde, et ses flots font mugir le rivage ;
L'air s'enflamme, et ses feux n'annoncent que l'o-
De qui doit s'embarquer je déplore le sort. [rage.
Serait-ce vous, seigneur ?

IDOMÉNÉE.

Qu'on m'aille attendre au port.

SCÈNE IV

IDOMÉNÉE.

Ainsi donc tout menace une innocente vie !

O mon fils! faudra-t-il qu'elle te soit ravie?
A des dieux sans pitié ne te puis-je arracher?
Quel asile contre eux désormais te chercher?
Que n'ai-je point tenté? Je t'offre ma couronne;
Un départ rigoureux par moi-même s'ordonne;
Je crois t'avoir sauvé quand j'y puis consentir :
Et les ondes déjà s'ouvrent pour t'engloutir!
Fuis cependant, mon fils... l'orage qui s'apprête
Est le moindre péril qui menace ta tête.
Quoique je n'aie, hélas! rien de plus cher que toi,
Tu n'as point d'ennemi plus à craindre que moi.
O mon peuple! ô mon fils! promesse redoutable!
Roi, père malheureux! dieux cruels! vœu coupable!
O ciel! de tant de maux toujours moins satisfait,
Tu n'as jamais tonné pour un moindre forfait!
Et vous, fatal objet d'une flamme odieuse,
Érixène, à mon cœur toujours trop précieuse,
Fuyez avec mon fils de ces funestes lieux : [dieux :
Pour tout ce qui m'est cher j'y dois craindre les

SCÈNE V

IDOMÉNÉE, IDAMANTE.

IDAMANTE.
Malgré l'affreux péril du plus cruel naufrage,
On dit que vos vaisseaux vont quitter le rivage :
Quoique de ces apprêts mon cœur soit alarmé,
Je ne viens point, seigneur, pour en être informé;
Je sais de vos secrets respecter le mystère,
Et l'on ne m'en fait plus l'heureux dépositaire.

IDOMÉNÉE.
Mon cœur, que ce reproche accuse de changer,
Vous tait des maux qu'il craint de vous voir partager.
Il en est cependant dont il faut vous instruire.
(A part.) [dire?
Ces vaisseaux... ces apprêts... Ciel! que lui vais-je
Ah! mon fils!... Non, mon cœur n'y saurait consentir.

IDAMANTE.
Dieux! que vous m'alarmez!

IDOMÉNÉE.
            Mon fils, il faut partir.

IDAMANTE.
Qui doit partir?

CRÉBILLON. 2

IDOMÉNÉE.
    Vous.
        IDAMANTE.
        Moi! Ciel! qu'entends-je?
    IDOMÉNÉE.
            Vous-même.
Il fallait accepter l'offre du diadème.
Fuyez, mon fils, fuyez un ciel trop rigoureux,
Un rivage perfide, un père malheureux.
        IDAMANTE.
Ciel! qui m'a préparé cette horrible disgrâce?
La mort même entre nous ne peut mettre un espace.
N'accablez point mon cœur d'un pareil désespoir.
Je goûte à peine, hélas! le bien de vous revoir...
Pourquoi régner? pourquoi faut-il que je vous quitte?
Quel est donc le projet que votre âme médite?
        IDOMÉNÉE.
Voyez par quels périls vos jours sont menacés;
Fuyez, n'insistez plus; je crains, c'en est assez.
Jugez par mon amour de ce que je dois craindre,
Puisqu'à nous séparer ce soin m'a pu contraindre;
Jugez de mes frayeurs... Ah! loin de ces climats
Allez chercher des dieux qui ne se vengent pas.
        IDAMANTE.
Eh! que pourrait m'offrir une terre étrangère,
Que des dieux ennemis, si je ne vois mon père?
Vos dieux seront les miens: laissez-moi, près de vous,
De ces dieux irrités partager le courroux.
        IDOMÉNÉE.
Ah! fuyez-moi... fuyez le ciel qui m'environne.
Fuyez, mon fils, fuyez... puisque enfin je l'ordonne;
Et, sans vous informer du secret de mes pleurs,
Fuyez, ou redoutez le comble des horreurs.
Avec vous à Samos conduisez Érixène.
        IDAMANTE.
Seigneur...
        IDOMÉNÉE.
        Ce ne doit plus être un objet de haine:
Des crimes de son père immolé par nos lois
La fille n'a point dû porter l'injuste poids.
Adieu: peut-être un jour le destin moins sévère
Vous permettra, mon fils, de revoir votre père.
Dérobez cependant à des dieux ennemis
Une princesse aimable, un si généreux fils...

ACTE III, SCÈNE V.

IDAMANTE.

Érixène! eh! pourquoi compagne de ma fuite!
Expliquez... Mais je vois que votre âme est instruite.
Érixène, seigneur, m'est un présent bien doux;
Mais tout cède à l'horreur de m'éloigner de vous.
A ce triste départ quel astre pourrait luire?
Voyez le désespoir où vous m'allez réduire.
En vain sur cet exil vous croyez me tenter: [ter.
Plus vous m'offrez, seigneur, moins je puis vous quit-
Je vous dois trop, hélas!... Quelle tendresse extrême!
M'offrir en même jour et sceptre et ce que j'aime!
Non...

IDOMÉNÉE.
Ce que vous aimez?

IDAMANTE.
Ah! pardonnez, seigneur;
Je le vois, vous savez les secrets de mon cœur.
Pardonnez: j'en ai fait un coupable mystère;
Non que pour vous tromper je voulusse m'en taire...
Mais d'un feu qu'en mon sein j'avais cru renfermer,
Eh! qui, seigneur, encore a pu vous informer?
Ah! quoiqu'il soit trop vrai que j'adore Érixène...

IDOMÉNÉE.
Poursuivez, dieux cruels! ajoutez à ma peine:
Me voilà parvenu, par tant de maux divers,
A pouvoir défier le ciel et les enfers.
Je ne redoute plus votre courroux funeste,
Impitoyables dieux! ce coup en est le reste.
Sur mon peuple à présent signalez vos fureurs;
Et si ce n'est assez, versez-les dans nos cœurs.
Voyez-nous tous les deux saisis de votre rage,
Égorgés l'un par l'autre, achever votre ouvrage.
Par de nouveaux dangers arrachez-moi des vœux:
Me ferez-vous jamais un sort plus malheureux?

IDAMANTE.
Où s'égare, seigneur, votre âme furieuse?
Érixène cessait de vous être odieuse,
Disiez-vous; et pour elle un reste de pitié
Semblait vous dépouiller de toute inimitié.
Haïriez-vous toujours cet objet adorable?

IDOMÉNÉE.
Si je le haïssais, seriez-vous si coupable?
Oh! de tous les malheurs malheur le plus fatal!

IDAMANTE.
Seigneur...

IDOMÉNÉE.
Ah! fils cruel, vous êtes mon rival!
IDAMANTE.
O ciel!
IDOMÉNÉE.
De quelle main part le trait qui me blesse!
Réservez-vous, mon fils, ce prix à ma tendresse?
Je ne verrai donc plus dans mes tristes États
Que des dieux ennemis et des hommes ingrats!
Quoi! toujours du destin la barbare injustice
De tout ce qui m'est cher fera donc mon supplice!
Imprudent que j'étais! et j'allais couronner
Ce fils qu'à ma fureur je dois abandonner!
Mais c'en est fait, l'amour de mon devoir décide.
IDAMANTE.
Mon père...
IDOMÉNÉE.
O nom trop doux pour un fils si perfide!
IDAMANTE.
N'accablez point, seigneur, un fils infortuné,
A des maux infinis par l'amour condamné.
Puisque enfin votre cœur s'en est laissé surprendre,
Jugez si d'Érixène on pouvait se défendre.
Hélas! je ne craignais, adorant ses appas,
Que d'aimer un objet qui ne vous plairait pas;
Et mon cœur, trop épris d'une odieuse chaîne,
Oubliait son devoir dans les yeux d'Érixène.
Mais si l'aimer, seigneur, est un si grand forfait,
L'amour m'en punit bien par les maux qu'il me fait.
IDOMÉNÉE.
Voilà l'unique fruit qu'il en fallait attendre.
D'un amour criminel qu'osiez-vous donc prétendre?
Et quel était l'espoir de vos coupables feux,
Quand chaque jour le crime augmentait avec eux?
Qu'Érixène à mes yeux fût odieuse ou chère,
Vos feux également offensaient votre père.
Je veux bien cependant, juge moins rigoureux,
Vous en accorder, prince, un pardon généreux,
Mais pourvu que votre âme, à mes désirs soumise,
Renonce à tout l'amour dont je la vois éprise.
IDAMANTE.
Ah! quand même mon cœur oserait le vouloir,
Aimer, ou n'aimer pas, est-il en mon pouvoir?
Je combattrais en vain une ardeur téméraire:
L'amour m'en a rendu le crime nécessaire.

Malgré moi de ce feu je vis mon cœur atteint ;
Peut-être malgré moi je l'y verrais éteint.
Mais ce cœur, à l'amour que je n'ai pu soustraire,
Dans le rival du moins aime toujours un père.
Par un nom si sacré tout autre suspendu...
IDOMÉNÉE.
Dans le nom de rival tout nom est confondu.
Vous n'êtes plus mon fils ; ou, peu digne de l'être,
Je vois que tout mon sang n'en a formé qu'un traître.
IDAMANTE.
Où fuirai-je ? grands dieux ! De quels noms ennemis
Accablez-vous, seigneur, votre malheureux fils !
Ah ! quels noms odieux me faites-vous entendre !
Quelle horreur pour un fils respectueux et tendre !
Songez-vous que ce fils est encor devant vous,
Ce fils longtemps l'objet de sentiments plus doux,
Brûlant d'un feu cruel que je ne puis éteindre,
Vous me devez, seigneur, moins haïr que me plain-
Et si ma flamme enfin est un crime si noir, [dre ;
Vous êtes bien vengé par mon seul désespoir.
Cessez de m'envier une importune flamme :
Odieux à l'objet qui sait charmer mon âme,
Abhorré d'un rival que j'aimerai toujours,
Seigneur, voilà le fruit de mes tristes amours.
Mais, puisque de ce feu qui tous deux nous anime
Sur mon cœur trop épris est tombé tout le crime,
Je saurai m'en punir ; et je sens que ce cœur
Vous craint déjà bien moins que sa propre fureur.
Désormais tout en proie au transport qui me guide,
Je vous délivrerai de ce fils si perfide.
Si mon coupable cœur vous trahit malgré moi,
Mon bras plus innocent saura venger mon roi.
Ce n'est pas d'aujourd'hui qu'il sert votre vengeance,
Et je vais en punir ce cœur qui vous offense.
(Il tire son épée.)
Soyez donc satisfait...
IDOMÉNÉE, l'arrêtant.
Arrêtez, furieux...
IDAMANTE.
Laissez couler le sang d'un rival odieux.
IDOMÉNÉE.
Mon fils !...
IDAMANTE.
D'un nom si cher m'honorez-vous encore ?
Laissez-moi me punir d'un feu qui me dévore.

IDOMÉNÉE.
Ma vertu jusque-là ne saurait se trahir...
Va, fils infortuné... je ne te puis haïr...
IDAMANTE.
Ah ! seigneur !...
IDOMÉNÉE.
Laissez-moi, fuyez ma triste vue ;
Ne renouvelons plus un discours qui me tue.

SCÈNE VI

IDOMÉNÉE.

Inexorables dieux, vous voilà satisfaits !
Pour un nouveau courroux vous reste-t-il des traits ?
Finis tes tristes jours, père, amant déplorable...
Vengeons-nous bien plutôt, si mon fils est coupable.
Que sais-je si l'ingrat ne s'est point fait aimer ?
Sans doute, puisqu'il aime il aura su charmer.
Il triomphe en secret de mon amour funeste :
Il est aimé ; je suis le seul que l'on déteste,
Tout mon courroux renaît à ce seul souvenir.
Livrons l'ingrat aux dieux. Qui me peut retenir ?
Coule sur nos autels tout le sang d'Idamante...
Coule plutôt le tien...

SCÈNE VII

IDOMÉNÉE, SOPHRONYME.

IDOMÉNÉE.
Quel objet se présente ?
Ah ! c'est toi... Quel malheur au mien peut être égal,
Sophronyme ! Mon fils...
SOPHRONYME.
Seigneur ?
IDOMÉNÉE.
Est mon rival !
SOPHRONYME.
Il est temps pour jamais d'oublier l'inhumaine.
Ignorez-vous, seigneur, le crime d'Érixène,
Celui de Mérion ici renouvelé ?
L'arrêt des dieux enfin au peuple est révélé :
Par Égésippe instruit...

ACTE III, SCÈNE VII.

IDOMÉNÉE.
Ciel ! que viens-tu m'apprendre ?

SOPHRONYME.
Du port, où par votre ordre il m'a fallu descendre,
Je revenais, seigneur : un grand peuple assemblé
M'attire par ses cris, par un bruit redoublé.
Par le sens de l'oracle Érixène trompée,
Du soin de se venger toujours plus occupée,
De l'intérêt des dieux prétextant son courroux,
Tâchait de soulever vos sujets contre vous ;
De tout par Égésippe encor plus mal instruite,
A vos sujets tremblants révélait votre fuite ;
Leur disait que le ciel, pour unique secours,
Attachait leur salut à la fin de vos jours...
Pour eux, par leurs regrets, du grand Idoménée
Contents de déplorer la triste destinée,
Ils semblaient seuls frappés par l'arrêt du destin :
Égésippe a voulu les exciter en vain.
Pour moi, qui frémissais de tant de perfidie,
Je le poursuis, l'atteins, et le laisse sans vie,
Désabuse le peuple, et, content désormais,
J'ai ramené, seigneur, la princesse au palais.

IDOMÉNÉE.
Sujets infortunés, qu'en mon cœur je déplore,
Au milieu de vos maux me plaignez-vous encore ?
Ce qui m'aime à sa perte est par moi seul livré,
Et tout ce qui m'est cher contre moi conjuré !
Cruel à notre tour, qu'Idamante périsse ;
De celui d'Érixène augmentons son supplice ;
Faisons-leur du trépas un barbare lien ;
Dans leur sang confondu mêlons encor le mien...
Vains transports qu'a formés ma fureur passagère !
Hélas ! qui fut jamais plus amant et plus père ?...
Mes peuples cependant, par moi seul accablés...

SOPHRONYME.
Ah ! seigneur ! leurs tourments sont encor redou-
Depuis que le destin a fait des misérables, [blés.
On n'éprouva jamais des maux plus redoutables ;
Je frémis des horreurs où ce peuple est réduit.
Un gouffre sous Ida s'est ouvert cette nuit :
Ce roc, qui jusqu'aux cieux semblait porter sa cime,
Au lieu qu'il occupait n'a laissé qu'un abîme ;
Et de ce roc entier à nos yeux disparu,
Loin d'en être comblé, ce gouffre s'est accru :
Nous touchons tout vivants à la rive infernale.

De ce gouffre profond un noir venin s'exhale
Et vos sujets, frappés par des feux dévorants,
Tombent de toutes parts, déjà morts ou mourants.
Aux seuls infortunés le trépas se refuse...

IDOMÉNÉE.

Et c'est de tant d'horreurs les dieux seuls qu'on ac- [cuse !
Mais quoi ! toujours les dieux ! Et qui d'eux ou de
Négligeant sa promesse, a donc manqué de foi ! [moi,
Malheureux ! tes serments, qu'a suivis le parjure,
Ont soulevé les dieux et toute la nature.
Pour sauver un ingrat, tes soins pernicieux
Trop longtemps sur ton peuple ont exercé les dieux :
A tes sujets enfin cesse d'être contraire.
Eh ! que leur sert un roi, s'il ne leur sert de père ?
Leur salut désormais est ta suprême loi,
Et le sang de son peuple est le vrai sang d'un roi...
Depuis quand tes sujets t'éprouvent-ils si tendre ?
Depuis quand ce devoir ?... L'amour vient te l'ap-
[prendre !
Voilà de ces grands soins le retour trop fatal ;
Tu n'es roi que depuis qu'un fils est ton rival ;
Contre lui l'amour seul arme tes mains impies ;
Voilà le dieu, barbare ! à qui tu sacrifies.
Étouffons tout l'amour dont mon cœur est épris ;
N'y laissons plus régner que la gloire et mon fils.
Sur les mêmes vaisseaux préparés pour sa fuite,
Qu'Érixène à Samos aujourd'hui soit conduite.
Allons... et que mon cœur, délivré de ses feux,
Commence par l'amour à triompher des dieux.

ACTE QUATRIÈME

SCÈNE PREMIÈRE

ÉRIXÈNE, ISMÈNE.

ÉRIXÈNE.

En vain tu veux calmer le transport qui m'agite ;
Faibles raisonnements dont ma douleur s'irrite !
Laisse-moi, porte ailleurs tes funestes avis ;

Il m'en a trop coûté pour les avoir suivis.
Vois ce qu'à tes conseils aujourd'hui trop soumise
Je viens de recueillir d'une vaine entreprise ;
Vois ce que ta fureur et la mienne ont produit :
Mon départ et ma honte en seront tout le fruit.
Je ne reverrai plus ce prince que j'adore ;
Et, pour comble d'horreur, mon amour croît encore !
En armant contre lui mon devoir inhumain,
Cruelle ! tu m'as mis un poignard dans le sein.
Cher prince, pardonnez...
ISMÈNE.
Je le vois qui s'avance.
De vos transports, du moins, cachez la violence.
ÉRIXÈNE.
Eh ! comment les cacher ? Je sais que je le dois ;
Mais le puis-je, et le voir pour la dernière fois ?
Fuyons-le cependant ; sa présence m'étonne.

SCÈNE II

IDAMANTE, ÉRIXÈNE, ISMÈNE.

IDAMANTE.
Où fuyez-vous, Madame ?
ÉRIXÈNE.
Où mon devoir l'ordonne.
IDAMANTE.
Du moins à la pitié laissez-vous émouvoir.
Vous ne l'avez que trop signalé, ce devoir :
Avec tant de courroux, hélas ! qu'a-t-il à craindre ?
Vous ne m'entendrez plus soupirer ni me plaindre.
Vous partez, je vous aime, et vous me haïssez ;
Mes malheurs dans ces mots semblent être tracés.
Cependant ce départ, mon amour, votre haine,
Ne font pas aujourd'hui ma plus cruelle peine.
C'était peu que votre âme, insensible à mes vœux,
Eût de tout son courroux payé mes tendres feux :
Ce malheureux amour que votre cœur abhorre,
Malgré tous vos mépris, que je chéris encore ;
Cet amour qui, malgré votre injuste rigueur,
N'a jamais plus régné dans le fond de mon cœur ;
Cet amour qui faisait le bonheur de ma vie,
Il faut à mon devoir que je le sacrifie.
Non que mon triste cœur, par ce cruel effort,
Renonce à vous aimer ; mais je cours à la mort :

Heureux si mon trépas, devenu légitime,
Des pleurs que j'ai causés peut effacer le crime!
Mais si c'en était un d'adorer vos beaux yeux,
Je ne suis pas le seul criminel en ces lieux.
Ce qu'en vain Mérion attendait de ses armes,
Vous seule en un moment l'avez pu par vos charmes :
Tout vous livre à l'envi cet empire fatal.
Régnez, vous le pouvez... mon père est mon rival.
ÉRIXÈNE.
Je connais les transports et de l'un et de l'autre,
Et je sais jusqu'où va son audace et la vôtre :
Son téméraire amour n'a que trop éclaté.
IDAMANTE.
Sans vous en offenser vous l'avez écouté!
Je ne m'étonne plus du malheur qui m'accable,
Ni que vos yeux cruels me trouvent si coupable.
Votre cœur, à son tour épris pour un héros,
N'a pas toujours haï tout le sang de Minos.
Pour mon père en secret vous brûliez, inhumaine!
Et moi seul en ces lieux j'exerçais votre haine.
Quoi! vous m'abandonnez à mes soupçons jaloux!
Suis-je le malheureux? madame, l'aimez-vous?
ÉRIXÈNE.
Moi, je pourrais l'aimer! et dans le fond de l'âme
J'aurais sacrifié mon devoir à sa flamme!   [bien
Dieux! qu'est-ce que j'entends? Seigneur, osez-vous
Reprocher à mon cœur l'égarement du sien?
Après ce qu'a produit sa cruauté funeste,
Qui? moi, j'approuverais des feux que je déteste,
Un amour par le sang, par mes pleurs condamné,
Et devenu forfait dès l'instant qu'il est né!
Ouvrez vos yeux, cruel! et voyez quel spectacle
A mis à son amour un invincible obstacle.
Son crime dans ces lieux est partout retracé ;
Le sang qui les a teints n'en est point effacé.
Là, mon père sanglant vint s'offrir à ma vue,
Et tomber dans les bras de sa fille éperdue :
Vos yeux, comme les miens, l'ont vu sacrifier ;
Faut-il d'autres témoins pour me justifier?
Tout ce que j'ai tenté pour m'immoler sa tête,
L'oracle révélé, mon départ qui s'apprête,
Ma fierté, ma vertu, cent outrages récents,
Voilà pour mon devoir des titres suffisants.
Ne croyez pas, seigneur, que mon cœur les oublie...
Mais que dis-je?... et d'où vient que je me justifie?...

Gardez tous vos soupçons : bien loin de les bannir,
Je dois aider moi-même à les entretenir.
IDAMANTE.
Eh bien! pour m'en punir, désormais moins sévère,
Regardez sans courroux la flamme de mon père :
Il vous aime, madame, il est digne de vous.
Si j'ai fait éclater des sentiments jaloux,
Pardonnez aux transports de mon âme éperdue :
Je ne connaissais point le poison qui me tue.
Mais, quel que soit l'amour dont je brûle aujourd'hui
Ma vertu contre vous deviendra mon appui :
Je verrai sans regret parer du diadème
Un front que mon amour n'en peut orner lui-même.
Remontez dès ce jour au rang de vos aïeux :
Votre vertu, madame, apaisera les dieux.
Que ne pourra sur eux une reine si belle?
Pour moi, jusqu'à la mort toujours tendre et fidèle,
J'irai sans murmurer, loin de lui, loin de vous,
Sacrifier au roi mon bonheur le plus doux... [dame.
Mais on vient...C'est lui-même...Il vous cherche, ma-
Dieux! quel trouble cruel s'élève dans mon âme!...
Vous ne partirez point, puisqu'il veut vous revoir :
Vous régnerez... O ciel! quel est mon désespoir!

SCÈNE III

IDOMÉNÉE, ÉRIXÈNE, SOPHRONYME,
ISMÈNE.

ÉRIXÈNE.
Vous triomphez, seigneur; ma vengeance échouée,
Par le sort ennemi se voit désavouée :
Ainsi ne forcez plus des yeux baignés de pleurs
A revoir de mes maux les barbares auteurs.
D'un sang qu'il faut venger partout environnée,
Et pour toute vengeance aux pleurs abandonnée,
Pour apaiser la voix de ce sang qui gémit,
Je n'entends que soupirs dont ma vertu frémit.
Hâtez par mon départ la fin de ma misère;
Laissez-moi loin de vous aller pleurer mon père;
Permettez...
IDOMÉNÉE.
Vous pouvez, libre dans mes États,
Au gré de vos souhaits déterminer vos pas.
Mes ordres sont donnés; et la mer apaisée

Offre de toutes parts une retraite aisée;
Mes vaisseaux sont tout prêts... Si la fin de mes jours
De vos pleurs cependant peut arrêter le cours,
Madame, demeurez... Ma tête condamnée
Du funeste bandeau va tomber couronnée :
Je vais, pour contenter vous et les immortels...

ÉRIXÈNE.
Je vais donc de ce pas vous attendre aux autels.

SCÈNE IV
IDOMÉNÉE, SOPHRONYME.

SOPHRONYME.
Quel orgueil! Mais quel est ce dessein qui m'étonne?
Par vos ordres exprès quand son départ s'ordonne,
Pourquoi l'arrêtez-vous sur l'espoir d'un trépas?...

IDOMÉNÉE.
Pourquoi le lui cacher, et ne l'en flatter pas,
Puisque je vais mourir?

SOPHRONYME.
Vous, mourir! dieux! qu'entends-je?

IDOMÉNÉE.
Pour l'étonner si fort, qu'a ce dessein d'étrange?
Plût au sort que mes mains eussent moins différé
A rendre au ciel un sang dont il est altéré!
Pour conserver celui que sa rigueur demande,
C'est le mien aujourd'hui qu'il faut que je répande.

SOPHRONYME.
Que dites-vous, seigneur? quel affreux désespoir!

IDOMÉNÉE.
D'un nom plus glorieux honore mon devoir :
Quand j'aurai vu mon fils, je cours y satisfaire.
Je n'attends plus de vous qu'une paix sanguinaire,
Dieux justes! Cependant d'un peuple infortuné
Détournez le courroux qui m'était destiné;
Cessez à mes sujets de déclarer la guerre,
Et jusqu'à mon trépas suspendez le tonnerre :
Tout mon sang va couler.

SOPHRONYME.
D'un si cruel transport
Qu'espérez-vous?

IDOMÉNÉE.
Du moins, la douceur de la mort.
Je n'obéirai point; le ciel impitoyable

ACTE IV, SCÈNE IV.

M'offre en vain en ces lieux un spectacle effroyable.
Les mortels peuvent-ils vous offenser assez
Pour s'attirer les maux dont vous les punissez,
Dieux puissants! Qu'ai-je vu? quel funeste ravage!
J'ai cru me retrouver dans le même carnage
Où mon bras se plongeait sur les bords phrygiens,
Pour venger Ménélas des malheureux Troyens.
Les maux des miens, hélas! sont-ils moins mon ou-
Une seconde Troie a signalé ma rage.   [vrage?
J'ai revu mes sujets, si tendres pour leur roi,
Pâles et languissants se traîner après moi.
Tu les as vus, tout près de perdre la lumière,
S'empresser pour revoir l'auteur de leur misère.
Non, j'ai le cœur encor tout percé de leurs cris :
J'ai cru dans chacun d'eux voir expirer mon fils.
De leur salut enfin cruel dépositaire,
Essayons si ma mort leur sera salutaire.
Meurs du moins, roi sans foi, pour ne plus résister
A ces dieux que ta main ne peut pas contenter.

SOPHRONYME.

Dans un si grand projet votre vertu s'égare :
A des crimes nouveaux votre âme se prépare. [dieux,
Vous mourez moins, seigneur, pour contenter les
Que pour vous dérober au devoir de vos vœux.
Voulez-vous, ajoutant le mépris à l'offense,
Porter jusqu'aux autels la désobéissance?
Vous vous offrez en vain pour fléchir sa rigueur;
Le ciel veut moins de nous l'offrande que le cœur.
Qu'espérez-vous, seigneur? que prétendez-vous faire?
Aux dieux, à vous, à nous, de plus en plus contraire,
Voulez-vous, n'écoutant qu'un transport furieux,
Faire couler sans fruit un sang si précieux?
Eh! qui de nous, hélas! témoin du sacrifice,
Voudra de votre mort rendre sa main complice?
Qui, prêt à se baigner dans le sang de son roi,
Voudrait charger sa main de cet horrible emploi?
Qui de nous contre lui n'armerait pas la sienne?

IDOMÉNÉE.

Je le sais, et n'attends ce coup que de la mienne.

SOPHRONYME.

Eh bien! avant ce coup, de cette même main [sein.
Plongez-moi donc, seigneur, un poignard dans le
Dût retomber sur moi le transport qui vous guide,
Je ne souffrirai point cet affreux parricide.
Nulle crainte en ce jour ne saurait m'émouvoir,

Lorsqu'il faut vous sauver de votre désespoir.
Je ne vous connais plus : le grand Idoménée
Laisse à tous ses transports son âme abandonnée.
Ce héros, rebuté d'avoir tant combattu,
A donc mis de lui-même un terme à sa vertu !
Jetez sur vos sujets un regard moins sévère :
Ils vous ont appelé du nom sacré de père ;
De cet auguste nom dédaignant tous les nœuds,
Avez-vous condamné vos sujets malheureux?
Abandonnerez-vous ce peuple déplorable,
Que votre mort va rendre encor plus misérable?
Que lui destinez-vous par ce cruel trépas,
Qu'un coup de désespoir qui ne le sauve pas?

IDOMÉNÉE.

Tu juges mal des dieux ; leur courroux équitable
S'apaisera bientôt par la mort du coupable :
Je vais enfin, pour prix de ce qu'ils ont sauvé,
Rendre à ces mêmes dieux ce qu'ils ont conservé.
Mon cœur, purifié par le feu des victimes,
Mettra fin à vos maux, mettant fin à mes crimes.
Je sens même déjà dans ce cœur s'allumer
L'ardeur du feu sacré qui le doit consumer.
Chaque pas, chaque instant qui retarde mon zèle,
Plonge de mes sujets dans la nuit éternelle.
Ne m'oppose donc plus d'inutiles discours ;
Facilite plutôt le trépas où je cours.
Veux-tu, par les efforts que ton amitié tente,
Conduire le couteau dans le sein d'Idamante!
Si je pouvais, hélas! l'immoler en ce jour,
Je croirais l'immoler moins aux dieux qu'à l'amour.
Qu'il règne ; que sa tête, aujourd'hui couronnée,
Redonne à Sophronyme un autre Idoménée :
Que mon fils, à son tour, assuré sur ta foi,
Retrouve dans tes soins tout ce qu'il perd en moi :
Que par toi tous ses pas tournés vers la sagesse
D'un torrent de flatteurs écartent sa jeunesse :
Accoutume son cœur à suivre l'équité ;
Conserve-lui surtout cette sincérité
Rare dans tes pareils, aux rois si nécessaire :
Sois enfin à ce fils ce que tu fus au père.
Surmonte ta douleur en ce dernier moment.
Et reçois mes adieux dans cet embrassement.

SOPHRONYME, à genoux.

Non, vous ne mourrez point ; votre cœur inflexible
Nourrit en vain l'espoir d'un projet si terrible.

Immolez-moi, seigneur, ou craignez...
####### IDOMÉNÉE.
Lève-toi :
Quoique prêt à mourir, je suis toujours ton roi.
Je veux être obéi ; cesse de me contraindre. [dre ?
Parmi tant de malheurs, est-ce moi qu'il faut plain-
Vois quels sont les tourments qui déchirent mon
Et, par pitié du moins, laisse-moi ma fureur. [cœur ;
Je vois mon fils. Surtout que ta bouche fidèle
De mes tristes projets lui cache la nouvelle :
Je n'en mourrais pas moins ; et tes soins dangereux
Rendraient, sans me sauver, mon destin plus affreux.

SCÈNE V

IDOMÉNÉE, IDAMANTE, SOPHRONYME.

####### IDOMÉNÉE.
Idamante, approchez : votre roi vous fait grâce.
Venez, mon fils, venez, qu'un père vous embrasse.
Ne craignez plus mes feux : par un juste retour,
Je vous rends tout ce cœur que partageait l'amour.
Oui, de ce même cœur qui s'en laissa surprendre,
Ce qu'il vous en ravit, je vous le rends plus tendre.
Oublions mes transports ; mon fils, embrassez-moi.
####### IDAMANTE.
Par quel heureux destin retrouvé-je mon roi ?
Quel dieu, dans votre sein étouffant la colère,
Me rouvre encore les bras d'un si généreux père ?
Que cet embrassement pour un fils a d'appas !
Je le désirais trop pour ne l'obtenir pas.
Idamante, accablé des rigueurs d'Erixène,
N'en a point fait, seigneur, sa plus cruelle peine :
Hélas ! quel bruit affreux a passé jusqu'à moi !
Vous m'en voyez tremblant et d'horreur et d'effroi.
####### IDOMÉNÉE.
Prince, de votre cœur que l'effroi se dissipe :
Ce n'est qu'un bruit semé par le traître Égésippe.
Quoi qu'il en soit, je vais, pour m'en éclaircir mieux,
Au pied de leurs autels interroger les dieux.
Heureux si, pour savoir leur volonté suprême,
Je les eusse plus tôt consultés par moi-même !
####### IDAMANTE.
Permettez-moi, seigneur, d'accompagner vos pas.

IDOMÉNÉE.
Non, mon fils; où je vais vous ne me suivrez pas.
D'un mystère où des miens l'unique espoir se fonde,
Je veux seul aujourd'hui percer la nuit profonde.
Vous apprendrez bientôt quel sang a dû couler :
Jusque-là votre cœur ne doit point se troubler,
Rejetez loin de vous une frayeur trop vaine :
J'apaiserai les dieux... Fléchissez Erixène...
Adieu...

IDAMANTE.
Permettez-moi...

IDOMÉNÉE.
Mon fils...je vous l'ai dit...
Je vais seul aux autels, et ce mot vous suffit.

SCENE VI
IDAMANTE, SOPHRONYME.

IDAMANTE.
Enfin à mes désirs on ne met plus d'obstacle. [cle!
Mais que vois-je ? grands dieux ! quel funeste specta-
Qui fait couler ces pleurs qui me glacent d'effroi?
Sophronyme, parlez...

SOPHRONYME.
Qu'exigez-vous de moi?
O déplorable sang ! famille infortunée !
Fils trop digne des pleurs du grand Idoménée !

IDAMANTE.
A mon cœur éperdu quel soupçon vient s'offrir?
Parlez, où va le roi?

SOPHRONYME.
Seigneur, il va mourir

IDAMANTE.
Ah ! ciel !

SOPHRONYME.
A sa fureur mettez un prompt obstacle :
Et ce n'est pas son sang que demande l'oracle.

IDAMANTE.
Quoi ! ce n'est pas son sang ! Qu'entends-je ? quelle
C'est donc le mien !   [horreur!

SOPHRONYME.
Hélas ! j'en ai trop dit, seigneur.

ACTE CINQUIÈME

―

SCÈNE PREMIÈRE
IDAMANTE, POLYCLÈTE.

IDAMANTE.
Qu'ai-je entendu? grands dieux! quel horrible [mystère
M'avait longtemps voilé l'amitié de mon père!
A la fin sans nuage il éclate à mes yeux
Ce sacrilège vœu, ce mystère odieux.
Vous, peuples, qui craignez d'immoler la victime
Dont le sang doit fléchir le ciel qui vous opprime,
Peuples, cessez de plaindre un choix si glorieux :
Il est beau de mourir pour apaiser les dieux.
(A Polyclète.)
Sèche ces pleurs honteux où ta douleur te livre :
Que servent tes regrets? que te sert de me suivre?
Dissipe tes soupçons, ne crains rien, laisse-moi ;
Je te l'ordonne enfin, va retrouver le roi.
Hélas! quoique sa main, par mes soins désarmée,
Ne laisse aucune crainte à mon âme alarmée;
Quoique partout sa garde accompagne ses pas;
Cependant, s'il se peut, ne l'abandonne pas.
Je voudrais avec toi le rejoindre moi-même;
Mais je crains les transports de sa douleur extrême :
Je me sens pénétré de ses tendres regrets,
Et ne puis, sans mourir, voir ces tristes objets.

SCÈNE II
IDAMANTE.

Enfin, loin des témoins dont l'aspect m'importune,
Je puis en liberté plaindre mon infortune;
Et mon cœur, déchiré des plus cruels tourments,
Peut donc jouir en paix de ses derniers moments!
Ciel! quel est mon malheur! quelle rigueur extrême!
Quel sort pour ennemis m'offre tout ce que j'aime!
Je trouve en même jour conjurés contre moi
Les implacables dieux, ma princesse et mon roi.

Pardonnez, dieux puissants, si je vous fais attendre ;
Je le retiendrai peu ce sang qu'on va répandre :
Mon cœur de son destin n'est que trop éclairci.
Est-ce pour mes forfaits que vous tonnez ici,
Dieux cruels !... Que dis-tu, misérable victime ?
Né d'un sang criminel, te manque-t-il un crime ?
Qu'avaient fait plus que toi ces peuples malheureux
Que le ciel a couverts des maux les plus affreux ?
Va, termine aux autels une innocente vie
Sans accuser les dieux de te l'avoir ravie ;
Et songe, en te flattant de leur choix rigoureux,
Que le sang le plus pur est le plus digne d'eux.
Pourrais-tu regretter, objet de tant de haine,
Quelques jours échappés aux rigueurs d'Erixène ?
A qui peut éprouver un sort comme le mien
La mort est-elle un mal, la vie est-elle un bien ?
Hélas ! si je me plains, et si mon cœur murmure,
Mes plaintes ne sont point l'effet de la nature :
Je crains bien moins le coup qui m'ôtera le jour
Que le coup qui me doit priver de mon amour.
Allons, c'est trop tarder... D'où vient que je frissonne ?
Est-ce qu'en ce moment ma vertu m'abandonne ?
Hélas ! il en est temps, courons où je le doi ;
Je n'attends que la mort, et l'on n'attend que moi.
Assez sur ses projets mon âme combattue
A cédé... Quel objet vient s'offrir à ma vue ?
Ah ! fuyons... mon devoir parlerait vainement,
Si je pouvais encore...

SCÈNE III

ÉRIXÈNE, IDAMANTE, ISMÈNE.

ÉRIXÈNE.
Arrêtez un moment.
Vous me voyez, seigneur, inquiète, éperdue :
De mortelles frayeurs je me sens l'âme émue.
De mon devoir toujours prête à subir la loi,
Je courais aux autels peut-être malgré moi ;
J'allais voir immoler, dans ma juste colère,
Le sang d'Idoménée aux mânes de mon père :
Qu'ai-je fait ! et de quoi se flattait mon courroux !
On dit que les effets n'en tombent que sur vous.
De grâce, éclaircissez mon trouble et mes alarmes :
D'un peuple qui gémit et les cris et les larmes,

Des pleurs qu'en ce moment je ne puis retenir,
Tout dans ce trouble affreux sert à m'entretenir.
IDAMANTE.
Il est vrai que le ciel, juste, quoique sévère,
Semble enfin respecter la tête de mon père.
Sous le couteau mortel la mienne va tomber,
Et sous l'arrêt fatal je dois seul succomber,
Madame ; trop heureux, si la mort que j'implore
Apaise le courroux de tout ce que j'adore !
Si je puis désarmer le ciel et vos beaux yeux,
Je vais, par un seul coup, contenter tous mes dieux.
ÉRIXÈNE.
Seigneur, il est donc vrai qu'une promesse affreuse
Vous livre aux dieux vengeurs? Qu'ai-je fait, mal-
J'ai révélé l'oracle, et ma funeste erreur [heureuse!
A d'un arrêt barbare appuyé la fureur.
Mais pouvais-je des dieux pénétrer le mystère,
Et croire vos vertus l'objet de leur colère ;
Me défier enfin qu'avec eux de concert
J'eusse pu me prêter à la main qui vous perd?
Non, seigneur, non, jamais votre fière ennemie
N'aurait voulu poursuivre une si belle vie.
Moi, la poursuivre ! Hélas ! les dieux me sont témoins
Que mon cœur malheureux ne haït jamais moins.
IDAMANTE.
Quel bonheur est le mien! près de perdre la vie,
Qu'il m'est doux de trouver Érixène attendrie!
ÉRIXÈNE.
Oui, malgré mon devoir, je ressens vos malheurs,
Et ne puis les causer sans y donner des pleurs :
Je ne puis, sans frémir, voir le coup qui s'apprête.
Je ne le verrai point tomber sur votre tête :
Je vais quitter des lieux si terribles pour moi.
Mais je n'y crains pour vous ni les dieux ni le roi :
Non, je ne puis penser qu'avec tant d'innocence
On ne puisse du ciel suspendre la vengeance.
IDAMANTE.
Ah! plutôt, s'il se peut, demeurez en ces lieux,
Où je vais apaiser la colère des dieux.
Madame, s'il est vrai qu'Érixène sensible
Ait laissé désarmer son courroux inflexible,
Au nom d'un tendre amour, conservez pour le roi
Cette même pitié que vous marquez pour moi.
Le coup cruel qui va trancher ma destinée
Tombera moins sur moi que sur Idoménée :

Il n'a que trop souffert d'un devoir rigoureux ;
N'accablez plus, madame, un roi si malheureux...
Laissez-vous attendrir à ma juste prière ;
J'ose enfin implorer vos bontés pour mon père.

ÉRIXÈNE.

Ciel ! qu'est-ce que j'entends, et que me dites-vous ?
Je sens, à ce nom seul, rallumer mon courroux.
Lui, votre père ! O ciel ! après son vœu funeste,
Gardez de proposer des nœuds que je déteste.
Que jusque-là mon cœur portât l'égarement !
Qui ? lui !... le meurtrier d'un père, d'un amant !
Ma haine contre lui sera toujours la même :
Je l'abhorre... ou plutôt je sens que je vous aime...
Où s'égare mon cœur ?... De ce que je me dois
Quel oubli ! Mes remords ont étouffé ma voix...
Quand je crois rejeter des nœuds illégitimes,
Mon cœur, au même instant, respire d'autres crimes.
Qu'ai-je dit ? quel secret osé-je révéler ?
Me reste-t-il encor la force de parler ?
Ah, seigneur, puisque enfin je n'ai pu m'en défendre,
A d'éternels adieux vous devez vous attendre.

IDAMANTE.

Que dites-vous ? ô ciel ! Ainsi donc votre cœur
Garde, même en aimant, sa première rigueur !
Calmez de ce transport l'injuste violence.
Votre amour est-il donc un reste de vengeance ?
Faut-il en voir, hélas ! tous mes maux redoubler ?
Ne le déclarez-vous que pour m'en accabler ?
Ah ! cruelle, du moins au moment qu'il éclate,
Cessez de m'envier le bonheur qui me flatte.

ÉRIXÈNE.

Si ce faible bonheur vous flatte, il vous séduit :
Seigneur, de cet aveu ma mort sera le fruit.
Si je cède au transport où mon amour me livre,
A ma gloire du moins je ne sais pas survivre.
Mon malheureux amour passe tous mes forfaits ;
Je ne survivrai pas à l'aveu que j'en fais.
Faut-il jusqu'à ce point que ma gloire s'oublie !
Ah ! seigneur ! cet aveu me coûtera la vie.
Que le destin épargne ou termine vos jours,
Oui, cet aveu des miens doit terminer le cours ;
Et, quel que soit le sort que vous devez attendre,
Je ne vous verrai plus, je n'en veux rien apprendre.
Adieu, seigneur, adieu : qu'à jamais votre cœur
Garde le souvenir d'une si tendre ardeur.

Pour moi, dès ce moment je vais fuir de la Crète ;
Heureuse si ma mort prévenait ma retraite !
IDAMANTE.
Eh quoi ! vous me fuyez ? Ah ! du moins dans ces lieux
Laissez-moi la douceur d'expirer à vos yeux :
Ne les détournez point dans ce moment funeste ;
Laissez-moi voir encor le seul bien qui me reste.
Demeurez... ou ma mort...
ÉRIXÈNE.
Ah ! de grâce, seigneur,
Par ce cruel discours n'accablez pas mon cœur.
Mon devoir, malgré moi, vous défend de me suivre ;
Mais l'amour, malgré lui, vous ordonne de vivre.

SCÈNE IV

IDAMANTE.

Vous l'ordonnez en vain, je remplirai mon sort ;
Et votre seul départ suffisait pour ma mort.
Rien ne s'oppose plus au devoir qui m'entraîne :
Jusque-là, dieux puissants, suspendez votre haine.
Mais qu'est-ce que j'entends ?... Je tremble, je frémis.

SCÈNE V

IDOMÉNÉE, IDAMANTE, SOPHRONYME, POLYCLÈTE, GARDES.

IDOMÉNÉE.
Vous m'arrêtez en vain, je veux revoir mon fils.
Portez ailleurs les soins d'une amitié cruelle ;
Respectez les transports de ma douleur mortelle.
Enfin je le revois... Je ne vous quitte pas :
Les dieux auront en vain juré votre trépas ;
Ils ordonnent en vain cet affreux sacrifice ;
Ma main de leur fureur ne sera point complice.
IDAMANTE.
Ah ! seigneur, c'en est trop, n'irritez pas les dieux ;
N'attirez plus enfin la foudre dans ces lieux ;
Venez sans murmurer sacrifier ma vie.
Vous ignorez les maux dont elle est poursuivie.
Ah ! si je vous suis cher, d'une tendre amitié
Je n'implore, seigneur, qu'un reste de pitié.
Terminez les malheurs d'un fils qui vous en presse

3.

Accomplissez enfin une auguste promesse :
De vos retardements voyez quel est le fruit.
D'ailleurs de votre vœu tout le monde est instruit.
Chaque instant de ma vie est au ciel un outrage;
Acquittez-en ce vœu, puisqu'elle en fut le gage.
IDOMÉNÉE.
Inexorables dieux, par combien de détours
Avez-vous de mes soins su traverser le cours !
Que de votre courroux la fatale puissance
A bien su se jouer de ma vaine prudence !
Barbares ! quand je meurs qu'exigez-vous de moi ?
N'était-ce pas assez pour victime qu'un roi ?
Par un sang que versait un repentir sincère
Je courais aux autels prêt de vous satisfaire :
Hélas ! quand j'ai cru voir la fin de mes malheurs,
Vous avez craint de voir la fin de vos fureurs ;
Il eût fallu vous rendre au sang de la victime.
Gardez donc vos fureurs, et je reprends mon crime :
Je désavoue enfin d'inutiles remords.
IDAMANTE.
Désavouez plutôt ces horribles transports ;
Voyez-en jusqu'ici l'audace infructueuse,
Et revenez aux soins d'une âme vertueuse.
De ces dieux dont en vain vous bravez le courroux,
Examinez, seigneur, sur qui tombent les coups.
Faut-il, pour attendrir votre âme impitoyable,
Ramener sous vos yeux ce spectacle effroyable ?
Tout périt ; ce n'est plus qu'aux seuls gémissements
Qu'on peut ici des morts distinguer les vivants.
Dans la nuit du tombeau vos sujets vont descendre.
Un seul soupir encor semble les en défendre,
Seigneur ; et ces sujets prêts de s'immoler tous,
Offrent aux dieux vengeurs ce seul soupir pour vous ;
D'un peuple pour son roi si tendre, si fidèle,
Du sang de votre fils récompensez le zèle.
Ces peuples, que le ciel soumit à votre loi,
Ne sont-ils pas, seigneur, vos enfants avant moi ?
Terminez par ma mort l'excès de leur misère :
Dans ces tristes moments soyez plus roi que père :
Songez que le devoir de votre auguste rang
Ne permet pas toujours les tendresses du sang :
Versez enfin le mien, puisqu'il faut le répandre :
Par d'éternels forfaits voulez-vous le défendre ?
IDOMÉNÉE.
Dût le ciel irrité nous rouvrir les enfers,

ACTE V, SCÈNE V.

Dût la foudre à mes yeux embraser l'univers,
Dût tout ce qui respire, étouffé dans la flamme,
Servir de monument aux transports de mon âme,
Dussé-je enfin, de tout destructeur furieux,
Voir ma rage égaler l'injustice des dieux,
Je n'immolerai point une tête innocente.

IDAMANTE.

Ah! c'est donc trop longtemps épargner Idamante.
Après ce que je sais, après ce que je vois,
Qui fut jamais, seigneur, plus criminel que moi?
Chaque moment qui suit votre vœu redoutable
Rejette mille horreurs sur ma tête coupable;
Complice du refus que l'on en fait aux dieux,
Tout mon sang désormais me devient odieux.
Disputez-vous au ciel le droit de le reprendre? [dre?
M'enviez-vous, seigneur, l'honneur de vous le ren-
Ah! d'un vœu qui vous rend aux vœux de votre fils,
Trop heureux que ce sang puisse faire le prix!
Sans ce vœu, triste objet de ma douleur profonde,
Je ne vous revoyais que le jouet de l'onde.
Le ciel, plus doux, enfin vous rend à mes souhaits:
Puis-je assez lui payer le plus grand des bienfaits?
Venez-en aux autels consacrer les prémices;
Signalons de grands cœurs par de grands sacrifices;
Et montrez-vous aux dieux plus grand que leur
            [courroux,
Par un présent, seigneur, digne d'eux et de vous.

IDOMÉNÉE.

Pour ne t'immoler pas quand je me sacrifie,
Oses-tu me prier d'attenter à ta vie?
Fils ingrat, fils cruel, à périr obstiné,
Viens toi-même immoler ton père infortuné.
N'attends pas que, touché d'une indigne prière,
J'arme contre tes jours une main meurtrière;
Je saurai malgré toi t'en sauver désormais;
Et de ces tristes lieux je vais fuir pour jamais.

IDAMANTE.

Que dites-vous, seigneur? et quel dessein barbare...

IDOMÉNÉE.

N'accusez que vous seul du coup qui nous sépare.
Mes peuples, par vous-même instruits de votre sort,
Ne laissent à mon choix que la fuite ou la mort.

IDAMANTE.

Si l'intérêt d'un fils peut vous toucher encore,
Accordez à mes pleurs la grâce que j'implore.

IDOMÉNÉE.
Vous tentez sur mon cœur des efforts superflus.
Adieu, mon fils... mes yeux ne vous reverront plus.
IDAMANTE, à genoux.
Ah! seigneur, permettez qu'à vos désirs contraire
J'ose encore opposer les efforts...
IDOMÉNÉE.
Téméraire!
Arrêtez, ou craignez que mon juste courroux...
IDAMANTE.
Puisque par ma douleur je ne puis rien sur vous,
Soyez donc le témoin du transport qui m'anime.
(Il se tue.)
Dieux, recevez mon sang; voilà votre victime...
IDOMÉNÉE.
Inhumain!... Juste ciel! Ah! père malheureux!
Qu'ai-je vu?
IDAMANTE.
C'est le sang d'un prince généreux;
Le ciel, pour s'apaiser, n'en demandait point d'au-
IDOMÉNÉE. [tre.
Qu'avez-vous fait, mon fils?
IDAMANTE.
Mon devoir et le vôtre.
Telle en était, seigneur, l'irrévocable loi;
Il fallait le remplir, ou par vous, ou par moi.
Les dieux voulaient mon sang : ma main obéissante
N'a pas dû plus longtemps épargner Idamante.
De son sang répandu voyez quel est le fruit;
Le ciel est apaisé, l'astre du jour vous luit : [trême.
Trop heureux de pouvoir, dans mon malheur ex-
Goûter avant ma mort les fruits de ma mort même!
IDOMÉNÉE.
Hélas! du coup affreux qui termine ton sort
N'attends point d'autre fruit que celui de ma mort.
Dieux cruels! fallait-il qu'une injuste vengeance,
Pour me punir d'un crime, opprimât l'innocence?

FIN D'*IDOMÉNÉE*.

IDOMÉNÉE.

IDAMANTE.
Dieux, recevez mon sang; voilà votre victime...

Acte V, sc V.

ATRÉE ET THYESTE

TRAGÉDIE

REPRÉSENTÉE POUR LA PREMIÈRE FOIS LE 14 MARS 1707.

ACTEURS

ATRÉE, roi d'Argos.
THYESTE, roi de Mycènes, frère d'Atrée.
PLISTHÈNE, fils d'Ærope et de Thyeste, cru fils d'Atrée.
THÉODAMIE, fille de Thyeste.
EURISTHÈNE, confident d'Atrée.
ALCIMÉDON, officier de la flotte.
THESSANDRE, confident de Plisthène.
LÉONIDE, confidente de Théodamie.
Suite d'Atrée.
Gardes.

La scène est à Chalcis, capitale de l'île d'Eubée, dans le palais d'Atrée.

ACTE PREMIER

SCÈNE PREMIÈRE

ATRÉE, EURISTHÈNE, ALCIMÉDON,
GARDES.

ATRÉE.
Avec l'éclat du jour, je vois enfin renaître
L'espoir et la douceur de me venger d'un traître !
Les vents, qu'un dieu contraire enchaînait loin de
Semblent avec les flots exciter mon courroux : [nous,
Le calme, si longtemps fatal à ma vengeance,
Avec mes ennemis n'est plus d'intelligence :
Le soldat ne craint plus qu'un indigne repos
Avilisse l'honneur de ses derniers travaux.
Allez, Alcimédon : que la flotte d'Atrée
Se prépare à voguer loin de l'île d'Eubée :
Puisque les dieux jaloux ne l'y retiennent plus,

Portez à tous ses chefs mes ordres absolus.
(A ses gardes,) [thène;
Que tout soit prêt. Et vous, que l'on cherche Plis-
Je l'attends en ces lieux. Toi, demeure, Euristhène.

SCÈNE II
ATRÉE, EURISTHÈNE.

ATRÉE.

Enfin ce jour heureux, ce jour tant souhaité,
Ranime dans mon cœur l'espoir et la fierté ;
Athènes, trop longtemps l'asile de Thyeste,
Éprouvera bientôt le sort le plus funeste ;
Mon fils, prêt à servir un si juste transport,
Va porter dans ses murs et la flamme et la mort.

EURISTHÈNE.

Ainsi, loin d'épargner l'infortuné Thyeste,
Vous détruisez encor l'asile qui lui reste !
Ah ! seigneur, si le sang qui vous unit tous deux
N'est plus qu'un titre vain pour ce roi malheureux,
Songez que rien ne peut mieux remplir votre envie
Que le barbare soin de prolonger sa vie.
Accablé des malheurs qu'il éprouve aujourd'hui,
Le laisser vivre encor, c'est se venger de lui.

ATRÉE.

Que je l'épargne, moi ! lassé de le poursuivre,
Pour me venger de lui que je le laisse vivre !
Ah ! quels que soient les maux que Thyeste ait souf-
Il n'aura contre moi d'asile qu'aux enfers : [ferts,
Mon implacable cœur l'y poursuivrait encore,
S'il pouvait s'y venger d'un traître que j'abhorre.
Après l'indigne affront que m'a fait son amour,
Je serai sans honneur tant qu'il verra le jour.
Un ennemi qui peut pardonner une offense,
Ou manque de courage, ou manque de puissance.
Rien ne peut arrêter mes transports furieux ;
Je voudrais me venger, fût-ce même des dieux.
Du plus puissant de tous j'ai reçu la naissance ;
Je le sens au plaisir que me fait la vengeance.
Enfin mon cœur se plaît dans cette inimitié ;
Et s'il a des vertus, ce n'est pas la pitié.
Ne m'oppose donc plus un sang que je déteste ;
Ma raison m'abandonne au seul nom de Thyeste :
Instruit par ses fureurs à ne rien ménager,

Dans les flots de son sang je voudrais le plonger.
Qu'il n'accuse que lui du malheur qui l'accable ;
Le sang qui nous unit me rend-il seul coupable?
D'un criminel amour le perfide enivré,
A-t-il eu quelque égard pour un nœud si sacré?
Mon cœur, qui sans pitié lui déclare la guerre,
Ne cherche à le punir qu'au défaut du tonnerre.

EURISTHÈNE.

Depuis vingt ans entiers ce courroux affaibli
Semblait pourtant laisser Thyeste dans l'oubli.

ATRÉE.

Dis plutôt qu'à punir mon âme ingénieuse
Méditait dès ce temps une vengeance affreuse :
Je n'épargnais l'ingrat que pour mieux l'accabler :
C'est un projet enfin à te faire trembler.
Instruit des noirs transports où mon âme est livrée,
Lis mieux dans le secret et dans le cœur d'Atrée :
Je ne veux découvrir l'un et l'autre qu'à toi ;
Et je te les cachais, sans soupçonner ta foi.
Écoute. Il te souvient de ce triste hyménée
Qui d'Ærope à mon sort unit la destinée :
Cet hymen me mettait au comble de mes vœux ;
Mais à peine aux autels j'en eu formé les nœuds,
Qu'à ces mêmes autels, et par la main d'un frère,
Je me vis enlever une épouse si chère.
Tes yeux furent témoins des transports de mon [cœur :
A peine mon amour égalait ma fureur ;
Jamais amant trahi ne l'a plus signalée.
Mycènes, tu le sais, sans pitié désolée,
Par le fer et le feu vit déchirer son sein ;
Mon amour outragé me rendit inhumain.
Enfin par ma valeur Ærope recouvrée,
Après un an revint entre les mains d'Atrée.
Quoique déjà l'hymen, ou plutôt le dépit,
Eussent depuis ce temps mis une autre en mon lit,
Malgré tous les appas d'une épouse nouvelle,
Ærope à mes regards n'en parut que plus belle.
Mais en vain mon amour brillait de nouveaux feux,
Elle avait à Thyeste engagé tous ses vœux ;
Et liée à l'ingrat d'une secrète chaîne,
Ærope, le dirai-je? en eut pour fruit Plisthène.

EURISTHÈNE. [seigneur,

Dieux! qu'est-ce que j'entends! Quoi! Plisthène,
Reconnu dans Argos pour votre successeur,
Pour votre fils, enfin!

ATRÉE.
C'est lui-même, Euristhène :
C'est ce même guerrier, c'est ce même Plisthène
Que ma cour aujourd'hui croit encor, sous ce nom,
Frère de Ménélas, frère d'Agamemnon.
Tu sais, pour me venger de sa perfide mère,
A quel excès fatal me porta ma colère :
Heureux, si le poison qui servit ma fureur
De mon indigne amour eût étouffé l'ardeur !
Celui de l'infidèle éclatait pour Thyeste
Au milieu des horreurs du sort le plus funeste.
Je ne puis sans frémir y penser aujourd'hui :
Ærope, en expirant, brûlait encor pour lui ;
Voilà ce qu'en un mot surprit ma vigilance
A ceux qui de l'ingrate avaient la confidence.
(Il lui montre en ce moment une lettre d'Ærope.)

LETTRE D'ÆROPE.

« D'Atrée en ce moment j'éprouve le courroux,
« Cher Thyeste, et je meurs sans regretter la vie,
« Puisque je ne l'aimais que pour vivre avec vous,
« Je ne murmure point qu'elle me soit ravie.
« Plisthène fut le fruit de nos tristes amours :
« S'il passe jusqu'à vous, prenez soin de ses jours ;
« Qu'il fasse quelquefois ressouvenir son père
« Du malheureux amour qu'avait pour lui sa mère. »
Juge de quels succès ses soins furent suivis :
Je retins à la fois son billet et son fils.
Je voulus étouffer ce monstre en sa naissance,
Mais mon cœur plus prudent l'adopta par vengeance ;
Et, méditant dès lors le plus affreux projet,
Je le fis au palais apporter en secret.
Un fils venait de naître à la nouvelle reine :
Pour remplir mes projets, je le nommai Plisthène,
Et mis le fils d'Ærope au berceau de ce fils,
Dont depuis m'ont privé les destins ennemis.
C'est sous un nom si cher qu'Argos l'a vu paraître ;
Je fis périr tous ceux qui pouvaient le connaître ;
Et, laissant ce secret entre les dieux et moi,
Je ne l'ai jusqu'ici confié qu'à ta foi.
Après ce que tu sais, sans que je te l'apprenne,
Tu vois à quel dessein j'ai conservé Plisthène,
Et, puisque la pitié n'a point sauvé ses jours,
A quel usage enfin j'en destine le cours.

EURISTHÈNE. [guide,
Quoi ! seigneur, sans frémir du transport qui vous

Vous pourriez réserver Plisthène au parricide?
ATRÉE.
Oui, je veux que ce fruit d'un amour odieux
Signale quelque jour ma fureur en ces lieux;
Sous le nom de mon fils, utile à ma colère,
Qu'il porte le poignard dans le sein de son père;
Que Thyeste en mourant, de son malheur instruit,
De ses lâches amours reconnaisse le fruit.
Oui, je veux que, baigné dans le sang de ce traître,
Plisthène verse un jour le sang qui l'a fait naître,
Et que le sien après, par mes mains répandu,
Dans sa source à l'instant se trouve confondu.
Contre Thyeste enfin tout paraît légitime,
Je n'arme contre lui que le fruit de son crime :
Son forfait mit au jour un prince malheureux;
Il faut, par un forfait, les en priver tous deux.
Thyeste est sans soupçons, et son âme abusée
Ne me croit occupé que de l'île d'Eubée :
Je ne suis en effet descendu dans ces lieux
Que pour mieux dérober mon secret à ses yeux.
Athènes, disposée à servir ma vengeance,
Avec moi dès longtemps agit d'intelligence;
Et son roi, craignant tout de ma juste fureur,
De son nom seulement cherche à couvrir l'honneur.
Du jour que mes vaisseaux menaceront Athènes,
De ce jour tu verras Thyeste dans mes chaînes :
Ma flotte me répond de ce qu'on m'a promis;
Je répondrai bientôt et du père et du fils.
EURISTHÈNE.
Eh bien! sur votre frère épuisez votre haine;
Mais du moins épargnez les vertus de Plisthène.
ATRÉE.
Plisthène, né d'un sang au crime accoutumé,
Ne démentira point le sang qui l'a formé;
Et comme il a déjà tous les traits de sa mère,
Il aurait quelque jour les vices de son père.
Quel peut être le fruit d'un couple incestueux?
Moi-même j'avais cru Thyeste vertueux :
Il m'a trompé; son fils me tromperait de même.
D'ailleurs il lui faudrait laisser mon diadème;
Le titre de mon fils l'assure de ce rang :
En faudra-t-il pour lui priver mon propre sang?
Que dis-je? pour venger l'affront le plus funeste,
En dépouiller mes fils pour le fils de Thyeste?
C'est ma seule fureur qui prolonge ses jours;

Il est temps désormais qu'elle en tranche le cours:
Je veux, par les forfaits où ma haine me livre,
Me payer des moments que je l'ai laissé vivre.
Que l'on approuve ou non un dessein si fatal,
Il m'est doux de verser tout le sang d'un rival.
Mais Plisthène paraît. Songe que ma vengeance
Renferme des secrets consacrés au silence.

SCÈNE III

ATRÉE, PLISTHÈNE, EURISTHÈNE, THES-
SANDRE, GARDES.

ATRÉE.

Prince, cet heureux jour, mais si lent à mon gré,
Presse enfin un départ trop longtemps différé ;
Tout semble en ce moment proscrire un infidèle.
La mer mugit au loin, et le vent vous appelle :
Le soldat, dont ce bruit a réveillé l'ardeur,
Au seul nom de son chef se croit déjà vainqueur;
Il n'en attend pas moins de sa valeur suprême,
Que ce qu'en vit Élis, Rhodes, cette île même :
Et moi, que ce héros ne sert point à demi,
J'en attends encor plus que n'en craint l'ennemi.
Je connais de ce chef la valeur et le zèle,
Je sais que je n'ai point de sujet plus fidèle :
Aujourd'hui cependant souffrez sans murmurer
Que votre père encor cherche à s'en assurer.
L'affront est grand, l'ardeur de s'en venger extrême :
Jurez-moi donc, mon fils, par les dieux, par moi-
Si le destin pour nous se déclare jamais, [même,
Que vous me vengerez au gré de mes souhaits.
Oui, je puis m'en flatter, je connais trop Plisthène ;
Plus ardent que moi-même, il servira ma haine ;
A peine mon courroux égale son grand cœur :
Il vengera son père.

PLISTHÈNE.
En doutez-vous, seigneur ?
Eh ! depuis quand ma foi vous est-elle suspecte ?
Avez-vous des desseins que mon cœur ne respecte ?
Ah ! si vous en doutiez, de mon sang le plus pur...

ATRÉE.
Mon fils, sans en douter je veux en être sûr.
Jurez-moi qu'à mes lois votre main asservie
Vengera mes affronts au gré de mon envie.

ACTE I, SCÈNE III.

PLISTHÈNE.

Seigneur, je n'ai point cru que pour servir mon roi
Il fallût exciter ni ma main ni ma foi.
Faut-il par des serments que mon cœur vous rassure ?
Le soupçonner, seigneur, c'est lui faire une injure :
Vous me verrez toujours contre vos ennemis
Remplir tous les devoirs de sujet et de fils.
Oui, j'atteste des dieux la majesté sacrée,
Que je serai soumis aux volontés d'Atrée ;
Que par moi seul enfin son courroux assouvi
Fera voir à quel point je lui suis asservi.

ATRÉE.

Ainsi, prêt de punir l'ennemi qui m'offense,
Je puis tout espérer de votre obéissance ;
Et le lâche, à mes yeux par vos mains égorgé,
Ne triomphera plus de m'avoir outragé.
Allez : que votre bras, à l'Attique funeste,
S'apprête à m'immoler le perfide Thyeste.

PLISTHÈNE.

Moi, seigneur ?

ATRÉE.

Oui, mon fils. D'où naît ce changement ?
Quel repentir succède à votre empressement ?
Quelle était donc l'ardeur que vous faisiez paraître ?
Tremblez-vous lorsqu'il faut me délivrer d'un traître ?

PLISTHÈNE.

Non. Mais daignez m'armer pour un emploi plus beau :
Je serai son vainqueur, et non pas son bourreau.
Songez-vous bien quel nœud vous unit l'un et l'autre ?
En répandant son sang, je répandrais le vôtre.
Ah ! seigneur ! est-ce ainsi que l'on surprend ma foi ?

ATRÉE.

Les dieux m'en sont garants ; c'en est assez pour moi.

PLISTHÈNE.

Juste ciel !

ATRÉE.

J'entrevois dans votre âme interdite
De secrets sentiments dont la mienne s'irrite.
Étouffez des regrets désormais superflus ;
Partez, obéissez, et ne répliquez plus.
Des bords athéniens j'attends quelque nouvelle.
Vous cependant volez où l'honneur vous appelle ;
Que ma flotte avec vous se dispose à partir :
Et quand tout sera prêt, venez m'en avertir :
Je veux de ce départ être témoin moi-même.

SCÈNE IV

PLISTHÈNE, THESSANDRE.

PLISTHÈNE.

Qu'ai-je fait, malheureux ! quelle imprudence extrê-
Je ne sais quel effroi s'empare de mon cœur ; [me !
Mais tout mon sang se glace, et je frémis d'horreur.
Dieux, que dans mes serments malgré moi j'intéres-
Perdez le souvenir d'une indigne promesse ; [se,
Ou recevez ici le serment que je fais,
En dussé-je périr, de n'obéir jamais.
Mais pourquoi m'alarmer d'un serment si funeste ?
Que peut craindre un grand cœur quand sa vertu lui
Athènes me répond d'un trépas glorieux ; [reste ?
Et j'y cours m'affranchir d'un serment odieux.
Survivre aux maux cruels dont le destin m'accable,
Ce serait plus que lui m'en rendre un jour coupable.
Haï, persécuté, chargé d'un crime affreux,
Dévoré sans espoir d'un amour malheureux,
Malgré tant de mépris que je chéris encore,
La mort est désormais le seul dieu que j'implore ;
Trop heureux de pouvoir arracher en un jour
Ma gloire à mes serments, mon cœur à son amour !

THESSANDRE.

Que dites-vous, seigneur ? Quoi ! pour une inconnue...

PLISTHÈNE.

Peux-tu me condamner, Thessandre ? tu l'as vue.
Non, jamais plus de grâce et plus de majesté
N'ont distingué les traits de la divinité.
Sa beauté, tout enfin, jusqu'à son malheur même,
N'offre en elle qu'un front digne du diadème ;
De superbes débris, cette noble fierté,
Tout en elle du sang marque la dignité.
Je te dirai bien plus : cette même inconnue
Voit mon âme à regret dans ses fers retenue ;
Et qui peut dédaigner mon amour et mon rang
Ne peut être formé que d'un illustre sang.
Quoi qu'il en soit, mon cœur, charmé de ce qu'il aime,
N'examine plus rien dans son amour extrême.
Quel cœur n'eût-elle pas attendri, justes dieux !
Dans l'état où le sort vint l'offrir à mes yeux ?
Déplorable jouet des vents et de l'orage,
Qui même en l'y poussant l'enviaient au rivage,
Roulant parmi les flots, les morts et les débris,

Des horreurs du trépas les traits déjà flétris,
Mourante entre les bras de son malheureux père,
Tout près lui-même à suivre une fille si chère...
J'entends du bruit. On vient. Peut-être c'est le roi ;
Mais non, c'est l'étrangère. Ah! qu'est-ce que je voi,
Thessandre? Un soin pressant semble occuper son
[âme.

SCÈNE V

THÉODAMIE, PLISTHÈNE, THESSANDRE, LÉONIDE.

PLISTHÈNE.
Où portez-vous vos pas? me cherchez-vous, madame?
Du trouble où je vous vois ne puis-je être éclairci?
THÉODAMIE.
C'est vous-même, seigneur, que je cherchais ici,
D'Athènes dès longtemps embrassant la conquête,
On dit qu'à s'éloigner votre flotte s'apprête ;
Que, chaque instant d'Atrée excitant le courroux,
Pour sortir de Chalcis elle n'attend que vous.
Si ce n'est pas vous faire une injuste prière,
Je viens vous demander un vaisseau pour mon père.
Le sien, vous le savez, périt presqu'à vos yeux ;
Et nous n'avons d'appui que de vous en ces lieux.
Vous sauvâtes des flots et le père et la fille :
Achevez de sauver une triste famille.
PLISTHÈNE.
Voyez ce que je puis, voyez ce que je dois.
D'Atrée en ces climats tout respecte les lois ;
Il n'est que trop jaloux de son pouvoir suprême.
Je ne puis rien ici, si ce n'est par lui-même.
Il reverra bientôt ses vaisseaux avec soin,
Et du départ lui-même il doit être témoin.
Voyez-le. Il vous souvient comme il vous a reçue,
Le jour que ce palais vous offrit à sa vue ;
Il plaignit vos malheurs, vous offrit son appui :
Son cœur ne sera pas moins sensible aujourd'hui ;
Vous n'en éprouverez qu'une bonté facile.
Mais qui peut vous forcer à quitter cet asile?
Quel déplaisir secret vous chasse de ces lieux?
Mon amour vous rend-il ce séjour odieux ?
Ces bords sont-ils pour vous une terre étrangère?
N'y reverra-t-on plus ni vous ni votre père?
Quel est son nom, le vôtre? où portez-vous vos pas?

Ne connaîtrai-je enfin de vous que vos appas ?
####### THÉODAMIE.
Seigneur, trop de bonté pour nous vous intéresse.
Mon nom est peu connu ; ma patrie est la Grèce ;
Et j'ignore en quels lieux, sortant de ces climats,
Mon père infortuné doit adresser ses pas.
####### PLISTHÈNE.
Je ne vous presse point d'éclaircir ce mystère :
Je souscris au secret que vous voulez m'en faire.
Abandonnez ces lieux, ôtez-moi pour jamais
Le dangereux espoir de revoir vos attraits :
Fuyez un malheureux ; punissez-le, madame,
D'oser brûler pour vous de la plus vive flamme ;
Et moi, prêt d'adorer jusqu'à votre rigueur,
J'attendrai que la mort vous chasse de mon cœur ;
C'est dans mon sort cruel mon unique espérance.
Mon amour cependant n'a rien qui vous offense,
Le ciel m'en est témoin ; et jamais vos beaux yeux
N'ont peut-être allumé de moins coupables feux.
Ce cœur, à qui le vôtre est toujours si sévère,
N'offrit jamais aux dieux d'hommage plus sincère.
Inutiles respects ! reproches superflus !
Tout va nous séparer ; je ne vous verrai plus.
Adieu, madame, adieu : prompt à vous satisfaire,
Je reviendrai pour vous m'employer près d'un père :
Quel qu'en soit le succès, je vous réponds du moins,
Malgré votre rigueur, de mes plus tendres soins.

SCÈNE VI

THÉODAMIE, LÉONIDE.

####### THÉODAMIE.
Où sommes-nous, hélas ! ma chère Léonide ?
Quel astre injurieux en ces climats nous guide ?
O vous qui nous jetez sur ces bords odieux,
Cachez-nous au tyran qui règne dans ces lieux,
Dieux puissants ! sauvez-nous d'une main ennemie.
Quel séjour pour Thyeste et pour Théodamie !
Du sort qui nous poursuit vois quelle est la rigueur.
Atrée, après vingt ans rallumant sa fureur,
Sous d'autres intérêts déguisant ce mystère,
Arme pour désoler l'asile de son frère.
L'infortuné Thyeste, instruit de ce danger,
A son tour en secret arme pour se venger,

Flatté du vain espoir de rentrer dans Mycènes,
Tandis que l'ennemi voguerait vers Athènes,
Ou pendant que Chalcis, par de puissants efforts,
Retiendrait le tyran sur ces funestes bords.
Inutiles projets ! inutile espérance !
L'Euripe a tout détruit; plus d'espoir de vengeance :
Et c'est ce même amant, ce prince généreux,
Sans qui nous périssions sur ce rivage affreux,
Ce prince à qui je dois le salut de mon père,
Qui, la foudre à la main, va combler sa misère !
Athènes va tomber, si, pour comble de maux,
Thyeste dans ces murs n'accable ce héros.
Trop heureux cependant, si de l'île de d'Eubée
Il pouvait s'éloigner sans le secours d'Atrée !
Sauvez-l'en, s'il se peut, grands dieux ! Votre cour-
Poursuit-il des mortels si semblables à vous ? [roux
Ciel ! puisqu'il faut punir, venge-toi sur son frère :
Atrée est un objet digne de ta colère.
Je tremble à chaque pas que je fais en ces lieux.
Hélas ! Thyeste en vain s'y cache à tous les yeux; [tre;
Quoique absent dès longtemps, on peut le reconnaî-
Heureux que sa langueur l'empêche d'y paraître !
           LÉONIDE.
Espérez du destin un traitement plus doux ;
Que craindre du tyran, quand son fils est pour vous?
Attendez tout d'un cœur et généreux et tendre :
La main qui nous sauva peut encor vous défendre.
Tout n'est pas contre vous dans ce fatal séjour,
Puisque déjà vos yeux y donnent de l'amour.
           THÉODAMIE.
Ne comptes-tu pour rien un amour si funeste ?
Le fils d'Atrée aimer la fille de Thyeste !
Hélas ! si cet amour est un crime pour lui,
Comment nommer le feu dont je brûle aujourd'hui ?
Car enfin ne crois pas que j'y sois moins livrée :
La fille de Thyeste aime le fils d'Atrée.
Contre tant de vertus mon cœur mal affermi
Craint plus en lui l'amant qu'il ne craint l'ennemi.
Mais mon père m'attend; allons lui faire entendre,
Pour un départ si prompt, le parti qu'il faut pren-
Heureuse cependant, si ce funeste jour   [dre:
Ne voit d'autres malheurs que ceux de notre amour !

ACTE DEUXIÈME

—

SCÈNE PREMIÈRE
THYESTE, THÉODAMIE, LÉONIDE.

THYESTE.
Ce n'est plus pour tenter une grâce incertaine ;
Mais, avant son départ, je voudrais voir Plisthène.
Léonide, sachez s'il n'est point de retour.
Ma fille, il faut songer à fuir de ce séjour :
Tout menace à la fois l'asile de Thyeste ;
Défendons, s'il se peut, le seul bien qui nous reste.
D'un père infortuné que prétendent vos pleurs ?
Voulez-vous dans ces lieux voir combler mes mal-
[heurs ?
Pourquoi, sur mes désirs cherchant à me con-
[traindre,
Ne point voir le tyran ? Qu'en avez-vous à craindre ?
Sans lui, sans son secours, quel sera mon espoir ?
Vous voyez que Plisthène est ici sans pouvoir,
Qu'il va bientôt voguer vers le port de Pirée ;
Voulez-vous qu'à ma fuite il en ferme l'entrée ?
La voile se déploie, et flotte au gré des vents ;
Laissez-moi profiter de ces heureux instants.
Voyez, puisqu'il le faut, l'inexorable Atrée :
Si sa flotte une fois abandonne l'Eubée,
Par quel autre moyen me sera-t-il permis
De sortir désormais de ces lieux ennemis ?

THÉODAMIE.
Ne précipitez rien : quel intérêt vous presse ?
Pourquoi, seigneur, pourquoi vous exposer sans
A peine enfin sauvé de la fureur des eaux, [cesse ?
Ne vous rejetez point dans des périls nouveaux.
A partir de Chalcis le tyran se prépare ;
Les vents vont de cette île éloigner ce barbare :
D'un secours dangereux sans tenter le hasard,
Cachez-vous avec soin jusques à son départ.

THYESTE.
Ma fille, quel conseil ! Eh quoi ! vous pouvez croire
Que je veuille à mes jours sacrifier ma gloire !

Non, non, je ne puis voir désoler sans secours
Des États si longtemps l'asile de mes jours.
Moi, qui ne prétendais m'emparer de Mycènes
Que pour forcer Atrée à s'éloigner d'Athènes,
Je l'abandonnerais lorsqu'elle va périr !
Non, je cours dans ses murs la défendre ou mourir.
Vous m'opposez en vain l'impitoyable Atrée :
Peut-il me soupçonner d'être en cette contrée ?
Sans appui, sans secours, sans suite dans ces lieux,
Sans éclat qui sur moi puisse attirer les yeux,
Dans l'état où m'a mis la colère céleste,
Hélas ! et qui pourrait reconnaître Thyeste ?
Voyez donc le tyran : quel que soit son courroux,
C'est assez que mon cœur n'en craigne rien pour vous,
Ma fille, vous savez que sa main meurtrière
Ne poursuit point sur vous le crime d'une mère :
C'est moi seul, c'est Ærope enlevée à ses vœux,
Et vous ne sortez point de ce sang malheureux.
Allez ; votre frayeur, qui dans ces lieux m'arrête,
Est le plus grand péril qui menace ma tête.
Demandez un vaisseau ; quel qu'en soit le danger,
Mon cœur au désespoir n'a rien à ménager.

THÉODAMIE.

Ah ! périsse plutôt l'asile qui nous reste,
Que de tenter, seigneur, un secours si funeste !

THYESTE.

En dussé-je périr, songez que je le veux.
Sauvez-moi par pitié de ces bords dangereux :
Du soleil à regret j'y revois la lumière ;
Malgré moi le sommeil y ferme ma paupière :
De mes ennuis secrets rien n'arrête le cours :
Tout à de tristes nuits joint de plus tristes jours.
Une voix, dont en vain je cherche à me défendre,
Jusqu'au fond de mon cœur semble se faire entendre :
J'en suis épouvanté. Les songes de la nuit
Ne se dissipent point par le jour qui les suit :
Malgré ma fermeté, d'infortunés présages
Asservissent mon âme à ces vaines images.
Cette nuit même encor, j'ai senti dans mon cœur
Tout ce que peut un songe inspirer de terreur.
Près de ces noirs détours que la rive infernale
Forme à replis divers dans cette île fatale,
J'ai cru longtemps errer parmi des cris affreux
Que des mânes plaintifs poussaient jusques aux cieux.
Parmi ces tristes voix, sur ce rivage sombre,

J'ai cru d'Ærope en pleurs entendre gémir l'ombre ;
Bien plus, j'ai cru la voir s'avancer jusqu'à moi,
Mais dans un appareil qui me glaçait d'effroi,
« Quoi ! tu peux t'arrêter dans ce séjour funeste !
« Suis-moi, m'a-t-elle dit, infortuné Thyeste. »
Le spectre, à la lueur d'un triste et noir flambeau,
A ces mots m'a traîné jusque sur son tombeau.
J'ai frémi d'y trouver le redoutable Atrée,
Le geste menaçant et la vue égarée,
Plus terrible pour moi, dans ces cruels moments,
Que le tombeau, le spectre et ses gémissements.
J'ai cru voir le barbare entouré de Furies :
Un glaive encor fumant armait ses mains impies ;
Et sans être attendri de ses cris douloureux,
Il semblait dans son sang plonger un malheureux.
Ærope, à cet aspect, plaintive et désolée,
De ces lambeaux sanglants à mes yeux s'est voilée.
Alors j'ai fait pour fuir des efforts impuissants ;
L'horreur a suspendu l'usage de mes sens :
A mille affreux objets l'âme entière livrée,
Ma frayeur m'a jeté sans force aux pieds d'Atrée.
Le cruel d'une main semblait m'ouvrir le flanc,
Et de l'autre à longs traits m'abreuver de mon sang.
Le flambeau s'est éteint, l'ombre a percé la terre,
Et le songe a fini par un coup de tonnerre.

THÉODAMIE.

D'un songe si cruel quelle que soit l'horreur,
Ce fantôme peut-il troubler votre grand cœur ?
C'est une illusion...

THYESTE.

J'en croirais moins un songe,
Sans les ennuis secrets où ma douleur me plonge :
J'en crains plus du tyran qui règne dans ces lieux,
Que d'un songe si triste, et peut-être des dieux.
Je ne connais que trop la fureur qui l'entraîne.

THÉODAMIE.

Vous connaissez aussi les vertus de Plisthène...

THYESTE.

Quoiqu'il soit né d'un sang que je ne puis aimer,
Sa générosité me force à l'estimer.
Ma fille, à ses vertus je sais rendre justice :
Des fureurs du tyran son fils n'est point complice.
Je sens bien quelquefois que je dois le haïr ;
Mais mon cœur sur ce point a peine à m'obéir.
Hélas ! et plus je vois ce généreux Plisthène,

Plus j'y trouve des traits qui désarment ma haine.
Mon cœur, qui cependant craint de lui trop devoir,
Ni ne veut ni ne doit compter sur son pouvoir.
Quoique sur sa vertu vous soyez rassurée,
Je suis toujours Thyeste, et lui le fils d'Atrée.
Je crois voir le tyran : je vous laisse avec lui.
Ma fille, devenez vous-même notre appui ;
Tentez tout sur le cœur de mon barbare frère :
Songez qu'il faut sauver et vous et votre père.

SCÈNE II

ATRÉE, THÉODAMIE, EURISTHÈNE, ALCIMÉDON, LÉONIDE, GARDES.

ALCIMÉDON.
Vous tenteriez, seigneur, un inutile effort ;
Je le sais d'un vaisseau qui vient d'entrer au port.
On ne sait s'il a pris la route de Mycènes,
Mais depuis près d'un mois il n'est plus dans Athènes.
Vous en pourrez vous-même être mieux éclairci :
Le chef de ce vaisseau sera bientôt ici.

ATRÉE.
Qu'il vienne, Alcimédon : allez ; qu'on me l'amène ;
Je l'attends. Avec lui faites venir Plisthène ;
Il doit être déjà de retour en ces lieux.
(A Théodamie.)
Madame, quel dessein vous présente à mes yeux ?

THÉODAMIE.
Prête à tenter, seigneur, la route du Bosphore,
Souffrez qu'une étrangère aujourd'hui vous implore.
J'éprouve dès longtemps qu'un roi si généreux
Ne voit point sans pitié le sort des malheureux.
Sur ces bords échappée au plus cruel naufrage,
Les flots de mes débris ont couvert ce rivage.
Sans appui, sans secours dans ces lieux écartés,
J'attends tout désormais de vos seules bontés.
Vous parûtes sensible au destin qui m'accable :
Puis-je espérer, seigneur, qu'un roi si redoutable
Daigne, de mes malheurs plus touché que les dieux,
M'accorder un vaisseau pour sortir de ces lieux ?

ATRÉE.
Puisque la mer vous laisse une libre retraite,
Ordonnez, et bientôt vous serez satisfaite ;
Disposez de ma flotte avec autorité.

Un vaisseau suffit-il pour votre sûreté?
Prête à sortir des lieux qui sont sous ma puissance,
Où vous conduira-t-il?
THÉODAMIE.
Seigneur, c'est à Byzance
Où je prétends bientôt, au pied de nos autels,
Du prix de vos bienfaits charger les immortels.
ATRÉE.
Mais Byzance, madame, est-ce votre patrie?
THÉODAMIE.
Non ; j'ai reçu le jour non loin de la Phrygie.
ATRÉE.
Par quel étrange sort, si loin de ces climats,
Vous retrouvez-vous donc dans mes nouveaux États?
Ce vaisseau que les vents jetèrent dans l'Eubée
Sortait-il de Byzance, ou du port de Pirée?
En vous sauvant des flots, mon fils, je m'en souviens,
Ne trouva sur ces bords que des Athéniens.
THÉODAMIE.
Peut-être, comme nous, le jouet de l'orage,
Ils furent comme nous poussés sur ce rivage;
Mais ceux qu'en ce palais a sauvés votre fils
Ne sont point nés, seigneur, parmi vos ennemis.
ATRÉE.
Mais, madame, parmi cette troupe étrangère
Plisthène sur ces bords rencontra votre père :
Dédaigne-t-il un roi qui devient son appui?
D'où vient que devant moi vous paraissez sans lui?
THÉODAMIE.
Mon père infortuné, sans amis, sans patrie,
Traîne à regret, seigneur, une importune vie,
Et n'est point en état de paraître à vos yeux.
ATRÉE.
Gardes, faites venir l'étranger en ces lieux.
THÉODAMIE.
On doit des malheureux respecter la misère.
ATRÉE.
Je veux de ses malheurs consoler votre père ;
Je ne veux rien de plus... Mais quel est votre effroi?
Votre père, madame, est-il connu de moi?
A-t-il quelques raisons de redouter ma vue?
Quelle est donc la frayeur dont je vous vois émue?
THÉODAMIE.
Seigneur, d'aucun effroi mon cœur n'est agité :
Mon père peut ici paraître en sûreté.

Hélas! à se cacher qui pourrait le contraindre?
Étranger dans ces lieux, eh! qu'aurait-il à craindre?
A ses jours languissants le péril attaché
Le retenait, seigneur, sans le tenir caché.
(A part)
Le voilà : je succombe, et me soutiens à peine.
Dieux! cachez-le au tyran, ou ramenez Plisthène.

SCÈNE III

ATRÉE, THYESTE THÉODAMIE, EURYSTHÈNE, LÉONIDE, GARDES.

ATRÉE.
Étranger malheureux que le sort en courroux,
Lassé de te poursuivre, a jeté parmi nous, [naître?
Quel est ton nom, ton rang? quels humains t'ont vu
THYESTE.
Les Thraces.
ATRÉE.
  Et ton nom?
THYESTE.
    Pourriez-vous le connaître?
Philoclète.
ATRÉE.
 Ton rang?
THYESTE.
   Noble, sans dignité,
Et toujours le jouet du destin irrité.
ATRÉE.
Où s'adressaient tes pas? et de quelle contrée
Revenait ce vaisseau brisé près de l'Eubée?
THYESTE.
De Sestos ; et j'allais à Delphes implorer
Le dieu dont les rayons daignent nous éclairer.
ATRÉE.
Et tu vas de ces lieux?...
THYESTE.
   Seigneur, c'est dans l'Asie,
Où je vais terminer ma déplorable vie,
Espérant aujourd'hui que de votre bonté
J'obtiendrai le secours que les flots m'ont ôté.
Daignez...
ATRÉE.
  Quel son de voix a frappé mon oreille!

4.

Quel transport tout à coup dans mon cœur se ré-
[veille!
D'où naissent à la fois des troubles si puissants?
Quelle soudaine horreur s'empare de mes sens!
Toi qui poursuis le crime avec un soin extrême,
Ciel, rends vrais mes soupçons, et que ce soit lui-
Je ne me trompe point, j'ai reconnu sa voix ; [même!
Voilà ses traits encore. Ah! c'est lui que je vois.
Tout ce déguisement n'est qu'une adresse vaine ;
Je le reconnaîtrais seulement à ma haine.
Il fait pour se cacher des efforts superflus :
C'est Thyeste lui-même, et je n'en doute plus.

THYESTE.

Moi Thyeste, seigneur!

ATRÉE.

Oui, toi-même, perfide :
Je ne le sens que trop au transport qui me guide ;
Et je hais trop l'objet qui paraît à mes yeux,
Pour que tu ne sois point ce Thyeste odieux.
Tu fais bien de nier un nom si méprisable :
En est-il sous le ciel un qui soit plus coupable ?

THYESTE.

Eh bien ! reconnais-moi : je suis ce que tu veux,
Ce Thyeste ennemi, ce frère malheureux.
Quand même tes soupçons et ta haine funeste
N'eussent point découvert l'infortuné Thyeste,
Peut-être que la mienne, esclave malgré moi,
Aux dépens de tes jours m'eût découvert à toi.

ATRÉE.

Ah! traître! c'en est trop : le courroux qui m'anime
T'apprendra si je sais comme on punit un crime.
Je rends grâces au ciel qui te livre en mes mains :
Sans doute que les dieux approuvent mes desseins,
Puisque avec ma fureur leurs soins d'intelligence
T'amènent dans des lieux tout pleins de ma ven-
[geance.
Perfide, tu mourras : oui, c'est fait de ton sort ;
Ton nom seul en ces lieux est l'arrêt de la mort.
Rien ne t'en peut sauver, la foudre est toute prête ;
J'ai suspendu longtemps sa chute sur ta tête :
Le temps, qui t'a sauvé d'un vainqueur irrité,
A grossi tes forfaits par leur impunité.

THYESTE.

Que tardes-tu, cruel, à remplir ta vengeance ?
Attends-tu de Thyeste une nouvelle offense ?

Si j'ai pu quelque temps te déguiser mon nom,
Le soin de me venger en fut seul la raison :
Ne crois pas que la peur des fers ou du supplice
Ait à mon cœur tremblant dicté cet artifice.
Ærope par ta main a vu trancher ses jours ;
La même main des miens doit terminer le cours :
Je n'en puis regretter la triste destinée.
Précipite, inhumain, leur course infortunée,
Et sois sûr que contre eux l'attentat le plus noir
N'égale point pour moi l'horreur de te revoir.
ATRÉE.
Vil rebut des mortels, il te sied bien encore
De braver dans les fers un frère qui t'abhorre !
Holà ! gardes, à moi !
THÉODAMIE, à Atrée.
Que faites-vous, Seigneur ?
Dieux ! sur qui va tomber votre injuste rigueur !
Ne suivrez-vous jamais qu'une aveugle colère ?
Ah ! dans un malheureux reconnaissez un frère :
Que sur ses noirs projets votre cœur combattu
Ecoute la nature, ou plutôt la vertu.
Immolez donc, seigneur, et le père et la fille ;
Baignez-vous dans le sang d'une triste famille.
Thyeste, par vous seul accablé de malheurs,
Peut-il être un objet digne de vos fureurs ?
ATRÉE.
Vous prétendez en vain que mon cœur s'attendrisse.
Qu'on lui donne la mort. Gardes, qu'on m'obéisse ;
De son sang odieux qu'on épuise son flanc...
(Bas, à part.) [sang.
Mais non : une autre main doit verser tout son
Oubliais-je?... Arrêtez. Qu'on me cherche Plisthène.

SCÈNE IV

ATRÉE, THYESTE, PLISTHÈNE, THÉODAMIE, EURISTHÈNE, THESSANDRE, LÉONIDE, GARDES.

PLISTHÈNE, à Atrée.
Ciel ! qu'est-ce que j'entends ? quelle fureur soudaine
De votre voix, seigneur, a rempli tous ces lieux ?
Qui peut causer ici ces transports furieux ?
THÉODAMIE, à Plisthène.
Ces transports où l'emporte une injuste colère

Ne menacent, seigneur, que mon malheureux père.
Sauvez-le, s'il se peut, des plus funestes coups.
PLISTHÈNE.
Votre père, madame ! O ciel ! que dites-vous ?
(A part.)
A l'immoler, seigneur, quel motif vous engage ?
De quoi l'accuse-t-on ? quel crime, quel outrage
De l'hospitalité vous fait trahir les droits ?
Aurait-il à son tour violé ceux des rois ?
Etranger dans ces lieux, que vous a-t-il fait craindre
A le priver du jour qui puisse vous contraindre ?
ATRÉE.
Étranger dans ces lieux ? Que tu le connais mal !
De tous mes ennemis tu vois le plus fatal.
C'est de tous les humains le seul que je déteste,
Un perfide, un ingrat ; en un mot c'est Thyeste.
PLISTHÈNE. [gneur ?
Qu'ai-je entendu, grands dieux ! lui Thyeste, sei-
Eh bien ! en doit-il moins fléchir votre rigueur ?
Calmez, seigneur, calmez cette fureur extrême.
ATRÉE.
Que vois-je ! quoi ! mon fils armé contre moi-même !
Quoi ! celui qui devrait m'en venger aujourd'hui
Ose, à mes yeux encor, s'intéresser pour lui !
Lâche, c'est donc ainsi qu'à ton devoir fidèle
Tu disposes ton bras à servir ma querelle ?
PLISTHÈNE.
Plutôt mourir cent fois ; je n'ai point à choisir :
Dans mon sang, s'il le faut, baignez-vous à loisir.
Seigneur, par ces genoux que votre fils embrasse,
Accordez à mes vœux cette dernière grâce.
Après l'avoir sauvé des ondes en courroux,
M'en coûtera-t-il plus de le sauver de vous ?
A mes justes désirs que vos transports se rendent.
Voyez quel est le sang que mes pleurs vous deman-
C'est le vôtre, seigneur, non un sang étranger. [dent :
C'est en lui pardonnant qu'il faut vous en venger.
ATRÉE.
Le perfide ! si près d'éprouver ma vengeance,
Daigne-t-il seulement implorer ma clémence ?
THYESTE.
Que pourrait me servir d'implorer ton secours,
Si ton cœur qui me hait veut me haïr toujours ?
Eh ! que n'ai-je point fait pour fléchir ta colère ?
Qui de nous deux, cruel ! poursuit ici son frère ?

Depuis vingt ans entiers que n'ai-je point tenté
Pour calmer les transports de ton cœur irrité?
Surmonte, comme moi, la vengeance et la haine;
Règle tes soins jaloux sur les soins de Plisthène;
Et tu verras bientôt, si j'en donne ma foi,
Que tu n'as point d'ami plus fidèle que moi.
ATRÉE.
Quels seront tes garants, lorsque le nom de frère
N'a pu garder ton cœur d'un amour téméraire?
Quand je t'ai vu souiller par tes coupables feux
Les autels où l'hymen allait combler mes vœux,
Que peux-tu m'opposer qui parle en ta défense?
Les droits de la nature, ou bien de l'innocence?
THYESTE.
Ne me reproche plus mon crime ni mes feux;
Tu m'as vendu bien cher cet amour malheureux.
Pour t'attendrir enfin, auteur de ma misère,
Considère un moment ton déplorable frère.
Que peux-tu souhaiter qui te parle pour moi?
Regarde en quel état je parais devant toi.
PLISTHÈNE.
Ah! rendez-vous, seigneur; je vois que la nature
Dans votre cœur sensible excite un doux murmure:
Ne le combattez point par des soins odieux;
Elle n'inspire rien qui ne vienne des dieux.
C'est votre frère enfin; que rien ne vous arrête:
De sa fidélité je réponds sur ma tête.
ATRÉE.
Plisthène, c'en est fait, je me rends à ta voix;
Je me sens attendri pour la première fois.
Je veux bien oublier une sanglante injure.
Thyeste, sur ma foi que ton cœur se rassure:
De mon inimitié ne crains point les retours;
Ce jour même en verra finir le triste cours
J'en jure par les dieux, j'en jure par Plisthène;
C'est le sceau d'une paix qui doit finir ma haine.
Ses soins et ma pitié te répondront de moi,
Et mon fils à son tour me répondra de toi:
Je n'en demande point de garant plus sincère.
Prince, c'est donc sur vous que s'en repose un père.
Allez, et que ma cour, témoin de mon courroux,
Soit témoin aujourd'hui d'un entretien plus doux.

SCÈNE V
ATRÉE, EURISTHÈNE, GARDES.

ATRÉE.
Toi, fais-les avec soin observer, Euristhène.
Disperse les soldats les plus chers à Plisthène;
Écarte les amis de cet audacieux,
Et viens sans t'arrêter me rejoindre en ces lieux.

ACTE TROISIÈME

SCÈNE PREMIERE
ATRÉE, EURISTHÈNE.

ATRÉE.
Enfin, grâces aux dieux, je tiens en ma puissance
Le perfide ennemi que poursuit ma vengeance :
On l'observe en ces lieux, il ne peut échapper;
La main qui l'a sauvé ne sert qu'à le tromper.
Vengeons-nous ; il est temps que ma colère éclate :
Profitons avec soin du moment qui la flatte ;
Et que l'ingrat Thyeste éprouve dans ce jour
Tout ce que peut un cœur trahi dans son amour.
EURISTHÈNE.
Et qui vous répondra que Plisthène obéisse ?
Que de cette vengeance il veuille être complice ?
Ne vous souvient-il plus que, prêt à la trahir,
Il n'a point balancé pour vous désobéir ?
ATRÉE.
Il est vrai qu'au refus qu'il a fait de s'y rendre
Je me suis vu contraint de n'oser l'entreprendre,
D'en différer enfin le moment malgré moi.
Mais qui l'a pu porter à me manquer de foi?
N'avait-il pas juré de servir ma colère ?
Tant de soins redoublés pour la fille et le père
Ne sont-ils les effets que d'un cœur généreux?
Non, non : la source en est dans un cœur amoureux.

Tant d'ardeur à sauver cette race ennemie
Me dit trop que Plisthène aime Théodamie.
Je n'en puis plus douter : il la voit chaque jour ;
Il a pris dans ses yeux ce détestable amour.
Et je m'étonne encor d'une ardeur si funeste !
Que pouvait-il sortir d'Ærope et de Thyeste,
Qu'un sang qui dût un jour assouvir mon courroux?
Le crime est fait pour lui, la vengeance pour nous.
Livrons-le aux noirs forfaits où son penchant le guide;
Joignons à tant d'horreurs l'horreur d'un parricide.
Puis-je mieux me venger de ce sang odieux
Que d'armer contre lui son forfait et les dieux?
Heureux qu'en ce moment le crime de Plisthène
Me laisse sans regret au courroux qui m'entraîne !
Qu'il vienne seul ici.

SCÈNE II

ATRÉE.

Le soldat écarté
Permet à ma fureur d'agir en liberté.
De son amour pour lui ma vengeance alarmée
Déjà loin de Chalcis a dispersé l'armée :
Tout ce que ce palais rassemble autour de moi
Sont autant de sujets dévoués à leur roi.
Mais pourquoi contre un traître exercer ma puis-
Son amour me répond de son obéissance. [sance?
Par un coup si cruel je m'en vais l'éprouver,
Et de si près encor je m'en vais l'observer,
Que malgré tous ses soins ma vengeance assurée
Lavera par ses mains les injures d'Atrée.
Je le vois ; et, pour peu qu'il ose la trahir,
Je sais bien le secret de le faire obéir.

SCÈNE III

ATRÉE, PLISTHÈNE.

ATRÉE.

Lassé des soins divers dont mon cœur est la proie,
Prince, il faut à vos yeux que mon cœur se déploie.
Tout semble offrir ici l'image de la paix ;
Cependant ma fureur s'accroît plus que jamais.
L'amour, qui si souvent loin de nous nous entraîne,

N'est point dans ses retours aussi prompt que la haine.
J'avais cru par vos soins mon courroux étouffé ;
Mais je sens qu'ils n'en ont qu'à demi triomphé.
Ma fureur désormais ne peut plus se contraindre :
Ce n'est que dans le sang qu'elle pourra s'éteindre ;
Et j'attends que le bras chargé de la servir,
Loin d'arrêter son cours, soit prêt à l'assouvir.
Plisthène, c'est à vous que ce discours s'adresse.
J'avais cru, sur la foi d'une sainte promesse,
Voir tomber le plus fier de tous mes ennemis :
Mais Plisthène tient mal ce qu'il m'avait promis ;
Et, bravant sans respect et les dieux et son père,
Son cœur pour eux et lui n'a qu'une foi légère.

PLISTHÈNE.

Où sont vos ennemis ? J'avais cru que la paix
Ne vous en laissait point à craindre en ce palais.
Je n'y vois que des cœurs pour vous remplis de zèle,
Et qu'un fils pour son roi, respectueux, fidèle,
Qui n'a point mérité ces cruels traitements.
Où sont vos ennemis ? et quels sont mes serments ?

ATRÉE.

Où sont mes ennemis ? Ciel ! que viens-je d'entendre ?
Thyeste est dans ces lieux, et l'on peut s'y méprendre !
Vous deviez l'immoler à mon ressentiment :
Voilà mon ennemi, voilà votre serment.

PLISTHÈNE.

Quelle que soit la foi que je vous ai jurée,
J'aurais cru que la vôtre eût été plus sacrée ;
Qu'un frère dans vos bras, à la face des dieux,
M'eût assez acquitté d'un serment odieux.
D'un pareil souvenir ma vertu me dispense :
Je ne me souviens plus que de votre clémence.
Mon devoir a ses droits ; mais ma gloire a les siens ;
Et vos derniers serments m'ont dégagé des miens.

ATRÉE.

Sans vouloir dégager un serment par un autre,
Veux-tu que tous les deux nous remplissions le nôtre ?
Et tu verras bientôt si j'explique le mien,
Que ce dernier serment ajoute encore au tien.
J'ai juré par les dieux, j'ai juré par Plisthène,
Que ce jour qui nous luit mettrait fin à ma haine.
Fais couler tout le sang que j'exige de toi ;
Ta main de mes serments aura rempli la foi.
Regarde qui de nous fait au ciel une injure,
Qui de nous deux enfin est ici le parjure.

PLISTHÈNE.

Ah! seigneur, puis-je voir votre cœur aujourd'hui
Descendre à des détours si peu dignes de lui?
Non, par de feints serments je ne crois point qu'Atrée
Ait pu braver des dieux la majesté sacrée,
Se jouer de la foi des crédules humains,
Violer en un jour tous les droits les plus saints.
Enchanté d'une paix si longtemps attendue,
Je vous louais déjà de nous l'avoir rendue;
Et je m'applaudissais, dans des moments si doux,
D'avoir pu d'un héros désarmer le courroux :
J'admirais un grand cœur au milieu de l'offense,
Qui, maître de punir, méprisait la vengeance.
Thyeste est criminel ; voulez-vous l'être aussi?
Sont-ce là vos serments? pardonnez-vous ainsi?

ATRÉE.

Qui? moi lui pardonner! Les fières Euménides
Du sang des malheureux sont cent fois moins avides,
Et leur farouche aspect inspire moins d'horreur
Que Thyeste aujourd'hui n'en inspire à mon cœur.
Quels que soient mes serments, trop de fureur
[m'anime.
Perfide, il te sied bien d'oser m'en faire un crime!
Laisse là ces serments; si j'ai pu les trahir,
C'est au ciel d'en juger, à toi de m'obéir.
Dans un fils qui faisait ma plus chère espérance,
Je ne vois qu'un ingrat qui trahit ma vengeance.
Plisthène est un héros, son père est outragé;
Il a de la valeur, je ne suis pas vengé!
Ah! ne me force point, dans ma fureur extrême,
Que sais-je? hélas! peut-être à t'immoler toi-même:
Car enfin, puisqu'il faut du sang à ma fureur,
Malheur à qui trahit les transports de mon cœur!

PLISTHÈNE.

Versez le sang d'un fils, s'il peut vous satisfaire;
Mais n'en attendez rien à sa vertu contraire.
S'il faut voir votre affront par un crime effacé,
Je ne me souviens plus qu'on vous ait offensé.
Oui, seigneur, et ma main, loin d'être meurtrière,
Défendra contre vous les jours de votre frère.
Seconder vos fureurs, ce serait vous trahir;
Votre gloire m'engage à vous désobéir.

ATRÉE.

Enfin j'ouvre les yeux; ta lâcheté, perfide,
Ne me fait que trop voir l'intérêt qui te guide;

Tu trahis pour **Thyeste** et les dieux et ta foi :
Ce n'est pas d'aujourd'hui qu'il est connu de toi.
Ose encor me jurer que pour Théodamie
Ton cœur ne brûle point d'une flamme ennemie !
PLISTHÈNE.
Ah ! si c'est là trahir mon devoir et ma foi,
Non, jamais on ne fut plus coupable que moi.
Oui, seigneur, il est vrai, la princesse m'est chère :
Jugez si c'est à moi d'assassiner son père.
Vous connaissez le feu qui dévore mon sein,
Et pour verser son sang vous choisissez ma main !
ATRÉE.
Ce n'est pas la vertu, c'est donc l'amour, parjure,
Qui te force au refus de venger mon injure !
Voyons si cet amour, qui t'a fait me trahir,
Servira maintenant à me faire obéir.
Tu n'auras pas en vain aimé Théodamie ;
Venge-moi dès ce jour, ou c'est fait de sa vie.
PLISTHÈNE.
Ah ! grands dieux !
ATRÉE.
Tu frémis ! Je t'en laisse le choix,
Et te le laisse, ingrat, pour la dernière fois.
PLISTHÈNE.
Ah ! mon choix est tout fait dans ce moment funeste ;
C'est mon sang qu'il vous faut, non le sang de Thyeste.
ATRÉE.
Quand l'amour, de mon fils, semble avoir fait le sien,
Il ne m'importe plus de son sang ou du tien.
Obéis cependant, achève ma vengeance.
L'instant fatal approche, et Thyeste s'avance :
S'il n'est mort lorsque enfin je reverrai ces lieux,
J'immole sans pitié ton amante à tes yeux.
Rappelle tes esprits : avec lui je te laisse.
Au secours de ta main appelle ta princesse ;
Le soin de la sauver doit exciter ton bras.
PLISTHÈNE.
Quoi ! vous l'immoleriez ! Je ne vous quitte pas.
Je crois voir dans Thyeste un dieu qui m'épouvante.
Ah ! seigneur !
ATRÉE.
Viens donc voir expirer ton amante :
Du moindre mouvement sa mort sera le fruit.
PLISTHÈNE, seul.
Dieux ! plongez-moi plutôt dans l'éternelle nuit.

Non, cruel, n'attends pas que ma main meurtrière
Fasse couler le sang de ton malheureux frère.
Assouvis, si tu veux, ta fureur sur le mien;
Mais, dussé-je en périr, je défendrai le sien.

SCÈNE IV

THYESTE, PLISTHÈNE.

THYESTE.

Prince qu'un tendre soin dans mon sort intéresse,
Héros dont les vertus charment toute la Grèce,
Qu'il m'est doux de pouvoir embrasser aujourd'hui
De mes jours malheureux l'unique et sûr appui!

PLISTHÈNE.

Quel appui, juste ciel! Quel cœur impitoyable
Ne serait point touché du sort qui vous accable?
Ah! plût aux dieux pouvoir, aux dépens de mes
D'une si chère vie éterniser le cours!...   [jours,
Que je verrais couler tout mon sang avec joie,
S'il terminait les maux où vous êtes en proie!
Ce n'est point la pitié qui m'attendrit, seigneur;
Je sens des mouvements inconnus à mon cœur.

THYESTE.

Seigneur, soit amitié, soit raison qui m'inspire,
Tout m'est cher d'un héros que l'univers admire.
Que ne puis-je exprimer ce que je sens pour vous!
Non, l'amitié n'a pas de sentiments si doux.

PLISTHÈNE.

Ah! si je vous suis cher, que mon respect extrême
M'acquitte bien, seigneur, de ce bonheur suprême!
On n'aima jamais plus, le ciel m'en est témoin :
A peine la nature irait-elle aussi loin ;
Et ma tendre amitié, par vos maux consacrée,
A semblé redoubler par les rigueurs d'Atrée.
Vous m'aimez; le ciel sait si je puis vous haïr,
Ce qu'il m'en coûterait s'il fallait obéir.

THYESTE.

Seigneur, que dites-vous? qui fait couler vos larmes?
Que tout ce que je vois fait renaître d'alarmes!
Vous soupirez ; la mort est peinte dans vos yeux ;
Vos regards attendris se tournent vers les cieux :
Quel malheur si terrible a pu troubler Plisthène?
Jusqu'au fond de mon cœur je ressens votre peine.
Voulez-vous dérober ce secret à ma foi?

Quand je suis tout à vous, n'êtes-vous point à moi ?
Cher prince, ignorez-vous à quel point je vous aime ?
Ma fille ne m'est pas plus chère que vous-même.
PLISTHÈNE.
Faut-il la voir périr dans ces funestes lieux !
THYESTE.
Quel étrange discours ! Cher prince, au nom des
Au nom d'une amitié si sincère et si tendre, [dieux,
Daignez m'en éclaircir.
PLISTHÈNE.
Ah ! dois-je vous l'apprendre ?
Mais, dût tomber sur moi le plus affreux courroux,
Je ne puis plus trahir ce que je sens pour vous.
Fuyez, seigneur, fuyez.
THYESTE.
Quel est donc ce mystère,
Cher prince, et qu'ai-je encore à craindre de mon
PLISTHÈNE, apercevant Atrée. [frère ?
Ah ! ciel !

SCÈNE V

ATRÉE, THYESTE, PLISTHÈNE.

ATRÉE.
C'est donc ainsi que, fidèle à son roi...
Mais je sais de quel prix récompenser la foi...
PLISTHÈNE.
Ah ! seigneur, si jamais...
ATRÉE.
Que voulez-vous me dire ?
Sortez : en d'autres lieux vous pourrez m'en instruire.
Votre frivole excuse exige un autre temps ;
Et mon cœur est rempli de soins plus importants.

SCÈNE VI

ATRÉE, THYESTE.

THYESTE.
De ce transport, seigneur, que faut-il que je pense ?
Qui peut vous emporter à tant de violence ?
Qu'a fait ce fils ? qui peut vous armer contre lui ?
Ou plutôt, contre moi qui vous arme aujourd'hui ?
Ne m'offrez-vous la paix...

ATRÉE.
                    Quel est donc ce langage?
A me l'oser tenir quel soupçon vous engage?
Quelle indigne frayeur a troublé vos esprits?
Quel intérêt enfin prenez-vous à mon fils?
Ne puis-je menacer un ingrat qui m'offense,
Sans aigrir de vos soins l'injuste défiance?
Allez : de mes desseins vous serez éclairci.
Et d'autres intérêts me conduisent ici.

SCÈNE VII
ATRÉE.

Quoi! même dans des lieux soumis à ma puissance,
J'aurai tenté sans fruit une juste vengeance!
Et le lâche qui doit la servir en ce jour
Trahit, pour la tromper, jusques à son amour!
Ah! je le punirai de l'avoir différée,
Comme fils de Thyeste, ou comme fils d'Atrée.
Mériter ma vengeance est un moindre forfait
Que d'oser un moment en retarder l'effet.
Perfide, malgré toi je t'en ferai complice : [plice;
Ton roi pour tant d'affronts n'a pas pour un sup-
Je ne punirais point vos forfaits différents,
Si je ne m'en vengeais par des forfaits plus grands.
Où Thyeste paraît, tout respire le crime :
Je me sens agité de l'esprit qui l'anime;
Je suis déjà coupable. Était-ce me venger
Que de charger son fils du soin de l'égorger?
Qu'il vive; ce n'est plus sa mort que je médite.
La mort n'est que la fin des tourments qu'il mérite.
Que le perfide, en proie aux horreurs de son sort,
Implore comme un bien la plus affreuse mort;
Que ma triste vengeance, à tous les deux cruelle,
Étonne jusqu'aux dieux, qui n'ont rien fait pour elle.
Vengeons tous nos affronts, mais par un tel forfait
Que Thyeste lui-même eût voulu l'avoir fait.
Lâche et vaine pitié, que ton murmure cesse :
Dans les cœurs outragés tu n'es qu'une faiblesse;
Abandonne le mien : qu'exiges-tu d'un cœur
Qui ne reconnaît plus de dieux que sa fureur?
Courons tout préparer; et, par un coup funeste,
Surpassons, s'il se peut, les crimes de Thyeste.
Le ciel, pour le punir d'avoir pu m'outrager,
A remis à son sang le soin de m'en venger.

ACTE QUATRIÈME

SCÈNE PREMIÈRE
PLISTHÈNE, THESSANDRE.

THESSANDRE.
Où courez-vous, seigneur ? qu'allez-vous entrepren-[dre ?
PLISTHÈNE.
D'un cœur au désespoir tout ce qu'on peut attendre.
THESSANDRE.
Quelle est donc la fureur dont je vous vois épris ?
Ciel ! dans quel trouble affreux jetez-vous mes esprits !
D'où naît ce désespoir que chaque instant irrite ?
Pour qui préparez-vous ces vaisseaux, cette fuite ?
Quel intérêt enfin arme ici votre bras,
Et ces amis tout prêts à marcher sur vos pas ?
Parlez, seigneur : le roi, désormais plus sévère...
PLISTHÈNE.
Qu'avais-je fait aux dieux pour naître d'un tel père ?
O devoir ! dans mon cœur trop longtemps respecté,
Laisse un moment l'amour agir en liberté.
Les rigoureuses lois qu'impose la nature
Ne sont plus que des droits dont la vertu murmure.
Secrets persécuteurs des cœurs nés vertueux,
Remords, qu'exigez-vous d'un amant malheureux ?
THESSANDRE.
Que dites-vous, seigneur ? quelle douleur vous [presse ?
PLISTHÈNE.
Thessandre, il faut périr, ou sauver ma princesse.
THESSANDRE.
La sauver ! et de qui ?
PLISTHÈNE.
Du roi, dont la fureur
Va lui plonger peut-être un poignard dans le cœur.
C'est pour la dérober au coup qui la menace
Que je n'écoute plus qu'une coupable audace.
Non, cruel, ce n'est point pour la voir expirer
Que du plus tendre amour je me sens inspirer.
Croirais-tu que du roi la haine sanguinaire
A voulu me forcer d'assassiner son frère ;

Que pour mieux m'obliger à lui percer le flanc,
De sa fille, au refus, il doit verser le sang?
Ah! je me sens saisir d'une fureur nouvelle.
Courons, pour la sauver, où mon amour m'appelle.
Mais où la rencontrer? Eh quoi! les justes dieux
M'ont-ils déjà puni d'un projet odieux?
Que fait Thyeste? Hélas! qu'est-elle devenue?
Qui peut dans ce palais la soustraire à ma vue?
Je frémis... Retournons les chercher en ces lieux,
Les en sauver, Thessandre, ou périr à leurs yeux.
Allons: ne laissons point, dans l'ardeur qui l'anime,
Un cœur comme le mien réfléchir sur un crime;
Étouffons des remords que j'avais dû prévoir,
Lorsque je n'attends rien que de mon désespoir.
Suis-moi; c'est trop tarder, et d'un péril extrême
On doit moins balancer à sauver ce qu'on aime.
Ce n'est point un forfait; c'est imiter les dieux
Que de remplir son cœur du soin des malheureux.
Mais que vois-je, Thessandre? ô ciel! quelle est ma
[joie!

SCÈNE II

PLISTHÈNE, THÉODAMIE, THESSANDRE, LÉONIDE.

PLISTHÈNE.

Se peut-il qu'en ces lieux Plisthène vous revoie?
Unique objet des soins de mon cœur éperdu,
Hélas! par quel bonheur nous êtes-vous rendu?
Quoi! c'est vous, ma princesse! Ah! ma fureur calmée
Fait place à la douceur dont mon âme est charmée.
Dieux! qu'allais-je tenter? Mais quel est votre effroi!
Qui fait couler vos pleurs? et qu'est-ce que je voi?

THÉODAMIE.

Seigneur, vous me voyez les yeux baignés de lar-
Et le cœur agité des plus vives alarmes.   [mes,
Thyeste va bientôt ensanglanter ces lieux,
Si vous ne retenez ce prince furieux.
Trop sûr que votre mort, que la sienne est jurée,
Il veut la prévenir par la perte d'Atrée:
Il erre en ce palais dans ce cruel dessein,
Tout prêt de lui plonger un poignard dans le sein.
Il est perdu, seigneur, ce prince qui vous aime,
Si vous ne le sauvez d'Atrée ou de lui-même.

Il voit de tous côtés qu'on observe ses pas :
Le péril cependant ne l'épouvante pas.
Si la pitié pour nous peut émouvoir votre âme,
Si moi-même en secret j'approuvai votre flamme,
S'il est vrai que l'amour ait pu vous attendrir,
Au nom de cet amour, daignez le secourir.
Je vous dirais qu'un cœur plein de reconnaissance
D'un service si grand sera la récompense,
S'il avait attendu que tant de soins pour nous
Vinssent justifier ce qu'il sentait pour vous.

PLISTHÈNE.

Dissipez vos frayeurs et calmez vos alarmes : [mes.
Vos yeux, pour m'attendrir, n'ont pas besoin de lar-
Hélas! qui plus que moi doit plaindre vos malheurs?
Ne craignez rien : mes soins ont prévenu vos pleurs.
De ces funestes lieux votre fuite assurée
Va nous mettre à couvert des cruautés d'Atrée;
Et je vais, s'il le faut, aux dépens de ma foi,
Prouver à vos beaux yeux ce qu'ils peuvent sur moi.
Oui, croyez-en ces dieux que mon amour atteste,
Croyez-en ces garants du salut de Thyeste.
Il m'est plus cher qu'à vous : sans me donner la mort
Le roi ne sera point l'arbitre de son sort.
Votre père vivra, vous vivrez, et Plisthène
N'aura point eu pour vous une tendresse vaine.
Je sauverai Thyeste. Eh! que n'ai-je point fait?
Hélas! si vous saviez d'un barbare projet
A quel prix j'ai déjà tenté de le défendre...
Venez : pour lui, pour vous, je vais tout entreprendre,
Heureux si je pouvais, en vous sauvant tous deux,
Près de ne vous voir plus, expirer à vos yeux!
Mais Thyeste paraît : quel bonheur est le nôtre!
Quel favorable sort nous rejoint l'un et l'autre!

SCÈNE III

THYESTE, PLISTHÈNE, THÉODAMIE,
THESSANDRE, LÉONIDE.

THYESTE, apercevant Plisthène.

Que vois-je? dieux puissants, après un si grand bien,
Non, Thyeste de vous ne demande plus rien. [fide
Quoi! prince, vous vivez! Eh! comment d'un per-
Avez-vous pu fléchir le courroux parricide? [lieux
Que faisiez-vous, cher prince? et dans ces mêmes

Qui pouvait si longtemps vous cacher à nos yeux?
Effrayé des fureurs où mon âme est livrée,
Je vous croyais déjà la victime d'Atrée :
Plisthène dans ces lieux n'était plus attendu.
Je l'avoue, à mon tour je me suis cru perdu ;
J'allais tenter...
PLISTHÈNE.
Calmez le soin qui vous dévore ;
Vous n'êtes point perdu, puisque je vis encore.
Tant que l'astre du jour éclairera mes yeux,
Il n'éclairera point votre perte en ces lieux.
Malgré tous mes malheurs, je vis pour vous défendre,
De ces bords cependant fuyez sans plus attendre,
Et, sans vous informer d'un odieux secret,
Croyez-en un ami qui vous quitte à regret.
Adieu, seigneur, adieu : mon âme est satisfaite
D'avoir pu vous offrir une sûre retraite.
Thessandre doit guider, au sortir du palais,
Des pas que je voudrais n'abandonner jamais.
THYESTE.
Moi fuir, prince ! qui? moi, que je vous abandonne!
Ah! ce n'est pas ainsi que ma gloire en ordonne.
Instruit par vos bontés pour un sang malheureux,
Je n'en trahirai point l'exemple généreux.
Accablé des malheurs où le destin me livre,
Je veux mourir en roi, si je ne puis plus vivre.
Laissez-moi près de vous ; je ne puis vous quitter.
De noirs pressentiments viennent m'épouvanter ;
Je sens à chaque instant que mes craintes redou-
[blent;
Que pour vous en secret mes entrailles se troublent:
Je combats vainement de si vives douleurs ;
Un pouvoir inconnu me fait verser des pleurs.
Laissez-moi partager le sort qui vous menace.
Au courroux du tyran la tendresse a fait place ;
Les noms de fils pour lui sont des noms superflus,
Et ce n'est pas son sang qu'il respecte le plus.
PLISTHÈNE.
Ah! qu'il verse le mien ; plût au ciel que mon père
Dans le sang de son fils eût éteint sa colère !
Fuyez, seigneur, fuyez, et ne m'exposez pas
A l'horreur de vous voir égorger dans mes bras.
Hélas ! je ne crains point pour votre seule vie :
Ne fuyez pas pour vous, mais pour Théodamie.
C'est vous en dire assez, seigneur : sauvez du moins

L'objet de ma tendresse et l'objet de mes soins,
Et ne m'exposez pas à l'horreur légitime
D'avoir sans fruit pour vous osé tenter un crime.
Fuyez : n'abusez point d'un moment précieux.
Cherchez-vous à périr dans ces funestes lieux?
Thessandre, conduisez...

THESSANDRE.
                    Seigneur, le roi s'avance.
PLISTHÈNE.
Il en est temps encore, évitez sa présence.

SCÈNE IV

ATRÉE, THYESTE, PLISTHÈNE, THÉODAMIE, EURISTHÈNE, THESSANDRE, LÉONIDE, GARDES.

ATRÉE.
D'où vient, à mon abord, le trouble où je vous voi?
Ne craignez rien, les dieux ont fléchi votre roi :
Ce n'est plus ce cruel guidé par sa vengeance,
Et le ciel dans son cœur a pris votre défense.
(A Thyeste.)
Ne crains rien pour des jours par ma rage proscrits.
Gardes, éloignez-vous. Rassure tes esprits :
D'une indigne frayeur je vois ton âme atteinte ;
Thyeste, chasses-en les soupçons et la crainte ;
Ne redoute plus rien de mon inimitié :
Toute ma haine cède à ma juste pitié.
Ne crains plus une main à te perdre animée :
Tes malheurs sont si grands qu'elle en est désarmée ;
Et les dieux, effrayés des forfaits des humains,
Jamais plus à propos n'ont trahi leurs desseins.
Quelle était ma fureur ! et que vais-je t'apprendre !
Ton cœur déjà tremblant va frémir de l'entendre.
Je le répète encor, tes malheurs sont si grands
Qu'à peine je les crois, moi qui te les apprends.
(Il lui montre un billet d'Ærope.)
Ce billet seul contient un secret si funeste...
Mais, avant de l'ouvrir, écoute tout le reste.
Tu n'as pas oublié les sujets odieux
D'un courroux excité par les indignes feux :
Souviens-t'en, c'est à toi d'en garder la mémoire :
Pour moi, je les oublie ; ils blessent trop ma gloire.
Cependant contre toi que n'ai-je point tenté !

J'en sens encor frémir mon cœur épouvanté.
En vain sur mes serments ton âme rassurée
Comptait sur une paix que je t'avais jurée ;
Car, dans l'instant fatal où j'attestais les cieux,
Je me jurais ta mort, j'en imposais aux dieux.
Je n'en veux pour témoin que ce même Plisthène,
Par de pareils serments qui sut tromper ma haine.
C'était lui qui devait me venger aujourd'hui
D'un crime dont l'affront rejaillissait sur lui ;
Et pour mieux l'engager à t'arracher la vie,
J'en devais, au refus, priver Théodamie.
De ce récit affreux ne prends aucun effroi :
Tu dois te rassurer en le tenant de moi.
(A Plisthène.)
Et toi, dont la vertu m'a garanti d'un crime,
Ne crains rien d'un courroux peut-être légitime.
Si c'est un crime à toi de ne le point servir,
Quelle eût été l'horreur d'avoir pu l'assouvir !
Enfin c'eût été peu que d'immoler mon frère ;
Le malheureux aurait assassiné son père.

THYESTE.
Moi, son père !

ATRÉE.
Ces mots vont t'en instruire. Lis.
(Il lui donne la lettre d'Ærope.)

THYESTE.
Dieux ! qu'est-ce que je vois ! c'est d'Ærope. Ah ! mon
La nature en mon cœur éclaircit ce mystère : [fils !
Thyeste t'aimait trop pour n'être point ton père.
Cher Plisthène, mes vœux sont enfin accomplis.

PLISTHÈNE.
Ciel ! qu'est-ce que j'entends ? Moi, seigneur, votre
Tout semblait réserver, dans un jour si funeste, [fils !
Ma main au parricide, et mon cœur à l'inceste. [jour,
Grands dieux ! qui m'épargnez tant d'horreurs en ce
Dois-je bénir vos soins, ou plaindre mon amour ?
(A Atrée.)
Vous qui, trompé longtemps par une injuste haine,
Du nom de votre fils honorâtes Plisthène,
Quand je ne le suis plus, seigneur, il m'est bien doux
D'être du moins sorti du même sang que vous.
Je ne suis consolé de perdre en vous un père
Que lorsque je deviens le fils de votre frère.
Mais ce fils, près de vous privé d'un si haut rang,
L'est toujours par le cœur, s'il ne l'est par le sang.

ATRÉE.

C'eût été pour Atrée une perte funeste,
S'il eût fallu te rendre à d'autres qu'à Thyeste.
Le destin ne pouvait qu'en te donnant à lui,
Me consoler d'un bien qu'il m'enlève aujourd'hui.
Euristhène, sensible aux larmes de ta mère,
Est celui qui me fit de son bourreau ton père :
Instruit de mes fureurs, c'est lui dont la pitié
Vient de vous sauver tous de mon inimitié.
(A Thyeste.)
Thyeste, après ce fils que je viens de te rendre,
Tu vois si désormais je cherche à te surprendre.
Reçois-le de ma main pour garant d'une paix
Que mes soupçons jaloux ne troubleront jamais.
Enfin pour t'en donner une entière assurance,
C'est par un fils si cher que ton frère commence.
En faveur de ce fils, qui fut longtemps le mien,
De mon sceptre aujourd'hui je détache le tien.
Rentre dans tes États sous de si doux auspices,
Qui de notre union ne sont que les prémices.
Je prétends que ce jour, que souillait ma fureur,
Achève de bannir les soupçons de ton cœur.
Thyeste, en croiras-tu la coupe de nos pères?
Est-ce offrir de la paix des garants peu sincères?
Tu sais qu'aucun de nous, sans un malheur soudain,
Sur ce gage sacré n'ose jurer en vain,
C'est sa perte, en un mot : cette coupe fatale
Est le serment du Styx pour les fils de Tantale.
Je veux bien aujourd'hui, pour lui prouver ma foi,
En mettre le péril entre Thyeste et moi :
Veut-il bien, à son tour, que la coupe sacrée
Achève l'union de Thyeste et d'Atrée?

THYESTE.

Pourriez-vous m'en offrir un gage plus sacré
Que de me rendre un fils? Mon cœur est rassuré;
Et je ne pense pas que le don de Plisthène
Soit un présent, seigneur, que m'ait fait votre haine.
J'accepte cependant ces garants d'une paix [haits.
Qui fait depuis longtemps mes plus tendres sou-
Non que d'aucun détour un frère vous soupçonne;
A la foi d'un grand roi Thyeste s'abandonne :
S'il en reçoit enfin des gages en ce jour.
C'est pour vous rassurer sur la sienne à son tour.

ATRÉE. [prête;

Pour cet heureux moment qu'en ces lieux tout s'ap-

Qu'un pompeux sacrifice en précède la fête :
Trop heureux si Thyeste, assuré de la paix,
Daigne la regarder comme un de mes bienfaits !
Vous qui de mon courroux avez sauvé Plisthène,
C'est vous de ce grand jour que je charge, Euris-
J'en remets à vos soins la fête et les apprêts; [thène ;
Courez tout préparer au gré de mes souhaits.
Mon frère n'attend plus que la coupe sacrée :
Offrons-lui ce garant de l'amitié d'Atrée.
Puisse le nœud sacré qui doit nous réunir
Effacer de son cœur un triste souvenir !
Pourra-t-il oublier...
THYESTE.
Tout, jusqu'à sa misère,
Il ne se souvient plus que d'un fils et d'un frère.
PLISTHÈNE, à Thessandre.
Dès ce moment au port précipite tes pas :
Que le vaisseau surtout ne s'en écarte pas.
De mille affreux soupçons j'ai peine à me défendre.
Cours, et que nos amis viennent ici m'attendre.

ACTE CINQUIÈME

SCÈNE PREMIÈRE

PLISTHÈNE.

Thessandre ne vient point ! rien ne l'offre à mes
[yeux !
Tout m'abandonne-t-il dans ces funestes lieux ?
Tristes pressentiments que le malheur enfante,
Que la crainte nourrit, que le soupçon augmente,
Secrets avis des dieux, ne pressez plus un cœur
Dont toute la fierté combat mal la frayeur.
C'est en vain qu'elle veut y mettre quelque obstacle ;
Le cœur des malheureux n'est qu'un trop sûr oracle ;
Mais pourquoi m'alarmer ? et quel est mon effroi ?
Puis-je, sans l'outrager, me défier d'un roi
Qui semble désormais, cédant à la nature,
Oublier qu'à sa gloire on ait fait une injure ?

L'oublier ! ah ! moi-même oublié-je aujourd'hui
Ce qu'il voulait de moi, ce que j'ai vu de lui ?
Puis-je en croire une paix déjà sans fruit jurée?
Dès qu'il faut pardonner, n'attendons rien d'Atrée.
Je ne connais que trop ses transports furieux,
Et sa fausse pitié n'éblouit point mes yeux.
C'est en vain de sa main que je reçois un père :
Tout ce qui vient de lui cache quelque mystère.
J'en ai trop éprouvé de son perfide cœur,
Pour oser sur sa foi déposer ma frayeur.
Je ne sais quel soupçon irrite mes alarmes ; [mes.
Mais du fond de mon cœur je sens couler mes lar-
Thessandre ne vient point : tant de retardements
Ne confirment que trop mes noirs pressentiments.
Mais je le vois.

SCÈNE II

PLISTHÈNE, THESSANDRE.

PLISTHÈNE.

Eh bien ! en est-ce fait, Thessandre ?
Sur les bords de l'Euripe est-il temps de nous ren-
Pour cet heureux moment as-tu tout préparé ? [dre?
De nos amis secrets t'es-tu bien assuré ?

THESSANDRE.

Il ne tient plus qu'à vous d'éprouver leur courage ;
Je les ai dispersés, ici, sur le rivage ;
Tout est prêt. Cependant, si Plisthène aujourd'hui
Veut en croire des cœurs pleins de zèle pour lui,
Il ne partira point : ce dessein téméraire
Pourrait causer sa perte et celle de son père.

PLISTHÈNE.

Ah ! je ne fuirais pas, quel que fût mon effroi,
Si mon cœur aujourd'hui ne tremblait que pour moi :
Thessandre, il faut sauver mon père et la princesse ;
Ce n'est plus que pour eux que mon cœur s'intéresse.
Cherche Théodamie, et ne la quitte pas ;
Moi, je cours retrouver Thyeste de ce pas.

THESSANDRE.

Eh ! que prétendez-vous, seigneur, lorsque son frère
Semble de sa présence accabler votre père?
Il ne le quitte point ; ses longs embrassements
Sont toujours resserrés par de nouveaux serments
Un superbe festin par son ordre s'apprête ;

Il appelle les dieux à cette auguste fête.
Mon cœur, à cet aspect, qui s'est laissé charmer,
Ne voit rien dont le vôtre ait lieu de s'alarmer.
PLISTHÈNE.
Et moi, je ne vois rien dont le mien ne frémisse.
De quelque crime affreux cette fête est complice :
C'est assez qu'un tyran la consacre en ces lieux,
Et nous sommes perdus s'il invoque les dieux.
Va, cours avec ma sœur nous attendre au rivage;
Moi, je vais à Thyeste ouvrir un sûr passage.
Dieux puissants, secondez un si juste dessein,
Et dérobez mon père aux coups d'un inhumain.

SCÈNE III
ATRÉE, PLISTHÈNE, GARDES.
ATRÉE.
Demeure, digne fils d'Ærope et de Thyeste;
Demeure, reste impur d'un sang que je déteste.
Pour remplir de tes soins le projet important,
Demeure : c'est ici que Thyeste t'attend;
Et tu n'iras pas loin pour rejoindre, perfide,
Les traîtres qu'en ces lieux arme ton parricide.
Prince indigne du jour, voilà donc les effets
Que dans ton âme ingrate ont produits mes bien-
A peine le destin te redonne à ton père,   [faits.!
Que ton cœur aussitôt en prend le caractère;
Et plus ingrat que lui, puisqu'il me devait moins,
L'attentat le plus noir est le prix de mes soins.
Va, pour le prix des tiens, retrouver tes complices;
Va périr avec eux dans l'horreur des supplices.
PLISTHÈNE.
Pourquoi me supposer un indigne forfait?
Est-ce pour vos pareils que le prétexte est fait?
Vos reproches honteux n'ont rien qui me surprenne,
Et je ne sais que trop ce que peut votre haine.
Aurais-je prétendu, né d'un sang odieux,
Vous être plus sacré que n'ont été les dieux?
A travers les détours de votre âme parjure,
J'entrevois des horreurs dont frémit la nature.
Dans la juste fureur dont mon cœur est épris...
Mais non, je me souviens que je fus votre fils.
Malgré vos cruautés, et malgré ma colère,
Je crois encore ici m'adresser à mon père.

Quoique trop assuré de ne point l'attendrir,
Je sens bien que du moins je ne dois point l'aigrir,
Dans l'espoir que ma mort pourra vous satisfaire,
Que vous épargnerez votre malheureux frère.
Le crime supposé qu'on m'impute aujourd'hui,
Tout, jusqu'à son départ, est un secret pour lui.
Sur la foi d'une paix si saintement jurée,
Il se croit sans péril entre les mains d'Atrée :
J'ai pénétré moi seul au fond de votre cœur;
Et mon malheureux père est encore dans l'erreur.
Je ne vous parle point d'une jeune princesse;
A la faire périr rien ne vous intéresse.

ATRÉE.

Va, tu prétends en vain t'éclaircir de leur sort ;
Meurs dans ce doute affreux plus cruel que la mort :
De leur sort aux enfers va chercher qui t'instruise.
Où l'on doit l'immoler, gardes, qu'on le conduise ;
Versez à ma fureur ce sang abandonné,
Et songez à remplir l'ordre que j'ai donné.

SCÈNE IV

ATRÉE.

Va périr, malheureux, mais dans ton sort funeste
Cent fois moins malheureux que le lâche Thyeste.
Que je suis satisfait ! que de pleurs vont couler
Pour ce fils qu'à ma rage on est près d'immoler!
Quel que soit en ces lieux son supplice barbare,
C'est le moindre tourment qu'à Thyeste il prépare.
Ce fils infortuné, cet objet de ses vœux,
Va devenir pour lui l'objet le plus affreux.
Je ne te l'ai rendu que pour te le reprendre,
Et ne te le ravis que pour mieux te le rendre.
Oui, je voudrais pouvoir, au gré de ma fureur,
Le porter tout sanglant jusqu'au fond de ton cœur.
Quel qu'en soit le forfait, un dessein si funeste,
S'il n'est digne d'Atrée, est digne de Thyeste.
De son fils tout sanglant, de son malheureux fils,
Je veux que dans son sein il entende les cris.
C'est en toi-même, ingrat, qu'il faut que ma vic-
Ce fruit de tes amours, aille expier ton crime... [time,
Je frissonne, et je sens mon âme se troubler...
C'est à mon ennemi qu'il convient de trembler.
Qui cède à la pitié mérite qu'on l'offense ;

Il faut un terme au crime, et non à la vengeance.
Tout est prêt, et déjà dans mon cœur furieux
Je goûte le plaisir le plus parfait des dieux :
Je vais être vengé. Thyeste, quelle joie !
Je vais jouir des maux où tu vas être en proie.
Ce n'est de ses forfaits se venger qu'à demi,
Que d'accabler de loin un perfide ennemi.
Il faut, pour bien jouir de son sort déplorable,
Le voir dans le moment qu'il devient misérable,
De ses premiers transports irriter la douleur,
Et lui faire à longs traits sentir tout son malheur.
Thyeste vient : feignons. Il semble, à sa tristesse,
Que de son sort affreux quelque soupçon le presse.

SCÈNE V

ATRÉE, THYESTE, GARDES.

ATRÉE.
Cher Thyeste, approchez. D'où naît cette frayeur ?
Quel déplaisir si prompt peut troubler votre cœur ?
Vous paraissez saisi d'une douleur secrète,
Et ne me montrez plus cette âme satisfaite
Qui semblait respirer la douceur de la paix :
Ne serait-elle plus vos plus tendres souhaits ? [teinte ?
Quoi ! de quelque soupçon votre âme est-elle at-
Ce jour, cet heureux jour est-il fait pour la crainte ?
Mon frère, vous devez la bannir désormais ;
La coupe va bientôt nous unir pour jamais.
Goûtez-vous la douceur d'une paix si parfaite ?
Et la souhaitez-vous comme je la souhaite ?
N'êtes-vous pas sensible à ce rare bonheur ?

THYESTE.
Qui ? moi, vous soupçonner ou vous haïr, seigneur !
Les dieux m'en sont témoins, ces dieux qu'ici j'at-
[teste,
Qui lisent mieux que vous dans l'âme de Thyeste.
Ne vous offensez point d'une vaine terreur
Qui semble malgré moi s'emparer de mon cœur.
Je le sens agité d'une douleur mortelle :
Ma constance succombe ; en vain je la rappelle ;
Et depuis un moment mon esprit abattu
Laisse d'un poids honteux accabler sa vertu.
Cependant près de vous un je ne sais quel charme
Suspend dans ce moment le trouble qui m'alarme.

Pour rassurer encor mes timides esprits,
Rendez-moi mes enfants, faites venir mon fils ;
Qu'il puisse être témoin d'une union si chère,
Et partager, seigneur, les bontés de mon frère.
ATRÉE.
Vous serez satisfait, Thyeste ; et votre fils
Pour jamais en ces lieux va vous être remis.
Oui, mon frère, il n'est plus que la Parque inhu-
Qui puisse séparer Thyeste de Plisthène.   [maine
Vous le verrez bientôt ; un ordre de ma part
Le fait de ce palais hâter votre départ.
Pour donner de ma foi des preuves plus certaines,
Je veux vous renvoyer dès ce jour à Mycènes.
Malgré ce que je fais, peu sûr de cette foi,
Je vois que votre cœur s'alarme auprès de moi.
J'avais cru cependant qu'une pleine assurance
Devait suivre...
THYESTE.
Ah ! seigneur, ce reproche m'offense.
ATRÉE, à ses gardes.
Qu'on cherche la princesse, allez ; et qu'en ces lieux
Plisthène sans tarder se présente à ses yeux.
Il faut...

SCÈNE VI

ATRÉE, THYESTE, EURISTHÈNE, apportant la coupe,
GARDES.

ATRÉE.
Mais j'aperçois la coupe de nos pères :
Voici le nœud sacré de la paix de deux frères ;
Elle vient à propos pour rassurer un cœur
Qu'alarme en ce moment une indigne terreur.
Tel qui pouvait encor se défier d'Atrée
En croira mieux peut-être à la coupe sacrée.
Thyeste veut-il bien qu'elle achève en ce jour
De réunir deux cœurs désunis par l'amour ?
Pour engager un frère à plus de confiance,
Pour le convaincre enfin, donnez, que je commence.
(Il prend la coupe de la main d'Euristhène.)
THYESTE.
Je vous l'ai déjà dit, vous m'outragez, seigneur,
Si vous vous offensez d'une vaine frayeur.
Que voudrait désormais me ravir votre haine,
Après m'avoir rendu mes États et Plisthène ?

ATRÉE ET THYESTE.

THYESTE

Mais que vois-je, perfide ? Ah ! grands Dieux ! quelle horreur !
C'est du sang !

Acte V, sc V.

ACTE V, SCÈNE VII.

Du plus affreux courroux quel que fût le projet,
Mes jours infortunés valent-ils ce bienfait ?
Euristhène, donnez, laissez-moi l'avantage
De jurer le premier sur ce précieux gage.
Mon cœur, à son aspect, de son trouble est remis :
Donnez... Mais cependant je ne vois point mon fils.
(Il prend la coupe des mains d'Atrée.)

ATRÉE.
(A ses gardes). (A Thyeste.)
Il n'est point de retour? Rassurez-vous, mon frère ;
Vous reverrez bientôt une tête si chère :
C'est de notre union le nœud le plus sacré ;
Craignez moins que jamais d'en être séparé.

THYESTE.
Soyez donc les garants du salut de Thyeste,
Coupe de nos aïeux, et vous, dieux que j'atteste ;
Puisse votre courroux foudroyer désormais
Le premier de nous deux qui troublera la paix !
Et vous, frère aussi cher que ma fille et Plisthène,
Recevez de ma foi cette preuve certaine... [horreur !
Mais que vois-je, perfide? Ah ! grands dieux, quelle
C'est du sang ! Tout le mien se glace dans mon cœur.
Le soleil s'obscurcit ; et la coupe sanglante
Semble fuir d'elle-même à cette main tremblante.
Je me meurs. Ah ! mon fils, qu'êtes-vous devenu ?

SCÈNE VII

ATRÉE, THYESTE, THÉODAMIE, EURISTHÈNE,
LÉONIDE, GARDES.

THÉODAMIE.
L'avez-vous pu souffrir, dieux cruels ! Qu'ai-je vu ?
Ah ! seigneur, votre fils, mon déplorable frère,
Vient d'être pour jamais privé de la lumière.

THYESTE.
Mon fils est mort, cruel ! dans ce même palais,
Et dans le même instant où l'on m'offre la paix !
Et pour comble d'horreurs, pour comble d'épouvan-
Barbare, c'est du sang que ta main me présente ! [te,
O terre, en ce moment peux-tu nous soutenir !
O de mon songe affreux triste ressouvenir !
Mon fils, est-ce ton sang qu'on offrait à ton père ?

ATRÉE.
Méconnais-tu ce sang ?

THYESTE.
Je reconnais mon frère.
ATRÉE.
Il fallait le connaître, et ne point l'outrager;
Ne point forcer ce frère, ingrat, à se venger.
THYESTE.
Grands dieux! pour quels forfaits lancez-vous le ton-
Monstre que les enfers ont vomi sur la terre, [nerre?
Assouvis la fureur dont ton cœur est épris;
Joins un malheureux père à son malheureux fils;
A ses mânes sanglants donne cette victime,
Et ne t'arrête point au milieu de ton crime.
Barbare, peux-tu bien m'épargner en des lieux
Dont tu viens de chasser et le jour et les dieux!
ATRÉE.
Non, à voir les malheurs où j'ai plongé ta vie,
Je me repentirais de te l'avoir ravie.
Par tes gémissements je connais ta douleur :
Comme je le voulais tu ressens ton malheur;
Et mon cœur, qui perdait l'espoir de sa vengeance,
Retrouve dans tes pleurs son unique espérance.
Tu souhaites la mort, tu l'implores; et moi,
Je te laisse le jour pour me venger de toi.
THYESTE.
Tu t'en flattes en vain, et la main de Thyeste
Saura bien te priver d'un plaisir si funeste.
(Il se tue.)
THÉODAMIE.
Ah ciel!
THYESTE.
Consolez-vous, ma fille; et de ces lieux
Fuyez, et remettez votre vengeance aux dieux.
Contente par vos pleurs d'implorer leur justice,
Allez loin de ce traître attendre son supplice.
Les dieux, que ce parjure a fait pâlir d'effroi,
Le rendront quelque jour plus malheureux que moi :
Le ciel me le promet, la coupe en est le gage;
Et je meurs.
ATRÉE.
A ce prix j'accepte le présage :
Ta main, en t'immolant, a comblé mes souhaits;
Et je jouis enfin du fruit de mes forfaits.

FIN DE ATRÉE ET THYESTE.

ÉLECTRE

TRAGÉDIE

REPRÉSENTÉE POUR LA PREMIÈRE FOIS LE 14 DÉCEMBRE 1708.

ACTEURS

CLYTEMNESTRE, veuve d'Agamemnon, et femme d'Égisthe.
ORESTE, fils d'Agamemnon et de Clytemnestre, roi de Mycènes, élevé sous le nom de Tydée.
ÉLECTRE, sœur d'Oreste.
ÉGISTHE, fils de Thyeste, et meurtrier d'Agamemnon.
ITYS, fils d'Égisthe, mais d'une autre mère que Clytemnestre.
IPHIANASSE, sœur d'Itys.
PALAMÈDE, gouverneur d'Oreste.
ARCAS, ancien officier d'Agamemnon.
ANTÉNOR, confident d'Oreste.
MÉLITE, confidente d'Iphianasse.
GARDES.

La scène est à Mycènes, dans le palais de ses rois.

ACTE PREMIER

SCÈNE PREMIÈRE
ÉLECTRE.

Témoin du crime affreux que poursuit ma vengeance,
O nuit ! dont tant de fois j'ai troublé le silence,
Insensible témoin de mes vives douleurs,
Electre ne vient plus te confier des pleurs ;
Son cœur las de nourrir un désespoir timide,
Se livre enfin sans crainte au transport qui le guide.
Favorisez, grands dieux, un si juste courroux ;
Electre vous implore, et s'abandonne à vous.
Pour punir les forfaits d'une race funeste,
J'ai compté trop longtemps sur le retour d'Oreste :
C'est former des projets et des vœux superflus ;

Mon frère malheureux, sans doute, ne vit plus.
Et vous, mânes sanglants du plus grand roi du monde,
Triste et cruel objet de ma douleur profonde,
Mon père, s'il est vrai que sur les sombres bords
Les malheurs des vivants puissent toucher les morts,
Ah! combien doit frémir ton ombre infortunée
Des maux où ta famille est encor destinée!
C'était peu que les tiens, altérés de ton sang,
Eussent osé porter le couteau dans ton flanc;
Qu'à la face des dieux le meurtre de mon père
Fût, pour comble d'horreurs, le crime de ma mère;
C'est peu qu'en d'autres mains la perfide ait remis
Le sceptre qu'après toi devait porter ton fils,
Et que dans mes malheurs Egisthe, qui me brave,
Sans respect, sans pitié, traite Electre en esclave :
Pour m'accabler encor, son fils audacieux,
Itys, jusqu'à ta fille ose lever les yeux.
Des dieux et des mortels Electre abandonnée
Doit ce jour à son sort s'unir par l'hyménée,
Si ta mort, m'inspirant un courage nouveau,
N'en éteint par mes mains le coupable flambeau.
Mais qui peut retenir le courroux qui m'anime?
Clytemnestre osa bien s'armer pour un grand crime.
Imitons sa fureur par de plus nobles coups;
Allons à ces autels, où m'attend son époux,
Immoler avec lui l'amant qui nous outrage :
C'est là le moindre effort digne de mon courage.
Je le dois... D'où vient donc que je ne le fais pas?
Ah! si c'était l'amour qui me retint le bras! [chère :
Pardonne, Agamemnon; pardonne, ombre trop
Mon cœur n'a point brûlé d'une flamme adultère;
Ta fille, de concert avec tes assassins,
N'a point porté sur toi de parricides mains;
J'ai tout fait pour venger ta perte déplorable.
Électre cependant n'en est pas moins coupable :
Le vertueux Itys, à travers ma douleur,
N'en a pas moins trouvé le chemin de mon cœur.
Mais Arcas ne vient point! Fidèle en apparence,
Trahit-il en secret le soin de ma vengeance?
Il vient. Rassurons-nous.

SCÈNE II
ÉLECTRE, ARCAS.

ÉLECTRE.
　　　　　　　　Pleine d'un juste effroi,
Je me plaignais déjà qu'on me manquait de foi ;
Je craignais qu'un ami qui pour moi s'intéresse
N'osât plus... Mais quoi ! seul ?
　　　　ARCAS.
　　　　　　　　Malheureuse princesse,
Hélas ! que votre sort est digne de pitié !
Plus d'amis, plus d'espoir.
　　　　ÉLECTRE.
　　　　　　　　Quoi ! leur vaine amitié,
Après tant de serments...
　　　　ARCAS.
　　　　　　　　Non, n'attendez rien d'elle.
Madame, en vain pour vous j'ai fait parler mon zèle :
Eux-mêmes, à regret, ces trop prudents amis
S'en tiennent au secours qu'on leur avait promis.
« Qu'Oreste, disent-ils, vienne par sa présence
« Rassurer les amis armés pour sa vengeance.
« Palamède, chargé d'élever ce héros,
« Promettait avec lui de traverser les flots ;
« Son fils, même avant eux, devait ici se rendre.
« C'est se perdre, sans eux qu'oser rien entrepren-
« Bientôt de nos projets la mort serait le prix. » [dre ;
D'ailleurs, pour achever de glacer leurs esprits,
On dit que ce guerrier, dont la valeur funeste
Ne se peut comparer qu'à la valeur d'Oreste,
Qui de tant d'ennemis délivre ces États,
Qui les a sauvés seul par l'effort de son bras,
Qui, chassant les deux rois de Corinthe et d'Athènes,
De morts et de mourants vient de couvrir nos plaines,
Hier, avant la nuit, parut dans ce palais ;
Cet étranger qu'Égisthe a comblé de bienfaits,
A qui ce tyran doit le salut de sa fille,
De lui, d'Itys, enfin de toute sa famille,
Est un rempart si sûr pour vos persécuteurs,
Que de tous nos amis il a glacé les cœurs.
Au seul nom du tyran que votre âme déteste
On frémit ; cependant on veut revoir Oreste.
Mais le jour qui paraît me chasse de ces lieux :

Je crois voir même Itys. Madame, au nom des dieux,
Loin de faire éclater le trouble de votre âme,
Flattez plutôt d'Itys l'audacieuse flamme ;
Faites que votre hymen se diffère d'un jour :
Peut-être verrons-nous Oreste de retour.
ÉLECTRE.
Cessez de me flatter d'une espérance vaine.
Allez, lâches amis qui trahissez ma haine ;
Électre saura bien, sans Oreste et sans vous,
Ce jour même, à vos yeux, signaler son courroux.

SCÈNE III

ÉLECTRE, ITYS.

ÉLECTRE.
En des lieux où je suis, trop sûr de me déplaire,
Fils d'Égisthe, oses-tu mettre un pied téméraire ?
ITYS.
Madame, pardonnez à l'innocente erreur
Qui vous offre un amant guidé par sa douleur.
D'un amour malheureux la triste inquiétude
Me faisait de la nuit chercher la solitude.
Pardonnez si l'amour tourne vers vous mes pas :
Itys vous souhaitait, mais ne vous cherchait pas.
ÉLECTRE.
Dans l'état où je suis, toujours triste, quels charmes
Peuvent avoir des yeux presque éteints dans les lar-
Fils du tyran cruel qui fait tous mes malheurs, [mes ?
Porte ailleurs ton amour, et respecte mes pleurs.
ITYS.
Ah ! ne m'enviez pas cet amour, inhumaine !
Ma tendresse ne sert que trop bien votre haine.
Si l'amour cependant peut désarmer un cœur,
Quel amour fut jamais moins digne de rigueur ?
A peine je vous vis, que mon âme éperdue
Se livra sans réserve au poison qui me tue.
Depuis dix ans entiers que je brûle pour vous,
Qu'ai-je fait qui n'ait dû fléchir votre courroux ?
De votre illustre sang conservant ce qui reste,
J'ai de mille complots sauvé les jours d'Oreste :
Moins attentif au soin de veiller sur ses jours,
Déjà plus d'une main en eût tranché le cours.
Plus accablé que vous du sort qui vous opprime,
Mon amour malheureux fait encor tout mon crime.

Enfin, pour vous forcer à vous donner à moi,
Vous savez si jamais j'exigeai rien du roi.
Il prétend qu'avec vous un nœud sacré m'unisse ;
Ne m'en imputez point la cruelle injustice :
Au prix de tout mon sang je voudrais être à vous,
Si c'était votre aveu qui me fît votre époux.
Ah ! par pitié pour vous, princesse infortunée,
Payez l'amour d'Itys par un tendre hyménée :
Puisqu'il faut l'achever ou descendre au tombeau,
Laissez-en à mes feux allumer le flambeau.
Régnez donc avec moi ; c'est trop vous en défendre :
C'est un sceptre qu'un jour Égisthe veut vous rendre.
ÉLECTRE.
Ce sceptre est-il à moi, pour me le destiner ?
Ce sceptre est-il à lui, pour te l'oser donner ?
C'est en vain qu'en esclave il traite une princesse,
Jusqu'à le redouter que le traître m'abaisse :
Qu'il fasse que ces fers, dont il s'est tant promis,
Soient moins honteux pour moi que l'hymen de son [fils.
Cesse de te flatter d'une espérance vaine :
Ta vertu ne te sert qu'à redoubler ma haine.
Égisthe ne prétend te faire mon époux
Que pour mettre sa tête à couvert de mes coups :
Mais sais-tu que l'hymen dont la pompe s'apprête
Ne se peut achever qu'aux dépens de sa tête?
A ces conditions je souscris à tes vœux :
Ma main sera le prix d'un coup si généreux.
Électre n'attend point cet effort de la tienne ;
Je connais ta vertu : rends justice à la mienne.
Crois-moi, loin d'écouter ta tendresse pour moi,
De Clytemnestre ici crains l'exemple pour toi. [dre ;
Romps toi-même un hymen où l'on veut me contrain-
Les femmes de mon sang ne sont que trop à craindre.
Malheureux ! de tes vœux quel peut être l'espoir ?
Hélas ! quand je pourrais, rebelle à mon devoir,
Brûler un jour pour toi de feux illégitimes,
Ma vertu t'en ferait bientôt les plus grands crimes.
Je te haïrais moins, fils d'un prince odieux :
Ne sois point, s'il se peut, plus coupable à mes yeux ;
Ne me peints plus l'ardeur dont ton âme est éprise.
Que peux-tu souhaiter ? Itys, qu'il te suffise
Qu'Électre, tout entière à son inimitié,
Ne fait point tes malheurs sans en avoir pitié.
Mais Clytemnestre vient : ciel ! quel dessein l'amène ?
Te sers-tu contre moi du pouvoir de la reine ?

CRÉBILLON. 6

SCÈNE IV

CLYTEMNESTRE, ÉLECTRE, ITYS, gardes.

CLYTEMNESTRE.
Dieux puissants, dissipez mon trouble et mon effroi,
Et chassez ces horreurs loin d'Égisthe et de moi.
ITYS.
Quelle crainte est la vôtre? Où courez-vous, madame?
Vous vous plaignez : quel trouble a pu saisir votre [âme?
CLYTEMNESTRE.
Prince, jamais effroi ne fut égal au mien.
Mais ce récit demande un secret entretien.
Jamais sort ne parut plus à craindre et plus triste.
(A ses gardes.)
Qu'on sache en ce moment si je puis voir Égisthe.
Mais vous, qui vous guidait aux lieux où je vous [voi?
Électre se rend-elle aux volontés du roi?
A votre heureux destin la verrons-nous unie?
Sait-elle à résister qu'il y va de sa vie?
ITYS.
Ah! d'un plus doux langage empruntons le secours,
Madame; épargnez-lui de si cruels discours;
Adoucissez plutôt sa triste destinée :
Électre n'est déjà que trop infortunée.
Je ne puis la contraindre, et mon esprit confus...
CLYTEMNESTRE.
Par ce raisonnement je conçois ses refus.
Mais, pour former l'hymen et de l'un et de l'autre,
On ne consultera ni son cœur ni le vôtre.
C'est, pour vous, de son sort prendre trop de souci :
Allez, dites au roi que je l'attends ici.

SCÈNE V

CLYTEMNESTRE, ÉLECTRE.

CLYTEMNESTRE.
Ainsi, loin de répondre aux bontés d'une mère,
Vous bravez de ce nom le sacré caractère!
Et, lorsque ma pitié lui fait un sort plus doux,
Électre semble encor défier mon courroux.
Bravez-le; mais du moins du sort qui vous accable
N'accusez donc que vous, princesse inexorable.

Je fléchissais un roi de son pouvoir jaloux ;
Un héros, par mes soins, devenait votre époux ;
Je voulais, par l'hymen d'Itys et de ma fille,
Voir rentrer quelque jour le sceptre en sa famille :
Mais l'ingrate ne veut que nous immoler tous.
Je ne dis plus qu'un mot. Itys brûle pour vous ;
Ce jour même à son sort vous devez être unie :
Si vous n'y souscrivez, c'est fait de votre vie.
Égisthe est las de voir son esclave en ces lieux
Exciter par ses pleurs les hommes et les dieux.
ÉLECTRE.
Contre un tyran si fier, juste ciel! quelles armes !
Qui brave les remords peut-il craindre mes larmes ?
Ah! madame, est-ce à vous d'irriter mes ennuis ?
Moi, son esclave ! Hélas ! d'où vient que je le suis ?
Moi, l'esclave d'Égisthe ! Ah ! fille infortunée !
Qui m'a fait son esclave ? et de qui suis-je née ?
Était-ce donc à vous de me le reprocher ?
Ma mère, si ce nom peut encor vous toucher,
S'il est vrai qu'en ces lieux ma honte soit jurée,
Ayez pitié des maux où vous m'avez livrée :
Précipitez mes pas dans la nuit du tombeau ;
Mais ne m'unissez point au fils de mon bourreau,
Au fils de l'inhumain qui me priva d'un père,
Qui le poursuit sur moi, sur mon malheureux frère.
Et de ma main encore il ose disposer ?
Cet hymen sans horreur se peut-il proposer ?
Vous m'aimâtes ; pourquoi ne vous suis-je plus chère ?
Ah! je ne vous hais point ; et, malgré ma misère,
Malgré les pleurs amers dont j'arrose ces lieux,
Ce n'est que du tyran dont je me plains aux dieux.
Pour me faire oublier qu'on m'a ravi mon père,
Faites-moi souvenir que vous êtes ma mère.
CLYTEMNESTRE.
Que veux-tu désormais que je fasse pour toi,
Lorsque ton hymen seul peut désarmer le roi ?
Souscris sans murmurer au sort qu'on te prépare,
Et cesse de gémir de la mort d'un barbare
Qui, s'il eût pu trouver un second Ilion,
T'aurait sacrifiée à son ambition.
Le cruel qu'il était, bourreau de sa famille,
Osa bien, à mes yeux, faire égorger ma fille.
ÉLECTRE.
Tout cruel qu'il était, il était votre époux :
S'il fallait l'en punir, madame, était-ce à vous ?

Si le ciel, dont sur lui la rigueur fut extrême,
Réduisit ce héros à verser son sang même,
Du moins, en se privant d'un sang si précieux,
Il ne le fit couler que pour l'offrir aux dieux.
Mais vous, qui de ce sang immolez ce qui reste,
Mère dénaturée et d'Électre et d'Oreste,
Ce n'est point à des dieux jaloux de leurs autels :
Vous nous sacrifiez au plus vil des mortels...
Il paraît, l'inhumain ! A cette affreuse vue
Des plus cruels transports je me sens l'âme émue.

SCÈNE VI

ÉGISTHE, CLYTEMNESTRE, ÉLECTRE.

ÉGISTHE, à Clytemnestre.

Madame, quel malheur, troublant votre sommeil,
Vous a fait de si loin devancer le soleil?
Quel trouble vous saisit? et quel triste présage
Couvre encor vos regards d'un si sombre nuage?
Mais Électre avec vous! Que fait-elle en ces lieux?
Auriez-vous pu fléchir ce cœur audacieux?
A mes justes désirs aujourd'hui moins rebelle,
A l'hymen de mon fils Électre consent-elle?
Voit-elle sans regret préparer ce grand jour
Qui doit combler d'Itys et les vœux et l'amour?

ÉLECTRE.

Oui, tu peux désormais en ordonner la fête ;
Pour cet heureux hymen ma main est toute prête :
Je n'en veux disposer qu'en faveur de ton sang,
Et je la garde à qui te percera le flanc.

(Elle sort.)

ÉGISTHE.

Cruelle ! si mon fils n'arrêtait ma vengeance,
J'éprouverais bientôt jusqu'où va ta constance.

SCÈNE VII

ÉGISTHE, CLYTEMNESTRE.

CLYTEMNESTRE.

Seigneur, n'irritez point son orgueil furieux.
Si vous saviez les maux que m'annoncent les dieux...
J'en frémis. Non, jamais le ciel impitoyable
N'a menacé nos jours d'un sort plus déplorable.

Deux fois mes sens frappés par un triste réveil
Pour la troisième fois se livraient au sommeil,
Quand j'ai cru, par des cris terribles et funèbres,
Me sentir entraîner dans l'horreur des ténèbres.
Je suivais, malgré moi, de si lugubres cris ;
Je ne sais quels remords agitaient mes esprits.
Mille foudres grondaient dans un épais nuage
Qui semblait cependant céder à mon passage.
Sous mes pas chancelants un gouffre s'est ouvert ;
L'affreux séjour des morts à mes yeux s'est offert.
A travers l'Achéron la malheureuse Électre,
A grands pas, où j'étais semblait guider un spectre.
Je fuyais ; il me suit. Ah, seigneur ! à ce nom
Mon sang se glace : hélas ! c'était Agamemnon.
« Arrête, m'a-t-il dit d'une voix formidable ;
« Voici de tes forfaits le terme redoutable :
« Arrête, épouse indigne ; et frémis à ce sang
« Que le cruel Égisthe a tiré de mon flanc. »
Ce sang, qui ruisselait d'une large blessure,
Semblait, en s'écoulant, pousser un long murmure.
A l'instant j'ai cru voir aussi couler le mien :
Mais, malheureuse ! à peine a-t-il touché le sien,
Que j'en ai vu renaître un monstre impitoyable
Qui m'a lancé d'abord un regard effroyable.
Deux fois le Styx, frappé par ses mugissements,
A longtemps répondu par des gémissements.
Vous êtes accouru ; mais le monstre en furie
D'un seul coup à mes pieds vous a jeté sans vie,
Et m'a ravi la mienne avec le même effort,
Sans me donner le temps de sentir votre mort.

ÉGISTHE.

Je conçois la douleur où la crainte vous plonge.
Un présage si noir n'est cependant qu'un songe
Que le sommeil produit et nous offre au hasard,
Où, bien plus que les dieux, nos sens ont souvent part.
Pourrais-je craindre un songe à vos yeux si funeste,
Moi qui ne compte plus d'autre ennemi qu'Oreste ?
Au gré de sa fureur qu'il s'arme contre nous,
Je saurai lui porter d'inévitables coups.
Ma haine à trop haut prix vient de mettre sa tête,
Pour redouter encor les malheurs qu'il m'apprête.
C'est en vain que Samos la défend contre moi :
Qu'elle tremble, à son tour, pour elle et pour son [roi.
Athènes désormais, de ses pertes lassée,
Nous menace bien moins qu'elle n'est menacée ;

Et le roi de Corinthe, épris plus que jamais,
Me demande aujourd'hui ma fille avec la paix.
Quel que soit son pouvoir, quoi qu'il en ose attendre,
Sans la tête d'Oreste il n'y faut point prétendre.
D'ailleurs, pour cet hymen le ciel m'offre une main
Dont j'attends pour moi-même un secours plus cer-
Ce héros, défenseur de toute ma famille,   [tain.
Est celui qu'en secret je destine à ma fille.
Ainsi je ne crains plus qu'Électre et sa fierté,
Ses reproches, ses pleurs, sa fatale beauté,
Les transports de mon fils: mais, s'il peut la contrain-
A recevoir sa foi, je n'aurai rien à craindre,   [dre
Et la main que prétend employer mon courroux
Mettra bientôt le comble à mes vœux les plus doux.
Mais ma fille paraît. Madame, je vous laisse,
Et je vais travailler au repos de la Grèce.

SCÈNE VIII

CLYTEMNESTRE, IPHIANASSE, MÉLITE.

IPHIANASSE.

On dit qu'un noir présage, un songe plein d'horreur,
Madame, cette nuit a troublé votre cœur.
Dans le tendre respect qui pour vous m'intéresse,
Je venais partager la douleur qui vous presse.

CLYTEMNESTRE.

Princesse, un songe affreux a frappé mes esprits ;
Mon cœur s'en est troublé, la frayeur l'a surpris.
Mais, pour en détourner les funestes auspices,
Ma main va l'expier par de prompts sacrifices.

SCÈNE IX

IPHIANASSE, MÉLITE.

IPHIANASSE.

Mélite, plût au ciel qu'en proie à tant d'ennuis
Un songe seul eût part à l'état où je suis !
Plût au ciel que le sort, dont la rigueur m'outrage,
N'eût fait que menacer !

MÉLITE.

Madame, quel langage !
Quel malheur de vos jours a troublé la douceur,
Et la constante paix que goûte votre cœur ?

ACTE I, SCÈNE IX.

IPHIANASSE.

Tes soins n'ont pas toujours conduit Iphianasse ;
Et ce calme si doux a bien changé de face.
Quelques jours malheureux, écoulés sans te voir,
D'un cœur qui s'ouvre à toi font tout le désespoir.

MÉLITE.

A finir nos malheurs, quoi! lorsque tout conspire,
Qu'un roi jeune et puissant à votre hymen aspire,
Votre cœur désolé se consume en regrets !
Quels sont vos déplaisirs? ou quels sont vos souhaits?
Corinthe, avec la paix, vous demande pour reine :
Ce grand jour doit former une si belle chaîne.

IPHIANASSE.

Plût aux dieux que ce jour, qui te paraît si beau,
Dût des miens à tes yeux éteindre le flambeau !
Mais, lorsque tu sauras mes mortelles alarmes,
N'irrite point mes maux, et fais grâce à mes larmes.
Il te souvient encor de ces temps où, sans toi,
Nous sortîmes d'Argos à la suite du roi.
Tout semblait menacer le trône de Mycènes,
Tout cédait aux deux rois de Corinthe et d'Athènes.
Pour retarder du moins un si cruel malheur,
Mon frère sans succès fit briller sa valeur ;
Égisthe fut défait, et trop heureux encore
De pouvoir se jeter dans les murs d'Épidaure.
Tu sais tout ce qu'alors fit pour nous ce héros
Qu'Itys avait sauvé de la fureur des flots.
Peins-toi le dieu terrible adoré dans la Thrace ;
Il en avait du moins et les traits et l'audace.
Quels exploits ! Non, jamais avec plus de valeur
Un mortel n'a fait voir ce que peut un grand cœur.
Je le vis ; et le mien, illustrant sa victoire,
Vaincu, quoiqu'en secret, mit le comble à sa gloire.
Heureuse si mon âme, en proie à tant d'ardeur,
Du crime de ses feux faisait tout son malheur !
Mais hier je revis ce vainqueur redoutable
A peine s'honorer d'un accueil favorable.
De mon coupable amour l'art déguisant la voix,
En vain sur sa valeur je le louai cent fois ;
En vain, de mon amour flattant la violence,
Je fis parler mes yeux et ma reconnaissance :
Il soupire, Mélite ; inquiet et distrait,
Son cœur paraît frappé d'un déplaisir secret. [dre...
Sans doute il aime ailleurs ; et loin de se contrain-

Que dis-je, malheureuse ! est-ce à moi de m'en plain-
Esclave d'un haut rang, victime du devoir,   [dre?
De mon indigne amour quel peut être l'espoir?
Ai-je donc oublié tout ce qui nous sépare?
N'importe : détournons l'hymen qu'on me prépare;
Je ne puis y souscrire. Allons trouver le roi :
Faisons tout pour l'amour, s'il ne fait rien pour moi.

ACTE DEUXIÈME

SCÈNE PREMIÈRE
TYDÉE, ANTÉNOR.

TYDÉE.

Embrasse-moi ; reviens de ta surprise extrême.
Oui, mon cher Anténor, c'est Tydée, oui, lui-même;
Tu ne te trompes point.

ANTÉNOR.

Vous, seigneur, en ces lieux,
Parmi des ennemis défiants, furieux !
Au plaisir de vous voir, ciel ! quel trouble succède !
Dans le palais d'Argos le fils de Palamède,
D'une pompeuse cour attirant les regards,
Et de vœux et d'honneurs comblé de toutes parts!
Je sais jusques où va la valeur de Tydée;
D'un heureux sort toujours qu'elle fut secondée :
Mais ce n'est pas ici qu'on doit la couronner.
A la cour d'un tyran...

TYDÉE.

Cesse de t'étonner.
Le vainqueur des deux rois de Corinthe et d'Athènes,
Le guerrier défenseur d'Egisthe et de Mycènes,
N'est autre que Tydée.

ANTÉNOR.

Et quel est votre espoir?

TYDÉE.

Avant que d'éclaircir ce que tu veux savoir,
Dans ce fatal séjour dis-moi ce qui t'amène.
Que dit-on à Samos? que fait l'heureux Tyrrhène?

ACTE II, SCÈNE I.

ANTÉNOR.
Ce grand roi, qui chérit Oreste avec transport,
Depuis plus de six mois incertain de son sort,
Alarmé chaque jour et du sien et du vôtre,
M'envoie en ces climats vous chercher l'un et l'autre.
Mais, puisque je vous vois, tous mes vœux sont com-
[blés.
Le fils d'Agamemnon... Seigneur, vous vous trou-
[blez!
Malgré tous les honneurs qu'ici l'on vous adresse,
Vos yeux semblent voilés d'une sombre tristesse.
De tout ce que je vois mon esprit éperdu...

TYDÉE.
Anténor, c'est en fait! Tydée a tout perdu.

ANTÉNOR.
Seigneur, éclaircissez ce terrible mystère.

TYDÉE.
Oreste est mort...

ANTÉNOR.
Grands dieux!

TYDÉE.
Et je n'ai plus de père.

ANTÉNOR.
Palamède n'est plus! Ah! destin rigoureux!
Et qui vous l'a ravi? Par quel malheur affreux...

TYDÉE. [dre:
Tu sais ce qu'en ces lieux nous venions entrepren-
Tu sais que Palamède, avant que de s'y rendre,
Ne voulut point tenter son retour dans Argos
Qu'il n'eût interrogé l'oracle de Délos.
A de si justes soins on souscrivit sans peine :
Nous partîmes, comblés des bienfaits de Tyrrhène.
Tout nous favorisait; nous voguâmes longtemps
Au gré de nos désirs bien plus qu'au gré des vents :
Mais, signalant bientôt toute son inconstance,
La mer en un moment se mutine et s'élance;
L'air mugit, le jour fuit, une épaisse vapeur
Couvre d'un voile affreux les vagues en fureur;
La foudre, éclairant seule une nuit si profonde,
A sillons redoublés ouvre le ciel et l'onde,
Et, comme un tourbillon embrassant nos vaisseaux,
Semble en source de feu bouillonner sur les eaux.
Les vagues, quelquefois nous portant sur leurs ci-
Nous font rouler après sous de vastes abîmes, [mes,
Où les éclairs pressés pénétrant avec nous

Dans des gouffres de feux semblaient nous plonger
Le pilote effrayé, que la flamme environne, [tous.
Aux rochers qu'il fuyait lui-même s'abandonne.
A travers les écueils notre vaisseau poussé,
Se brise, et nage enfin sur les eaux dispersé.
Dieux ! que ne fis-je point, dans ce moment funeste,
Pour sauver Palamède, et pour sauver Oreste !
Vains efforts ! la lueur qui partait des éclairs
Ne m'offrit que des flots de nos débris couverts ;
Tout périt.

ANTÉNOR.
Eh ! comment, dans ce désordre extrême,
Pûtes-vous au péril vous dérober vous-même ?

TYDÉE.
Tout offrait à mes yeux l'inévitable mort :
Mais j'y courais en vain ; la rigueur de mon sort
A de plus grands malheurs me réservait encore,
Et me jeta mourant vers les murs d'Epidaure.
Itys me secourut, et de mes tristes jours,
Malgré mon désespoir, il prolongea le cours.
Juge de ma douleur quand je sus que ma vie
Etait le prix des soins d'une main ennemie !
Des périls de la mer Tydée enfin remis,
Une nuit, allait fuir loin de ses ennemis,
Lorsque, la même nuit, d'un vainqueur en furie
Epidaure éprouva toute la barbarie.
Figure-toi les cris, le tumulte et l'horreur.
Dans ce trouble, soudain je m'arme avec fureur,
Incertain du parti que mon bras devait prendre,
S'il faut presser Egisthe, ou s'il faut le défendre.
L'ennemi cependant occupait les remparts,
Et sur nous à grands cris fondait de toutes parts.
Le sort m'offrit alors l'aimable Iphianasse,
Et ma haine bientôt à d'autres soins fit place.
Ses pleurs, son désespoir, Itys prêt à périr,
Quels objets pour un cœur facile à s'attendrir !
Oreste ne vit plus ; mais, pour la sœur d'Oreste,
Il faut de ses États conserver ce qui reste,
Me disais-je à moi-même, et, loin de l'accabler,
Secourir le tyran qu'on devait immoler :
Je chasserai plutôt Egisthe de Mycènes,
Que d'en chasser les rois de Corinthe et d'Athènes.
Par ce motif secret mon cœur déterminé,
Ou par des pleurs touchants bien plutôt entraîné,
Du soldat qui fuyait ranimant le courage,

A combattre du moins mon exemple l'engage ;
Et le vainqueur pressé, pâlissant à son tour,
Vers son camp à l'instant médite son retour.
Que ne peut la valeur où le cœur s'intéresse !
J'en fis trop, Anténor ; je revis la princesse.
C'est t'en apprendre assez ; le reste t'est connu.
D'un péril si pressant Egisthe revenu,
Me comble de bienfaits, me charge de poursuivre
Deux rois épouvantés, dont mon bras le délivre.
Je porte la terreur chez des peuples heureux,
Et la paix va se faire aux dépens de mes vœux.
                    ANTÉNOR.
Ah ! seigneur, fallait-il, à l'amour trop sensible,
Armer pour un tyran votre bras invincible ?
Et que prétendez-vous d'un succès si honteux ?
                    TYDÉE.
Anténor, que veux-tu ? Prends pitié de mes feux.
Plains mon sort : non, jamais on ne fut plus à plain-
                                              [dre.
Il est encor pour moi des maux bien plus à craindre.
Mais apprends des malheurs qui te feront frémir,
Des malheurs dont Tydée à jamais doit gémir.
Entraîné, malgré moi, dans ce palais funeste
Par un désir secret de voir la sœur d'Oreste,
Hier, avant la nuit, j'arrive dans ces lieux.
La superbe Mycène offre un temple à mes yeux :
Je cours y consulter le dieu qu'on y révère,
Sur mon sort, sur celui d'Oreste et de mon père.
Mais à peine aux autels je me fus prosterné,
Qu'à mon abord fatal tout parut consterné :
Le temple retentit d'un funèbre murmure
(Je ne suis cependant meurtrier ni parjure) :
J'embrasse les autels, rempli d'un saint respect ;
Le prêtre épouvanté recule à mon aspect,
Et, sourd à mes souhaits, refuse de répondre :
Sous ses pieds et les miens tout semble se confondre :
L'autel tremble ; le dieu se voile à nos regards,
Et de pâles éclairs s'arme de toutes parts : [nerre,
L'antre ne nous répond qu'à grands coups de ton-
Que le ciel en courroux fait gronder sous la terre.
Je l'avoue, Anténor ; je sentis la frayeur,
Pour la première fois, s'emparer de mon cœur.
A tant d'horreurs enfin succède un long silence.
Du dieu qui se voilait j'implore l'assistance :
« Écoute-moi, grand dieu ; sois sensible à mes cris :

« D'un ami malheureux, d'un plus malheureux fils,
« Dieu puissant, m'écriai-je, exauce la prière ;
« Daigne sur ce qu'il craint lui prêter ta lumière. »
Alors, parmi les pleurs et parmi les sanglots,
Une lugubre voix fit entendre ces mots :
« Cesse de me presser sur le destin d'Oreste ;
« Pour en être éclairci tu m'implores en vain :
« Jamais destin ne fut plus triste et plus funeste.
« Redoute pour toi-même un semblable destin.
« Apaise cependant les mânes de ton père :
« Ton bras seul doit venger ce héros malheureux
« D'une main qui lui fut bien fatale et bien chère ;
« Mais crains, en le vengeant, le sort le plus affreux. »
Une main qui lui fut bien fatale et bien chère !
Ma mère ne vit plus, et je n'ai point de frère.
Juste ciel ! et sur qui doit tomber mon courroux ?
De ces lieux cependant fuyons, arrachons-nous.
Allons trouver le roi... Mais je vois la princesse.
Ah ! fuyons ; mes malheurs, mon devoir, tout m'en
[presse :
Partons, dérobons-nous la douceur d'un adieu.

SCÈNE II

IPHIANASSE, TYDÉE, MÉLITE, ANTÉNOR,

IPHIANASSE.

(A Mélite.)   (A Tydée.)
Ah, Mélite ! que vois-je ?... On disait qu'en ce lieu,
En ce moment, seigneur, mon père devait être.
Je croyais...

TYDÉE.

En effet, il y devait paraître,
Madame, même soin nous conduisait ici :
Vous y cherchez le roi ; je l'y cherchais aussi.
Pénétré des bienfaits qu'Égisthe me dispense,
Je venais, plein de zèle et de reconnaissance,
Rendre grâce à la main qui les répand sur moi,
Et, dans le même temps, prendre congé du roi.

IPHIANASSE.

Ce départ aura lieu, seigneur, de le surprendre.
Moi-même en ce moment j'ai peine à le comprendre.
Et pourquoi de ces lieux vous bannir aujourd'hui,
Et dépouiller l'État de son plus ferme appui ?

Vous le savez, la paix n'est pas encor jurée :
La victoire, sans vous, serait-elle assurée ?
TYDÉE.
Oui, madame; et vos yeux n'ont-ils pas tout soumis?
Le roi peut-il encor craindre des ennemis ?
Que ne vaincrez-vous point? quelle haine obstinée
Tiendrait contre l'espoir d'un illustre hyménée?
Du bonheur qui l'attend Téléphonte charmé,
Sur cet espoir flatteur, a déjà désarmé ;
Et, si j'en crois la cour, cette grande journée
Doit voir Iphianasse à son lit destinée.
IPHIANASSE.
Non, le roi de Corinthe en est en vain épris,
Si la tête d'Oreste en doit être le prix.
TYDÉE.
Quoi! la tête d'Oreste! Ah! la paix est conclue,
Madame, et de ces lieux ma fuite est résolue :
Vous n'avez plus besoin du secours de mon bras.
Ah! quel indigne prix met-on à vos appas!
Juste ciel! se peut-il qu'une loi si cruelle
Fasse de vous le prix d'une main criminelle ?
Ainsi, dans sa fureur, le plus vil assassin
Pourra donc à son gré prétendre à votre main,
Lorsque avec tout l'amour qu'un doux espoir anime
Un héros ne pourrait l'obtenir sans un crime ?
Ah! si, pour se flatter de plaire à vos beaux yeux,
Il suffisait d'un bras toujours victorieux,
Peut-être à ce bonheur aurais-je pu prétendre.
Avec quelque valeur, et le cœur le plus tendre,
Quels efforts, quels travaux, quels illustres projets
N'eût point tentés ce cœur charmé de vos attraits!
IPHIANASSE.
Seigneur !
TYDÉE.
Je le vois bien, ce discours vous offense.
Je n'ai pu vous revoir et garder le silence;
Mais je vais m'en punir par un exil affreux,
Et cacher loin de vous un amant malheureux,
Qui, trop plein d'un amour qu'Iphianasse inspire,
En dit moins qu'il ne sent, mais plus qu'il n'en doit
[dire.
IPHIANASSE.
J'ignore quel dessein vous a fait révéler
Un amour que l'espoir semble avoir fait parler.
Mais, seigneur, je ne puis recevoir sans colère

Ce téméraire aveu que vous osez me faire.
Songez qu'on n'ose ici se déclarer pour moi,
Sans la tête d'Oreste, ou le titre de roi ;
Qu'un amant comme vous, quelque feu qui l'inspire,
Doit soupirer du moins sans oser me le dire.

SCÈNE III
TYDÉE, ANTÉNOR.

TYDÉE.
Qu'ai-je dit ? où laissé-je égarer mes esprits ?
Moi parler, pour me voir accabler de mépris !
Les ai-je mérités, cruelle Iphianasse ?
Mais quel était l'espoir de ma coupable audace ?
Que venais-je chercher dans ce cruel séjour ?
Moi, dans la cour d'Argos entraîné par l'amour !
Rappelons ma fureur. Oreste, Palamède...
Ah ! contre tant d'amour inutile remède !
Que servent ces grands noms, dans l'état où je suis,
Qu'à me couvrir de honte et m'accabler d'ennuis ?
Ah ! fuyons, Anténor ; et, loin d'une cruelle,
Courons où mon devoir, où l'oracle m'appelle :
Ne laissons point jouir de tout mon désespoir
Des yeux indifférents que je ne dois plus voir.
Le roi vient ; dans mon trouble il faut que je l'évite.

SCÈNE IV
ÉGISTHE, TYDÉE, ANTÉNOR.

ÉGISTHE.
Demeurez, et souffrez qu'envers vous je m'acquitte.
Ainsi que le héros brille par ses exploits,
La grandeur des bienfaits doit signaler les rois.
Tout parle du guerrier qui prit notre défense :
Mais rien ne parle encor de ma reconnaissance.
Il est temps cependant que mes heureux sujets,
Témoins de sa valeur, le soient de mes bienfaits.
Que pourriez-vous penser, et que dirait la Grèce ?
Mais quoi ! vous soupirez ! quelle douleur vous presse ?
Malgré tous vos efforts elle éclate, seigneur ;
Un déplaisir secret trouble votre grand cœur :
Même ici mon abord a paru vous surprendre.
Avez-vous des secrets que je ne puisse apprendre ?

ACTE II, SCÈNE IV.

TYDÉE.

De tels secrets, seigneur, sont peu dignes de vous ;
Je crains peu qu'un grand roi puisse en être jaloux.
Permettez cependant qu'à mon devoir fidèle
Je retourne en des lieux où ce devoir m'appelle.
J'ai fait peu pour Égisthe, et de quelque succès
Sa bonté chaque jour s'acquitte avec excès.
S'il est vrai que mon bras eut part à la victoire,
Il suffit à mon cœur d'en partager la gloire.
Ne m'arrêtez donc plus sur l'espoir des bienfaits :
Les vôtres n'ont-ils pas surpassé mes souhaits ?
J'en suis comblé, seigneur ; mon âme est satisfaite :
Je ne demande plus qu'une libre retraite.

ÉGISTHE.

Un intérêt trop cher s'oppose à ce départ :
Argos perdrait en vous son plus ferme rempart.
Des héros tels que vous, sitôt qu'on les possède,
Sont, pour les plus grands rois, d'un prix à qui tout [cède.
Heureux si je pouvais, par les plus forts liens,
Attacher pour jamais vos intérêts aux miens !
Je vous dois le salut de toute ma famille,
Et ne veux point sans vous disposer de ma fille.

TYDÉE, à part.

Ciel ! où tend ce discours ?

ÉGISTHE.

Oui, seigneur, c'est en vain
Qu'avec la paix un roi me demande sa main :
Quelque éclatant que soit un pareil hyménée,
Au sort d'un autre époux ma fille est destinée ;
Sûr de vaincre avec vous, je crains peu désormais
Tout le péril que suit le refus de la paix.
Il ne tient plus qu'à vous d'affermir ma puissance.
J'ai besoin d'une main qui serve ma vengeance,
Et qui fasse tomber dans l'éternelle nuit
L'ennemi déclaré que ma haine poursuit, [teste.
Qui me poursuit moi-même, et que mon cœur dé-
Point d'hymen, quel qu'il soit, sans la tête d'Oreste :
Ma fille est à ce prix ; et cet effort si grand,
Ce n'est que de vous seul que ma haine l'attend.

TYDÉE.

De moi, seigneur ? de moi ? juste ciel !

ÉGISTHE.

De vous-même.
Calmez de ce transport la violence extrême.
Quelle horreur vous inspire un si juste dessein ?

Je demande un vengeur, et non un assassin.
Lorsque, pour détourner ma mort qu'il a jurée,
J'exige tout le sang du petit-fils d'Atrée,
Je n'ai point prétendu, seigneur, que votre bras
Le fît couler ailleurs qu'au milieu des combats.
Oreste voit partout voler sa renommée;
La Grèce en est remplie, et l'Asie alarmée;
Ses exploits seuls devraient vous en rendre jaloux:
C'est le seul ennemi qui soit digne de vous.
Courez donc l'immoler; c'est la seule victoire,
Parmi tant de lauriers, qui manque à votre gloire.
Dites un mot, seigneur; soldats et matelots
Seront prêts avec vous de traverser les flots.
Si ma fille est un bien qui vous paraisse digne
De porter votre cœur à cet effort insigne,
Pour vous associer à ce rang glorieux,
Je ne consulte point quels furent vos aïeux.
Lorsqu'on a les vertus que vous faites paraître,
On est du sang des dieux, ou digne au moins d'en être.
Quoi qu'il en soit, seigneur, pour servir mon courroux
Je ne veux qu'un héros, et je le trouve en vous.
Me serais-je flatté d'une vaine espérance,
Quand j'ai fondé sur vous l'espoir de ma vengeance?
Vous ne répondez point! Ah! qu'est-ce que je vois?

TYDÉE.

La juste horreur du coup qu'on exige de moi.
Mais il faut aujourd'hui, par plus de confiance,
Payer de votre cœur l'affreuse confidence.
Votre fille, seigneur, est d'un prix à mes yeux
Au-dessus des mortels, digne même des dieux.
Je vous dirai bien plus: j'adore Iphianasse;
Tout mon respect n'a pu surmonter mon audace;
Je l'aime avec transport; mon trop sensible cœur
Peut à peine suffire à cette vive ardeur:
Mais quand, avec l'espoir d'obtenir ce que j'aime,
L'univers m'offrirait la puissance suprême,
Contre votre ennemi bien loin d'armer mon bras,
Je ne sais point quel sang je ne répandrais pas.
Revenez d'une erreur à tous les deux funeste. Oreste!
Qui? moi, grands dieux! qui? moi, vous immoler
Ah! quand vous le croyez seul digne de mes coups,
Savez-vous qui je suis, et me connaissez-vous?
Quand même ma vertu n'aurait pu l'en défendre,
N'eût-il pas eu pour lui l'amitié la plus tendre?
Ah! plût aux dieux cruels, jaloux de ce héros,

Aux dépens de mes jours l'avoir sauvé des flots !
Mais, hélas ! c'en est fait ; Oreste et Palamède...
ÉGISTHE.
Ils sont morts ? Quelle joie à mes craintes succède !
Grands dieux ! qui me rendez le plus heureux des [rois,
Qui pourra m'acquitter de ce que je vous dois ?
Mon ennemi n'est plus ! Ce que je viens d'entendre
Est-il bien vrai, seigneur ? Daignez au moins m'ap-
Comment le juste ciel a terminé son sort, [prendre
En quels lieux, quels témoins vous avez de sa mort.
TYDÉE.
Mes pleurs. Mais au transport dont votre âme est [éprise,
Je me repens déjà de vous l'avoir apprise.
Vous voulez de son sort en vain vous éclairer :
Il me fait trop d'horreur, à vous trop de plaisir ;
Je ne ressens que trop sa perte déplorable,
Sans m'imposer encore un récit qui m'accable.
ÉGISTHE.
Je ne vous presse plus, seigneur, sur ce récit.
Oreste ne vit plus ; son trépas me suffit :
Votre pitié pour lui n'a rien dont je m'offense ;
Et quand le ciel sans vous a rempli ma vengeance,
Puisque c'est vous du moins qui me l'avez appris,
Je crois vous en devoir toujours le même prix.
Je vous l'offre, acceptez-le ; aimons-nous l'un et l'au-
Vous fîtes mon bonheur ; je veux faire le vôtre. [tre :
Sur le trône d'Argos désormais affermi, [un ami.
Qu'Égisthe en vous, seigneur, trouve un gendre,
Si sur ce choix votre âme est encore incertaine,
Je vous laisse y penser, et je cours chez la reine.
TYDÉE, à part.
Et moi, de toutes parts de remords combattu,
Je vais sur mon amour consulter ma vertu.

ACTE TROISIÈME

SCÈNE PREMIÈRE
TYDÉE.

Électre veut me voir ! Ah ! mon âme éperdue
Ne soutiendra jamais ni ses pleurs ni sa vue.

Trop infidèle ami du fils d'Agamemnon,
Oserai-je en ces lieux lui déclarer mon nom ;
Lui dire que je suis le fils de Palamède ;
Qu'aux devoirs les plus saints un lâche amour suc-
Qu'Oreste me fut cher ; que de tant d'amitié [cède ;
L'amour me laisse à peine un reste de pitié ;
Que, loin de secourir une triste victime,
J'abandonne sa sœur au tyran qui l'opprime ;
Que cette même main, qui dut trancher ses jours,
Par un coupable effort en prolonge le cours ;
Et que, prête à former des nœuds illégitimes,
Peut-être cette main va combler tous mes crimes ;
Qu'elle n'a désormais qu'à répandre en ces lieux
Le reste infortuné d'un sang si précieux?...
Mais serait-ce trahir les mânes de son frère
Que de vouloir d'Électre adoucir la misère ?
D'Iphianasse enfin si je deviens l'époux,   [doux.
Je puis dans ses malheurs lui faire un sort plus
D'ailleurs un roi puissant m'offre son alliance :
Je n'ai pour l'obtenir dignité ni naissance.
Que me sert ma valeur, étant ce que je suis,
Si ce n'est pour jouir d'un sort... Lâche ! poursuis.
Je ne m'étonne plus si les dieux te punissent,
A ton fatal aspect si les autels frémissent.
Ah ! cesse sur l'amour d'excuser le devoir :
Pour être vertueux, on n'a qu'à le vouloir : [prendre.
D'Électre en ce moment, faible cœur, cours l'ap-
Qu'attends-tu ? que l'amour vienne encor te sur-
[prendre ?
Qu'un feu... Mais quel objet se présente à mes yeux ?
Dieux ! quels tristes accents font retentir ces lieux !
C'est une esclave en pleurs ; hélas ! qu'elle a de char-
[mes !
Que mon âme en secret s'attendrit à ses larmes !
Que je me sens touché de ses gémissements !
Ah ! que les malheureux éprouvent de tourments !

SCÈNE II

ÉLECTRE, TYDÉE.

ÉLECTRE, à part.

Dieux puissants, qui l'avez si longtemps poursuivie,
Épargnez-vous encore une mourante vie ?
Je ne le verrai plus ! inexorables dieux,

D'une éternelle nuit couvrez mes tristes yeux.
TYDÉE.
Je sens qu'à votre sort la pitié m'intéresse.
Ne pourrai-je savoir quelle douleur vous presse ?
ÉLECTRE.
Hélas! qui ne connaît mon nom et mes malheurs?
Et qui peut ignorer le sujet de mes pleurs?
Un désespoir affreux est tout ce qui me reste.
O déplorable sang! ô malheureux Oreste!
TYDÉE.
Ah! juste ciel! quel nom avez-vous prononcé!
A vos pleurs, à ce nom, que mon cœur est pressé !
Qu'il porte à ma pitié de sensibles atteintes !
Ah! je vous reconnais à de si tendres plaintes.
Malheureuse princesse, est-ce vous que je voi ?
Électre, en quel état vous offrez-vous à moi?
ÉLECTRE.
Et qui donc s'attendrit pour une infortunée,
A la fureur d'Égisthe, aux fers abandonnée ?
Mais Oreste, seigneur, vous était-il connu ?
A mes pleurs, à son nom, votre cœur s'est ému.
TYDÉE.
Dieux! s'il m'était connu! Mais dois-je vous l'ap-
Après avoir trahi l'amitié la plus tendre? [prendre,
Dieux! s'il m'était connu ce prince généreux!
Ah! madame, c'est moi qui de son sort affreux
Viens de répandre ici la funeste nouvelle.
ÉLECTRE.
Il est donc vrai, seigneur, et la Parque cruelle
M'a ravi de mes vœux et l'espoir et le prix?
Mais quel étonnement vient frapper mes esprits!
Vous qui montrez un cœur à mes pleurs si sensible,
N'êtes-vous pas, seigneur, ce guerrier invincible,
D'un tyran odieux trop zélé défenseur?
Qui peut donc pour Électre attendrir votre cœur?
Pouvez-vous bien encor plaindre ma destinée,
Tout rempli de l'espoir d'un fatal hyménée ?
TYDÉE.
Ah! que diriez-vous donc si mon indigne cœur
De ses coupables feux vous découvrait l'horreur?
De quel œil verriez-vous l'ardeur qui me possède,
Si vous voyiez en moi le fils de Palamède ?
ÉLECTRE.
De Palamède! vous? Qu'ai-je entendu, grands dieux!
Mais vous ne l'êtes point, Tydée est vertueux :

Il n'eût point fait rougir les mânes de son père ;
Il n'aurait point trahi l'amitié de mon frère,
Ma vengeance, mes pleurs, ni le sang dont il sort.
Si vous étiez Tydée, Égisthe serait mort :
Bien loin de consentir à l'hymen de sa fille,
Il eût de ce tyran immolé la famille.
De Tydée, il est vrai, vous avez la valeur ;
Mais vous n'en avez pas la vertu ni le cœur.

TYDÉE.

A mes remords du moins faites grâce, madame.
Il est vrai, j'ai brûlé d'une coupable flamme ;
Il n'est point de devoirs plus sacrés que les miens ;
Mais l'amour connaît-il d'autres droits que les siens ?
Ne me reprochez point le feu qui me dévore,
Ni tout ce que mon bras a fait dans Épidaure.
J'ai dû tout immoler à votre inimitié ;
Mais que ne peut l'amour, que ne peut l'amitié?
Itys allait périr, je lui devais la vie ;
Sa mort bientôt d'une autre aurait été suivie.
L'amour et la pitié confondirent mes coups ;
Tydée en ce moment crut combattre pour vous.
D'ailleurs, à la fureur de Corinthe et d'Athènes
Pouvais-je abandonner le trône de Mycènes ?

ÉLECTRE.

Juste ciel ! et pour qui l'avez-vous conservé ?
Cruel ! si c'est pour moi que vous l'avez sauvé,
Venez donc de ce pas immoler un barbare :
Il n'est point de forfaits que ce coup ne répare.
Oreste ne vit plus : achevez aujourd'hui
Tout ce qu'il aurait fait pour sa sœur et pour lui.
A l'aspect de mes fers êtes-vous sans colère ?
Est-ce ainsi que vos soins me rappellent mon frère ?
Ne m'offririez-vous plus, pour essuyer mes pleurs,
Que la main qui combat pour mes persécuteurs ?
Cessez de m'opposer une funeste flamme.
Si je vous laissais voir jusqu'au fond de mon âme,
Votre cœur, excité par l'exemple du mien,
Détesterait bientôt un indigne lien ;
D'un cœur que malgré lui l'amour a pu séduire, [pire ;
Il apprendrait du moins comme un grand cœur sou-
Vous y verriez l'amour, esclave du devoir,
Languir parmi les pleurs, sans force et sans pouvoir.
Occupé, comme moi, d'un soin plus légitime,
Faites-vous des vertus de votre propre crime.
Du sort qui me poursuit pour détourner les coups,

Non, je n'ai plus ici d'autre frère que vous.
Mon frère est mort; c'est vous qui devez me le rendre,
Vous, qu'un serment affreux engage à me défendre,
Ah cruel! cette main, si vous m'abandonnez,
Va trancher à vos yeux mes jours infortunés.
TYDÉE.
Moi, vous abandonner! Ah! quelle âme endurcie
Par des pleurs si touchants ne serait adoucie?
Moi, vous abandonner! Plutôt mourir cent fois.
Jugez mieux d'un ami dont Oreste fit choix.
Je conçois, quand je vois les yeux de ma princesse,
Jusqu'où peut d'un amant s'étendre la faiblesse;
Mais quand je vois vos pleurs, je conçois encor mieux
Ce que peut le devoir sur un cœur vertueux.
Pourvu que votre haine épargne Iphianasse,
Il n'est rien que pour vous ne tente mon audace.
Je ne sais, mais je sens qu'à l'aspect de ces lieux
Egisthe à chaque instant me devient odieux.
ÉLECTRE.
A l'ardeur dont enfin ma haine est secondée,
A ce noble transport je reconnais Tydée. [doux!
Malgré tous mes malheurs, que ce moment m'est
Je pourrai donc venger... Mais quelqu'un vient à nous.
Il faut que je vous quitte; on pourrait nous surprendre.
En secret chez Arcas, seigneur, daignez vous rendre.
Seul espoir que le ciel m'ait laissé dans mes maux,
Courez, en me vengeant, signaler un héros,
Pour peu qu'à ma douleur votre cœur s'intéresse.
(Elle sort.)
TYDÉE.
Mais qui venait à nous? Ah dieux! c'est la princesse.
Quel dessein en ce lieu peut conduire ses pas?
Dans le trouble où je suis, que lui dirai-je? Hélas!
Que je crains les transports où mon âme s'égare!

SCÈNE III

IPHIANASSE, TYDÉE, MÉLITE.

IPHIANASSE.
Quel trouble, à mon aspect, de votre cœur s'empare?
Vous ne répondez point, seigneur! je le vois bien,
J'ai troublé la douceur d'un secret entretien.
Electre, comme vous, s'offensera peut-être
Qu'ici, sans son aveu, quelqu'un ose paraître:

Elle semble à regret s'éloigner de ces lieux ;
La douleur qu'elle éprouve est peinte dans vos yeux.
Interdit et confus... Quel est donc ce mystère ?
TYDÉE.
Madame, vous savez qu'elle a perdu son frère,
Que c'est moi seul qui viens d'en informer le roi :
Electre a souhaité s'en instruire par moi.
Mon cœur, toujours sensible au sort des misérables,
N'a pu, sans s'attendrir à ses maux déplorables,
Après le coup affreux qui vient de la frapper...
IPHIANASSE.
N'est-il que sa douleur qui vous doive occuper ?
Ce n'est pas que mon cœur veuille vous faire un crime
D'un soin que ses malheurs rendent si légitime ;
Mais, seigneur, je ne sais si ce soin généreux
A dû seul vous toucher, quand tout flatte vos vœux.
TYDÉE.
Non, des bontés du roi mon âme enorgueillie
Ne se méconnaît point quand lui-même il s'oublie.
S'il descend jusqu'à moi pour le choix d'un époux,
Mon respect me défend l'espoir d'un bien si doux ;
Et telle est de mon sort la rigueur infinie,
Que, lorsqu'à mon destin vous devez être unie,
Votre rang, ma naissance, un barbare devoir,
Tout défend à mon cœur un si charmant espoir.
IPHIANASSE.
Je comprends la rigueur d'un devoir si barbare,
Et conçois mieux que vous tout ce qui nous sépare :
Plus que vous ne voulez j'entrevois vos raisons.
Si ma fierté pouvait descendre à des soupçons...
Mais non, sur votre amour que rien ne vous contrai-
Je ne vois rien en lui que mon cœur ne dédaigne.[gne;
Cependant à mes yeux, fier de cet attentat,
Gardez-vous pour jamais de montrer un ingrat.

SCÈNE IV

TYDÉE.

Qu'ai-je fait, malheureux ! y pourrai-je survivre ?
Mais quoi ! l'abandonner !...Non, non, il faut la suivre.
Allons, qui peut encor m'arrêter en ces lieux ?
Courons où mon amour... Que vois-je ? justes dieux ?
O sort ! à tes rigueurs quelle douceur succède !
O mon père ! est-ce vous ? est-ce vous, Palamède ?

SCÈNE V
PALAMÈDE, TYDÉE.

PALAMÈDE.
Embrassez-moi, mon fils : après tant de malheurs,
Qu'il m'est doux de revoir l'objet de tant de pleurs !
TYDÉE.
S'il est vrai que les biens qui nous coûtent des larmes
Doivent pour un cœur tendre avoir le plus de charmes,
Hélas ! après les pleurs que j'ai versés pour vous,
Que cet heureux instant me doit être bien doux !
Ah, seigneur! qui m'eût dit qu'au moment qu'un ora-
Semblait mettre à mes vœux un éternel obstacle, [cle
Palamède à mes yeux s'offrirait aujourd'hui,
Malgré le sort affreux dont j'ai tremblé pour lui ?
Est-ce ainsi que des dieux la suprême sagesse
Doit braver des mortels la crédule faiblesse ?
Mais, puisque enfin ici j'ai pu vous retrouver,
Je vois bien que le ciel ne veut que m'éprouver ;
Qu'avec vous sa bonté va désormais me rendre
Un ami qu'avec vous je n'osais plus attendre.
Mais vous versez des pleurs ! Ah ! n'est-ce que pour lui
Que les dieux sans détour s'expliquent aujourd'hui?
PALAMÈDE.
N'accusons point des dieux la sagesse suprême ;
Croyez mon fils, croyez qu'elle est toujours la même !
Gardons-nous de vouloir, faibles et curieux,
Pénétrer des secrets qu'ils voilent à nos yeux.
Ils ont du moins parlé sans détour sur Oreste ;
Un triste souvenir est tout ce qui m'en reste.
J'ai vu ses yeux couverts des horreurs du trépas ;
Je l'ai tenu longtemps mourant entre mes bras.
Sa perte de la mienne allait être suivie,
Si l'intérêt d'un fils n'eût conservé ma vie ;
Si j'eusse, dans l'horreur d'un transport furieux,
Soupçonné, comme vous, la sagesse des dieux.
Conduit par elle seule au sein de la Phocide,
Cette même sagesse auprès de vous me guide ;
Trop heureux désormais si le sort moins jaloux
M'eût rendu tout entier mon espoir le plus doux !
Mais, hélas ! que le ciel, qui vers vous me renvoie,
Mêle dans ce moment d'amertume à ma joie !
D'un fils que j'admirais que mon fils est changé !

Tydée, Oreste est mort : Oreste est-il vengé ?
Depuis quel temps, si près de l'objet de ma haine,
Arrêtez-vous vos pas à la cour de Mycène ?
Arcas ne m'a point dit que vous fussiez ici :
Mon fils, d'où vient qu'Arcas n'en est point éclairci ?
Pourquoi ne le point voir ! Vous connaissez son zèle ;
Deviez-vous vous cacher à cet ami fidèle ?
Parlez enfin, quel soin vous retient en des lieux
Où vous n'osez punir un tyran odieux ?

TYDÉE.

Prévenu des malheurs d'une tête si chère,
Ma première vengeance était due à mon père...
Mais, seigneur, n'est-ce point dans ces funestes lieux
Trop exposer des jours qu'ont respectés les dieux ?
N'est-ce point trop compter sur une longue absence,
Que d'oser s'y montrer avec tant d'assurance ?

PALAMÈDE.

Mon fils, j'ai tout prévu ; calmez ce vain effroi :
C'est à mes ennemis à trembler, non à moi.
Eh ! comment en ces lieux craindrais-je de paraître,
Moi que d'abord Arcas a paru méconnaître,
Moi que devance ici le bruit de mon trépas,
Moi dont enfin le ciel semble guider les pas ?
D'ailleurs un sang si cher m'appelle à sa défense,
Que tout cède en mon cœur au soin de sa vengeance.
La sœur d'Oreste, en proie à ses persécuteurs,
Doit, ce jour, éprouver le comble des horreurs.
Je viens, contre un tyran prêt à tout entreprendre,
Reconnaître les lieux où je veux le surprendre.
Puisqu'il faut l'immoler ou périr cette nuit,
Qu'importe à mes desseins le péril qui me suit ?
Mon fils, si même ardeur eût guidé votre audace,
Vous n'auriez pas pour moi ce souci qui vous glace.
Comment dois-je expliquer vos regards interdits ?
Je ne trouve partout que des cœurs attiédis,
Que des amis troublés, sans force et sans courage,
Accoutumés au joug d'un honteux esclavage.
Par ma présence en vain j'ai cru les rassembler ;
Un guerrier les retient, et les fait tous trembler.
Mais moi, seul au-dessus d'une crainte si vaine,
Je prétends immoler ce guerrier à ma haine ;
C'est par là que je veux signaler mon retour.
Un défenseur d'Égisthe est indigne du jour.
Parlez, connaissez-vous ce guerrier redoutable,
Pour le tyran d'Argos rempart impénétrable ?

Pourquoi sous vos efforts n'a-t-il pas succombé ?
Parlez, mon fils ; qui peut vous l'avoir dérobé ?
Votre haute valeur, désormais ralentie,
Pour lui seul aujourd'hui s'est-elle démentie ?
Vous rougissez, Tydée ! Ah ! quel est mon effroi !
Je vous l'ordonne enfin, parlez, répondez-moi :
D'un désordre si grand que faut-il que je pense ?
            TYDÉE.
Ne pénétrez-vous point un si triste silence ?
            PALAMÈDE.
Qu'entends-je ? quel soupçon vient s'offrir à mon [cœur !
Quoi ! mon fils... Dieux puissants, laissez-moi mon [erreur ;
Ah ! Tydée, est-ce vous qui prenez la défense
De l'indigne ennemi que poursuit ma vengeance ?
Puis-je croire qu'un fils ait prolongé les jours
Du cruel qui des miens cherche à trancher le cours ?
Fallait-il vous revoir, pour vous voir si coupable ?
            TYDÉE.
N'irritez point, seigneur, la douleur qui m'accable.
Votre vertu, toujours constante en ses projets,
Ne fait que redoubler l'horreur de mes forfaits.
Il suffit qu'à vos yeux la honte m'en punisse ;
Ne m'en souhaitez pas un plus cruel supplice.
D'un malheureux amour ayez pitié, seigneur :
Le ciel, qui m'en punit avec tant de rigueur,
Sait les tourments affreux où mon âme est en proie.
Mais vainement sur moi son courroux se déploie ;
Je sens que les remords d'un cœur né vertueux
Souvent, pour le punir, vont plus loin que les dieux.
            PALAMÈDE.
Qu'importe à mes desseins le remords qui l'agite ?
Croyez-vous qu'envers moi le remords vous acquitte ?
Perfide ! il est donc vrai, je n'en puis plus douter,
Ni de votre innocence un moment me flatter.
Quoi ! pour le sang d'Égisthe, aux yeux de Palamède,
Tydée ose avouer l'amour qui le possède !
S'il vous rend malgré moi criminel aujourd'hui,
Cette main vous rendra vertueux malgré lui.
Fils ingrat, c'est du sang de votre indigne amante
Qu'à vos yeux trop charmés je veux l'offrir fumante.
            TYDÉE.
Il faudra donc, avant que de verser le sien,
Commencer aujourd'hui par répandre le mien.
Puisqu'à votre courroux il faut une victime,

Frappez, seigneur, frappez : voilà l'auteur du crime.
PALAMÈDE.
Juste ciel! se peut-il qu'à l'aspect de ces lieux,
Fumants encore d'un sang pour lui si précieux,
Dans le fond de son cœur la voix de la nature
N'excite en ce moment ni trouble ni murmure?
TYDÉE.
Et que m'importe à moi le sang d'Agamemnon?
Quel intérêt si saint m'attache à ce grand nom,
Pour lui sacrifier les transports de mon âme,
Et le prix glorieux qu'on propose à ma flamme?
Et pourquoi votre fils lui doit-il immoler...
PALAMÈDE.
Si je disais un mot, je vous ferais trembler.
Vous n'êtes point mon fils, ni digne encor de l'être :
Par d'autres sentiments vous le feriez connaître.
Mon fils, infortuné, soumis, respectueux,
N'offrait à mon amour qu'un héros vertueux ;
Il n'aurait point brûlé pour le sang de Thyeste :
Un si coupable amour n'est digne que d'Oreste.
Mon fils de son devoir eût été plus jaloux.
TYDÉE.
Et quel est donc, seigneur, cet Oreste?
PALAMÈDE.
        C'est vous.
ORESTE.
Oreste, moi, seigneur! Dieux! qu'entends-je?
PALAMÈDE.
        Oui, vous-même,
Qui ne devez vos jours qu'à ma tendresse extrême.
Le traître dont ici vous protégez le sang,
Aurait, sans moi, du vôtre épuisé votre flanc.
Ingrat! si désormais ma foi vous paraît vaine,
Retournez à Samos interroger Tyrrhène.
Instruit de votre sort, sa constante amitié
A secondé pour vous mes soins et ma pitié :
Il sait, pour conserver une si chère vie,
Par le tyran d'Argos sans cesse poursuivie,
Que, sous le nom d'Oreste, à des traits ennemis
J'offris, sans balancer, la tête de mon fils.
C'est sous un nom si grand que, de vengeance avide,
Il venait en ces lieux punir un parricide.
Je l'ai vu, ce cher fils, triste objet de mes vœux,
Mourir entre les bras d'un père malheureux :
J'ai perdu pour vous seul cette unique espérance.

Il est mort ; j'en attends la même récompense.
Sacrifiez ma vie au tyran odieux
A qui vous immolez des noms plus précieux :
Qu'à votre lâche amour tout autre intérêt cède.
Il ne vous reste plus qu'à livrer Palamède :
Il vivait pour vous seul, il serait mort pour vous ;
C'en est assez, cruel, pour exciter vos coups.

ORESTE.

Poursuivez ; ce transport n'est que trop légitime :
Égalez, s'il se peut, le reproche à mon crime ;
Accablez-en, seigneur, un amour odieux,
Trop digne du courroux des hommes et des dieux.
Qui ? moi, j'ai pu brûler pour le sang de Thyeste !
A quels forfaits, grands dieux ! réservez-vous Oreste ?
Ah ! seigneur, je frémis d'une secrète horreur ;
Je ne sais quelle voix crie au fond de mon cœur.
Hélas ! malgré l'amour qui cherche à le surprendre,
Mon père mieux que vous a su s'y faire entendre,
Courons, pour apaiser son ombre et mes remords,
Dans le sang d'un barbare éteindre mes transports.
Honteux de voir encor le jour qui nous éclaire,
Je m'abandonne à vous ; parlez, que faut-il faire ?

PALAMÈDE.

Arracher votre sœur à mille indignités ;
Apaiser d'un grand roi les mânes irrités,
Les venger des fureurs d'une barbare mère :
Venir sur son tombeau jurer à votre père
D'immoler son bourreau, d'expier aujourd'hui
Tout ce que votre père osa tenter pour lui ;
Rassurer votre sœur, mais lui cacher son frère :
Ses craintes, ses transports, trahiraient ce mystère ;
Vous offrir à ses yeux sous le nom de mon fils ;
Sous le vôtre, seigneur, assembler nos amis ;
Que vous dirai-je enfin ? contre un amour funeste
Reprendre avec le nom des soins dignes d'Oreste.

ORESTE.

Ne craignez point qu'Oreste, indigne de ce nom,
Démente la fierté du sang d'Agamemnon.
Venez, si vous doutez qu'il méritât d'en être,
Voir couler tout le mien pour le mieux reconnaître.

ACTE QUATRIÈME

SCÈNE PREMIÈRE.
ÉLECTRE.

Où laissé-je égarer mes vœux et mes esprits?
Juste ciel! qu'ai-je vu? mais, hélas! qu'ai-je appris?
Oreste ne vit plus; tout veut que je le croie,
Le trouble de mon cœur, les pleurs où je me noie;
Il est mort : cependant, si j'en crois à mes yeux,
Oreste vit encore, Oreste est en ces lieux.
Ma douleur m'entraînait au tombeau de mon père,
Pleurer auprès de lui mes malheurs et mon frère :
Qu'ai-je vu? quel spectacle à mes yeux s'est offert?
Son tombeau de présents et de larmes couvert;
Un fer, signe certain qu'une main se prépare
A venger ce grand roi des fureurs d'un barbare.
Quelle main s'arme encor contre ses ennemis?
Qui jure ainsi leur mort, si ce n'est pas son fils?
Ah! je le reconnais à sa noble colère;
Et c'est du moins ainsi qu'aurait juré mon frère.
Quelque ardent qu'il paraisse à venger nos mal-
[heurs,
Tydée eût-il couvert ce tombeau de ses pleurs?
Ce ne sont point non plus les pleurs d'une adultère
Qui ne veut qu'insulter aux mânes de mon père :
Ce n'est que pour braver son époux et les dieux
Qu'elle élève à sa cendre un tombeau dans ces lieux.
Non, elle n'a dressé ce monument si triste
Que pour mieux signaler son amour pour Égisthe,
Pour lui rendre plus chers son crime et ses fureurs,
Et pour mettre le comble à mes vives douleurs.
Qu'ils tremblent cependant, ces meurtriers impies
Qu'il semble que déjà poursuivent les Furies.
J'ai vu le fer vengeur : Égisthe va périr;
Mon frère ne revient que pour me secourir...
Flatteuse illusion à qui l'effroi succède!
Puis-je encor soupçonner le fils de Palamède?
Un témoin si sacré peut-il m'être suspect?
On vient : c'est lui. Mon cœur s'émeut à son aspect.

Mon frère... Quel transport s'empare de mon âme!
Mais, hélas! il est seul.

SCÈNE II
ORESTE, ÉLECTRE.

ORESTE.
Je vous cherche, madame.
Tout semble désormais servir votre courroux;
Votre indigne ennemi va tomber sous nos coups.
Savez-vous quel héros vient à votre défense,
Quelle main avec nous frappe d'intelligence?
Le ciel à vos amis vient de joindre un vengeur
Que nous n'attendions plus.
ÉLECTRE.
Et quel est-il, seigneur?
Que dis-je? puis-je encore méconnaître mon frère?
N'en doutons plus, c'est lui.
ORESTE.
Madame, c'est mon père.
ÉLECTRE.
Votre père, seigneur! et d'où vient qu'aujourd'hui
Oreste à mon secours ne vient point avec lui?
Peut-il abandonner une triste princesse?
Est-ce ainsi qu'à me voir son amitié s'empresse?
ORESTE.
Vous le savez, Oreste a vu les sombres bords;
Et l'on ne revient point de l'empire des morts.
ÉLECTRE.
Et n'avez-vous pas cru, seigneur, qu'avec Oreste
Palamède avait vu cet empire funeste?
Il revoit cependant la clarté qui nous luit :
Mon frère est-il le seul que le destin poursuit?
Vous-même, sans espoir de revoir le rivage,
Ne trouvâtes-vous pas un port dans le naufrage?
Oreste, comme vous, peut en être échappé.
Il n'est point mort, seigneur, vous vous êtes trompé.
J'ai vu dans ce palais une marque assurée
Que ces lieux ont revu le petit-fils d'Atrée,
Le tombeau de mon père encore mouillé de pleurs.
Qui les aurait versés? qui l'eût couvert de fleurs?
Qui l'eût orné d'un fer? quel autre que mon frère
L'eût osé consacrer aux mânes de mon père? [ici.
Mais quoi! vous vous troublez! Ah! mon frère est

Hélas ! qui mieux que vous en doit être éclairci ?
Ne me le cachez point, Oreste vit encore.
Pourquoi me fuir ? pourquoi vouloir que je l'ignore ?
J'aime Oreste, seigneur ; un malheureux amour
N'a pu de mon esprit le bannir un seul jour :
Rien n'égale l'ardeur qui pour lui m'intéresse.
Si vous saviez pour lui jusqu'où va ma tendresse,
Votre cœur frémirait de l'état où je suis,
Et vous termineriez mon trouble et mes ennuis.
Hélas ! depuis vingt ans que j'ai perdu mon père,
N'ai-je donc pas assez éprouvé de misère ?
Esclave dans les lieux d'où le plus grand des rois
A l'univers entier semblait donner des lois,
Qu'a fait aux dieux cruels sa malheureuse fille ?
Quel crime contre Électre arme enfin sa famille ?
Une mère en fureur la hait et la poursuit ;
Ou son frère n'est plus, ou le cruel la fuit.
Ah ! donnez-moi la mort, ou me rendez Oreste ;
Rendez-moi, par pitié, le seul bien qui me reste.

ORESTE.

Eh bien ! il vit encore ; il est même en ces lieux.
Gardez-vous cependant...

ÉLECTRE.

Qu'il paraisse à mes yeux.
Oreste, se peut-il qu'Électre te revoie ?
Montrez-le-moi, dussé-je en expirer de joie.
Mais, hélas ! n'est-ce point lui-même que je vois ?
C'est Oreste, c'est lui, c'est mon frère et mon roi.
Aux transports qu'en mon cœur son aspect a fait
[naître,
Eh ! comment si longtemps l'ai-je pu méconnaître ?...
Je vous revois enfin, cher objet de mes vœux ?
Moments tant souhaités ! ô jour trois fois heureux !...
Vous vous attendrissez ; je vois couler vos larmes.
Ah, seigneur ! que ces pleurs pour Électre ont de
[charmes !
Que ces traits, ces regards, pour elle ont de douceur !
C'est donc vous que j'embrasse, ô mon frère !

ORESTE.

Ah, ma sœur !
Mon amitié trahit un important mystère.
Mais, hélas ! que ne peut Électre sur son frère ?

ÉLECTRE.

Est-ce de moi, cruel, qu'il faut vous défier,

D'une sœur qui voudrait tout vous sacrifier ?
Et quelle autre amitié fut jamais si parfaite ?
ORESTE.
Je n'ai craint que l'ardeur d'une joie indiscrète.
Dissimulez des soins quoique pour moi si doux :
Ma sœur, à me cacher j'ai souffert plus que vous.
D'ailleurs, jusqu'à ce jour je m'ignorais moi-même.
Palamède, pour moi rempli d'un zèle extrême,
Pour conserver des jours à sa garde commis,
M'élevait à Samos sous le nom de son fils.
Le sien est mort, ma sœur ; la colère céleste
A fait périr l'ami le plus chéri d'Oreste ;
Et peut-être, sans vous, moins sensible à vos maux,
Envierais-je le sort qu'il trouva dans les flots.
ÉLECTRE.
Se peut-il qu'en regrets votre cœur se consume ?
Ah ! seigneur, laissez-moi jouir sans amertume
Du plaisir de revoir un frère tant aimé.
Quel entretien pour moi ! Que mon cœur est charmé !
J'oublie, en vous voyant, qu'ailleurs peut-être on
[m'aime ;
J'oublie auprès de vous jusques à l'amant même.
Surmontez, comme moi, ce penchant trop flatteur
Qui semble malgré vous entraîner votre cœur.
Quel que soit votre amour, les traits d'Iphianasse
N'ont rien de si charmant que la vertu n'efface.
ORESTE.
La vertu sur mon cœur n'a que trop de pouvoir,
Ma sœur ; et mon nom seul suffit à mon devoir.
Non, ne redoutez rien du feu qui me possède.
On vient : séparons-nous. Mais non, c'est Palamède.

SCÈNE III

ORESTE, ÉLECTRE, PALAMÈDE, ANTÉNOR.

PALAMÈDE.
Anténor, demeurez ; observez avec soin
Que de notre entretien quelqu'un ne soit témoin.
ORESTE.
Vous revoyez, ma sœur, cet ami si fidèle,   [zèle.
Dont nos malheurs, les temps, n'ont pu lasser le
ÉLECTRE, à Palamède.
Qu'avec plaisir, seigneur, je revois aujourd'hui

D'un sang infortuné le généreux appui ?
Ne soyez point surpris ; attendri par mes larmes,
Mon frère a dissipé mes mortelles alarmes :
De cet heureux secret mon cœur est éclairci.

PALAMÈDE.

Je rends grâces au ciel qui vous rejoint ici.
Oreste m'est témoin avec quelle tendresse
J'ai déploré le sort d'une illustre princesse ;
Avec combien d'ardeur j'ai toujours souhaité
Le bienheureux instant de votre liberté.
Je vous rassemble enfin, famille infortunée, [née !
A des malheurs si grands trop longtemps condam-
Qu'il m'est doux de vous voir où régnait autrefois
Ce père vertueux, ce chef de tant de rois,
Que fit périr le sort trop jaloux de sa gloire !
O jour que tout ici rappelle à ma mémoire,
Jour cruel qu'ont suivi tant de jours malheureux,
Lieux terribles, témoins d'un parricide affreux,
Retracez-nous sans cesse un spectacle si triste !
Oreste, c'est ici que le barbare Égisthe,
Ce monstre détesté, souillé de tant d'horreurs,
Immola votre père à ses noires fureurs.
Là, plus cruelle encor, pleine des Euménides,
Son épouse sur lui porta ses mains perfides.
C'est ici que sans force, et baigné dans son sang,
Il fut longtemps traîné le couteau dans le flanc.
Mais c'est là que, du sort lassant la barbarie,
Il finit dans mes bras ses malheurs et sa vie.
C'est là que je reçus, impitoyables dieux !
Et ses derniers soupirs, et ses derniers adieux.
« A mon triste destin puisqu'il faut que je cède,
« Adieu, prends soin de toi, fuis, mon cher Palamède,
« Cesse de m'immoler d'odieux ennemis :
« Je suis assez vengé si tu sauves mon fils.
« Va, de de ces inhumains sauve mon cher Oreste :
« C'est à lui de venger une mort si funeste. »
Vos amis sont tout prêts ; il ne tient plus qu'à vous ;
Une indigne terreur ne suspend plus leurs coups ;
Chacun, à votre nom, et s'excite et s'anime ;
On n'attend, pour frapper, que vous et la victime.

(à Électre.)

De votre part, madame, on croit que votre cœur
Voudra bien seconder une si noble ardeur.
C'est parmi les flambeaux d'un coupable hyménée
Que le tyran doit voir trancher sa destinée.

ACTE IV, SCÈNE III.

Princesse, c'est à vous d'assurer nos projets.
Flattez-le d'un hymen si doux à ses souhaits :
C'est sous ce faux espoir qu'il faut que votre haine
Au temple où je l'attends ce jour même l'entraîne.
Mais, en flattant ses vœux, dissimulez si bien,
Que de tous nos desseins il ne soupçonne rien.

ÉLECTRE.

L'entraîner aux autels! Ah! projet qui m'accable!
Itys y périrait; Itys n'est point coupable.

PALAMÈDE.   [sort,
Il ne l'est point, grands dieux! Né du sang dont il
Il l'est plus qu'il ne faut pour mériter la mort.
Juste ciel! est-ce ainsi que vous vengez un père?
L'un tremble pour la sœur, et l'autre pour le frère!
L'amour triomphe ici! Quoi! dans ces lieux cruels
Il fera donc toujours d'illustres criminels!
Est-ce donc sur des cœurs livrés à la vengeance
Qu'il doit un seul moment signaler sa puissance?
Rompez l'indigne joug qui vous tient enchaînés :
Eh! l'amour est-il fait pour les infortunés?
Il a fait les malheurs de toute votre race :
Jugez si c'est à vous d'oser lui faire grâce. [prend,
Songez, pour mieux dompter le feu qui vous sur-
Que le crime qui plaît est toujours le plus grand;
Faites voir qu'un grand cœur que l'amour peut sé-
                                              [duire
Ne manque à son devoir que pour mieux s'en ins-
Ne vous attirez point le reproche honteux [truire;
D'avoir pu mériter d'être si malheureux.
Peut-être sans l'amour seriez-vous plus sévères.
Vous savez sur les fils si l'on poursuit les pères.
Songez, si le supplice en est trop odieux,
Que c'est du moins punir à l'exemple des dieux.
Mais je vois que l'honneur qui vous en sollicite,
De nos amis en vain rassemble ici l'élite :
C'en est fait; de ce pas je vais les disperser,
Et conserver ce sang que vous n'osez verser.
En effet, que m'importe à moi de le répandre? [dre.
Ce n'est point malgré vous que je dois l'entrepren-
Pour venger vos affronts j'ai fait ce que j'ai pu;
Mais vous n'avez point fait ce que vous avez dû.

ÉLECTRE.

Ah! seigneur, arrêtez; remplissez ma vengeance :
Je sens de vos soupçons que ma vertu s'offense.
Percez le cœur d'Itys, mais respectez le mien :

Il n'est point retenu par un honteux lien;
Et quoique ma pitié fasse pour le défendre [dre,
Tout ce qu'eût fait l'amour sur le cœur le plus ten-
Ce feu, ce même feu dont vous me supçonnez,
Loin d'arrêter, seigneur...

PALAMÈDE.

Madame, pardonnez :
J'ai peut-être à vos yeux poussé trop loin mon zèle;
Mais tel est de mon cœur l'empressement fidèle.
Je ne hais point Itys, et sa fière valeur
Pourra seule aujourd'hui faire tout son malheur.
Oreste est généreux; il peut lui faire grâce,
J'y consens : mais d'Itys vous connaissez l'audace;
Il défendra le sang qu'on va faire couler :
Cependant il nous faut périr ou l'immoler,
Et ce n'est qu'aux autels qu'avec quelque avantage
On peut jusqu'au tyran espérer un passage,
La garde qui le suit, trop forte en ce palais,
Rend le combat douteux, encor plus le succès,
Puisque votre ennemi pourrait encor sans peine,
Quoique vaincu, sauver ses jours de votre haine :
Mais ailleurs, malgré lui par la foule pressé,
Vous le verrez bientôt à vos pieds renversé.

ORESTE.

Venez, seigneur, venez : si l'amour est un crime,
Vous verrez que mon cœur en est seul la victime;
Qu'il peut bien quelquefois toucher les malheureux.
Mais qu'il est sans pouvoir sur les cœurs généreux.

PALAMÈDE.

Il est vrai, j'ai tout craint du feu qui vous anime;
Mais j'ai tout espéré d'un cœur si magnanime;
Et je connais trop bien le sang d'Agamemnon,
Pour soupçonner qu'Oreste en démente le nom.
Mon cœur, quoique alarmé des sentiments du vôtre,
N'en présumait pas moins et de l'un et de l'autre.
Si de votre vertu ce cœur a pu douter,
Mes soupçons n'ont servi qu'à la faire éclater.
Mais, pour mieux signaler ce que j'en dois attendre,
Après moi chez Arcas, seigneur, daignez vous ren-
Vous me verrez bientôt expirer à vos yeux, [dre :
Ou venger d'un cruel, vous, Électre, et les dieux.

ORESTE.

Adieu, ma sœur; calmez la douleur qui vous presse:
Vous savez à vos pleurs si mon cœur s'intéresse.

ÉLECTRE.
Allez, seigneur, allez ; vengez tous nos malheurs ;
Et que bientôt le ciel vous redonne à mes pleurs !

ACTE CINQUIÈME

SCÈNE PREMIÈRE
ÉLECTRE.

Tandis qu'en ce palais mon hymen se prépare,
Dieux ! quel trouble secret de mon âme s'empare !
Le sévère devoir qui m'y fait consentir
Est-il si tôt suivi d'un honteux repentir ?
Croirai-je qu'un amour proscrit par tant de larmes,
Puisse encor me causer de si vives alarmes ? [cœur
Non, ce n'est point l'amour ; l'amour seul dans un
Ne pourrait exciter tant de trouble et d'horreur :
Non, ce n'est pas un feu dont ma fierté s'irrite...
Ah ! si ce n'est l'amour, qu'est-ce donc qui m'agite ?
Un amour si longtemps sans succès combattu
Voudrait-il d'aujourd'hui respecter ma vertu ?
Festins cruels, et vous, criminelles ténèbres,
Plaintes d'Agamemnon, cris perçants, cris funè-
Sang que j'ai vu couler, pitoyables adieux, [bres,
Soyez à ma fureur plus qu'Oreste et les dieux :
Échauffez des transports que mon devoir anime :
Peignez à mon amour un héros magnanime...
Non, ne me peignez rien ; effacez seulement
Les traits trop bien gravés d'un malheureux amant,
D'une injuste fierté trop constante victime,
Dont un père inhumain fait ici tout le crime,
Toujours prêt à défendre un sang infortuné,
Aux caprices du sort longtemps abandonné.
On vient. Hélas ! c'est lui. Que mon âme éperdue
S'attendrit et s'émeut à cette chère vue !
Dieux, qui voyez mon cœur dans ce triste moment,
Ai-je assez de vertu pour perdre mon amant ?

SCÈNE II

ÉLECTRE, ITYS.

ITYS.
Pénétré d'un malheur où mon cœur s'intéresse,
M'est-il enfin permis de revoir ma princesse ?
Si j'en crois les apprêts qui se font en ces lieux,
Je puis donc sans l'aigrir m'offrir à ses beaux yeux !
Quelque prix qu'on prépare au feu qui me dévore,
Malgré tout mon espoir, que je le crains encore !
Dieux, se peut-il qu'Électre, après tant de rigueurs,
Daigne choisir ma main pour essuyer ses pleurs ?
Est-ce elle qui m'élève à ce comble de gloire ?
Mon bonheur est si grand, que je ne le puis croire.
Ah madame! à qui dois-je un bien si doux pour moi ?
(Amour, fais, s'il se peut, qu'il ne soit dû qu'à toi !)
Electre, s'il est vrai que tant d'ardeur vous touche,
Confirmez notre hymen d'un mot de votre bouche ;
Laissez-moi, dans ces yeux de mon bonheur jaloux,
Lire au moins un aveu qui me fait votre époux.
Quoi ! vous les détournez ! Dieux ! quel affreux si-
Ma princesse, parlez : vous fait-on violence ? [lence !
De tout ce que je vois que je me sens troubler !
Ah ! ne me cachez point vos pleurs prêts à couler.
Confiez à ma foi le secret de vos larmes ;
N'en craignez rien : ce cœur, quoique épris de vos
N'abusera jamais d'un pouvoir odieux. [charmes,
Madame, par pitié, tournez vers moi les yeux.
C'en est trop : je pénètre un mystère funeste ;
Vous cédez au destin qui vous enlève Oreste ;
Vous croyez désormais que pour vous aujourd'hui
L'univers tout entier doit périr avec lui.
Votre cœur cependant, à sa haine fidèle,
Accablé des rigueurs d'une mère cruelle,
Au moment que je crois qu'il s'attendrit pour moi,
M'abhorre, et ne se rend qu'aux menaces du roi.

ÉLECTRE.
Fils d'Égisthe, reviens d'un soupçon qui me blesse :
Electre ne connaît ni crainte ni faiblesse ;
Son cœur, dont rien ne peut abaisser la fierté,
Même au milieu des fers agit en liberté.
Quelque appui que le sort m'enlève dans mon frère,
Je crains plus tes vertus que les fers ni ton père.

Ne crois pas qu'un tyran pour toi puisse en ce jour
Ce que ne pourrait pas ou l'estime ou l'amour.
Non, quel que soit le sang qui coule dans tes veines,
Je ne t'impute rien de l'horreur de mes peines ;
Je ne puis voir en toi qu'un prince généreux
Que de tout mon pouvoir je voudrais rendre heu-
Non, je ne te hais point : je serais inhumaine, [reux.
Si je pouvais payer tant d'amour de ma haine.

ITYS.

Je ne suis point haï ! comblez donc tous les vœux
Du cœur le plus fidèle et le plus amoureux.
Vous n'avez plus de haine ! Eh bien ! qui vous arrête ?
Les autels sont parés, et la victime est prête :
Venez sans différer, par des nœuds éternels,
Vous unir à mon sort aux pieds des immortels.
Égisthe doit bientôt y conduire la reine ;
Souffrez que sur leurs pas mon amour vous en-
On n'attend plus que vous. [traîne :

ÉLECTRE, à part.
On n'attend plus que moi !
Dieux cruels ! que ce mot redouble mon effroi !
(haut.)
Quoi ! tout est prêt, seigneur ?

ITYS.
Oui, ma chère princesse.

ÉLECTRE.
Hélas !

ITYS.
Ah ! dissipez cette sombre tristesse.
Vos yeux d'assez de pleurs ont arrosé ces lieux :
Livrez-vous à l'époux que vous offrent les dieux.
Songez que cet hymen va finir vos misères ;
Qu'il vous fait remonter au trône de vos pères ;
Que lui seul peut briser vos indignes liens,
Et terminer les maux qui redoublent les miens.
Le plus grand de mes soins, dans l'ardeur qui m'ani-
Est de vous arracher au sort qui vous opprime. [me ;
Mycènes vous déplaît : eh bien ! j'en sortirai ;
Content du nom d'époux, partout je vous suivrai,
Trop heureux, pour tout prix du feu qui me con-
Si je puis de vos pleurs adoucir l'amertume ! [sume,
Aussi touché que vous du destin d'un héros...

ÉLECTRE.
Hélas ! que ne fait-il le plus grand de mes maux !
Et que ce triste hymen où ton amour aspire...

Cet hymen... Non, Itys, je ne puis y souscrire.
J'ai promis; cependant je ne puis l'achever.
Ton père est aux autels, je m'en vais l'y trouver :
Attends-moi dans ces lieux.
####### ITYS.
Et vous êtes sans haine !
Aux autels, quoi ! sans moi? Demeurez, inhumaine :
Demeurez, ou bientôt d'un amant odieux
Ma main fera couler tout le sang à vos yeux.
Vous gardiez donc ce prix à ma persévérance?
####### ÉLECTRE. [vance.
Ah! plus tu m'attendris, moins notre hymen s'a-
####### ITYS, se jetant à ses genoux.
Quoi! vous m'abandonnez à mes cruels transports!
####### ÉLECTRE.
Que fais-tu, malheureux ! laisse-moi mes remords ;
Lève-toi : ce n'est point la haine qui me guide.

SCÈNE III

ÉLECTRE, ITYS, IPHIANASSE.

####### IPHIANASSE.
Que faites-vous, mon frère, aux pieds d'une perfide?
On assassine Égisthe; et, sans un prompt secours,
D'une si chère vie on va trancher le cours.
####### ITYS.
On assassine Égisthe ! Ah, cruelle princesse !

SCÈNE IV

ÉLECTRE, IPHIANASSE.

####### ÉLECTRE.
Quoi! malgré la pitié qui pour toi m'intéresse,
Ta mort de tant d'amour va donc être le fruit !
Je n'ai pu t'arracher au sort qui te poursuit,
Prince trop généreux !
####### IPHIANASSE.
Cessez, cessez de feindre,
Ingrate; c'est plutôt l'insulter que le plaindre.
La pitié vous sied bien, au moment que c'est vous
Qui le faites tomber sous vos barbares coups !
J'entends partout voler le nom de votre frère.
Quel autre que ce traître ennemi de mon père...

ÉLECTRE.
Respectez un héros qui ne fait en ces lieux
Que son devoir, le mien, et que celui des dieux.
Le crime n'a que trop triomphé dans Mycène :
Il est temps qu'un barbare en reçoive la peine ;
Qu'il éprouve ces dieux qu'il bravait, l'inhumain !
Quoique lents à punir, ils punissent enfin,
Si le ciel indigné n'eût hâté son supplice,
Il eût fait à la fin soupçonner sa justice.
Entendez-vous ces cris, et ce tumulte affreux,
Ce bruit confus de voix de tant de malheureux ?
Tels furent les apprêts de ce festin impie
Qu'Égisthe par sa mort dans ce moment expie.
Mais ce que j'ai souffert de nos cruels malheurs
M'apprend, en les vengeant, à respecter vos pleurs.
Je ne vous offre point une pitié suspecte ;
Un intérêt sacré veut que je les respecte.
Vous insultiez mon frère, et ma juste fierté
Avec trop de rigueur a peut-être éclaté.
D'ailleurs c'est un héros que vous devez connaître :
A vos yeux comme aux miens tel il a dû paraître.

SCÈNE V

ÉLECTRE, IPHIANASSE, ARCAS.

ARCAS.
Madame, c'en est fait : tout cède à nos efforts ;
Ce palais se remplit de mourants et de morts,
Vous savez qu'aux autels notre chef intrépide
Devait d'Agamemnon punir le parricide ;
Mais les soupçons d'Egisthe, et des avis secrets,
Ont hâté ce grand jour si cher à nos souhaits.
Oreste règne enfin : ce héros invincible
Semble armé de la foudre en ce moment terrible.
Tout fuit à son aspect, ou tombe sous ses coups :
De longs ruisseaux de sang signalent son courroux.
J'ai vu prêt à périr le fier Itys lui-même
Désarmé par Oreste en ce désordre extrême.
Ce prince au désespoir, cherchant le seul trépas,
Portant partout la mort et ne la trouvant pas,
A son père peut-être eût ouvert un passage ;
Mais sa main désarmée a trompé son courage.
Ainsi, de ses exploits interrompant le cours,
Le sort, malgré lui-même, a pris soin de ses jours.

Oreste, qu'irritait une fureur si vaine,
A sa valeur bientôt fait tout céder sans peine.
J'ai cru de ce succès devoir vous avertir.
De ces lieux cependant gardez-vous de sortir,
Madame : la retraite est pour vous assurée ;
Des amis affidés en défendent l'entrée.
Votre ennemi d'ailleurs, au gré de vos désirs, [pirs.
Aux pieds de son vainqueur rend les derniers sou-

IPHIANASSE.

O mon père! à ta mort je ne veux point survivre :
Je ne puis la venger, je vais du moins te suivre.
(A Électre.)
Cruelle, redoutez, malgré tout mon malheur, [geur.
Que l'amour n'arme encor pour moi plus d'un ven-

SCÈNE VI
ORESTE, ÉLECTRE, IPHIANASSE, ARCAS,
GARDES.

ORESTE.

Amis, c'en est assez ; qu'on épargne le reste.
Laissez, laissez agir la clémence d'Oreste :
Je suis assez vengé.

IPHIANASSE.

Dieux ! qu'est-ce que je vois ?
Sort cruel ! c'en est fait ; tout est perdu pour moi ;
Celui que j'implorais est Oreste.

ORESTE.

Oui, madame,
C'est lui ; c'est ce guerrier que la plus vive flamme
Voulait en vain soustraire aux devoirs de ce nom,
Et qui vient de venger le sang d'Agamemnon.
Quel que soit le courroux que ce nom vous inspire,
Mon devoir parle assez ; je n'ai rien à vous dire :
Votre père en ces lieux m'avait ravi le mien.

IPHIANASSE.

Oui ; mais je n'eus point part à la perte du tien.

SCÈNE VII
ORESTE, ÉLECTRE, PALAMÈDE, ARCAS,
GARDES.

ORESTE, à ses gardes.

Suivez-la. Dieux ! quels cris se font encore entendre !

D'un trouble affreux mon cœur a peine à se défendre.
Palamède, venez rassurer mes esprits.
Que vous calmez l'horreur qui les avait surpris!
Ami trop généreux, mon défenseur, mon père,
Ah! que votre présence en ce moment m'est chère!...
Quel triste et sombre accueil! Seigneur, qu'ai-je
[donc fait?
Vos yeux semblent sur moi ne s'ouvrir qu'à regret :
N'ai-je pas assez loin étendu la vengeance?

PALAMÈDE.
On la porte souvent bien plus loin qu'on ne pense.
Oui, vous êtes vengé, les dieux le sont aussi;
Mais, si vous m'en croyez, éloignez-vous d'ici.
Ce palais n'offre plus qu'un spectacle funeste;
Ces lieux souillés de sang sont peu dignes d'Oreste :
Suivez-moi l'un et l'autre.

ORESTE.
Ah! que vous me troublez!
Pourquoi nous éloigner? Palamède, parlez :
Craint-on quelque transport de la part de la reine?

PALAMÈDE.
Non, vous n'avez plus rien à craindre de sa haine,
De son triste destin laissez le soin aux dieux :
Mais pour quelques moments abandonnez ces lieux;
Venez.

ORESTE.
Non, non, ce soin cache trop de mystère;
Je veux en être instruit. Parlez, que fait ma mère?

PALAMÈDE.
Eh bien! un coup affreux...

ORESTE.
Ah dieux! quel inhumain
A donc jusque sur elle osé porter la main?
Qu'a donc fait Anténor, chargé de la défendre?
Et comment et par qui s'est-il laissé surprendre?
Ah! j'atteste les dieux que mon juste courroux...

PALAMÈDE.
Ne faites point, seigneur, de serment contre vous,

ORESTE.
Qui? moi, j'aurais commis une action si noire!
Oreste parricide!... Ah! pourriez-vous le croire?
De mille coups plutôt j'aurais percé mon sein.
Juste ciel! et qui peut imputer à ma main...

PALAMÈDE.
J'ai vu, seigneur, j'ai vu : ce n'est point l'imposture

8.

Qui vous charge d'un coup dont frémit la nature.
De vos soins généreux plus irritée encor,
Clytemnestre a trompé le fidèle Anténor,
Et, remplissant ces lieux et de cris et de larmes,
S'est jetée à travers le péril et les armes.
Au moment qu'à vos pieds son parricide époux
Était près d'éprouver un trop juste courroux,
Votre main redoutable allait trancher sa vie :
Dans ce fatal instant la reine l'a saisie.
Vous, sans considérer qui pouvait retenir
Une main que les dieux armaient pour le punir,
Vous avez d'un seul coup, qu'ils conduisaient peut-
[être,
Fait couler tout le sang dont ils vous firent naître.

ORESTE.

Sort, ne m'as-tu tiré de l'abîme des flots
Que pour me replonger dans ce gouffre de maux,
Pour me faire attenter sur les jours de ma mère !...
Elle vient : quel objet ! où fuirai-je ?

ÉLECTRE.

Ah, mon frère !

SCÈNE VIII

CLYTEMNESTRE, ORESTE, ÉLECTRE, PALA-
MÈDE, ARCAS, ANTÉNOR, MÉLITE, GARDES.

CLYTEMNESTRE.

Ton frère ! quoi ! je meurs de la main de mon fils !
Dieux justes ! mes forfaits sont-ils assez punis ?
Je ne te revois donc, fils digne des Atrides,
Que pour trouver la mort dans tes mains parricides ?
Jouis de tes fureurs, vois couler tout ce sang
Dont le ciel irrité t'a formé dans mon flanc.
Monstre que bien plutôt forma quelque Furie,
Puisse un destin pareil payer ta barbarie !
Frappe encor, je respire, et j'ai trop à souffrir
De voir qui je fis naître, et qui me fait mourir.
Achève, épargne-moi ce tourment qui m'accable.

ORESTE.

Ma mère !

CLYTEMNESTRE.

Quoi ! ce nom qui te rend si coupable,
Tu l'oses prononcer ! N'affecte rien, cruel !
La douleur que tu feins te rend plus criminel.

Triomphe, Agamemnon; jouis de ta vengeance :
Ton fils ne dément point ton nom, ni sa naissance.
Pour l'en voir digne au gré de mes vœux et des tiens,
Je lui laisse un forfait qui passe tous les miens.

SCÈNE IX

ORESTE, ÉLECTRE, PALAMÈDE, ANTÉNOR, ARCAS, GARDES.

ORESTE.
Frappez, dieux tout-puissants que ma fureur im- [plore ;
Dieux vengeurs, s'il en est, puisque je vis encore,
Frappez : mon crime affreux ne regarde que vous.
Le ciel n'a-t-il pour moi que des tourments trop doux ?
Je vois ce qui retient un courroux légitime ;
Dieux, vous ne savez point comme on punit mon crime.

ÉLECTRE.
Ah ! mon frère, calmez cette aveugle fureur :
N'ai-je donc pas assez de ma propre douleur ?
Voulez-vous me donner la mort, mon cher Oreste ?

ORESTE.
Ah ! ne prononcez plus ce nom que je déteste.
Et toi que fait frémir mon aspect odieux,
Nature, tant de fois outragée en ces lieux,
Je viens de te venger du meurtre de mon père ;
Mais qui te vengera du meurtre de ma mère ?
Ah ! si pour m'en punir le ciel est sans pouvoir,
Prêtons-lui les fureurs d'un juste désespoir.
O dieux ! que mes remords, s'il se peut, vous fléchissent !
Que mon sang, que mes pleurs, s'il se peut, t'attendrissent,
Ma mère ! vois couler...
(Il veut se tuer.)

PALAMÈDE, le désarmant.
Ah, seigneur !

ORESTE.
Laisse-moi :
Je ne veux rien, cruel, d'Electre ni de toi :
Votre cœur, affamé de sang et de victimes,
M'a fait souiller ma main du plus affreux des crimes.
Mais quoi ! quelle vapeur vient obscurcir les airs ?
Grâce au ciel, on m'entr'ouvre un chemin aux enfers :
Descendons, les enfers n'ont rien qui m'épouvante ;
Suivons le noir sentier que le sort me présente ;
Cachons-nous dans l'horreur de l'éternelle nuit.

Quelle triste clarté dans ce moment me luit ?
Qui ramène le jour dans ces retraites sombres ?
Que vois-je ? mon aspect épouvante les ombres !
Que de gémissements ! que de cris douloureux !
« Oreste ! » Qui m'appelle en ce séjour affreux ?
Egisthe ! Ah ! c'en est trop, il faut qu'à ma colère...
Que vois-je ? dans ses mains la tête de ma mère !
Quels regards ! Où fuirai-je ? Ah ! monstre furieux,
Quel spectacle oses-tu présenter à mes yeux ?
Je ne souffre que trop, monstre cruel, arrête :
A mes yeux effrayés dérobe cette tête.
Ah ! ma mère, épargnez votre malheureux fils.
Ombre d'Agamemnon, sois sensible à mes cris ;
J'implore ton secours, chère ombre de mon père ;
Viens défendre ton fils des fureurs de sa mère ;
Prends pitié de l'état où tu me vois réduit.
Quoi ! jusque dans tes bras la barbare me suit !...
C'en est fait ! je succombe à cet affreux supplice.
Du crime de ma main mon cœur n'est point com-
J'éprouve cependant des tourments infinis. [plice;
Dieux ! les plus criminels seraient-ils plus punis ?

FIN D'ÉLECTRE.

RHADAMISTE ET ZÉNOBIE

TRAGÉDIE

REPRÉSENTÉE POUR LA PREMIÈRE FOIS LE 23 JANVIER 1711.

ACTEURS

PHARASMANE, roi d'Ibérie.
RHADAMISTE, roi d'Arménie, fils de Pharasmane.
ZÉNOBIE, femme de Rhadamiste, sous le nom d'Isménie.
ARSAME, frère de Rhadamiste.
HIÉRON, ambassadeur d'Arménie, et confident de Rhadamiste.
MITRANE, capitaine des gardes de Pharasmane.
HYDASPE, confident de Pharasmane.
PHÉNICE, confidente de Zénobie.
Gardes.

La scène est dans Artanisse, capitale de l'Ibérie,
dans le palais de Pharasmane.

ACTE PREMIER

SCÈNE PREMIÈRE

ZÉNOBIE, sous le nom d'ISMÉNIE; PHÉNICE.

ZÉNOBIE.
Ah! laisse-moi, Phénice, à mes mortels ennuis;
Tu redoubles l'horreur de l'état où je suis :
Laisse-moi. Ta pitié, tes conseils et la vie,
Sont le comble des maux pour la triste Isménie.
Dieux justes! ciel vengeur, effroi des malheureux!
Le sort qui me poursuit est-il assez affreux?
PHÉNICE.
Vous verrai-je toujours, les yeux baignés de larmes,
Par d'éternels transports remplir mon cœur d'alar-
                                        [mes?
Le sommeil en ces lieux verse en vain ses pavots;
La nuit n'a plus pour vous ni douceur ni repos.

Cruelle! si l'amour vous éprouve inflexible,
A ma triste amitié soyez du moins sensible.
Mais quels sont vos malheurs? Captive dans des lieux
Où l'amour soumet tout au pouvoir de vos yeux,
Vous ne sortez des fers où vous fûtes nourrie,
Que pour vous asservir le grand roi d'Ibérie.
Et que demande encor ce vainqueur des Romains?
D'un sceptre redoutable il veut orner vos mains.
Si, rebuté des soins où son amour l'engage,
Il s'est enfin lassé d'un inutile hommage,
Par combien de mépris, de tourments, de rigueur,
N'avez-vous pas vous-même allumé sa fureur!
Flattez, comblez ses vœux, loin de vous en défendre,
Vous le verrez bientôt plus soumis et plus tendre.

ZÉNOBIE.

Je connais mieux que toi ce barbare vainqueur,
Pour qui, mais vainement, tu veux fléchir mon cœur.
Quels que soient les grands noms qu'il tient de la vic-
Et ce front si superbe où brille tant de gloire; [toire,
Malgré tous ses exploits, l'univers à mes yeux
N'offre rien qui me doive être plus odieux.
J'ai trahi trop longtemps ton amitié fidèle :
Il faut d'un autre prix reconnaître ton zèle,
Me découvrir. Du moins, quand tu sauras mon sort,
Je ne te verrai plus t'opposer à ma mort.
Phénice, tu m'as vue aux fers abandonnée,
Dans un abaissement où je ne suis point née.
Je compte autant de rois que je compte d'aïeux,
Et le sang dont je sors ne le cède qu'aux dieux.
Pharasmane, ce roi qui fait trembler l'Asie,
Qui brave des Romains la vaine jalousie,
Ce cruel dont tu veux que je flatte l'amour,
Est frère de celui qui me donna le jour.
Plût aux dieux qu'à son sang le destin qui me lie
N'eût point par d'autres nœuds attaché Zénobie!
Mais, à ces nœuds sacrés joignant des nœuds plus
Le sort l'a fait encor père de mon époux, [doux,
De Rhadamiste enfin.

PHÉNICE.

   Ma surprise est extrême :
Vous Zénobie! ô dieux!

ZÉNOBIE.

   Oui, Phénice, elle-même,
Fille de tant de rois, reste d'un sang fameux,
Illustre, mais, hélas! encor plus malheureux.

ACTE I, SCÈNE I.

Après de longs débats, Mithridate mon père
Dans le sein de la paix vivait avec son frère.
L'une et l'autre Arménie, asservie à nos lois,
Mettait cet heureux prince au rang des plus grands
Trop heureux en effet, si son frère perfide [rois.
D'un sceptre si puissant eût été moins avide!
Mais le cruel, bien loin d'appuyer sa grandeur,
Le dévora bientôt dans le fond de son cœur.
Pour éblouir mon père, et pour mieux le surprendre,
Il lui remit son fils dès l'âge le plus tendre.
Mithridate charmé l'éleva parmi nous,
Comme un ami pour lui, pour moi comme un époux.
Je l'avouerai, sensible à sa tendresse extrême,
Je me fis un devoir d'y répondre de même,
Ignorant qu'en effet, sous des dehors heureux,
On pût cacher au crime un penchant dangereux.

PHÉNICE.

Jamais roi cependant ne se fit dans l'Asie
Un nom plus glorieux et plus digne d'envie.
Déjà des autres rois devenu la terreur...

ZÉNOBIE.

Phénice, il n'a que trop signalé sa valeur.
A peine je touchais à mon troisième lustre,
Lorsque tout fut conclu pour cet hymen illustre.
Rhadamiste déjà s'en croyait assuré,
Quand son père cruel, contre nous conjuré,
Entra dans nos Etats, suivi de Tiridate,
Qui brûlait de s'unir au sang de Mithridate;
Et ce Parthe, indigné qu'on lui ravît ma foi,
Sema partout l'horreur, le désordre et l'effroi.
Mithridate, accablé par son perfide frère,
Fit tomber sur le fils les cruautés du père;
Et, pour mieux se venger de ce frère inhumain,
Promit à Tiridate et son sceptre et ma main.
Rhadamiste, irrité d'un affront si funeste,
De l'Etat à son tour embrasa tout le reste,
En dépouilla mon père, en repoussa le sien;
Et, dans son désespoir ne ménageant plus rien,
Malgré Numidius et la Syrie entière,
Il força Pollion de lui livrer mon père.
Je tentai, pour sauver un père malheureux,
De fléchir un amant que je crus généreux.
Il promit d'oublier sa tendresse offensée,
S'il voyait de ma main sa foi récompensée;
Qu'au moment que l'hymen l'engagerait à moi,

Il remettrait l'Etat sous sa première loi.
Sur cet espoir charmant aux autels entraînée,
Moi-même je hâtais ce fatal hyménée ;
Et mon parjure amant osa bien l'achever,
Teint du sang qu'à ce prix je prétendais sauver.
Mais le ciel, irrité contre ces nœuds impies,
Eclaira notre hymen du flambeau des Furies.
Quel hymen, justes dieux ! et quel barbare époux !

PHÉNICE.

Je sais que tout un peuple indigné contre vous,
Vous imputant du roi la triste destinée,
Ne vit qu'avec horreur ce coupable hyménée.

ZÉNOBIE.

Les cruels, sans savoir qu'on me cachait son sort,
Osèrent bien sur moi vouloir venger sa mort.
Troublé de ses forfaits, dans ce péril extrême,
Rhadamiste en parut comme accablé lui-même.
Mais ce prince, bientôt rappelant sa fureur,
Remplit tout, à son tour, de carnage et d'horreur.
« Suivez-moi, me dit-il : ce peuple qui m'outrage
« En vain à ma valeur croit fermer un passage :
« Suivez-moi. » Des autels s'éloignant à grands pas,
Terrible et furieux, il me prit dans ses bras,
Fuyant parmi les siens à travers Artaxate,
Qui vengeait, mais trop tard, la mort de Mithridate.
Mon époux cependant, pressé de toutes parts,
Tournant alors sur moi de funestes regards...
Mais, loin de retracer une action si noire,
D'un époux malheureux respectons la mémoire :
Epargne à ma vertu cet odieux récit.
Contre un infortuné je n'en ai que trop dit.
Je ne puis me rappeler un souvenir si triste,
Sans déplorer encor le sort de Rhadamiste.
Qu'il te suffise enfin, Phénice, de savoir,
Victime d'un amour réduit au désespoir,
Que par une main chère, et de mon sang fumante,
L'Araxe dans ses eaux me vit plonger mourante.

PHÉNICE.

Quoi ! ce fut votre époux... Quel inhumain, grands
[dieux !

ZÉNOBIE.

Les horreurs de la mort couvraient déjà mes yeux,
Quand le ciel, par les soins d'une main secourable,
Me sauva d'un trépas sans elle inévitable.
Mais, à peine échappée à des périls affreux,
Il me fallut pleurer un époux malheureux.

J'appris, non sans frémir, que son barbare père,
Prétextant sa fureur sur la mort de son frère,
De la grandeur d'un fils en effet trop jaloux,
Lui seul avait armé nos peuples contre nous;
Qu'introduit en secret au sein de l'Arménie,
Lui-même de son fils avait tranché la vie.
A ma douleur alors laissant un libre cours,
Je détestai les soins qu'on prenait de mes jours,
Et, quittant sans regret mon rang et ma patrie,
Sous un nom déguisé j'errai dans la Médie.
Enfin, après dix ans d'esclavage et d'ennui,
Etrangère partout, sans secours, sans appui,
Quand j'espérais goûter un destin plus tranquille,
La guerre en un moment détruisit mon asile.
Arsame, conduisant la terreur sur ses pas,
Vint, la foudre à la main, ravager ces climats :
Arsame, né d'un sang à mes yeux si coupable,
Arsame cependant à mes yeux trop aimable,
Fils d'un père perfide, inhumain et jaloux,
Frère de Rhadamiste, enfin de mon époux.

PHÉNICE.
Quel que soit le devoir du nœud qui vous engage,
Aux mânes d'un époux est-ce faire un outrage
Que de céder aux soins d'un prince généreux
Qui par tant de bienfaits a signalé ses feux?

ZÉNOBIE.
Encor si dans nos maux une cruelle absence
Ne nous ravissait point notre unique espérance!...
Mais Arsame, éloigné par un triste devoir,
Dans mon cœur éperdu ne laisse plus d'espoir;
Et, pour comblé de maux, j'apprends que l'Arménie,
Qu'un droit si légitime accorde à Zénobie,
Va tomber au pouvoir du Parthe ou des Romains,
Ou peut-être passer en de moins dignes mains.
Dans son barbare cœur, flatté de sa conquête,
A quitter ces climats Pharasmane s'apprête.

PHÉNICE.
Eh bien! dérobez-vous à ses injustes lois.
N'avez-vous pas pour vous les Romains et vos droits?
Par un ambassadeur parti de la Syrie,
Rome doit décider du sort de l'Arménie.
Reine de ces Etats, contre un prince inhumain
Faites agir pour vous l'ambassadeur romain :
On l'attend aujourd'hui dans les murs d'Artanisse;
Implorez de César le secours, la justice;

De son ambassadeur faites-vous un appui ;
Forcez-le à vous défendre, ou fuyez avec lui.
ZÉNOBIE.
Comment briser les fers où je suis retenue ?
M'en croira-t-on d'ailleurs, fugitive, inconnue ?
Comment... Mais quel objet ! Arsame dans ces lieux ?

SCÈNE II

ZÉNOBIE, sous le nom d'ISMÉNIE ; ARSAME, PHÉNICE.

ARSAME.
M'est-il encor permis de m'offrir à vos yeux ?
ZÉNOBIE.
C'est vous-même, seigneur ? Quoi ! déjà l'Albanie...
ARSAME.
Tout est soumis, madame ; et la belle Isménie,
Quand la gloire paraît me combler de faveurs,
Semble seule vouloir m'accabler de rigueurs.
Trop sûr que mon retour d'un inflexible père
Va sur un fils coupable attirer la colère,
Jaloux, désespéré, j'ose, pour vous revoir,
Abandonner des lieux commis à mon devoir.
Ah ! madame, est-il vrai qu'un roi fier et terrible
Aux charmes de vos yeux soit devenu sensible ?
Que l'hymen aujourd'hui doive combler ses vœux ?
Pardonnez aux transports d'un amant malheureux.
Ma douleur vous aigrit : je vois qu'avec contrainte
D'un amour alarmé vous écoutez la plainte.
Ce n'est pas sans raison que vous la condamnez :
Le reproche ne sied qu'aux amants fortunés.
Mais moi, qui fus toujours à vos rigueurs en butte,
Qu'un amour sans espoir dévore et persécute ;
Mais moi, qui fus toujours à vos lois si soumis,
Qu'ai-je à me plaindre, hélas ! et que m'a-t-on pro-
Indigné cependant du sort qu'on vous prépare, [mis ?
Je me plains et de vous et d'un rival barbare.
L'amour, le tendre amour qui m'anime pour vous,
Tout malheureux qu'il est, n'en est pas moins jaloux.
ZÉNOBIE.
Seigneur, il est trop vrai qu'une flamme funeste
A fait parler ici des feux que je déteste :
Mais, quel que soit le rang et le pouvoir du roi,
C'est en vain qu'il prétend disposer de ma foi.

Ce n'est pas que, sensible à l'ardeur qui vous flatte,
J'approuve ces transports où votre amour éclate.
####### ARSAME.
Ah! malgré tout l'amour dont je brûle pour vous,
Faites-moi seul l'objet d'un injuste courroux :
Imposez à mes feux la loi la plus sévère,
Pourvu que votre main se refuse à mon père.
Si pour d'autres que moi votre cœur doit brûler,
Donnez-moi des rivaux que je puisse immoler,
Contre qui ma fureur agisse sans murmure.
L'amour n'a pas toujours respecté la nature :
Je ne le sens que trop à mes transports jaloux.
Que sais-je, si le roi devenait votre époux,
Jusqu'où m'emporterait sa cruelle injustice ?
Ce n'est pas le seul bien que sa main me ravisse.
L'Arménie, attentive à se choisir un roi,
Par les soins d'Hiéron se déclare pour moi.
Ardent à terminer un honteux esclavage,
Je venais à mon tour vous en faire un hommage;
Mais un père jaloux, un rival inhumain,
Veut me ravir encor ce sceptre et votre main.
Qu'il m'enlève à son gré l'une et l'autre Arménie,
Mais qu'il laisse à mes vœux la charmante Isménie.
Je faisais mon bonheur de plaire à ses beaux yeux,
Et c'est l'unique bien que je demande aux dieux.
####### ZÉNOBIE.
Et pourquoi donc ici m'avez-vous amenée?
Quelle que fût ailleurs ma triste destinée,
Elle coulait du moins dans l'ombre du repos. [maux.
C'est vous, par trop de soins, qui comblez tous mes
D'ailleurs, qu'espérez-vous d'une flamme si vive?
Tant d'amour convient-il au sort d'une captive?
Vous ignorez encor jusqu'où vont mes malheurs.
Rien ne saurait tarir la source de mes pleurs.
Ah! quand même l'amour unirait l'un et l'autre,
L'hymen n'unira point mon sort avec le vôtre.
Malgré tout son pouvoir, et son amour fatal,
Le roi n'est pas, seigneur, votre plus fier rival :
Un devoir rigoureux, dont rien ne me dispense,
Doit forcer pour jamais votre amour au silence. [roi.
J'entends du bruit; on ouvre. Ah, seigneur! c'est le
Que je crains son abord et pour vous et pour moi!

SCÈNE III

PHARASMANE, ZÉNOBIE, sous le nom d'ISMÉNIE;
ARSAME, MITRANE, HYDASPE, PHÉNICE,
GARDES.

PHARASMANE.

Que vois-je? c'est mon fils! Dans Artanisse, Arsame!
Quel dessein l'y conduit? Vous vous taisez, madame!
Arsame près de vous, Arsame dans ma cour,
Lorsque moi-même ici j'ignore son retour!
De ce trouble confus que faut-il que je pense?
(A Arsame.)
Vous à qui j'ai remis le soin de ma vengeance,
Que j'honorais enfin d'un choix si glorieux,
Parlez, prince; quel soin vous ramène en ces lieux?
Quel besoin, quel projet a pu vous y conduire,
Sans ordre de ma part, sans daigner m'en instruire?

ARSAME.

Vos ennemis domptés, devais-je présumer
Que mon retour, seigneur, pourrait vous alarmer?
Ah! vous connaissez trop et mon cœur et mon zèle,
Pour soupçonner le soin qui vers vous me rappelle.
Croyez, après l'emploi que vous m'avez commis,
Puisque vous me voyez, que tout vous est soumis.
Lorsqu'au prix de mon sang je vous couvre de gloire,
Lorsque tout retentit du bruit de ma victoire,
Je l'avouerai, seigneur, pour prix de mes exploits,
Que je n'attendais pas l'accueil que je reçois.
J'apprends de toutes parts que Rome et la Syrie,
Que Corbulon armé menacent l'Ibérie:
Votre fils se flattait, conduit par son devoir,
Qu'avec plaisir alors vous pourriez le revoir:
Je ne soupçonnais pas que mon impatience
Dût dans un cœur si grand jeter la défiance.
J'attendais qu'on ouvrît pour m'offrir à vos yeux,
Quand j'ai trouvé, seigneur, Isménie en ces lieux.

PHARASMANE.

Je crains peu Corbulon, les Romains, la Syrie:
Contre ces noms fameux mon âme est aguerrie;
Et je n'approuve pas qu'un si généreux soin
Vous ait, sans mon aveu, ramené de si loin.
D'ailleurs qu'a fait de plus, qu'a produit ce grand [zèle,
Que le devoir d'un fils et d'un sujet fidèle?

Doutez-vous, quels que soient vos services passés,
Qu'un retour criminel les ait tous effacés ?
Sachez que votre roi ne s'en souvient encore
Que pour ne point punir des projets qu'il ignore.
Quoi qu'il en soit, partez avant la fin du jour,
Et courez à Colchos étouffer votre amour.
Je vous défends surtout de revoir Isménie.
Apprenez qu'à mon sort elle doit être unie ;
Que l'hymen dès ce jour doit couronner mes feux
Que cet unique objet de mes plus tendres vœux
N'a que trop mérité la grandeur souveraine ;
Votre esclave autrefois, aujourd'hui votre reine :
C'est vous instruire assez que mes transports jaloux
Ne veulent point ici de témoins tels que vous.
Sortez.

SCÈNE IV

PHARASMANE, ZÉNOBIE, sous le nom D'ISMÉNIE
MITRANE, HYDASPE, PHÉNICE, GARDES.

ZÉNOBIE.
Et de quel droit votre jalouse flamme
Prétend-elle à ses vœux assujettir mon âme ?
Vous m'offrez vainement la suprême grandeur :
Ce n'est pas à ce prix qu'on obtiendra mon cœur.
D'ailleurs que savez-vous, seigneur, si l'hyménée
N'aurait point à quelque autre uni ma destinée ?
Savez-vous si le sang à qui je dois le jour
Me permet d'écouter vos vœux et votre amour ?
PHARASMANE.
Je ne sais en effet quel sang vous a fait naître :
Mais, fût-il aussi beau qu'il mérite de l'être,
Le nom de Pharasmane est assez glorieux
Pour oser s'allier au sang même des dieux.
En vain à vos rigueurs vous joignez l'artifice :
Vains détours, puisque enfin il faut qu'on m'obéisse.
Je n'ai rien oublié pour obtenir vos vœux ; [feux :
Moins en roi qu'en amant j'ai fait parler mes
Mais mon cœur, irrité d'une fierté si vaine,
Fait agir à son tour la grandeur souveraine ;
Et, puisqu'il faut en roi m'expliquer avec vous,
Redoutez mon pouvoir, ou du moins mon courroux,
Et sachez que, malgré l'amour et sa puissance,
Les rois ne sont point faits à tant de résistance ;

Quoi que de mes transports vous vous soyez promis
Que tout, jusqu'à l'amour, doit leur être soumis.
J'entrevois vos refus : c'est au retour d'Arsame
Que je dois le mépris dont vous payez ma flamme ;
Mais craignez que vos pleurs, avant la fin du jour,
D'un téméraire fils ne vengent mon amour.

SCÈNE V

ZÉNOBIE, PHÉNICE.

ZÉNOBIE.

Ah ! tyran, puisqu'il faut que ma tendresse agisse,
Et que de tes fureurs ma haine te punisse,
Crains que l'amour, armé de mes faibles attraits,
Ne te rende bientôt tous les maux qu'il m'a faits.
Et qu'ai-je à ménager ? Mânes de Mithridate,
N'est-il pas temps pour vous que ma vengeance éclate ?
Venez à mon secours, ombre de mon époux
Et remplissez mon cœur de vos transports jaloux.
Vengez-vous par mes mains d'un ennemi funeste ;
Vengeons-nous-en plutôt par le fils qui lui reste.
Le crime que sur vous votre père a commis
Ne peut être expié que par son autre fils.
C'est à lui que les dieux réservent son supplice :
Armons son bras vengeur. Va le trouver, Phénice :
Dis-lui qu'à sa pitié, qu'à lui seul j'ai recours ;
Mais sans me découvrir implore son secours.
Dis-lui, pour me sauver d'une injuste puissance,
Qu'il intéresse Rome à prendre ma défense ;
De son ambassadeur qu'on attend aujourd'hui,
Dans ces lieux, s'il se peut, qu'il me fasse un appui.
Fais briller à ses yeux le trône d'Arménie ;
Retrace-lui les maux de la triste Isménie ;
Par l'intérêt d'un sceptre ébranle son devoir ;
Pour l'attendrir enfin, peins-lui mon désespoir.
Puisque l'amour a fait les malheurs de ma vie,
Quel autre que l'amour doit venger Zénobie ?

ACTE DEUXIÈME

SCÈNE PREMIÈRE
RHADAMISTE, HIÉRON.

HIÉRON.
Est-ce vous que je vois ? en croirai-je mes yeux ?
Rhadamiste vivant ! Rhadamiste en ces lieux !
Se peut-il que le ciel vous redonne à nos larmes,
Et rende à mes souhaits un jour si plein de charmes ?
Est-ce bien vous, seigneur ? et par quel heureux sort
Démentez-vous ici le bruit de votre mort ?

RHADAMISTE.
Hiéron, plût aux dieux que la main ennemie
Qui me ravit le sceptre eût terminé ma vie !
Mais le ciel m'a laissé, pour prix de ma fureur,
Des jours qu'il a tissus de tristesse et d'horreur.
Loin de faire éclater ton zèle ni ta joie
Pour un roi malheureux que le sort te renvoie,
Ne me regarde plus que comme un furieux,
Trop digne du courroux des hommes et des dieux ;
Qu'a proscrit dès longtemps la vengeance céleste ;
De crimes, de remords assemblage funeste ;
Indigne de la vie et de ton amitié ;
Objet digne d'horreur, mais digne de pitié ;
Traître envers la nature, envers l'amour perfide ;
Usurpateur ingrat, parjure, parricide.
Sans les remords affreux qui déchirent mon cœur,
Hiéron, j'oublierais qu'il est un ciel vengeur.

HIÉRON.
J'aime à voir ces regrets que la vertu fait naître :
Mais le devoir, seigneur, est-il toujours le maître ?
Mithridate lui-même, en vous manquant de foi,
Semblait de vous venger vous imposer la loi.

RHADAMISTE.
Ah ! loin qu'en mes forfaits ton amitié me flatte,
Peins-moi toute l'horreur du sort de Mithridate ;
Rappelle-toi ce jour et ces serments affreux
Que je souillai du sang de tant de malheureux :
S'il te souvient encor du nombre des victimes,

Compte, si tu le peux, mes remords par mes crimes.
Je veux que Mithridate, en trahissant mes feux,
Fût digne même encor d'un sort plus rigoureux ;
Que je dusse son sang à ma flamme trahie :
Mais à ce même amour qu'avait fait Zénobie?
Tu frémis, je le vois : ta main, ta propre main
Plongerait un poignard dans mon perfide sein,
Si tu pouvais savoir jusqu'où ma barbarie
De ma jalouse rage a porté la furie. [heurs :
Apprends tous mes forfaits, ou plutôt mes mal-
Mais, sans les retracer, juges-en par mes pleurs.

HIÉRON.

Aussi touché que vous du sort qui vous accable,
Je n'examine point si vous êtes coupable ;
On est peu criminel avec tant de remords ;
Et je plains seulement vos douloureux transports.
Calmez ce désespoir où votre âme se livre,
Et m'apprenez...

RHADAMISTE.

Comment oserai-je poursuivre ?
Comment de mes fureurs oser t'entretenir,
Quand tout mon sang se glace à ce seul souvenir ?
Sans que mon désespoir ici le renouvelle,
Tu sais tout ce qu'a fait cette main criminelle :
Tu vis comme aux autels un peuple mutiné
Me ravit le bonheur qui m'était destiné ;
Et, malgré les périls qui menaçaient ma vie,
Tu sais comme à leurs yeux j'enlevai Zénobie.
Inutiles efforts ! je fuyais vainement.
Peins-toi mon désespoir dans ce fatal moment.
Je voulus m'immoler ; mais Zénobie en larmes,
Arrosant de ses pleurs mes parricides armes,
Vingt fois pour me fléchir embrassant mes genoux,
Me dit ce que l'amour inspire de plus doux.
Hiéron, quel objet pour mon âme éperdue !
Jamais rien de si beau ne s'offrit à ma vue.
Tant d'attraits cependant, loin d'attendrir mon
Ne firent qu'augmenter ma jalouse fureur. [cœur,
Quoi ! dis-je en frémissant, la mort que je m'apprête
Va donc à Tiridate assurer sa conquête !
Les pleurs de Zénobie irritant ce transport,
Pour prix de tant d'amour je lui donnai la mort ;
Et, n'écoutant plus rien que ma fureur extrême,
Dans l'Araxe aussitôt je la traînai moi-même.
Ce fut là que ma main lui choisit un tombeau,

Et que de notre hymen j'éteignis le flambeau.
HIÉRON.
Quel sort pour une reine à vos jours si sensible !
RHADAMISTE.
Après ce coup affreux, devenu plus terrible,
Privé de tous les miens, poursuivi, sans secours,
A mon seul désespoir j'abandonnai mes jours.
Je me précipitai, trop indigne de vivre,
Parmi des furieux, ardents à me poursuivre,
Qu'un père, plus cruel que tous mes ennemis,
Excitait à la mort de son malheureux fils.
Enfin, percé de coups, j'allais perdre la vie,
Lorsqu'un gros de Romains, sorti de la Syrie,
Justement indigné contre ces inhumains,
M'arracha tout sanglant de leurs barbares mains.
Arrivé, mais trop tard, vers les murs d'Artaxate,
Dans le juste dessein de venger Mithridate,
Ce même Corbulon, armé pour m'accabler,
Conserva l'ennemi qu'il venait immoler.
De mon funeste sort touché sans me connaître,
Ou de quelque valeur que j'avais fait paraître,
Ce Romain, par des soins dignes de son grand cœur,
Me sauva malgré moi de ma propre fureur.
Sensible à sa vertu, mais sans reconnaissance,
Je lui cachai longtemps mon nom et ma naissance ;
Traînant avec horreur mon destin malheureux,
Toujours persécuté d'un souvenir affreux,
Et, pour comble de maux, dans le fond de mon âme
Brûlant plus que jamais d'une funeste flamme,
Que l'amour outragé, dans mon barbare cœur,
Pour prix de mes forfaits rallume avec fureur,
Ranimant, sans espoir, pour d'insensibles cendres,
De la plus vive ardeur les transports les plus tendres.
Ainsi dans les regrets, les remords et l'amour,
Craignant également et la nuit et le jour,
J'ai traîné dans l'Asie une vie importune.
Mais au seul Corbulon attachant ma fortune,
Avide de périls, et, par un triste sort,
Trouvant toujours la gloire où j'ai cherché la mort,
L'esprit sans souvenir de ma grandeur passée,
Lorsque dix ans semblaient l'en avoir effacée,
J'apprends que l'Arménie, après différents choix,
Allait bientôt passer sous d'odieuses lois ;
Que mon père, en secret méditant sa conquête,
D'un nouveau diadème allait ceindre sa tête.

Je sentis à ce bruit ma gloire et mon courroux
Réveiller dans mon cœur des sentiments jaloux.
Enfin à Corbulon je me fis reconnaître :
Contre un père inhumain trop irrité peut-être,
A mon tour en secret jaloux de sa grandeur,
Je me fis des Romains nommer l'ambassadeur.

HIÉRON.

Seigneur, et sous ce nom quelle est votre espérance ?
Quels projets peut ici former votre vengeance ?
Avez-vous oublié dans quel affreux danger
Vous a précipité l'ardeur de vous venger ?
Gardez-vous d'écouter un transport téméraire.
Chargé de tant d'horreurs, que prétendez-vous [faire ?

RHADAMISTE.

Et que sais-je, Hiéron ? furieux, incertain,
Criminel sans penchant, vertueux sans dessein,
Jouet infortuné de ma douleur extrême,
Dans l'état où je suis, me connais-je moi-même ?
Mon cœur, de soins divers sans cesse combattu,
Ennemi du forfait sans aimer la vertu,
D'un amour malheureux déplorable victime,
S'abandonne au remords sans renoncer au crime.
Je cède au repentir, mais sans en profiter ;
Et je ne me connais que pour me détester.
Dans ce cruel séjour sais-je ce qui m'entraîne,
Si c'est le désespoir, ou l'amour, ou la haine ?
J'ai perdu Zénobie : après ce coup affreux,
Peux-tu me demander encor ce que je veux ?
Désespéré, proscrit, abhorrant la lumière,
Je voudrais me venger de la nature entière.
Je ne sais quel poison se répand dans mon cœur ;
Mais, jusqu'à mes remords, tout y devient fureur.
Je viens ici chercher l'auteur de ma misère,
Et la nature en vain me dit que c'est mon père.
Mais c'est peut-être ici que le ciel irrité
Veut se justifier de trop d'impunité :
C'est ici que m'attend le trait inévitable
Suspendu trop longtemps sur ma tête coupable.
Et plût aux dieux cruels que ce trait suspendu
Ne fût pas en effet plus longtemps attendu !

HIÉRON.

Fuyez, seigneur, fuyez de ce séjour funeste,
Loin d'attirer sur vous la colère céleste.
Que la nature au moins calme votre courroux :
Songez que dans ces lieux tout est sacré pour vous ;

Que s'il faut vous venger, c'est loin de l'Ibérie.
Reprenez avec moi le chemin d'Arménie.
RHADAMISTE.
Non, non, il n'est plus temps ; il faut remplir mon
Me venger, servir Rome, ou courir à la mort, [sort,
Dans ses desseins toujours à mon père contraire,
Rome de tous ses droits m'a fait dépositaire ;
Sûre, pour rétablir son pouvoir et le mien,
Contre un roi qu'elle craint, que je n'oublierai rien
Rome veut éviter une guerre douteuse,
Pour elle contre lui plus d'une fois honteuse ;
Conserver l'Arménie, ou, par des soins jaloux,
En faire un vrai flambeau de discorde entre nous.
Par un don de César je suis roi d'Arménie,
Parce qu'il croit par moi détruire l'Ibérie.
Les fureurs de mon père ont assez éclaté
Pour que Rome entre nous ne craigne aucun traité.
Tels sont les hauts projets dont sa grandeur se pique
Des Romains si vantés telle est la politique :
C'est ainsi qu'en perdant le père par le fils,
Rome devient fatale à tous ses ennemis.
Ainsi, pour affermir une injuste puissance,
Elle ose confier ses droits à ma vengeance,
Et, sous un nom sacré, m'envoyer en ces lieux,
Moins comme ambassadeur que comme un furieux
Qui, sacrifiant tout au transport qui le guide,
Peut porter sa fureur jusques au parricide.
J'entrevois ses desseins : mais mon cœur irrité
Se livre au désespoir dont il est agité,
C'est ainsi qu'ennemi de Rome et des Ibères,
Je revois aujourd'hui le palais de mes pères.
HIÉRON.
Député comme vous, mais par un autre choix,
L'Arménie à mes soins a confié ses droits :
Je venais de sa part offrir à votre frère
Un trône où malgré nous veut monter votre père ;
Et je viens annoncer à ce superbe roi
Qu'en vain à l'Arménie il veut donner la loi.
Mais ne craignez-vous pas que malgré votre ab-
RHADAMISTE. [sence...
Le roi ne m'a point vu dès ma plus tendre enfance ;
Et la nature en lui ne parle point assez
Pour rappeler des traits dès longtemps effacés.
Je n'ai craint que tes yeux ; et sans mes soins peut-
Malgré ton amitié, tu m'allais méconnaître. [être,

Le roi vient. Que mon cœur, à ce fatal abord,
A de peine à dompter un funeste transport!
Surmontons cependant toute sa violence,
Et d'un ambassadeur employons la prudence.

SCÈNE II

PHARASMANE, RHADAMISTE, HIÉRON, MITRANE, HYDASPE, GARDES.

RHADAMISTE.

Un peuple triomphant, maître de tant de rois,
Qui vers vous en ces lieux daigne emprunter ma voix,
De vos desseins secrets instruit comme vous-même,
Vous annonce aujourd'hui sa volonté suprême.
Ce n'est pas que Néron, de sa grandeur jaloux,
Ne sache ce qu'il doit à des rois tels que vous :
Rome n'ignore pas à quel point la victoire
Parmi les noms fameux élève votre gloire ;
Ce peuple enfin si fier, et tant de fois vainqueur,
N'en admire pas moins votre haute valeur.
Mais vous savez aussi jusqu'où va sa puissance.
Ainsi gardez-vous bien d'exciter sa vengeance.
Alliée, ou plutôt sujette des Romains,
De leur choix l'Arménie attend ses souverains.
Vous le savez, seigneur ; et du pied du Caucase
Vos soldats cependant s'avancent vers le Phase ;
Le Cyrus, sur ses bords chargés de combattants,
Fait voir de toutes parts vos étendards flottants.
Rome, de tant d'apprêts qui s'indigne et se lasse,
N'a point accoutumé les rois à tant d'audace.
Quoique Rome, peut-être au mépris de ses droits,
N'ait point interrompu le cours de vos exploits,
Qu'elle ait abandonné Tigrane et la Médie,
Elle ne prétend point vous céder l'Arménie.
Je vous déclare donc que César ne veut pas
Que vers l'Araxe enfin vous adressiez vos pas.

PHARASMANE.

Quoique d'un vain discours je brave la menace,
Je l'avouerai, je suis surpris de votre audace.
De quel front osez-vous, soldat de Corbulon,
M'apporter dans ma cour les ordres de Néron?
Et depuis quand croit-il qu'au mépris de ma gloire,
A ne plus craindre Rome instruit par la victoire,
Oubliant désormais la suprême grandeur,

J'aurai plus de respect pour son ambassadeur ;
Moi qui, formant au joug des peuples invincibles,
Ai tant de fois bravé ces Romains si terribles ;
Qui fais trembler encor ces fameux souverains,
Ces Parthes aujourd'hui la terreur des Romains ?
Ce peuple triomphant n'a point vu mes images
A la suite d'un char en butte à ses outrages.
La honte que sur lui répandent mes exploits,
D'un airain orgueilleux a bien vengé des rois.
Mais quel soin vous conduit en ce pays barbare ?
Est-ce la guerre enfin que Néron me déclare ?
Qu'il ne s'y trompe pas : la pompe de ces lieux,
Vous le voyez assez, n'éblouit point les yeux :
Jusques aux courtisans qui me rendent hommage,
Mon palais, tout ici n'a qu'un faste sauvage :
La nature, marâtre en ces affreux climats,
Ne produit, au lieu d'or, que du fer, des soldats :
Son sein tout hérissé n'offre aux désirs de l'homme
Rien qui puisse tenter l'avarice de Rome.
Mais, pour trancher ici d'inutiles discours,
Rome de mes projets veut traverser le cours :
Et pourquoi, s'il est vrai qu'elle en soit informée,
N'a-t-elle pas encore assemblé son armée ?
Que font vos légions ? Ces superbes vainqueurs
Ne combattent-ils plus que par ambassadeurs ?
C'est la flamme à la main qu'il faut dans l'Ibérie
Me distraire du soin d'entrer dans l'Arménie,
Non par de vains discours indignes des Romains,
Quand je vais par le fer m'en ouvrir les chemins,
Et peut-être bien plus, dédaignant Artaxate,
Défier Corbulon jusqu'aux bords de l'Euphrate.

HIÉRON.

Quand même les Romains, attentifs à vos lois,
S'en remettraient à nous pour le choix de nos rois,
Seigneur, n'espérez pas, au gré de votre envie,
Faire en votre faveur expliquer l'Arménie.
Les Parthes envieux, et les Romains jaloux,
De toutes parts bientôt armeraient contre nous.
L'Arménie, occupée à pleurer sa misère,
Ne demande qu'un roi qui lui serve de père :
Nos peuples désolés n'ont besoin que de paix ;
Et sous vos lois, seigneur, nous ne l'aurions jamais.
Vous avez des vertus qu'Artaxate respecte :
Mais votre ambition n'en est pas moins suspecte ;
Et nous ne soupirons qu'après des souverains

Indifférents au Parthe et soumis aux Romains.
Sous votre empire enfin prétendre nous réduire,
C'est moins nous conquérir que vouloir nous dé-
          PHARASMANE.   [truire.
Dans ce discours rempli de prétextes si vains,
Dicté par la raison moins que par les Romains,
Je n'entrevois que trop l'intérêt qui vous guide.
Eh bien ! puisqu'on le veut, que la guerre en décide.
Vous apprendrez bientôt qui de Rome ou de moi
Dut prétendre, seigneur, à vous donner la loi ;
Et, malgré vos frayeurs et vos fausses maximes,
Si quelque autre eut sur vous des droits plus légiti-
Et qui doit succéder à mon frère, à mon fils ? [mes.
A qui des droits plus saints ont-ils été transmis ?
          RHADAMISTE.
Quoi ? vous, seigneur, qui seul causâtes leur ruine !
Ah ! doit-on hériter de ceux qu'on assassine ?
          PHARASMANE.
Qu'entends-je ? dans ma cour on ose m'insulter !
Holà, gardes...
          HIÉRON, à Pharasmane.
     Seigneur, qu'osez-vous attenter ?
          PHARASMANE, à Rhadamiste.
Rendez grâces au nom dont Néron vous honore :
Sans ce nom si sacré, que je respecte encore,
En dussé-je périr, l'affront le plus sanglant
Me vengerait bientôt d'un ministre insolent.
Malgré la dignité de votre caractère,
Croyez-moi cependant, évitez ma colère.
Retournez dès ce jour apprendre à Corbulon
Comme on reçoit ici les ordres de Néron.

SCÈNE III

RHADAMISTE, HIÉRON.

          HIÉRON.
Qu'avez-vous fait, seigneur, quand vous devez tout
          RHADAMISTE.   [craindre ?
Hiéron, que veux-tu ? je n'ai pu me contraindre.
D'ailleurs en l'aigrissant j'assure mes desseins :
Par un pareil éclat j'en impose aux Romains.
Pour remplir les projets que Rome me confie,
Il ne me reste plus qu'à troubler l'Ibérie,
Qu'à former un parti qui retienne en ces lieux

Un roi que ses exploits rendent trop orgueilleux.
Indociles au joug que Pharasmane impose,
Rebutés de la guerre où lui seul les expose,
Ses sujets en secret sont tous ses ennemis :
Achevons contre lui d'irriter les esprits ;
Et, pour mieux me venger des fureurs de mon [père,
Tâchons dans nos desseins d'intéresser mon frère.
Je sais un sûr moyen pour surprendre sa foi ;
Dans le crime du moins engageons-le avec moi.
Un roi père cruel, et tyran tout ensemble,
Ne mérite en effet qu'un sang qui lui ressemble.

ACTE TROISIÈME

SCÈNE PREMIÈRE

RHADAMISTE.

Mon frère me demande un secret entretien !
Dieux ! me connaîtrait-il ? Quel dessein est le sien ?
N'importe, il faut le voir. Je sens que ma vengeance
Commence à se flatter d'une douce espérance.
Il ne peut en secret s'exposer à me voir,
Que réduit par un père à trahir son devoir.
On ouvre... Je le vois... Malheureuse victime !
Je ne suis pas le seul qu'un roi cruel opprime.

SCÈNE II

RHADAMISTE, ARSAME.

ARSAME.
Si j'en crois le courroux qui se lit dans ses yeux,
Peu content des Romains le roi quitte ces lieux :
Je connais trop l'orgueil du sang qui m'a fait naître,
Pour croire qu'à son tour Rome ait sujet de l'être.
Seigneur, sans abuser de votre dignité,
Puis-je sur ce soupçon parler en sûreté ?
Puis-je espérer que Rome exauce ma prière,
Et ne confonde point le fils avec le père ?

Indifférents au Parthe et soumis aux Romains.
Sous votre empire enfin prétendre nous réduire,
C'est moins nous conquérir que vouloir nous dé-
PHARASMANE. [truire.
Dans ce discours rempli de prétextes si vains,
Dicté par la raison moins que par les Romains,
Je n'entrevois que trop l'intérêt qui vous guide.
Eh bien! puisqu'on le veut, que la guerre en décide.
Vous apprendrez bientôt qui de Rome ou de moi
Dut prétendre, seigneur, à vous donner la loi;
Et, malgré vos frayeurs et vos fausses maximes,
Si quelque autre eut sur vous des droits plus légiti-
Et qui doit succéder à mon frère, à mon fils? [mes.
A qui des droits plus saints ont-ils été transmis?

RHADAMISTE.

Quoi? vous, seigneur, qui seul causâtes leur ruine!
Ah! doit-on hériter de ceux qu'on assassine?

PHARASMANE.

Qu'entends-je? dans ma cour on ose m'insulter!
Holà, gardes...

HIÉRON, à Pharasmane.

Seigneur, qu'osez-vous attenter?

PHARASMANE, à Rhadamiste.

Rendez grâces au nom dont Néron vous honore:
Sans ce nom si sacré, que je respecte encore,
En dussé-je périr, l'affront le plus sanglant
Me vengerait bientôt d'un ministre insolent.
Malgré la dignité de votre caractère,
Croyez-moi cependant, évitez ma colère.
Retournez dès ce jour apprendre à Corbulon
Comme on reçoit ici les ordres de Néron.

SCÈNE III

RHADAMISTE, HIÉRON.

HIÉRON.

Qu'avez-vous fait, seigneur, quand vous devez tout
RHADAMISTE. [craindre?
Hiéron, que veux-tu? je n'ai pu me contraindre.
D'ailleurs en l'aigrissant j'assure mes desseins:
Par un pareil éclat j'en impose aux Romains.
Pour remplir les projets que Rome me confie,
Il ne me reste plus qu'à troubler l'Ibérie,
Qu'à former un parti qui retienne en ces lieux

Sûr d'un appui sacré, vous confier à moi.
Plus indigné que vous contre un barbare père,
Je sens à son nom seul redoubler ma colère.
Touché de vos vertus, et tout entier à vous,
Sans savoir vos malheurs, je les partage tous.
Vous calmeriez bientôt la douleur qui vous presse,
Si vous saviez pour vous jusqu'où je m'intéresse.
Parlez, prince : faut-il contre un père inhumain
Armer avec éclat tout l'empire romain ?
Soyez sûr qu'avec vous mon cœur d'intelligence
Ne respire aujourd'hui qu'une même vengeance.
S'il ne faut qu'attirer Corbulon en ces lieux,
Quels que soient vos projets, j'ose attester les dieux
Que nous aurons bientôt satisfait votre envie,
Fallût-il pour vous seul conquérir l'Arménie.

ARSAME.

Que me proposez-vous? quels conseils! Ah! seigneur,
Que vous pénétrez mal dans le fond de mon cœur!
Qui ? moi ! que, trahissant mon père et ma patrie,
J'attire les Romains au sein de l'Ibérie !
Ah ! si jusqu'à ce point il faut trahir ma foi,
Que Rome en ce moment n'attende rien de moi :
Je n'en exige rien, dès qu'il faut par un crime
Acheter un bienfait que j'ai cru légitime;
Et je vois bien, seigneur, qu'il me faut aujourd'hui
Pour des infortunés chercher un autre appui.
Je croyais, ébloui de ses titres suprêmes,
Rome utile aux mortels autant que les dieux mêmes ;
Et, pour en obtenir un secours généreux,
J'ai cru qu'il suffisait que l'on fût malheureux.
J'ose le croire encore ; et, sur cette espérance,
Souffrez que des Romains j'implore l'assistance.
C'est pour une captive asservie à nos lois,
Qui, pour vous attendrir, a recours à ma voix :
C'est pour une captive aimable, infortunée,
Digne par ses appas d'une autre destinée.
Enfin, par ses vertus à juger de son rang,
On ne sortit jamais d'un plus illustre sang.
C'est nous instruire assez de sa haute naissance,
Que d'intéresser Rome à prendre sa défense.
Elle veut même ici vous parler sans témoins ;
Et jamais on ne fut plus digne de vos soins.
Pharasmane, entraîné par un amour funeste,
Veut me ravir, seigneur, ce seul bien qui me reste,
Le seul où je faisais consister mon bonheur,

Et le seul que pouvait lui disputer mon cœur.
Ce n'est pas que, plus fier d'un secours que j'espère,
Je prétende à mon tour l'enlever à mon père :
Quand même il céderait sa captive à mes feux,
Mon sort n'en serait pas plus doux ni plus heureux.
Je ne veux qu'éloigner cet objet que j'adore,
Et même sans espoir de le revoir encore.
RHADAMISTE.
Suivi de peu des miens, sans pouvoir où je suis,
Vous offrir un asile est tout ce que je puis.
ARSAME.
Et tout ce que je veux : mon âme est satisfaite.
Je vais tout disposer, seigneur, pour sa retraite.
Je ne sais ; mais, pressé d'un mouvement secret,
J'abandonne Isménie avec moins de regret.
Pour calmer la douleur de mon âme inquiète,
Il suffit qu'en vos mains Arsame la remette :
Encor si je pouvais, aux dépens de mes jours,
M'acquitter envers vous d'un généreux secours !
Mais je ne puis offrir, dans mon malheur extrême,
Pour prix d'un tel bienfait, que le bienfait lui-même.
RHADAMISTE.
Je n'en demande pas, cher prince, un prix plus
Il est digne de moi, s'il n'est digne de vous. [doux :
Souffrez que désormais je vous serve de frère.
Que je vous plains d'avoir un si barbare père !
Mais de ces vains transports pourquoi vous alar-
Pourquoi quitter l'objet qui vous a su charmer ?[mer ?
Daignez me confier et son sort et le vôtre ;
Dans un asile sûr suivez-moi l'un et l'autre.
Sensible à ses malheurs, je ne puis sans effroi
Abandonner Arsame aux fureurs de son roi.
Prince, vous dédaignez un conseil qui vous blesse :
Mais si vous connaissiez celui qui vous en presse...
ARSAME.
Donnez-moi des conseils qui soient plus généreux,
Dignes de mon devoir, et dignes de tous deux.
Le roi doit dès demain partir pour l'Arménie :
Il s'agit à ses vœux d'enlever Isménie.
Mon père en ce moment peut l'éloigner de nous,
Et sa captive en pleurs n'espère plus qu'en vous.
Déjà sur vos bontés pleine de confiance,
Elle attend votre vue avec impatience.
Adieu, seigneur, adieu : je craindrais de troubler
Des secrets qu'à vous seul elle veut révéler.

SCÈNE III
RHADAMISTE.

Ainsi, père jaloux, père injuste et barbare,
C'est contre tout ton sang que ton cœur se déclare !
Crains que ce même sang, tant de fois dédaigné,
Ne se soulève enfin, de sa source indigné,
Puisque déjà l'amour, maître du cœur d'Arsame,
Y verse le poison d'une mortelle flamme.
Quel que soit le respect de ce vertueux fils,
Est-il quelques rivaux qui ne soient ennemis ?
Non, il n'est point de cœur si grand, si magnanime,
Qu'un amour malheureux n'entraîne dans le crime.
Mais je prétends en vain l'armer contre son roi :
Mon frère n'est point fait au crime comme moi.
Méritais-tu, barbare, un fils aussi fidèle ?
Ta rigueur semble encore en accroître le zèle :
Rien ne peut ébranler son devoir ni sa foi ;
Et toujours plus soumis... Quel exemple pour moi
Dieux, de tant de vertus n'ornez-vous donc mon frère.
Que pour me rendre seul trop semblable à mon père ?
Que prétend la fureur dont je suis combattu ?
D'un fils respectueux séduire la vertu ?
Imitons-la plutôt, cédons à la nature :
N'en ai-je pas assez étouffé le murmure ?
Que dis-je ? dans mon cœur, moins rebelle à ses lois,
Dois-je plutôt qu'un père en écouter la voix ?
Pères cruels, vos droits ne sont-ils pas les nôtres ?
Et nos devoirs sont-ils plus sacrés que les vôtres ?
On vient : c'est Hiéron.

SCÈNE IV
RHADAMISTE, HIÉRON.

RHADAMISTE.
　　　　　　Cher ami, c'en est fait ;
Mes efforts redoublés ont été sans effet.
Tout malheureux qu'il est, le vertueux Arsame,
Presque sans murmurer, voit traverser sa flamme ;
Et qu'en attendre encor quand l'amour n'y peut rien ?
Hiéron, que son cœur est différent du mien !
J'ai perdu tout espoir de troubler l'Ibérie,

Et le roi va bientôt partir pour l'Arménie.
Devançons-y ses pas, et courons achever
Des forfaits que le sort semble me réserver.
Pour partir avec toi je n'attends qu'Isménie.
Tu sais qu'à Pharasmane elle doit être unie ?
HIÉRON.
Quoi ! seigneur...
RHADAMISTE.
Elle peut servir à mes desseins.
Elle est d'un sang, dit-on, allié des Romains.
Pourrais-je refuser à mon malheureux frère
Un secours qui commence à me la rendre chère ?
D'ailleurs, pour l'enlever, ne me suffit-il pas
Que mon père cruel brûle pour ses appas ?
C'est un garant pour moi : je veux ici l'attendre.
Daigne observer des lieux où l'on peut nous sur-
Adieu ; je crois la voir : favorise mes soins, [prendre.
Et me laisse avec elle un moment sans témoins.

SCÈNE V

RHADAMISTE, ZÉNOBIE.

ZÉNOBIE.
Seigneur, est-il permis à des infortunées,
Qu'au joug d'un fier tyran le sort tient enchaînées,
D'oser avoir recours, dans la honte des fers,
A ces mêmes Romains maîtres de l'univers ?
En effet, quel emploi pour ces maîtres du monde
Que le soin d'adoucir ma misère profonde ?
Le ciel, qui soumit tout à leurs augustes lois...
RHADAMISTE. [son de voix !
Que vois-je ? Ah, malheureux ! quels traits ! quel
Justes dieux, quel objet offrez-vous à ma vue ?
ZÉNOBIE.
D'où vient à mon aspect que votre âme est émue,
Seigneur ?
RHADAMISTE.
Ah ! si ma main n'eût pas privé du jour...
ZÉNOBIE.
Qu'entends-je ? quels regrets ? et que vois-je à mon
Triste ressouvenir ! Je frémis, je frissonne. [tour ?
Où suis-je ? et quel objet ! La force m'abandonne.
Ah ! seigneur, dissipez mon trouble et ma terreur :

Tout mon sang s'est glacé jusqu'au fond de mon
[cœur.
RHADAMISTE.
Ah! je n'en doute plus au transport qui m'anime.
Ma main, n'as-tu commis que la moitié du crime?
Victime d'un cruel contre vous conjuré,
Triste objet d'un amour jaloux, désespéré,
Que ma rage a poussé jusqu'à la barbarie,
Après tant de fureurs, est-ce vous, Zénobie?
ZÉNOBIE.
Zénobie! ah, grands dieux! Cruel, mais cher époux,
Après tant de malheurs, Rhadamiste, est-ce vous?
RHADAMISTE.
Se peut-il que vos yeux puissent le méconnaître?
Oui, je suis ce cruel, cet inhumain, ce traître,
Cet époux meurtrier. Plût au ciel qu'aujourd'hui
Vous eussiez oublié ses crimes avec lui!
O dieux! qui la rendez à ma douleur mortelle,
Que ne lui rendez-vous un époux digne d'elle!
Par quel bonheur le ciel, touché de mes regrets,
Me permet-il encor de revoir tant d'attraits?
Mais, hélas! se peut-il qu'à la cour de mon père
Je trouve dans les fers une épouse si chère?
Dieux! n'ai-je pas assez gémi de mes forfaits,
Sans m'accabler encor de ces tristes objets?
O de mon désespoir victime trop aimable,
Que tout ce que je vois rend votre époux coupable!
Quoi! vous versez des pleurs!
ZÉNOBIE.
Malheureuse! eh! comment
N'en répandrais-je pas dans ce fatal moment?
Ah! cruel, plût aux dieux que ta main ennemie
N'eût jamais attenté qu'aux jours de Zénobie!
Le cœur à ton aspect désarmé de courroux,
Je ferais mon bonheur de revoir mon époux;
Et l'amour, s'honorant de ta fureur jalouse,
Dans tes bras avec joie eût remis ton épouse.
Ne crois pas cependant que, pour toi sans pitié,
Je puisse te revoir avec inimitié.
RHADAMISTE.
Quoi! loin de m'accabler, grands dieux! c'est Zéno-
Qui craint de me haïr, et qui s'en justifie! [bie
Ah! punis-moi plutôt : ta funeste bonté,
Même en me pardonnant, tient de ma cruauté.
N'épargne point mon sang, cher objet que j'adore;
Prive-moi du bonheur de te revoir encore.

(Il se jette à genoux.)

Faut-il, pour t'en presser, embrasser tes genoux ?
Songe au prix de quel sang je devins ton époux :
Jusques à mon amour, tout veut que je périsse.
Laisser le crime en paix, c'est s'en rendre complice.
Frappe : mais souviens-toi que, malgré ma fureur,
Tu ne sortis jamais un moment de mon cœur ;
Que, si le repentir tenait lieu d'innocence,
Je n'exciterais plus ni haine ni vengeance ;
Que, malgré le courroux qui te doit animer,
Ma plus grande fureur fut celle de t'aimer.

ZÉNOBIE.

Lève-toi : c'en est trop. Puisque je te pardonne,
Que servent les regrets où ton cœur s'abandonne ?
Va, ce n'est pas à nous que les dieux ont remis
Le pouvoir de punir de si chers ennemis.
Nomme-moi les climats où tu souhaites vivre :
Parle, dès ce moment je suis prête à te suivre.
Sûre que les remords qui saisissent ton cœur
Naissent de ta vertu plus que de ton malheur.
Heureuse si pour toi les soins de Zénobie
Pouvaient un jour servir d'exemple à l'Arménie,
La rendre comme moi soumise à ton pouvoir,
Et l'instruire du moins à suivre son devoir !

RHADAMISTE.

Juste ciel ! se peut-il que des nœuds légitimes
Avec tant de vertus unissent tant de crimes ;
Que l'hymen associe au sort d'un furieux
Ce que de plus parfait firent naître les dieux ?
Quoi ! tu peux me revoir sans que la mort d'un père,
Sans que mes cruautés, ni l'amour de mon frère,
Ce prince, cet amant si grand, si généreux,
Te fassent détester un époux malheureux ?
Et je puis me flatter qu'insensible à sa flamme
Tu dédaignes les vœux du vertueux Arsame ?
Que dis-je ? trop heureux que pour moi dans ce jour
Le devoir dans ton cœur me tienne lieu d'amour !

ZÉNOBIE.

Calme les vains soupçons dont ton âme est saisie,
Ou cache-m'en du moins l'indigne jalousie ;
Et souviens-toi qu'un cœur qui peut te pardonner
Est un cœur que sans crime on ne peut soupçonner.

RHADAMISTE.

Pardonne, chère épouse, à mon amour funeste ;
Pardonne des soupçons que tout mon cœur déteste.

Plus ton barbare époux est indigne de toi,
Moins tu dois t'offenser de son injuste effroi.
Rends-moi ton cœur, ta main, ma chère Zénobie;
Et daigne dès ce jour me suivre en Arménie:
César m'en a fait roi. Viens me voir désormais
A force de vertus effacer mes forfaits.
Hiéron est ici : c'est un sujet fidèle;
Nous pouvons confier notre fuite à son zèle.
Aussitôt que la nuit aura voilé les cieux,
Sûre de me revoir, viens m'attendre en ces lieux.
Adieu : n'attendons pas qu'un ennemi barbare,
Quand le ciel nous rejoint, pour jamais nous sépare.
Dieux, qui me la rendez pour combler mes souhaits,
Daignez me faire un cœur digne de vos bienfaits !

ACTE QUATRIÈME

SCÈNE PREMIÈRE

ZÉNOBIE, PHÉNICE.

PHÉNICE.
Ah! madame, arrêtez. Quoi ! ne pourrai-je apprendre
Qui fait couler les pleurs que je vous vois répandre?
Après tant de secrets confiés à ma foi,
En avez-vous encor qui ne soient pas pour moi?
Arsame va partir : vous soupirez, madame!
Plaindriez-vous le sort du généreux Arsame?
Fait-il couler les pleurs dont vos yeux sont baignés?
Il part; et, prévenu que vous le dédaignez,
Ce prince malheureux, banni de l'Ibérie,
Va pleurer à Colchos la perte d'Isménie.
ZÉNOBIE.
Loin de te confier mes coupables douleurs,
Que n'en puis-je effacer la honte par mes pleurs !
Phénice, laisse-moi; je ne veux plus t'entendre.
L'ambassadeur romain près de moi va se rendre :
Laisse-moi seule.

SCÈNE II

ZÉNOBIE.

Où vais-je? et quel est mon espoir?
Imprudente! où m'entraîne un aveugle devoir?
Je devance la nuit; pour qui? pour un parjure
Qu'a proscrit dans mon cœur la voix de la nature.
Ai-je donc oublié que sa barbare main
Fit tomber tous les miens sous un fer assassin?...
Que dis-je? Le cœur plein de feux illégitimes,
Ai-je assez de vertu pour lui trouver des crimes?
Et me paraîtrait-il si coupable en ce jour,
Si je ne brûlais pas d'un criminel amour?
Étouffons sans regret une honteuse flamme;
C'est à mon époux seul à régner sur mon âme :
Tout barbare qu'il est, c'est un présent des dieux,
Qu'il ne m'est pas permis de trouver odieux.
Hélas! malgré mes maux, malgré sa barbarie,
Je n'ai pu le revoir sans en être attendrie.
Que l'hymen est puissant sur les cœurs vertueux!
On vient. Dieux! quel objet offrez-vous à mes yeux!

SCÈNE III

ZÉNOBIE, ARSAME.

ARSAME.

Eh quoi! je vous revois! c'est vous-même, madame!
Quel dieu vous rend aux vœux du malheureux Ar-
[same?
ZÉNOBIE.
Ah! fuyez-moi, seigneur; il y va de vos jours.
ARSAME.
Dût mon père cruel en terminer le cours,
Hélas! quand je vous perds, adorable Isménie,
Voudrais-je prendre encor quelque part à la vie?
Accablé de mes maux, je ne demande aux dieux
Que la triste douceur d'expirer à vos yeux.
Le cœur aussi touché de perdre ce que j'aime,
Que si vous répondiez à mon amour extrême,
Je ne veux que mourir. Je vois couler des pleurs!
Madame, seriez-vous sensible à mes malheurs?
Le sort le plus affreux n'a plus rien qui m'étonne.

ACTE IV, SCÈNE III.

ZÉNOBIE.

Ah! loin qu'à votre amour votre cœur s'abandonne,
Vous voyez et mon trouble et l'état où je suis.
Seigneur, ayez pitié de mes mortels ennuis :
Fuyez; n'irritez point le tourment qui m'accable.
Vous avez un rival, mais le plus redoutable.
Ah! s'il vous surprenait en ce funeste lieu,
J'en mourrais de douleur. Adieu, seigneur, adieu.
Si sur vous ma prière eut jamais quelque empire,
Loin d'en croire aux transports que l'amour vous [inspire...

ARSAME.

Quel est donc ce rival si terrible pour moi?
En ai-je à craindre encor quelque autre que le roi?

ZÉNOBIE.

Sans vouloir pénétrer un si triste mystère,
N'en est-ce pas assez, seigneur, que votre père?
Fuyez, prince, fuyez; rendez-vous à mes pleurs :
Satisfait de me voir sensible à vos malheurs,
Partez, éloignez-vous, trop généreux Arsame.

ARSAME.

Un infidèle ami trahirait-il ma flamme?
Dieux! quel trouble s'élève en mon cœur alarmé!
Quoi! toujours des rivaux, et n'être point aimé!
Belle Isménie, en vain vous voulez que je fuie;
Je ne le puis, dussé-je en perdre ici la vie.
Je vois couler des pleurs qui ne sont pas pour moi!
Quel est donc ce rival? Dissipez mon effroi.
D'où vient qu'en ce palais je vous retrouve encore?
Me refuserait-on un secours que j'implore?
Les perfides Romains m'ont-ils manqué de foi?
Ah! daignez m'éclaircir du trouble où je vous vois.
Parlez, ne craignez pas de lasser ma constance.
Quoi! vous ne rompez point ce barbare silence?
Tout m'abandonne-t-il en ce funeste jour?
Dieux! est-on sans pitié, pour être sans amour?

ZÉNOBIE.

Eh bien! seigneur, eh bien! il faut vous satisfaire :
Je me dois plus qu'à vous cet aveu nécessaire.
Ce serait mal répondre à vos soins généreux,
Que d'abuser encor votre amour malheureux.
Le sort a disposé de la main d'Isménie.

ARSAME.

Juste ciel!

ZÉNOBIE.

Et l'époux à qui l'hymen me lie

Est ce même Romain dont vos soins aujourd'hui
Ont imploré pour moi le secours et l'appui.
ARSAME.
Ah! dans mon désespoir, fût-ce César lui-même...
ZÉNOBIE.
Calmez de ce transport la violence extrême.
Mais c'est trop l'exposer à votre inimitié.
Moins digne de courroux que digne de pitié,
C'est un rival, seigneur, quoique pour vous terrible,
Qui n'éprouvera point votre cœur insensible,
Qui vous est attaché par les nœuds les plus doux,
Rhadamiste, en un mot.
ARSAME.
   Mon frère?
ZÉNOBIE.
       Et mon époux.
ARSAME.
Vous Zénobie? ô ciel! était-ce dans mon âme
Où devait s'allumer une coupable flamme?
Après ce que j'éprouve, ah! quel cœur désormais
Osera se flatter d'être exempt de forfaits?
Madame, quel secret venez-vous de m'apprendre!
Réserviez-vous ce prix à l'amour le plus tendre?
ZÉNOBIE.
J'ai résisté, seigneur, autant que je l'ai pu;
Mais, puisque j'ai parlé, respectez ma vertu.
Mon nom seul vous apprend ce que vous devez faire;
Mon secret échappé, votre amour doit se taire.
Mon cœur de son devoir fut toujours trop jaloux...
Quelqu'un vient. Ah! fuyez, seigneur; c'est mon
[époux.

SCÈNE IV

RHADAMISTE, ZÉNOBIE, ARSAME, HIÉRON.

RHADAMISTE.
(A part.)   [tendre.
Que vois-je? Quoi! mon frère... Hiéron, va m'at-
D'un trouble affreux mon cœur a peine à se défendre.
Madame, tout est prêt : les ombres de la nuit
Effaceront bientôt la clarté qui nous luit.
ZÉNOBIE.
Seigneur, puisqu'à vos soins désormais je me livre,
Rien ne m'arrête ici; je suis prête à vous suivre.

Seul maître de mon sort, quels que soient les cli-
Où le ciel avec vous veuille guider mes pas, [mats
Vous pouvez ordonner, je vous suis.
\u00a0\u00a0\u00a0\u00a0\u00a0\u00a0\u00a0\u00a0\u00a0RHADAMISTE.
\u00a0\u00a0\u00a0\u00a0\u00a0\u00a0\u00a0\u00a0\u00a0\u00a0\u00a0\u00a0\u00a0\u00a0\u00a0\u00a0\u00a0\u00a0(A part.)
\u00a0\u00a0\u00a0\u00a0\u00a0\u00a0\u00a0\u00a0\u00a0\u00a0\u00a0\u00a0\u00a0\u00a0\u00a0\u00a0\u00a0\u00a0Ah, perfide !
Prince, je vous ai cru parti pour la Colchide.
Trop instruit des transports d'un père furieux,
Je ne m'attendais pas à vous voir en ces lieux :
Mais, si près de quitter pour jamais Isménie,
Vous vous occupez peu du soin de votre vie ;
Et, d'un père cruel quel que soit le courroux,
On s'oublie aisément en des moments si doux.
\u00a0\u00a0\u00a0\u00a0\u00a0\u00a0\u00a0\u00a0\u00a0ARSAME.
Lorsqu'il faut au devoir immoler sa tendresse,
Un cœur s'alarme peu du péril qui le presse :
Et ces moments si doux que vous me reprochez
Coûtent bien cher aux cœurs que l'amour a touchés.
Je vois trop qu'il est temps que le mien y renonce :
Quoi qu'il en soit, du moins votre accueil me l'an-
Mais, avant que la nuit vous éloigne de nous, [nonce.
Permettez-moi, seigneur, de me plaindre de vous.
A quoi dois-je imputer un discours qui me glace ?
Qui peut d'un tel accueil m'attirer la disgrâce?
Ce jour même, ce jour, il me souvient qu'ici
Votre vive amitié ne parlait pas ainsi.
Ce rival qu'avec soin on me peint inflexible
N'est pas de mes rivaux, seigneur, le plus terrible ;
Et, malgré son courroux, il en est aujourd'hui,
Pour mes feux et pour moi, de plus cruels que lui.
Ce discours vous surprend : il n'est plus temps de
\u00a0[feindre ;
La nature en mon cœur ne peut plus se contraindre.
Ah! seigneur, plût aux dieux qu'avec la même ardeur
Elle eût pu s'expliquer au fond de votre cœur !
On ne m'eût point ravi, sous un cruel mystère,
La douceur de connaître et d'embrasser mon frère.
Ne vous dérobez point à mes embrassements :
Pourquoi troubler, seigneur, de si tendres moments ?
Ah ! revenez à moi sous un front moins sévère,
Et ne m'accablez point d'une injuste colère.
Il est vrai, j'ai brûlé pour ses divins appas ; [pas.
Mais, seigneur, mais mon cœur ne la connaissait-
\u00a0\u00a0\u00a0\u00a0\u00a0\u00a0\u00a0\u00a0\u00a0RHADAMISTE.\u00a0\u00a0\u00a0\u00a0\u00a0\u00a0\u00a0\u00a0\u00a0[nobie
Dieux ! qu'est-ce que j'entends ! Quoi ! prince, Zé-

Vient de vous confier le secret de ma vie !
Ce secret de lui-même est assez important
Pour n'en point rendre ici l'aveu trop éclatant.
Vous connaissez le prix de ce qu'on vous confie,
Et je crois votre cœur exempt de perfidie.
Je ne puis cependant approuver qu'à regret
Qu'on vous ait révélé cet important secret ;
Du moins sans mon aveu l'on n'a point dû le faire :
A mon exemple enfin on devait vous le taire ;
Et si j'avais voulu vous en voir éclairci,
Ma tendresse pour vous l'eût découvert ici.
Qui peut à mon secret devenir infidèle
Ne peut, quoi qu'il en soit, n'être point criminelle
Je connais, il est vrai, toute votre vertu ;
Mais mon cœur de soupçons n'est pas moins com-
     ARSAME.   [battu.
Quoi ! la noire fureur de votre jalousie,
Seigneur, s'étend aussi jusques à Zénobie !
Pouvez-vous offenser...
   ZÉNOBIE.
      Laissez agir, seigneur,
Des soupçons en effet si dignes de son cœur.
Vous ne connaissez pas l'époux de Zénobie,
Ni les divers transports dont son âme est saisie.
Pour oser cependant outrager ma vertu,
Réponds-moi, Rhadamiste : et de quoi te plains-tu ?
De l'amour de ton frère ? Ah, barbare ! quand même
Mon cœur eût pu se rendre à son amour extrême,
Le bruit de ton trépas, confirmé tant de fois,
Ne me laissait-il pas maîtresse de mon choix ?
Que pouvaient te servir les droits d'un hyménée
Que vit rompre et former une même journée ?
Ose te prévaloir de ce funeste jour
Où tout mon sang coula pour prix de mon amour ;
Rappelle-toi le sort de ma famille entière ;
Songe au sang qu'a versé ta fureur meurtrière ;
Et considère après sur quoi tu peux fonder
Et l'amour et la foi que j'ai dû te garder.
Il est vrai que, sensible aux malheurs de ton frère,
De ton sort et du mien j'ai trahi le mystère.
J'ignore si c'est là le trahir en effet ;
Mais sache que ta gloire en fut le seul objet :
Je voulais de ses feux éteindre l'espérance,
Et chasser de son cœur un amour qui m'offense.
Mais, puisqu'à tes soupçons tu veux t'abandonner,

Connais donc tout ce cœur que tu peux soupçonner :
Je vais par un seul trait te le faire connaître,
Et de mon sort après je te laisse le maître.
Ton frère me fut cher, je ne le puis nier ;
Je ne cherche pas même à m'en justifier ;
Mais, malgré son amour, ce prince, qui l'ignore,
Sans tes lâches soupçons l'ignorerait encore.
(A Arsame.)
Prince, après cet aveu, je ne vous dis plus rien.
Vous connaissez assez un cœur comme le mien,
Pour croire que sur lui l'amour ait quelque empire
Mon époux est vivant, ainsi ma flamme expire.
Cessez donc d'écouter un amour odieux,
Et surtout gardez-vous de paraître à mes yeux.
(A Rhadamiste.)
Pour toi, dès que la nuit pourra me le permettre,
Dans tes mains, en ces lieux, je viendrai me remet-
Je connais la fureur de tes soupçons jaloux, [tre.
Mais j'ai trop de vertu pour craindre mon époux.
(Elle sort.)

RHADAMISTE.

Barbare que je suis ! quoi ! ma fureur jalouse
Déshonore à la fois mon frère et mon épouse !
Adieu, prince ; je cours, honteux de mon erreur,
Aux pieds de Zénobie expier ma fureur.

SCÈNE V

ARSAME.

Cher objet de mes vœux, aimable Zénobie,
C'en est fait, pour jamais vous m'êtes donc ravie !
Amour, cruel amour, pour irriter mes maux,
Devais-tu dans mon sang me choisir mes rivaux ?
Ah ! fuyons de ces lieux. Ciel ! que me veut Mitrane ?

SCÈNE VI

ARSAME, MITRANE, GARDES.

MITRANE.

J'obéis à regret, seigneur ; mais Pharasmane,
Dont en vain j'ai tenté de fléchir le courroux...

ARSAME.

Hé bien !

MITRANE.
Veut qu'en ces lieux je m'assure de vous,
Souffrez...
ARSAME.
Je vous entends. Et quel est donc mon crime?
MITRANE.
J'en ignore la cause, injuste ou légitime : [du roi
Mais je crains pour vos jours; et les transports
N'ont jamais dans nos cœurs répandu plus d'effroi.
Furieux, inquiet, il s'agite, il vous nomme;
Il menace avec vous l'ambassadeur de Rome;
On vous accuse enfin d'un entretien secret.
ARSAME.
C'en est assez, Mitrane, et je suis satisfait.
O destin! à tes coups j'abandonne ma vie;
Mais sauve, s'il se peut, mon frère et Zénobie.

ACTE CINQUIÈME

SCÈNE PREMIÈRE

PHARASMANE, HYDASPE, GARDES.

PHARASMANE.
Hydaspe, il est donc vrai que mon indigne fils,
Qu'Arsame est de concert avec mes ennemis?
Quoi! ce fils, autrefois si soumis, si fidèle,
Si digne d'être aimé, n'est qu'un traître, un rebelle!
Quoi! contre les Romains ce fils, tout mon espoir,
A pu jusqu'à ce point oublier son devoir!
Perfide, c'en est trop que d'aimer Isménie,
Et que d'oser trahir ton père et l'Ibérie,
Traverser à la fois et ma gloire et mes feux...
Pour de moindres forfaits, ton frère malheureux...
Mais en vain tu séduis un prince téméraire,
Rome : de mes desseins ne crois pas me distraire;
Ma défaite ou ma mort peut seule les troubler;
Un ennemi de plus ne me fait pas trembler.
Dans la juste fureur qui contre toi m'anime,
Rome, c'est ne m'offrir de plus qu'une victime.

C'est assez que mon fils s'intéresse pour toi ;
Dès qu'il faut me venger, tout est Romain pour moi.
Mais que dit Hiéron? T'es-tu bien fait entendre?
Sait-il enfin de moi tout ce qu'il doit attendre
S'il veut dans l'Arménie appuyer mes projets?
HYDASPE.
Peu touché de l'espoir des plus rares bienfaits,
A vos offres, seigneur, toujours plus inflexible,
Hiéron n'a fait voir qu'un cœur incorruptible ;
Soit qu'il veuille en effet signaler son devoir,
Ou soit qu'à plus haut prix il mette son pouvoir,
Trop instruit qu'il peut seul vous servir ou vous nuire.
Je n'ai rien oublié, seigneur, pour le séduire.
PHARASMANE.
Hé bien ! c'est donc en vain qu'on me parle de paix :
Dussé-je sans honneur succomber sous le faix,
Jusque chez les Romains je veux porter la guerre,
Et de ces fiers tyrans venger toute la terre.
Que je hais les Romains ! Je ne sais quelle horreur
Me saisit au seul nom de leur ambassadeur :
Son aspect a jeté le trouble dans mon âme.
Ah ! c'est lui qui sans doute aura séduit Arsame :
Tous deux en même jour arrivés dans ces lieux...
Le traître ! C'en est trop : qu'il paraisse à mes yeux.
Il faut... mais je le vois.

SCÈNE II

PHARASMANE, ARSAME, HYDASPE, MITRANE, GARDES.

PHARASMANE.

Fils ingrat et perfide,
Que dis-je? au fond du cœur peut-être parricide,
Esclave de Néron, eh ! quel est ton dessein?
(A Hydaspe.)
Qu'on m'amène en ces lieux l'ambassadeur romain.
Traître, c'est devant lui que je veux te confondre.
Je veux savoir du moins ce que tu peux répondre ;
Je veux voir de quel œil tu pourras soutenir
Le témoin d'un complot que j'ai su prévenir ;
Et nous verrons après si ton lâche complice
Soutiendra sa fierté jusque dans le supplice.
Tu ne me vantes plus ton zèle ni ta foi !

ARSAME.
Elle n'en est pas moins sincère pour mon roi.
PHARASMANE.
Fils indigne du jour, pour me le faire croire,
Fais que de tes projets je perde la mémoire.
Grands dieux, qui connaissez ma haine et mes desseins,
Ai-je pu mettre au jour un ami des Romains?
ARSAME.
Ces reproches honteux dont en vain l'on m'accable
Ne rendront pas, seigneur, votre fils plus coupable.
Que sert de m'outrager avec indignité?
Donnez-moi le trépas si je l'ai mérité :
Mais ne vous flattez point que, tremblant pour ma vie,
Jusqu'à la demander la crainte m'humilie.
Qui ne cherche en effet qu'à me faire périr
En faveur d'un rival pourrait-il s'attendrir?
Je sais que près de vous, injuste ou légitime,
Le plus léger soupçon tint toujours lieu de crime;
Que c'est être proscrit que d'être soupçonné;
Que votre cœur enfin n'a jamais pardonné.
De vos transports jaloux qui pourrait me défendre,
Vous qui m'avez toujours condamné sans m'entendre?
PHARASMANE.
Pour te justifier, eh! que me diras-tu?
ARSAME.
Tout ce qu'a dû pour moi vous dire ma vertu;
Que ce fils si suspect, pour trahir sa patrie,
Ne vous fût pas venu chercher dans l'Ibérie.
PHARASMANE.
D'où vient donc aujourd'hui ce secret entretien,
S'il est vrai qu'en ces lieux tu ne médites rien?
Quand je voue aux Romains une haine immortelle,
Voir leur ambassadeur est-ce m'être fidèle?
Est-ce pour le punir de m'avoir outragé,
Qu'à lui parler ici mon fils s'est engagé?
Car il n'a point dû voir l'ennemi qui m'offense,
Que pour venger ma gloire, ou trahir ma vengeance :
Un de ces deux motifs a dû seul le guider;
Et c'est sur l'un des deux que je dois décider.
Eclaircis-moi ce point, je suis prêt à t'entendre;
Parle.
ARSAME.
Je n'ai plus rien, seigneur, à vous apprendre.
Ce n'est pas un secret qu'on puisse révéler :
Un intérêt sacré me défend de parler.

SCÈNE III

PHARASMANE, ARSAME, MITRANE,
HYDASPE, GARDES.

HYDASPE.
L'ambassadeur de Rome et celui d'Arménie...
PHARASMANE.
Hé bien ?
HYDASPE.
De ce palais enlèvent Isménie.
PHARASMANE. [assez ?
Dieux ! qu'est-ce que j'entends ? Ah traître ! en est-ce
Qu'on rassemble en ces lieux mes gardes dispersés :
Allez ; dès ce moment qu'on soit prêt à me suivre.
(A Arsame.)
Lâche ! à cet attentat n'espère pas survivre.
HYDASPE.
Vos gardes rassemblés, mais par divers chemins,
Déjà de toutes parts poursuivent les Romains.
PHARASMANE.
Rome, que ne peux-tu, témoin de leurs supplices,
De ma fureur ici recevoir les prémices !
(Il veut sortir.)
ARSAME.
Je ne vous quitte point, en dussé-je périr.
Eh bien ! écoutez-moi, je vais tout découvrir.
Ce n'est pas un Romain que vous allez poursuivre :
Loin qu'à votre courroux sa naissance le livre,
Du plus illustre sang il a reçu le jour,
Et d'un sang respecté même dans cette cour.
De vos propres regrets sa mort serait suivie :
Ce ravisseur enfin est l'époux d'Isménie...
C'est...
PHARASMANE.
Achève, imposteur : par de lâches détours,
Crois-tu de ma fureur interrompre le cours ?
ARSAME.
Ah ! permettez du moins, seigneur, que je vous suive ;
Je m'engage à vous rendre ici votre captive.
PHARASMANE.
Retire-toi, perfide, et ne réplique pas.
(A une partie de sa garde.)
Mitrane, qu'on l'arrête. Et vous, suivez mes pas.

SCÈNE IV

ARSAME, MITRANE, GARDES.

ARSAME.
Dieux, témoins des fureurs que le cruel médite,
L'abandonnerez-vous au transport qui l'agite?
Par quel destin faut-il que ce funeste jour
Charge de tant d'horreurs la nature et l'amour?
Mais je devais parler; le nom de fils peut-être...
Hélas! que m'eût servi de le faire connaître?
Loin que ce nom si doux eût fléchi le cruel,
Il n'eût fait que le rendre encor plus criminel.
Que dis-je, malheureux? Que me sert de me plaindre?
Dans l'état où je suis, eh! qu'ai-je encor à craindre?
Mourons; mais que ma mort soit utile en ces lieux
A des infortunés qu'abandonnent les dieux.
Cher ami, s'il est vrai que mon père inflexible
Aux malheurs de son fils te laisse un cœur sensible,
Dans mes derniers moments à toi seul j'ai recours.
Je ne demande point que tu sauves mes jours;
Ne crains pas que pour eux j'ose rien entreprendre:
Mais si tu connaissais le sang qu'on va répandre,
Au prix de tout le tien tu voudrais le sauver.
Suis-moi; que ta pitié m'aide à le conserver.
Désarmé, sans secours, suis-je assez redoutable
Pour alarmer encor ton cœur inexorable?
Pour toute grâce enfin je n'exige de toi
Que de guider mes pas sur les traces du roi.

MITRANE.
Je ne le nierai point, votre vertu m'est chère;
Mais je dois obéir, seigneur, à votre père:
Vous prétendez en vain séduire mon devoir.

ARSAME.
Eh bien! puisque pour moi rien ne peut t'émouvoir...
Mais, hélas! c'en est fait, et je le vois paraître.
Justes dieux, de quel sang nous avez-vous fait naître!
(A part.)
Ah! mon frère n'est plus!

SCÈNE V

PHARASMANE, ARSAME, MITRANE, HYDASPE, GARDES.

ARSAME.
Seigneur, qu'avez-vous fait?
PHARASMANE.
J'ai vengé mon injure, et je suis satisfait.
Aux portes du palais j'ai trouvé le perfide,
Que son malheur rendait encor plus intrépide
Un long rempart des miens expirés sous ses coups,
Arrêtant les plus fiers, glaçait les cœurs de tous.
J'ai vu deux fois le traître, au mépris de sa vie,
Tenter, même à mes yeux, de reprendre Isménie.
L'ardeur de recouvrer un bien si précieux
L'avait déjà deux fois ramené dans ces lieux.
A la fin, indigné de son audace extrême,
Dans la foule des siens je l'ai cherché moi-même :
Ils en ont pâli tous; et, malgré sa valeur,
Ma main a dans son sein plongé ce fer vengeur.
Va le voir expirer dans les bras d'Isménie;
Va partager le prix de votre perfidie.
ARSAME.
Quoi! seigneur, il est mort! Après ce coup affreux,
Frappez, n'épargnez plus votre fils malheureux.
(A part.)
Dieux, ne me rendiez-vous mon déplorable frère
Que pour le voir périr par les mains de mon père?
Mitrane, soutiens-moi.
PHARASMANE.
D'où vient donc que son cœur
Est si touché du sort d'un cruel ravisseur?
Le Romain dont ce fer vient de trancher la vie,
Si j'en crois ses discours, fut l'époux d'Isménie;
Et cependant mon fils, charmé de ses appas,
Quand son rival périt, gémit de son trépas!
Qui peut lui rendre encor cette perte si chère?
Des larmes de mon fils quel est donc le mystère?
Mais moi-même, d'où vient qu'après tant de fureur
Je me sens malgré moi partager sa douleur?
Par quel charme, malgré le courroux qui m'enflam-
La pitié s'ouvre-t-elle un chemin dans mon âme? [me,
Quelle plaintive voix trouble en secret mes sens,

Et peut former en moi de si tristes accents?
D'où vient que je frissonne? et quel est donc mon crime?
Me serais-je mépris au choix de la victime?
Ou le sang des Romains est-il si précieux
Qu'on n'en puisse verser sans offenser les dieux?
Par mon ambition, d'illustres destinées,
Sans pitié, sans regret, ont été terminées;
Et, lorsque je punis qui m'avait outragé,
Mon faible cœur craint-il de s'être trop vengé?
D'où peut naître le trouble où son trépas me jette?
Je ne sais; mais sa mort m'alarme et m'inquiète.
Quand j'ai versé le sang de ce fier ennemi,
Tout le mien s'est ému, j'ai tremblé, j'ai frémi.
Il m'a même paru que ce Romain terrible,
Devenu tout à coup à sa perte insensible,
Avare de mon sang quand je versais le sien,
Aux dépens de ses jours s'est abstenu du mien.
Je rappelle en tremblant ce que m'a dit Arsame.
Eclaircissez le trouble où vous jetez mon âme;
Ecoutez-moi, mon fils, et reprenez vos sens.

ARSAME.

Que vous servent, hélas! ces regrets impuissants?
Puissiez-vous, à jamais ignorant ce mystère,
Oublier avec lui de qui vous fûtes père!

PHARASMANE.

Ah! c'est trop m'alarmer; expliquez-vous, mon fils.
De quel effroi nouveau frappez-vous mes esprits?
Mais pour le redoubler dans mon âme éperdue,
Dieux puissants, quel objet offrez-vous à ma vue!

SCÈNE VI

PHARASMANE, RHADAMISTE, porté par des soldats; ZÉNOBIE, ARSAME, HIÉRON, MITRANE, HYDASPE, PHÉNICE, GARDES.

PHARASMANE.

Malheureux, quel dessein te ramène en ces lieux?
Que cherches-tu?

RHADAMISTE.

Je viens expirer à vos yeux.

PHARASMANE.

Quel trouble me saisit!

RHADAMISTE.

Quoique ma mort approche,

N'en craignez pas, seigneur, un injuste reproche.
J'ai reçu par vos mains le prix de mes forfaits.
Puissent les justes dieux en être satisfaits!
Je ne méritais pas de jouir de la vie.
(A Zénobie.)
Sèche tes pleurs : adieu, ma chère Zénobie;
Mithridate est vengé.

PHARASMANE.

Grands dieux! qu'ai-je entendu?
Mithridate! Ah! quel sang ai-je donc répandu?
Malheureux que je suis, puis-je le méconnaître?
Au trouble que je sens, quel autre pourrait-ce être?
Mais, hélas! si c'est lui, quel crime ai-je commis!
Nature, ah! venge-toi, c'est le sang de mon fils!

RHADAMISTE.

La soif que votre cœur avait de le répandre
N'a-t-elle pas suffi, seigneur, pour vous l'apprendre?
Je vous l'ai vu poursuivre avec tant de courroux,
Que j'ai cru qu'en effet j'étais connu de vous.

PHARASMANE.

Pourquoi me le cacher? Ah! père déplorable!

RHADAMISTE.

Vous vous êtes toujours rendu si redoutable,
Que jamais vos enfants, proscrits et malheureux,
N'ont pu vous regarder comme un père pour eux.
Heureux, quand votre main vous immolait un traître,
De n'avoir point versé le sang qui m'a fait naître;
Que la nature ait pu, trahissant ma fureur,
Dans ce moment affreux s'emparer de mon cœur!
Enfin, lorsque je perds une épouse si chère,
Heureux, quoiqu'en mourant, de retrouver mon père!
Votre cœur s'attendrit, je vois couler vos pleurs.
(A Arsame.)
Mon frère, approchez-vous; embrassez-moi: je
ZÉNOBIE. [meurs.
S'il faut par des forfaits que ta justice éclate,
Ciel, pourquoi vengeais-tu la mort de Mithridate?
(Elle sort.)

PHARASMANE.

O mon fils! O Romains! êtes-vous satisfaits?
(à Arsame.)
Vous, que pour m'en venger j'implore désormais,
Courez vous emparer du trône d'Arménie.
Avec mon amitié je vous rends Zénobie;

CRÉBILLON. 11

Je dois ce sacrifice à mon fils malheureux.
De ces lieux cependant éloignez-vous tous deux :
De mes transports jaloux mon sang doit se défendre ;
Fuyez, n'exposez plus un père à le répandre.

FIN DE RHADAMISTE ET ZÉNOBIE.

SÉMIRAMIS

TRAGÉDIE

REPRÉSENTÉE POUR LA PREMIÈRE FOIS LE 10 AVRIL 1717.

ACTEURS

SÉMIRAMIS.
NINIAS, fils de Sémiramis, élevé sous le nom d'Agénor.
BÉLUS, frère de Sémiramis.
TÉNÉSIS, fille de Bélus.
MERMÉCIDE, gouverneur de Ninias.
MADATE, confident de Bélus.
MIRAME, confident de Ninias.
ARBAS, capitaine des gardes.
PHÉNICE, confidente de Sémiramis.
GARDES.

La scène est à Babylone, dans le palais de Sémiramis.

ACTE PREMIER

SCÈNE PREMIÈRE

BÉLUS.

Hé quoi ! toujours du sort la barbare constance
De mes justes desseins trahira la prudence,
Tandis que, de ma sœur appuyant les forfaits,
Il semble chaque jour prévenir ses souhaits !
O justice du ciel, que j'ai peine à comprendre !
Quel crime faut-il donc pour te faire descendre ?
Quels forfaits aux mortels ne seront pas permis,
Si tu vois sans courroux ceux de Sémiramis ?
Mère dénaturée, épouse parricide,
Moins reine que tyran dans un sexe timide,
Idole d'une cour sans honneur et sans foi ;
Voilà ce que le ciel protège contre moi !
En vain à son devoir Bélus toujours fidèle
Implore le secours d'une main immortelle ;

Loin de me seconder dans mon juste transport,
Avec Sémiramis tout semble ici d'accord :
Elle triomphe ; et moi je suis seul sans défense.
Eh ! depuis quand les dieux sont-ils donc sans ven-
                                    [geance ?
Mais que dis-je ? Et les dieux ne me laissent-ils pas,
Pour tout oser, un cœur, et, pour frapper, un bras ?
Le crime est avéré : pour lui livrer la guerre,
Ma vertu me suffit au défaut du tonnerre.
Puisque les noms de fils, et de mère, et d'époux,
Sont désormais des noms peu sacrés parmi nous,
Qui peut me retenir ? Est-ce le nom de frère
Qui puisse être un obstacle à ma juste colère ?
Ombre du grand Ninus, Bélus te fera voir
Qu'il ne connaît de nom que celui du devoir.
Eh ! ne suffit-il pas au courroux qui m'anime
Que ton sang m'ait tracé le nom de la victime ?
Mais que vois-je ? Déjà Madate de retour
Devance dans ces lieux la lumière du jour !

SCÈNE II

BÉLUS, MADATE.

BÉLUS.
Qu'il m'est doux de revoir un ami si fidèle !
Je n'eus jamais ici plus besoin de ton zèle.

MADATE.
Et quel secours encor vous en promettez-vous,
Quand le sort en fureur éclate contre nous ?
Seigneur, ne comptez plus, si voisin du naufrage,
Que sur les immortels, ou sur votre courage.
Sémiramis triomphe, Agénor est vainqueur,
Rien n'a pu soutenir sa funeste valeur.
Ce héros, que le ciel, jaloux de votre gloire,
Forma pour vous ravir tant de fois la victoire,
Chéri d'elle encor plus que de Sémiramis,
Inonde nos sillons du sang de vos amis.
Mais ce n'est pas pour vous le sort le plus à craindre :
Si j'en crois mes soupçons, que vous êtes à plaindre !
Vous êtes découvert, Mégabise a parlé.

BÉLUS.
Mégabise !

MADATE.
Sans doute il a tout révélé.

Seigneur, il vous souvient que de notre entreprise
Vous aviez nommé chef le traître Mégabise :
Cet infidèle et moi nous nous étions promis
De faire sous nos coups tomber Sémiramis.
Déjà, le bras levé, sa mort était certaine :
Nous nous étions tous deux placés près de la reine,
Tout prêts, en l'immolant, de vous proclamer roi ;
Mégabise un instant s'est approché de moi :
« Gardons-nous d'achever, m'a-t-il dit, cher Madate ;
« Il faut qu'en lieux plus sûrs notre courage éclate.
« Tu sais que nous verrons bientôt Sémiramis
« Voler avec fureur parmi ses ennemis :
« Laissons-la s'y porter sans nous éloigner d'elle ;
« Observons cependant cette reine cruelle. »
Je ne sais quel soupçon tout à coup m'a saisi.
Je l'observais, seigneur, et Mégabise aussi.
Le combat cependant de toutes parts s'engage,
Et n'offre à nos regards qu'une effroyable image.
Mégabise, ai-je dit, il est temps de frapper :
La victime à nos coups ne saurait échapper ;
On ne se connaît plus ; le désordre est extrême...
« Je réserve, a-t-il dit, cet honneur pour moi-même. »
Et le lâche a tant fait, que par mille détours
Il a de nos malheurs éternisé le cours.
Seigneur, j'ai vu périr tous ceux que votre haine
Avec tant de prudence armait contre la reine.
Au retour du combat, jugez de ma douleur,
Quand j'ai vu, l'œil terrible et rempli de fureur,
Votre sœur en secret parler à Mégabise.
A ce cruel aspect, peignez-vous ma surprise.
Le perfide, à son tour, surpris, déconcerté,
De la reine à l'instant vers moi s'est écarté.
Je l'attire aussitôt dans la forêt prochaine ;
Et là, sans consulter qu'une rage soudaine,
Furieux, j'ai percé le sein où trop de foi
Vous avait fait verser vos secrets malgré moi :
J'ai mieux aimé porter trop loin ma prévoyance,
Que de risquer vos jours par trop de confiance.

BÉLUS.

Tout est perdu, Madate ; il n'en faut plus douter.
Si tu pouvais savoir ce qu'il m'en va coûter...
Mais ce serait te faire une injure nouvelle,
Que de cacher encor ce secret à ton zèle.
Cher ami, ne crois pas qu'un soin ambitieux
Arme contre sa sœur un frère furieux.

Ce n'est pas qu'à regret la fierté de mon âme
N'ait ployé jusqu'ici sous les lois d'une femme ;
Mais je suis peu jaloux du pouvoir souverain.
Jamais sceptre sanglant ne souillera ma main :
Tu ne me verras point, quelque gloire où j'aspire,
Du sang des malheureux acheter un empire.
De soins plus généreux mon esprit agité
N'aime que du devoir l'âpre sévérité.
Ce n'en est pas l'éclat, c'est la vertu que j'aime :
Je fais la guerre au crime, et non au diadème :
Je veux venger Ninus, et couronner son fils ;
Voilà ce qui m'a fait soulever tant d'amis :
Et d'une sœur enfin qui souille ici ma gloire
Je ne veux plus laisser qu'une triste mémoire.

MADATE.
Que parlez-vous, seigneur, d'un fils du grand Ninus ?
Toute la cour prétend que ce fils ne vit plus.

BÉLUS.
Depuis dix ans entiers qu'une fuite imprudente
Le dérobe à mes vœux et trompe mon attente,
Je commence en effet à douter, à mon tour,
S'il vit, et si je dois compter sur son retour.
Les malheurs de son père ont trop rempli l'Asie,
Pour retracer ici l'histoire de sa vie.
L'univers, jusqu'à lui, n'avait point vu ses rois
Couronner une femme et s'imposer ses lois.
Tu sais comme ce prince, autrefois si terrible,
Devenu faible amant, de monarque invincible,
Perdu d'un fol amour pour mon indigne sœur,
Osa, de son vivant, s'en faire un successeur.
Rien ne put me contraindre à celer ma pensée
Sur ce coupable excès d'une flamme insensée.
Mais je voulus en vain déchirer le bandeau :
L'amour avait juré ce prodige nouveau.
Tu sais quel prix suivit le don du diadème,
Et l'essai que ma sœur fit du pouvoir suprême.
Ninus fut égorgé, sans secours, sans amis,
Au pied du même trône où Ninus fut assis ;
Et, pour comble d'horreurs, je vis la cour souscrire
Aux noirs commencements de ce nouvel empire.
Pour moi, je renfermai mon courroux dans mon
Où les dieux l'ont laissé vivre de ma douleur. [cœur,
Mais redoutant toujours, après son parricide,
De nouveaux attentats d'une reine perfide,
Je lui ravis son fils, ce dépôt précieux

Que me cache à son tour la colère des dieux.
Je m'étais aperçu que sa cruelle mère
Craignait de voir en lui croître un vengeur sévère.
J'engageai Mermécide à sauver de la cour
Ce gage malheureux d'un trop funeste amour.
Tu dois avoir connu ce fameux Mermécide,
Sa farouche vertu, son courage intrépide.
Il fit passer longtemps Ninias pour son fils ;
Mais ce secret parvint jusqu'à Sémiramis.

MADATE.

Seigneur, et par quel sort, dévoilant ce mystère,
N'a-t-elle point porté ses soupçons sur son frère ?

BÉLUS.

J'employai tant de soins à calmer sa fureur,
Que je ne fus jamais moins suspect à son cœur ;
Mais, craignant le courroux dont elle était saisie,
Mermécide courut jusqu'au fond de l'Asie
Cacher dans les déserts ce pupille sacré
Qu'à ses fidèles mains la mienne avait livré.
Cependant, pour tromper une mère cruelle,
De la mort de son fils je semai la nouvelle :
On la crut ; et bientôt j'eus la douceur de voir
Mes projets réussir au gré de mon espoir.
Ninias qui croissait, héros dès son enfance,
Réchauffait chaque jour le soin de ma vengeance.
Tu sais, pour occuper mon odieuse sœur,
Tout ce que j'ai tenté dans ma juste fureur ;
Par combien de détours, armé contre sa vie,
J'ai de fois en dix ans soulevé l'Assyrie.
Je fis plus : tu connais ma fille Ténésis,
Délices de Bélus et de Sémiramis,
Qui, l'entraînant partout où l'entraînent ses armes,
L'élève malgré moi dans le sein des alarmes,
Et que rien jusqu'ici n'en a pu séparer,
Mes dégoûts sur ce point n'osant se déclarer :
D'elle et de Ninias, par un saint hyménée,
Je formai le dessein d'unir la destinée,
Pour rendre encor mon cœur, par un lien si doux,
Plus avide du sang qu'exige mon courroux.
Près de Sinope enfin je conduisis ma fille,
Ce reste précieux d'une illustre famille :
Là, dans un bois aux dieux consacré dès longtemps,
J'unis par de saints nœuds ces augustes enfants.
L'un et l'autre touchaient à peine au premier lustre,
Quand je serrai les nœuds de cet hymen illustre :

Avec tant de mystère on les unit tous deux,
Que tout, jusqu'à leur nom, fut un secret pour eux.
Depuis vingt ans mes yeux n'ont point revu le prince :
On le cherche sans fruit de province en province.
Depuis dix ans en vain Mermécide a couru
Après ce fils si cher tout à coup disparu.
Mais qui vient nous troubler ? Quelle indiscrète au-
[dace !

SCÈNE III

BÉLUS, MERMÉCIDE, MADATE.

BÉLUS.
Que vois-je ? Mermécide, est-ce toi que j'embrasse ?
Ah ! cher ami, le jour qui te rend à mes vœux
Ne saurait plus pour nous être qu'un jour heureux.
Du sort de Ninias ton retour va m'instruire...

MERMÉCIDE.
Plaise au ciel que ce jour qui commence à nous luire
N'éclaire pas du moins le sort le plus affreux
Qui puisse menacer un cœur si généreux !
Seigneur, n'attendez plus d'une recherche vaine
Un prince dont la vie est assez incertaine.
Depuis dix ans entiers je parcours ces climats :
J'ai fait deux fois le tour de ces vastes États.
J'eusse dû mieux veiller, depuis cette journée
Où par vous Ténésis à Sinope amenée
A la face des dieux, dans un bois consacré,
Au roi de l'univers vit son hymen juré.
Je crus que sa beauté, qui devançait son âge,
Fléchirait vers l'amour ce jeune et fier courage :
Mais je ne vis en lui qu'une bouillante ardeur ;
Déjà sa destinée entraînait ce grand cœur.
Je fis pendant dix ans des efforts inutiles
Pour remplir Ninias de désirs plus tranquilles :
Son cœur ne respirait que l'horreur des combats,
Il rougissait souvent de me voir sans États.
Déjà, peu satisfait de n'avoir qu'un tel père,
Il semblait de son sort pénétrer le mystère.
Enfin il disparut, et je le cherche en vain.
Mais, seigneur, de Bélus quel sera le destin ?
Hier, sans me fixer une route certaine,
En attendant la nuit dans la forêt prochaine,
Je vis un corps sanglant étendu sous mes pas,
Qu'un reste de chaleur dérobait au trépas.

J'en approche aussitôt : jugez de ma surprise
Lorsque dans ce mourant je trouvai Mégabise.
Il méconnut longtemps ma secourable main.
Mais ses regards sur moi s'arrêtant à la fin :
« Que vois-je ? me dit-il, est-ce vous, Mermécide,
« Qui, le cœur indigné des fureurs d'un perfide,
« Venez pour conserver le reste de ce sang
« Que le cruel Madate a tiré de mon flanc ?
« C'est ainsi que Bélus traite un ami fidèle. »
A ces mots, peu content du succès de mon zèle,
Peut-être que la main qui prolongeait ses jours,
Plus prudente, bientôt en eût tranché le cours,
Si de quelques soldats la troupe survenue
Ne m'eût forcé de fuir leur importune vue.
Si Mégabise vit, nous sommes découverts.
BÉLUS, à Madate.
Trop prévoyant ami, qu'as-tu fait ? tu nous perds.
MERMÉCIDE.
Non, seigneur ; il ne faut que prévenir la reine :
C'est à nous désormais à servir votre haine.
Si Ninias n'est plus, c'est à vous de régner :
Vous me voyez tout prêt à ne rien épargner,
A vous immoler même un guerrier redoutable,
Imprudent défenseur d'une reine coupable.
Vous n'avez qu'à parler, seigneur ; et cette main
Va percer dès ce jour et l'un et l'autre sein.
J'entends du bruit, on vient : c'est la reine elle-même.
BÉLUS.
Fuis, Mermécide, fuis ; le péril est extrême.
Sa haine trop avant t'a gravé dans son cœur,
Pour abuser des yeux qu'instruirait sa fureur.

SCÈNE IV

SÉMIRAMIS, BÉLUS, TÉNÉSIS, MADATE, GARDES.

SÉMIRAMIS.
Je triomphe, Bélus : une heureuse victoire
Comblerait aujourd'hui mes désirs et ma gloire,
Si le sort, dangereux même dans ses bienfaits,
Ne m'eût fait triompher de mes propres sujets.
Verrai-je encor longtemps la rebelle Assyrie
Attaquer en fureur et mon sceptre et ma vie ?
Vous, de qui la vertu soutenant le devoir

11.

Contre mes ennemis fut toujours mon espoir,
A qui j'ai confié les murs de Babylone,
Ou plutôt partagé le poids de ma couronne,
Mon frère, je ne sais, malgré ce nom si doux,
Si mon cœur n'aurait pas à se plaindre de vous.
BÉLUS.
De moi !
SÉMIRAMIS.
Je sais, Bélus, que de vos soins fidèles
Je dois mieux présumer ; mais enfin les rebelles
De mes desseins contre eux sont si bien informés,
Qu'ils sont tous prévenus aussitôt que formés.
BÉLUS.
Suis-je de vos secrets le seul dépositaire ?
Et sur quoi fondez-vous un soupçon téméraire,
Sur quelle conjecture, ou sur quelle action ?
Vous savez que mon cœur est sans ambition.
SÉMIRAMIS.
On me trahit : c'est tout ce que je puis vous dire.
(A ses gardes.)
Allez, c'en est assez. Et vous, qu'on se retire ;
(A Ténésis.)
Princesse, demeurez. L'aimable Ténésis
Sait qu'elle fut toujours chère à Sémiramis.

SCÈNE V
SÉMIRAMIS, TÉNÉSIS.

SÉMIRAMIS.
Je vois qu'on me trahit, et je crains votre père,
Mais sans le soupçonner d'un odieux mystère ;
Et quand même il aurait mérité mon courroux,
Mon injuste rigueur n'irait point jusqu'à vous.
TÉNÉSIS.
Au grand cœur de Bélus rendez plus de justice :
Sa vertu n'admet point un si noir artifice.
SÉMIRAMIS.
C'est de cette vertu que je crains les transports.
Bélus ne me tient point compte de mes remords :
Quelque tendre amitié que m'inspire mon frère,
Je crois toujours en lui voir un juge sévère,
Dont les troubles cruels qui déchirent mon cœur
Me font plus que jamais redouter la rigueur.
De quel œil verra-t-il une superbe reine

Le front humilié d'une honteuse chaîne ?
Ninus, que de ta mort le ciel s'est bien vengé !
Ma chère Ténésis, que mon cœur est changé !
Cette Sémiramis si fière et si hautaine,
Du sort de l'univers arbitre et souveraine,
Rivale des héros dont on vante les faits,
Qui de son sexe enfin n'avait que les attraits,
Vile esclave au milieu de la grandeur suprême,
Maîtresse des humains, ne l'est plus d'elle-même.
Je ne triomphe pas de tous mes ennemis :
Qu'il en est que mon cœur voudrait avoir soumis !
Je vois que Ténésis, indignée et surprise,
Condamne des transports que sa vertu méprise :
Mais de notre amitié les liens sont trop doux,
Pour me permettre encor quelques secrets pour
[vous.
Je vous en dis assez pour vous faire comprendre
Tout ce que ma fierté craint de vous faire entendre.
 TÉNÉSIS.
Je conçois aisément qu'une cruelle ardeur
De vos jours malgré vous a troublé la douceur.
Le reste est un secret que mon respect, madame,
Me défend de chercher jusqu'au fond de votre âme.
Votre défaite en vain me suppose un vainqueur :
J'ignore qui s'est pu soumettre un si grand cœur ;
Je n'ose le chercher dans la foule importune
Qu'attire sur vos pas votre auguste fortune.
J'avais cru jusqu'ici que pour plaire à vos yeux
Il fallait ou des rois, ou des enfants des dieux.
 SÉMIRAMIS.
Et voilà ce qui met le trouble dans mon âme,
Et qui me fait rougir d'une honteuse flamme.
Agénor inconnu ne compte point d'aïeux
Pour me justifier d'un amour odieux.
 TÉNÉSIS.
Agénor !
 SÉMIRAMIS.
 Le voilà, ce vainqueur redoutable,
Qu'un front sans ornement ne rend pas moins ai-
Plus terrible lui seul que tous mes ennemis, [mable ;
Et plus cruel pour moi que ceux qu'il a soumis.
Ma raison s'arme en vain de quelques étincelles :
Mon cœur semble grossir le nombre des rebelles.
 TÉNÉSIS.
Madame, et quel dessein a-t-il donc pu former ?

En aimant Agénor, que prétend-il?
SÉMIRAMIS.
L'aimer;
Et, si ce n'est assez, lui partager encore
Un sceptre qu'aussi bien mon amour déshonore.
TÉNÉSIS.
Ah, ciel! et que dira l'univers étonné?
A quels soins ce grand cœur s'est-il abandonné?
SÉMIRAMIS.
J'ai fait taire ma gloire, et tu veux que je craigne
Les discours importuns de ceux sur qui je règne!
Ténésis, plût aux dieux que mon funeste amour
N'eût d'autres ennemis à combattre en ce jour!
Je braverais bientôt ce que dira l'Asie :
Ce n'est pas là l'effroi dont mon âme est saisie.
Qu'aux mortels indignés le ciel se joigne encor,
De l'univers entier je ne crains qu'Agénor...
C'est ce rebelle cœur que je voudrais soumettre,
Et c'est ce que le mien n'oserait se promettre.
Des Mèdes aujourd'hui je l'ai déclaré roi.
Mais je l'élève en vain pour l'approcher de moi;
En vain, dans les transports de mon amour extrême,
Sur son front dépouillé j'attache un diadème :
Pour toucher ce héros mes bienfaits superflus
Échauffent sa valeur, et ne font rien de plus.
De tant d'amour, hélas! faible reconnaissance!
Ses exploits font encor toute ma récompense.
Ténésis, c'est à toi que ma flamme a recours :
Souffre que de tes soins j'implore le secours;
C'est sur eux désormais que mon cœur se repose.
Tu sais ce que pour moi notre amitié t'impose;
J'en exige aujourd'hui des efforts généreux...
TÉNÉSIS.
Eh! que puis-je pour vous qui réponde à vos vœux?
SÉMIRAMIS.
Il faut faire approuver mon amour à mon frère,
Fléchir en sa faveur sa vertu trop austère,
Retenir dans son cœur des leçons que je crains.
Pour relever le mien tous reproches sont vains.
Ce n'est pas tout : il faut de l'amour le plus tendre
Informer un héros qui le voit sans l'entendre;
Soulager sur ce point mon courage abattu,
Quand ma timidité fait toute ma vertu.
J'ai détrôné des rois, porté partout la guerre;
Nul héros plus que moi n'a fait trembler la terre;

Tout respecte ma voix ; et je crains de parler ;
Le seul nom d'Agénor suffit pour me troubler ;
Je ne sais quoi dans lui me fait sentir un maître.
C'est ainsi que l'amour en ordonne peut-être.
Peins-lui si bien le feu qui dévore mon cœur,
Qu'à son tour ce héros reconnaisse un vainqueur ;
Et si l'amour pour moi n'avait rien à lui dire,
Tente du moins son cœur par l'offre d'un empire.
Ce guerrier va bientôt se montrer à nos yeux.
Pour moi, que mille soins rappellent dans ces lieux,
Adieu : pour un moment souffre que je te laisse,
Ma chère Ténésis, pardonne à ma faiblesse
Des soins dont sur ta foi mon amour s'est remis :
Juge par ces transports quel en sera le prix.

SCÈNE VI

TÉNÉSIS.

Est-ce à moi, juste ciel, que ce discours s'adresse.
Qu'oses-tu m'avouer, téméraire princesse ?
Que je plains ton amour, faible Sémiramis,
Si son espoir dépend des soins de Ténésis !
Pour t'en remettre à moi du succès de ta flamme,
Je vois bien que tu n'as consulté que ton âme :
Tu m'aurais mieux caché ses secrets odieux,
Si l'Amour d'un bandeau n'avait couvert tes yeux.
Et toi, cruel Amour qui me poursuis sans cesse,
Est-ce pour éprouver une triste princesse
Qui t'ose disputer l'empire de ton cœur,
Que tu m'as confié les soins d'une autre ardeur ?
Tu ne peux mieux combler ta vengeance fatale,
Qu'en me faisant servir les feux de ma rivale ;
Et, pour comble de maux, quelle rivale encor !
Quel triomphe pour toi, redoutable Agénor !
J'ai dédaigné tes soins ; ma fierté trop farouche
A vingt fois étouffé tes soupirs dans ta bouche :
Et l'Amour jusque-là vient de m'humilier,
Que peut-être à mon tour il faudra supplier.
Entre une reine et moi, sur quoi puis-je prétendre
Que ton cœur un moment balance pour se rendre ?
S'il se laisse éblouir par les offres du sien,
Que de mépris suivront la défaite du mien !
Eh ! que m'importe, hélas ! qu'Agénor me méprise ?
Est-ce assez pour l'aimer qu'une autre m'autorise ?

Un cœur né sans vertu, sans honneur et sans foi,
Peut-il être en effet un exemple pour moi ?
Que dis-je ? Quoi ! déjà ma prompte jalousie
Joint l'outrage aux transports dont mon âme est saisie !
Ténésis, pour te faire un généreux effort,
Songe que tu n'es plus maîtresse de ton sort.
Ah ! Bélus, plût aux dieux qu'en mon triste hyménée
Mon cœur eût de ma main subi la destinée !
Vains regrets ! C'est assez, égarements jaloux,
Mon austère vertu n'est point faite pour vous.
Parlons, n'exposons pas la tête de mon père
Aux noirs ressentiments d'une reine en colère
Que de malheurs suivraient son amour outragé !
Puisqu'à servir ses feux mon cœur est engagé,
Instruisons Agénor de cet amour funeste ;
A mes faibles attraits laissons le soin du reste.
Vains désirs, taisez-vous pour la dernière fois :
C'est à d'autres qu'à vous qu'il faut prêter ma voix.

ACTE DEUXIÈME

SCÈNE PREMIÈRE

AGÉNOR, MIRAME.

AGÉNOR.

Où suis-je ? dans quels lieux la fortune me guide !
Dieux, que réservez-vous au fils de Mermécide ?
Vains honneurs qu'Agénor n'a que trop recherchés,
Sous vos appas flatteurs que de soins sont cachés !
Depuis dix ans entiers éloigné de mon père,
Loin de me rapprocher d'une tête si chère,
Je transporte mes dieux en ce fatal séjour,
Pour n'y sacrifier qu'au seul dieu de l'amour.
Mais que j'en suis puni ! Que l'hymen, cher Mirame,
Se venge avec rigueur d'une coupable flamme !
Moi qui, longtemps porté de climats en climats,
Fis le destin des rois, subjuguai tant d'États ;
Qui semblais, pour me faire une gloire immortelle,
N'avoir plus à dompter qu'une reine cruelle ;

Quand l'univers en moi croit trouver un vengeur,
Mon bras de son tyran devient le défenseur !
Enchanté malgré moi des exploits d'une reine
Qui ne devrait peut-être exciter que ma haine,
Je viens en imprudent grossir des étendards
Sous qui l'amour m'a fait tenter tant de hasards !
Pourrais-je sans rougir imputer à la gloire
Des faits où Ténésis attache la victoire?
J'ai tout fait pour lui plaire, et mon cœur jusqu'ici
N'a dans ce triste soin que trop mal réussi.
MIRAME.
Eh quoi! seigneur, l'éclat d'un nouveau diadème
Ne pourra dissiper votre douleur extrême !
Voulez-vous, trop sensible aux peines de l'amour,
Le front chargé d'ennuis, vous montrer à la cour ?
Songez que ce vain peuple, attentif à vous plaire,
En volant sur vos pas, de plus près vous éclaire.
Après ce que pour vous a fait Sémiramis...
AGÉNOR.
Laissons là ses bienfaits : parle de Ténésis ;
Dans ces superbes lieux voilà ce qui m'amène :
Tout autre soin ne fait que redoubler ma peine.
MIRAME.
Seigneur, vous n'êtes plus dans ces camps où vos pas
N'avaient d'autres témoins que les yeux des soldats.
Agénor y voyait Ténésis sans contrainte ;
Le courtisan oisif n'y causait nulle crainte ;
La reine, dont la guerre occupait tous les jours,
A vos amours d'ailleurs laissait un libre cours :
Mais c'est ici qu'il faut dans le fond de votre âme
Renfermer les transports d'une indiscrète flamme.
Sémiramis, en proie à la plus vive ardeur,
Laisse trop voir le feu qui dévore son cœur,
Pour oser vous flatter de tromper sa tendresse.
Songez à quels périls vous livrez la princesse.
AGÉNOR.
Je ne le sais que trop, et c'est le seul effroi
Qui de tant de dangers soit venu jusqu'à moi ;
D'autant plus alarmé, que, déjà las de feindre,
Mon cœur n'est point nourri dans l'art de se con-
[traindre.
Mirame, tu connais jusqu'où va mon malheur ;
Et tu peux condamner l'excès de ma douleur !
Cieux cruels, fallait-il prendre tant de vengeance
De l'oubli d'un serment juré dans mon enfance?

Mais qu'ai-je à redouter et qu'importe à mes feux
Que la reine en courroux se déclare contre eux ?
Ce n'est pas sous ses lois que le ciel m'a vu naître;
Et l'Amour jusqu'ici n'a point connu de maître.
J'avouerai cependant que l'éclat de ces lieux
A plus ému mon cœur qu'il n'a frappé mes yeux.
Je ne sais, mais l'aspect des murs de Babylone
M'a rempli tout à coup d'un trouble qui m'étonne :
Quoi que m'inspire enfin leur redoutable aspect,
Ces lieux n'ont rien qui doivent exciter mon res-
[pect :
A la reine, en un mot, nul devoir ne m'engage ;
Ses bienfaits, quels qu'ils soient, sont dus à mon
[courage.
C'est assez que ce jour m'ait vu déclarer roi,
Pour ne vouloir ici dépendre que de moi.
Souffre que j'en excepte une princesse aimable,
Qui soumit d'un coup d'œil un courage indomptable,
Qui peut-être aurait moins fait pour Sémiramis,
Si le sort à mes yeux n'eût offert Ténésis.
Mais je la vois; vers nous c'est elle qui s'avance.
Laisse-moi seul ici jouir de sa présence.
Prends garde cependant que la reine en ces lieux
Ne trouble un entretien qui m'est si précieux.

SCÈNE II

AGÉNOR, TÉNÉSIS.

TÉNÉSIS.
Je vous cherche, seigneur.
AGÉNOR.
Moi, madame ?
TÉNÉSIS.
Oui, vous-même,
Et vous cherche de plus par un ordre suprême.
Pour remplir votre espoir par des soins éclatants,
Je viens vous révéler des secrets importants.
AGÉNOR.
Quel que soit le dessein qui vers moi vous adresse,
Madame, plût au ciel, dans le soin qui vous presse,
Que de tous les secrets qu'on veut me révéler,
A quelques-uns des miens un seul pût ressembler !
Que, las de les garder, mon cœur souffre à les taire !

TÉNÉSIS.

Je n'en viens point, seigneur, pénétrer le mystère ;
Je n'ai pas prétendu vous déclarer les miens,
Et votre cœur pour lui peut réserver les siens :
Le soin de les savoir n'est pas ce qui m'amène ;
Je ne m'empresse ici que pour ceux de la reine.

AGÉNOR.

Ah ! madame, daignez vous épargner ce soin ;
Votre zèle pour elle irait en vain plus loin :
Je ne veux rien savoir des secrets de la reine,
Que lorsqu'il faut servir sa justice ou sa haine.
Ministre à son courroux malgré moi dévoué,
Combien de fois mon cœur m'en a désavoué !
S'il s'agissait ici de dompter les rebelles,
Ou de tenter encor des conquêtes nouvelles,
On ne vous aurait pas confié ces secrets.
Quoique tout soit sur moi possible à vos attraits,
La reine, dont l'Asie admire la prudence,
A-t-elle pu si mal placer sa confidence ?
Et quel est son espoir, ou plutôt son erreur ?
Que vous pénétrez peu l'une et l'autre en mon cœur !

TÉNÉSIS.

Qu'elle s'abuse ou non sur ce qu'elle en espère,
Vous pourrez avec elle éclaircir ce mystère :
Je ne me charge ici que de vous informer
Qu'Agénor de la reine a su se faire aimer ;
Que l'unique bonheur où son grand cœur aspire,
Seigneur, c'est de vous voir partager cet empire.
Sa tendresse et sa main sont d'un assez grand prix
Pour ne pas s'attirer un injuste mépris.

AGÉNOR.

Les dieux, pour ajouter à sa grandeur suprême,
Eussent-ils dans ses mains mis leur puissance même,
Il est pour Agénor un bien plus précieux
Que toutes les grandeurs de la reine et des dieux.
Mais, puisque malgré moi vous avez pu m'apprendre
Ce dangereux secret que je craignais d'entendre,
Madame, permettez que mon cœur, à son tour,
Entre la reine et vous s'explique sans détour.
J'aime, je l'avouerai ; mon courage inflexible
N'a pu me préserver d'un penchant invincible :
Un regard a suffi pour mettre dans les fers
Celui qui prétendait y mettre l'univers.
J'aime. Le digne objet pour qui mon cœur soupire,
Quoiqu'il ne brille point par l'éclat d'un empire,

N'en mérite pas moins, par sa seule beauté,
Tout l'hommage qu'on rend à la divinité :
Le ciel mit dans son cœur la vertu la plus pure
Dont il puisse enrichir les dons de la nature.
Jugez, à ce portrait que je n'ai point flatté,
Si le nom de la reine y peut être ajouté.
Vous me vantez en vain son rang et sa tendresse;
En vain à la servir votre bouche s'empresse :
Que pourrait-elle, hélas! me dire en sa faveur,
Que vos yeux aussitôt n'effacent de mon cœur?
Ah! ne les armez point d'une injuste colère,
Princesse; mon dessein n'est pas de leur déplaire :
Les miens ne sont ouverts que pour les admirer,
Et mon cœur n'était fait que pour les adorer.

TÉNÉSIS.

Je n'ai que trop prévu que l'amour de la reine
Exciterait en vous une audace si vaine;
Et, mesurant bientôt tous les cœurs sur le sien,
Que parmi les vaincus vous compteriez le mien.
Fier de tant de hauts faits, vous avez cru peut-être
Que la seule valeur vous en rendrait le maître;
Mais, si jamais l'amour le soumet à vos lois,
Ce sera le plus grand de vos fameux exploits.
Vingt royaumes conquis, l'Egypte subjuguée,
L'Afrique en ses déserts par vous seul reléguée,
N'ont que trop signalé votre invincible cœur,
Sans enchaîner le mien au char de leur vainqueur.
Seigneur, et quel espoir a donc pu vous promettre
Qu'à vos désirs un jour vous pourriez le soumettre?
Car, si vous n'en eussiez jamais rien attendu,
Vous auriez mieux gardé le respect qui m'est dû.
J'estimais vos vertus, et ce n'est pas sans peine
Que je vous vois chercher à mériter ma haine.
Je ne vous parle point du péril où vos feux
Exposent tous les miens, et moi-même avec eux;
Vous l'auriez dû prévoir : une plus belle flamme
De ce soin généreux eût occupé votre âme.
Je veux bien vous cacher d'autres secrets encor
Plus terribles cent fois pour l'amour d'Agénor :
Mais, si vous en voulez pénétrer le mystère,
Daignez, si vous l'osez, interroger mon père.
Il vient : vous en pourrez mieux apprendre aujour-
Ce qu'il faut espérer de sa fille et de lui.   [d'hui
(Elle sort.)

AGÉNOR, seul.

Qu'entends-je? quel mépris! Ah! c'en est trop, ingrate;
Vous n'abuserez plus d'un amour qui vous flatte.
Mais j'aperçois Bélus ; fuyons un entretien
Qui ne peut plus qu'aigrir et son cœur et le mien.

SCÈNE III

AGÉNOR, BÉLUS.

BÉLUS.

Arrêtez un moment : j'ai deux mots à vous dire,
Qui me regardent, vous, la reine et tout l'empire.
Au mépris de son sang, plus encor de nos lois,
Qui n'ont jamais admis d'étrangers pour nos rois,
De ma sœur et de vous on dit que l'hyménée,
Seigneur, doit dès ce jour unir la destinée.
L'esprit avec justice indigné de ce bruit,
J'ai voulu par vous-même en être mieux instruit.

AGÉNOR.   [prendre,

Si ce bruit, quel qu'il soit, a de quoi vous sur-
De la reine, seigneur, ne pouviez-vous l'apprendre?

BÉLUS.

Ah! je ne sais que trop ses projets insensés.

AGÉNOR.

Et moi de vos secrets plus que vous ne pensez.

BÉLUS.

Si jamais votre cœur fut vraiment magnanime,
Vous n'aurez donc pour moi conçu que de l'estime.

AGÉNOR.

Je ne démêle point les divers intérêts
Qui vous font en ces lieux former tant de projets :
Il m'a suffit, savant dans l'art de les détruire,
D'en préserver l'État, mais sans vouloir vous nuire.
Ce discours vous surprend ; mais, prince, poursui-
Et ne regardez point ce que vous me devez.   [vez,

BÉLUS.

Je vous devrais beaucoup pour tant de retenue,
Si la cause, seigneur, m'en était mieux connue.
Mon cœur n'est point ingrat ; cependant je sens bien
Qu'il voudrait vous haïr, et ne vous devoir rien.

AGÉNOR.

Je vais donc aujourd'hui, par un aveu sincère,
Justifier ici cette haine si chère.
Vous avez cru sans doute, en votre vain courroux,

Qu'un étranger sans nom fléchirait devant vous,
Et surtout au milieu d'une cour ennemie
Où l'on voit sa puissance encor mal affermie ;
Que vous n'aviez, seigneur, qu'à venir m'annoncer
Qu'à l'hymen de la reine il fallait renoncer,
Pour me voir, au dessein de conserver ma vie,
Sacrifier l'espoir de régner sur l'Asie.
Mais de mes ennemis je brave les projets :
Je crains peu la menace, encor moins les effets ;
Et, si jamais l'amour m'entraînait vers la reine,
Je consulterais peu ni Bélus ni sa haine.
Mais, pour un autre objet dès longtemps prévenu,
Dans des liens plus doux mon cœur fut retenu.
Votre fille, seigneur, est celle que j'adore,
Ou que sans ses mépris j'adorerais encore.

BÉLUS.

Ma fille ! Ténésis ?

AGÉNOR.
    Un captif tel que moi
Honorerait ses fers, même sans qu'il fût roi.

BÉLUS.

Seigneur, si mes secrets ont besoin de silence,
Les vôtres n'avaient pas besoin de confidence.
Quoi ! d'aïeux sans éclat Agénor descendu
A l'hymen de ma fille aurait-il prétendu ?

AGÉNOR.

On vante peu le sang dont j'ai reçu la vie ;
Mais je n'en connais point à qui je porte envie :
D'aucun soin sur ce point mon cœur n'est combattu.
Le destin m'a fait naître au sein de la vertu ;
C'est elle qui prit soin d'élever mon enfance,
Et ma gloire a depuis passé mon espérance.
Quiconque peut avoir un cœur tel que le mien
Ne connaît point de sang plus digne que le sien ;
Et, quand j'ai recherché votre auguste alliance,
J'ai compté vos vertus, et non votre naissance.

BÉLUS.

C'est elle cependant qui décide entre nous.
Il est plus d'un mortel aussi vaillant que vous ;
Mais je n'en connais point, quelque grand qu'il
         [puisse être,
Dont le sang d'où je sors ne doive être le maître.
La valeur ne fait pas les princes et les rois :
Ils sont enfants des dieux, du destin et des lois.
La valeur, quels que soient ses droits et ses maximes,

Fait plus d'usurpateurs que de rois légitimes.
Si la valeur, plutôt que la splendeur du sang,
Au-dessus des humains pouvait nous faire un rang,
Il n'est point de soldat qu'un peu de gloire inspire,
Qui ne pût, à son tour, aspirer à l'empire.
En vain sur vos exploits vous fondez votre espoir.
Vous voilà revêtu de l'absolu pouvoir ;
Mais comment ? et par qui ? Seigneur, une couronne
N'est jamais bien à nous si le sang ne la donne.
La reine, comme moi, sort de celui des dieux ;
Elle règne : est-ce assez pour oser autant qu'eux ?
Imitons leur justice, et non pas leur puissance :
L'équité doit régler et peine et récompense.
Quoi qu'il en soit, parmi de peu dignes aïeux
Ma fille n'ira point mêler le sang des dieux.
Sur un sang aussi beau si votre amour se fonde,
Venez la disputer au souverain du monde.

AGÉNOR.   [yeux :
L'orgueil de ces grands noms n'éblouit point mes
Le mien, sans ce secours, est assez glorieux
Pour ne rien voir ici dont ma fierté s'étonne.
Un guerrier généreux que la vertu couronne
Vaut bien un roi formé par le secours des lois :
Le premier qui le fut n'eut pour lui que sa voix.
Quiconque est élevé par un si beau suffrage
Ne croit pas du destin déshonorer l'ouvrage.
Seigneur, à Ténésis je réservais ma foi,
Parce que mon amour la crut digne de moi :
J'ai voulu vous l'offrir, dans la crainte peut-être
De me voir obligé de vous donner un maître.
La reine m'offre ici l'empire avec sa main :
Puisque vous m'y forcez, ce sera dès demain ;
Ne fût-ce qu'à dessein, seigneur, de vous instruire
Qu'un soldat n'en est pas moins digne de l'empire.

BÉLUS.
Hé bien ! poursuivez donc, tâchez de l'obtenir ;
Mais songez aux moyens de vous y maintenir.
(Il sort.)

AGÉNOR, seul.
Ah ! dût-il m'en coûter le repos de ma vie,
Je veux de leurs mépris punir l'ignominie.
La reine vient : parlons, irritons son ardeur,
Associons ma haine aux transports de son cœur
Employons, s'il se peut, à flatter sa tendresse
Le moment de raison que mon dépit me laisse.

SCÈNE IV

SÉMIRAMIS, AGÉNOR.

SÉMIRAMIS.

Invincible héros, seul appui de mes jours,
A quel autre aujourd'hui pourrais-je avoir recours?
Je viens de pénétrer le plus affreux mystère.
On me trahit, seigneur, et le traître est mon frère.
Cette austère vertu dont se parait l'ingrat
Ne servait que de voile au plus noir attentat.
Comblé de tant d'honneurs, ce perfide que j'aime
De mes propres bienfaits s'arme contre moi-même;
C'est lui dont la fureur, séduisant mes sujets,
M'en fait des ennemis déclarés ou secrets.
L'auriez-vous soupçonné d'une action si noire?

AGÉNOR.

D'un prince tel que lui vous devez peu la croire.

SÉMIRAMIS.

Seigneur, il n'est plus temps de le justifier :
Il ne faut plus songer qu'à le sacrifier.
Ma tendresse pour lui ne fut que trop sincère;
Je n'en ai que trop fait pour cet indigne frère;
Malgré moi; car enfin ce n'est pas d'aujourd'hui
Que mon cœur en secret s'élève contre lui.
Si vous saviez quelle est la fureur qui le guide,
Et tout ce qu'en ces lieux méditait le perfide!
Il en veut à vous-même, à mon trône, à mes jours,
Si de tant de complots vous n'arrêtez le cours.
Mourant, percé de coups par l'ordre de ce traître,
Mégabise, seigneur, dans ces murs va paraître :
Je le fais en secret apporter en ces lieux.

AGÉNOR.

Madame, devez-vous en croire un furieux?
Il est vrai qu'il accuse et Bélus et Madate.

SÉMIRAMIS.

Vous voyez s'il est temps que ma vengeance éclate.

AGÉNOR.

Il faut dissimuler un si juste courroux :
Bélus est dans ces lieux aussi puissant que vous.
Gardez-vous d'éclater : plus que jamais, madame,
Vous devez renfermer vos transports dans votre
Tout un peuple, pour lui prêt à se déclarer... [âme.

SÉMIRAMIS.

Eh bien! pendant la nuit il faut s'en assurer.

C'est de vous que j'attends cet important service,
Vous, pour qui seul ici j'ordonne son supplice. [ports
Seigneur, vous vous troublez ! Je ne sais quels trans-
Eclatent dans vos yeux malgré tous vos efforts.
AGÉNOR.
Reine, je l'avouerai qu'à regret contre un frère
Mon bras vous prêterait ici son ministère :
Non que de vous servir il néglige l'emploi,
Mais daignez le commettre à quelque autre que moi.
Vous ne m'en verrez pas moins prompt à vous dé-
[fendre,
Contre des jours si chers si l'on ose entreprendre.
SÉMIRAMIS.
Ah ! seigneur, ce n'est pas l'intérêt de mes jours
Qui me fait d'un héros implorer le secours.
Plût au ciel que Bélus n'en voulût qu'à ma vie !
D'un courroux moins ardent on me verrait saisie.
Mais, hélas ! le cruel attaque en sa fureur
Tout ce qui fut jamais de plus cher à mon cœur :
Ce n'est qu'à le sauver que ma tendresse aspire,
Et ce n'est pas pour moi que je défends l'empire.
Seigneur, si Ténésis eût rempli mon espoir,
Mon cœur n'aurait plus rien à vous faire savoir ;
Et le vôtre du moins, plein de reconnaissance,
Rassurerait du mien la timide espérance.
AGÉNOR.
La princesse a daigné, dans un long entretien...
SÉMIRAMIS.
Hé quoi ! vous l'avez vue, et ne m'en dites rien !
On sait tout ; cependant on garde un froid silence !
On se trouble, on soupire, et même en ma présence !
Quels regards ! quel accueil ! et qu'est-ce que je vois ?
Sans doute on vous aura prévenu contre moi.
Ah ! seigneur, pardonnez ces pleurs à mes alarmes,
Et n'accusez que vous de mes premières larmes.
AGÉNOR. [dieux,
Quand on est, comme vous, si ressemblante aux
Dans le cœur des mortels on devrait lire mieux.
Que n'en doit point attendre une reine si belle ?
Quel cœur à ses désirs pourrait être rebelle ?
Sans vous offrir ici des soupirs ni des soins,
Peut-être qu'Agénor n'en aimera pas moins.
Son cœur, né pour la guerre et non pour la tendresse,
Des camps qui l'ont nourri garde encor la rudesse ;
Et je crois qu'en effet vous n'en attendez pas

Des vulgaires amants les frivoles éclats :
Mais tel qu'il est enfin, si ce cœur peut vous plaire,
J'accepte tous les dons que vous voulez me faire.
SÉMIRAMIS.
Que vous me rassurez par un aveu si doux!
Qu'avec crainte, seigneur, j'ai paru devant vous !
Hélas! sans se flatter, une reine coupable
Pouvait-elle espérer de vous paraître aimable?
Pour toucher votre cœur, je n'ai que mes transports ;
Pour me justifier, je n'ai que mes remords.
Mais que dis-je? et pourquoi me reprocher un crime
Que mon amour pour vous va rendre légitime?
Si jamais dans le sang mes mains n'eussent trempé,
Si quelque heureux forfait ne me fût échappé,
Je ne goûterais pas la douceur infinie
De pouvoir vous aimer le reste de ma vie.
Venez, seigneur, venez donner à l'univers,
Qui me vit si longtemps lui préparer des fers,
Un spectacle pompeux qu'il n'osait se promettre :
C'est de voir à son tour un mortel me soumettre.
Venez, par un hymen si cher à mes souhaits,
Du perfide Bélus confondre les projets.
Par ces nœuds, dont je cours hâter l'auguste fête,
Venez de l'univers m'annoncer la conquête.
Hélas! je l'ai privé du plus grand de ses rois,
Mais je lui rends en vous plus que je ne lui dois.

ACTE TROISIÈME

SCÈNE PREMIÈRE

BÉLUS, MADATE.

BÉLUS.
Madate, c'en est fait ; la fortune cruelle
A juré que ma sœur l'éprouverait fidèle.
Le traître Mégabise, à tes coups échappé,
Nous vend cher à tous deux le trait qui l'a frappé.
Il a de nos complots fait avertir la reine,
Et je sais que près d'elle en secret on l'amène.

Il ne nous reste plus, dans un si triste sort,
D'autre espoir que celui d'illustrer notre mort.
Mourons : mais, s'il se peut, avant qu'on nous oppri-
Honorons mon trépas de plus d'une victime. [me,
Seul espoir dont mon cœur s'est trop entretenu,
Imprudent Ninias, qu'êtes-vous devenu?
MADATE.
Seigneur, dès que le sort contre nous se déclare,
Que pourrait contre lui la vertu la plus rare?
Et quel espoir encor peut vous être permis
Dans ces perfides lieux à la reine soumis?
C'est loin d'ici qu'il faut conjurer un orage
Que prétendrait en vain braver votre courage.
BÉLUS.
Qui? moi! qu'en fugitif j'abandonne ces lieux!
Mes ennemis y sont, et je ne cherche qu'eux.
Le ciel même dût-il m'accabler sous sa chute,
Mon cœur n'est pas de ceux que le péril rebute
Il n'a jamais formé que d'illustres desseins,
Et ma perte aujourd'hui n'est pas ce que je crains.
As-tu fait de ma part avertir Mermécide?
C'est de lui que j'attends un conseil moins timide.
Il vient : cours cependant informer Agénor
Qu'un moment sans témoins je veux le voir encor.
Je conçois un projet qui flatte ma vengeance,
Et rend à mon courroux sa plus chère espérance.

SCÈNE II

BÉLUS, MERMÉCIDE.

BÉLUS.
Mermécide, sais-tu jusqu'où vont nos malheurs?
Que ce funeste jour nous prépare d'horreurs!
Nous sommes découverts, et bientôt de la reine
Nous allons voir sur nous tomber toute la haine.
MERMÉCIDE.
Je vous ai déjà dit, seigneur, que cette main
N'attend qu'un mot de vous pour lui percer le sein.
Malgré le faix des ans, l'âge enfin qui tout glace,
Je sens par vos périls réchauffer mon audace.
Prononcez son arrêt, condamnez votre sœur;
J'immole avant la nuit elle et son défenseur.
Il semble qu'avec nous le sort d'intelligence
Livre à tous vos desseins ce guerrier sans défense.

BÉLUS.
Non, Mermécide, non, je n'y puis consentir :
Épargne à ma vertu l'horreur d'un repentir.
Mon bras ne s'est armé que pour punir des crimes,
Et non pour immoler d'innocentes victimes.
Je l'ai vu ce héros : tremblant à son aspect,
Je n'ai senti pour lui qu'amour et que respect.
De quel crime en effet ce guerrier redoutable
Envers les miens et moi peut-il être coupable?
On n'est point criminel pour être ambitieux.
On offre à ses désirs un trône glorieux :
A ses vœux les plus doux moi seul ici contraire,
Je dédaigne un héros qui m'est si nécessaire;
Cependant je l'estime, et je sens dans mon cœur
Je ne sais quel penchant parler en sa faveur.
Je n'ai peut-être ici qu'avec trop d'imprudence
Laissé d'un vain mépris éclater l'apparence.
Perdons ma sœur : pour lui, consens à l'épargner;
Loin de le perdre, il faut tâcher de le gagner.
Je sais un sûr moyen de l'armer pour moi-même :
Que te dirai-je enfin? c'est Ténésis qu'il aime.

MERMÉCIDE.
Mais pour en disposer, seigneur, est-elle à vous?
Ninias, engagé dans des liens si doux,
En a gardé peut-être une tendre mémoire.

BÉLUS.
Cette union n'était que trop chère à ma gloire.
Qui doit plus que Bélus en regretter les nœuds?
Cet hymen aurait mis le comble à tous mes vœux.
Mais un plus digne soin veut qu'on lui sacrifie
L'espoir qu'eut Ténésis au trône de l'Asie :
Il faut à Ninias conserver désormais
Un sceptre qui doit seul attirer ses souhaits.
Ma fille fut à lui; mais ce n'est pas un gage
Qui lui puisse assurer un si noble avantage.
A son premier hymen arrachons Ténésis,
Si je veux d'un second priver Sémiramis :
Ninias n'aurait plus qu'une espérance vaine,
Si jamais Agénor s'unissait à la reine.
Enfin, puisque le sort m'y contraint aujourd'hui,
Il faut sans murmurer descendre jusqu'à lui,
En de honteux liens engager ma famille,
Aux vœux d'un inconnu sacrifier ma fille.

MERMÉCIDE.
Mais si de son hymen il dédaignait l'honneur?

BÉLUS.
Je l'abandonne alors à toute ta fureur.
Adieu. Bientôt ici ce guerrier doit se rendre.
En ces lieux cependant songeons à nous défendre :
Disperse nos amis autour de ce palais;
Qu'aux troupes de la reine ils en ferment l'accès.
Il faut des plus hardis, commandés par moi-même,
Placer ici l'élite en ce péril extrême;
Semer de toutes parts des bruits séditieux
Qui puissent ranimer les moins audacieux;
Dire que Ninias voit encor la lumière,
Qu'il revient pour venger le meurtre de son père.
Je veux de ce faux bruit faire trembler ma sœur;
Porter le désespoir jusqu'au fond de son cœur.
Tandis qu'ici tu vas signaler ton courage,
Que ma vertu du mien va faire un triste usage!

SCÈNE III

BÉLUS.

Enfin, c'en est donc fait : me voilà parvenu
Au point de m'abaisser aux pieds d'un inconnu,
De flatter une ardeur que j'ai tant méprisée,
Mais que le sort injuste a trop favorisée.
De l'espoir le plus doux il faut me dépouiller,
Et du sang de ma sœur peut-être me souiller.
Telle est donc de ces lieux l'influence cruelle,
Que jusqu'à la vertu s'y rendra criminelle!
Et, lorsque de ses soins la justice est l'objet,
Elle y doit emprunter le secours du forfait!
Dieux jaloux, dont j'ai tant imploré la vengeance,
Confiez-m'en du moins l'invincible puissance.
Si tel est de mon sang le malheureux destin
Qu'il y faille ajouter un crime de ma main,
Que l'astre injurieux qui sur ce sang préside
Lui doive un assassin après un parricide;   [roux,
Grands dieux! si vous n'osez vous joindre à mon cour-
Daignez pour un moment m'associer à vous.
On vient. C'est l'étranger. Que de trouble à sa vue
S'élève tout à coup dans mon âme éperdue!

SCÈNE IV

BÉLUS, AGÉNOR.

BÉLUS.
N'est-ce point abuser des moments d'Agénor,
Que de vouloir ici l'entretenir encor?
Seigneur, sans me flatter d'une vaine espérance,
Puis-je attendre de vous un peu de confiance?
Après un entretien mêlé de tant d'aigreur,
Puis-je en espérer un plus conforme à mon cœur?

AGÉNOR.
Dès qu'il en bannira l'orgueil et la menace,
Qu'il n'ira point lui-même exciter mon audace,
Bélus peut-il penser qu'Agénor aujourd'hui
Manque de confiance ou de respect pour lui?

BÉLUS.
Je vais donc avec vous employer un langage
Dont jamais ma fierté ne me permit l'usage.
Je vois sur votre front une auguste candeur,
Don du ciel que n'a point démenti votre cœur,
Qui semble m'inviter à vous ouvrir sans crainte
Celui d'un prince né sans détour et sans feinte.
Mais, avant qu'à vos yeux de mes desseins secrets
Je développe ici les sacrés intérêts,
Il m'importe, seigneur, de regagner l'estime
D'un cœur que je ne puis croire que magnanime.
Vous avez cru sans doute, instruit de mes desseins,
Que l'ambition seule avait armé mes mains.
En effet, à me voir appliqué sans relâche [tache,
Aux malheureux complots où mon courroux m'at-
Qui ne croirait, seigneur, du moins sans m'offenser,
A de honteux soupçons pouvoir se dispenser?
Mais ce n'est pas sur moi qu'aucun désir n'enflam-
C'est sur les dieux qu'il faut en rejeter le blâme. [me,
La fureur de régner ne m'a point corrompu :
Je régnerais, seigneur, si je l'avais voulu.
Si ma sœur elle-même avait régné sans crime,
Si sur moi son pouvoir eût été légitime,
Ou si, pour la punir d'un parricide affreux,
Les dieux avaient été plus prompts, plus rigoureux,
Vous ne me verriez point attaquer sa puissance,
Ou sur ces dieux trop lents usurper la vengeance :
Mais ils m'ont de leurs soins dénié la faveur,

Comme si c'était moi qu'eût offensé ma sœur,
Ou que je dusse seul embrasser leur querelle.
Je ne suis que pour eux, ils ne sont que pour elle.
Mais vous qu'à mes desseins j'éprouve si fatal,
Lorsque vous devriez en être le rival,
Avec une vertu que l'univers révère,
Qui devrait d'elle-même épouser ma colère,
Je ne vois qu'un héros protecteur des forfaits,
Qui se laisse entraîner au torrent des bienfaits.
Car ne vous flattez point qu'avec quelque innocence
Vous puissiez de ma sœur embrasser la défense.
Et comment se peut-il qu'épris de Ténésis,
Vous ayez pu, seigneur, servir Sémiramis?
Quel était donc l'espoir du feu qui vous anime?
Vous saviez mes projets; ignorez-vous son crime?

AGÉNOR.

Et que m'importe à moi ce forfait odieux?
Est-ce à moi sur ce point de prévenir les dieux?
Pour vous charger ici du soin de son supplice,
Est-ce à vous que le ciel a commis sa justice?
Seigneur, dans ses desseins votre cœur trop ardent
Ne cache point assez le piège qu'il me tend.
De vos divers complots la trame découverte
Vous fait de votre sœur vouloir hâter la perte :
Dans le dessein affreux d'attenter à ses jours,
Vous voulez lui ravir son unique secours.
Cessez de me flatter que l'univers m'admire,
Pour m'en faire un devoir de refuser l'empire,
De rejeter l'honneur d'un hymen glorieux...

BÉLUS.

Dites plutôt, seigneur, d'un hymen odieux.
Oui, je veux vous ravir ce honteux diadème,
Vous ôter à la reine, et vous rendre à vous-même,
Retenir la vertu qui fuit de votre sein,
De ma fille et de moi vous rendre digne enfin.
Je vois où malgré vous le dépit vous entraîne :
Mais je veux qu'en héros la raison vous ramène,
Dussé-je en suppliant embrasser vos genoux.
Je ne vous nierai pas que j'ai besoin de vous :
C'est en dire beaucoup pour une âme assez fière,
Que l'on ne vit jamais descendre à la prière ;
Et, si je m'en rapporte au bruit de vos vertus,
C'est en dire encor plus pour vous que pour Bélus.
Croyez que le désir de sauver une vie
Qui malgré tous vos soins pourrait m'être ravie,

12.

N'est pas ce qui m'a fait vous appeler ici.
Ne me soupçonnez point d'un si lâche souci,
Faible raison pour moi : mon cœur en a bien d'autres,
Que je veux essayer de rendre aussi les vôtres.
Dussiez-vous révéler mes secrets à ma sœur,
Je vais vous découvrir jusqu'au fond de mon cœur.
Quelque soin qui pour elle ici vous intéresse,
Je n'exige de vous ni serment ni promesse.
Quel péril trouverais-je encore à m'expliquer?
Je n'ai plus rien à perdre, et j'ai tout à risquer.
De mon indigne sœur la mort est assurée :
Malgré les dieux et vous, mon courroux l'a jurée.
Oui, seigneur, et ce jour terminera les siens,
Deviendra le plus grand ou le dernier des miens.
Les conjurés sont prêts : leur troupe audacieuse
Portait jusque sur vous une main furieuse,
Si je n'eusse arrêté leurs complots inhumains.
Quoique vous seul ici traversiez mes desseins,
La vertu sur mon cœur fut toujours trop puissante
Pour vouloir immoler une tête innocente.
Mais je ne puis souffrir qu'avec tant de valeur
Vous vous déshonoriez à protéger ma sœur.
Si je vous haïssais, votre mort est certaine ;
Je n'ai qu'à vous livrer à l'hymen de la reine :
Mais je veux vous ravir à ce honteux lien,
Et pour y parvenir je n'épargnerai rien.
Abandonnez la sœur, je vous réponds du frère.
Dites-moi, Ténésis vous est-elle encor chère?

AGÉNOR.

Cruel! n'achevez pas, j'entrevois vos desseins :
Offrez à d'autres vœux vos présents inhumains.
Laissez-moi ma vertu : la vôtre, trop farouche,
A mon cœur affligé n'offre rien qui le touche,
Et j'aime mieux encore essuyer vos mépris
Que de vous voir tenter de m'avoir à ce prix.
Si vous l'aviez pensé, je tiendrais votre estime
Plus honteuse pour moi que ne serait un crime.
Votre fille m'est chère, et jamais dans mon cœur
Je ne sentis pour elle une plus vive ardeur :
Je l'aime, je l'adore, et mon âme ravie
Eût préféré sa main au trône de l'Asie :
Je conçois tout le prix d'un bonheur si charmant ;
Mais je le conçois plus en héros qu'en amant.
Vous remplissez mon cœur de douleur et de rage,
Sans remporter sur lui que ce faible avantage.

ACTE III, SCÈNE IV.

Triste et désespéré de vos premiers refus,
Et d'un illustre hymen moins touché que confus,
J'allais quitter ces lieux malgré ma foi promise,
Honteux qu'à mon dépit la reine l'eût surprise :
Mais, seigneur, c'est assez, pour m'attacher ici,
Que de tous vos complots vous m'ayez éclairci.
Votre sœur en moi seul a mis son espérance :
Fallût-il de mon sang payer sa confiance,
Aux plus affreux dangers vous me verrez courir,
Sans donner à l'amour seulement un soupir.

BÉLUS.

Courez donc immoler Ténésis elle-même,
Une princesse encor qui peut-être vous aime :
Car enfin, à juger de son cœur par le mien,
Mon penchant doit assez vous répondre du sien.
Mais votre cœur se fait une gloire sauvage
De refuser du mien un si précieux gage.
Mon fils (d'un nom si doux laissez-moi vous nom-[mer,
Et dans ses soins pour vous mon cœur se confirmer),
Une fausse vertu vous flatte et vous abuse ;
Au véritable honneur votre cœur se refuse.
Fait-il donc consister sa gloire à protéger
Des crimes dont déjà vous m'auriez dû venger ?

AGÉNOR.

Voyez où vous emporte une aveugle colère.
Eh! qui défends-je ici ? La sœur contre le frère.
Votre cœur croit en vain l'emporter sur le mien :
Malgré tout mon amour, je n'écoute plus rien.
Mais, si l'on en voulait à votre illustre tête,
Ma main à la sauver n'en sera pas moins prête.
Entre la reine et vous, juste, mais généreux,
Je me déclarerai pour les plus malheureux.
Adieu, seigneur : je sens que ma vertu chancelle,
Et j'en dois à ma gloire un compte plus fidèle.
Je ne vous cache point ma faiblesse et mes pleurs ;
Mon cœur est déchiré des plus vives douleurs :
Mais il faut mériter, par un effort sublime,
S'il ne m'aime, du moins que le vôtre m'estime.
Vous pouvez vous flatter, malgré votre courroux,
Que vous m'avez rendu plus à plaindre que vous.

SCÈNE V

BÉLUS.

Esclave de bienfaits, moins grand que téméraire,
Puisque tu veux mourir, il faut te satisfaire :
Après t'avoir rendu maître de mes secrets,
Il faut que de tes jours je le sois désormais.
Grands dieux! qui ne m'offrez que de chères victimes,
Ne me les rendrez-vous jamais plus légitimes?
Mais, puisque vous voulez un crime de ma main,
Dieux cruels! Il faut bien s'y résoudre à la fin.

SCÈNE VI

BÉLUS, TÉNÉSIS.

TÉNÉSIS.

Ah! seigneur, est-ce vous? Que mon âme éperdue
Avait besoin ici d'une si chère vue!
Je ne sais quels projets on médite en ces lieux ;
Mais je ne vois partout que soldats furieux,
Que des fronts menaçants, qu'épouvante, que trou-
La garde du palais à grands flots se redouble ; [ble :
La reine frémissante erre de toutes parts,
Et je n'en ai reçu que de tristes regards,
Quoiqu'elle m'ait appris que son hymen s'apprête.
Mais quels apprêts, grands dieux! pour une telle fête!
Que mon cœur, alarmé de tout ce que je voi,
En conçoit de douleur, et de trouble et d'effroi!
D'un son tumultueux tout ce palais résonne,
Et je sais qu'en secret la reine vous soupçonne.

BÉLUS.

Ma fille, elle fait plus que de me soupçonner,
Et de bien d'autres cris ces lieux vont résonner.
Que ces tristes apprêts qui causent vos alarmes
Vont vous coûter bientôt de soupirs et de larmes,
Ma chère Ténésis! On sait tous mes projets,
Et c'est contre moi seul que se font tant d'apprêts.

TÉNÉSIS.

Pourquoi donc en ces lieux vous arrêter encore?
Souffrez que pour vous-même ici je vous implore :
Fuyez; daignez du moins tenter quelque secours
Qui d'un père si cher me conserve les jours.

Mais un reste d'espoir me flatte et vient me luire :
Je crois même, seigneur, devoir vous en instruire.
Agénor a pour moi témoigné quelque ardeur,
Que n'aura point peut-être étouffé ma rigueur.
Ainsi que son pouvoir, sa valeur est extrême :
Que ne fera-t-il point pour plaire à ce qu'il aime ?
BÉLUS.
Agénor ! ah ! ma fille, il n'y faut plus penser.
L'insolent ! à quel point il vient de m'offenser !
Ténésis, si c'est là votre unique espérance,
Vous me verrez bientôt immoler sans défense.
Je veux à votre gloire épargner un récit
Qui ne vous causerait que honte et que dépit.
Au maître des humains je vous avais unie :
Après m'être flatté d'une gloire infinie,
Il m'a fallu descendre à des nœuds sans éclat,
Et d'un soin si honteux je n'ai fait qu'un ingrat.
Ma fille, on vous préfère une reine barbare :
Contre vous, contre moi, pour elle on se déclare.
Je me suis abaissé jusques à supplier ;
Mais qu'un vil étranger vient de m'humilier !
TÉNÉSIS.
Je vous connais tous deux : violents l'un et l'autre,
Son cœur fier n'aura pas voulu céder au vôtre :
Une timide voix saura mieux le fléchir.
Je n'examine rien, s'il peut vous secourir :
Souffrez pour un moment que je m'offre à sa vue.
BÉLUS.
Ma fille, il n'est plus temps : sa perte est résolue.
Plus que les miens ici ses jours sont en danger :
De ses lâches refus son sang va me venger.
Adieu. De ce palais, où bientôt le carnage
Va n'offrir à nos yeux qu'une effroyable image,
Fuyez ; dérobez-vous de ce funeste lieu,
Où je vous dis peut-être un éternel adieu.

SCÈNE VII

TÉNÉSIS.

O sort ! si notre sang te doit quelques victimes,
La reine à ton courroux n'offre que trop de crimes !
Hélas ! c'en est donc fait, et je touche au moment
Où je verrai périr mon père ou mon amant [père,
L'un par l'autre ! et tous deux, soit l'amant, soit le

Ils n'armeront contre eux qu'une main qui m'est [chère,
Et ne me laisseront, pour essuyer mes pleurs,
Que celle qui viendra de combler mes malheurs!
Mais en est-ce un pour moi que la mort d'un perfide
Qui préfère à ma main une main parricide?
Dès qu'un lâche intérêt le jette en d'autres bras,
Que m'importe son sort?... Ce qu'il m'importe?
Malheureuse! malgré ta tendresse trahie, hélas!
Dis qu'il t'importe encor plus que ta propre vie,
Et que l'ingrat, lui seul, occupe plus ton cœur
Qu'un père infortuné n'excite ta douleur.
Non, non; malgré Bélus, il faut que je le voie:
De leur hymen du moins je veux troubler la joie,
M'offrir à leurs regards l'œil ardent de courroux,
Les immoler tous deux à mes transports jaloux.
Hélas! que ma douleur tromperait mon attente!
L'ingrat ne me verrait qu'affligée et mourante,
Loin de les immoler, me traîner à l'autel,
Et moi-même en mon sein porter le coup mortel:
De leur hymen offrir pour première victime
Un cœur qui sans amour aurait été sans crime.
Ah! lâche, si tu veux t'immoler en ce jour,
Que ce soit à ta gloire, et non à ton amour.
N'importe, il faut le voir: un repentir peut-être
A mes pieds malgré lui ramènera le traître.
Pour mon père du moins implorons son secours;
Lui seul peut m'assurer de si précieux jours.
Heureuse que ce soin puisse aux yeux d'un parjure
Voiler ceux que l'amour dérobe à la nature!

ACTE QUATRIÈME

SCÈNE PREMIÈRE

AGÉNOR.

Où vais-je? malheureux! et quel est mon espoir?
Indomptable fierté, chimérique devoir,
Si tu veux qu'à tes lois la gloire encor m'enchaîne,
Cache donc mieux l'abîme où mon dépit m'en- [traîne;
Ou ne me réduis point à te sacrifier

Un bien à qui mon cœur se promit tout entier.
Ah! fuyons de ces lieux, ou laissons dans mon âme
Renaître les transports de ma première flamme;
Allons chercher ailleurs des lauriers dont l'honneur
Flatte plus ma vertu, coûte moins à mon cœur.
Il ne me reste plus, pour l'ébranler encore,
Que de m'offrir aux yeux de celle que j'adore.
Qu'à regret je combats ce funeste désir!
Mais je la vois. Grands dieux! que vais-je devenir?
Fuyons; n'attendons pas que mon âme éperdue
S'abandonne aux transports d'une si chère vue.

SCÈNE II

AGÉNOR, TÉNÉSIS.

TÉNÉSIS.
Ne fuyez point, seigneur : un cœur si généreux
Ne doit pas éviter l'abord des malheureux. [larmes
Hélas! je ne viens point pour troubler par mes
Un hymen qui pour vous doit avoir tant de charmes :
Vous ne me verrez point, contraire à vos désirs,
A des transports si doux mêler mes déplaisirs.
Je viens, seigneur, je viens, tremblante pour un
Confier à vos soins une tête si chère, [père,
Embrasser vos genoux, et d'un si ferme appui
Implorer le secours moins pour moi que pour lui.
Je ne demande point qu'à la reine infidèle, [elle :
Pour sauver des ingrats, vous vous armiez contre
Tant d'espoir n'entre point au cœur des malheu-
Ils ne savent former que de timides vœux. [reux;
Non, d'un amour juré sous de si noirs auspices
Je n'attends plus, seigneur, de si grands sacrifices.
Hélas! qui m'aurait dit qu'après des soins si doux
Je viendrais sans succès tomber à vos genoux,
Qu'on ne me répondrait que par un froid silence?
Ah! d'un regard, du moins, rendez-moi l'espé-
Ne suffisait-il pas du refus de ma main, [rance.
Sans me plonger encore le poignard dans le sein?
Daignez prendre pitié d'une triste famille :
N'immolez pas du moins le père avec la fille.

AGÉNOR.
Ah! ne m'outragez point par cet indigne effroi;
Si j'immole quelqu'un, ce ne sera que moi.
N'accablez point vous-même un amant déplorable

Plus malheureux que vous, peut-être moins cou-
Hélas ! où malgré moi m'avez-vous engagé ! [pable.
Dans quel abîme affreux vos rigueurs m'ont plongé !
Il est vrai qu'au dépit mon âme abandonnée
A voulu se venger par un prompt hyménée.
J'ai fait plus : un devoir sacré, quoique inhumain,
M'a fait avec fierté rejeter votre main ;
Mais on en exigeait pour prix un sacrifice
Dont jamais ma vertu n'admettra l'injustice ;
Et si je vous avais acceptée à ce prix,
Vous-même ne m'eussiez reçu qu'avec mépris.
Ce n'est pas que mon cœur, rebuté de sa chaîne,
Se soit un seul moment écarté vers la reine :
J'aurais trop à rougir, si pour Sémiramis
J'avais abandonné l'aimable Ténésis.
Je la perds cependant si je lui suis fidèle :
Si je lui sacrifie une reine cruelle,
Je ne suis plus qu'un cœur sans honneur et sans foi ;
Sceptre, maîtresse, honneur, tout est perdu pour
Adieu, madame, adieu ; je vais loin de l'Asie [moi.
Signaler la fureur dont mon âme est saisie :
Mais avant mon départ je sauverai Bélus,
Je sauverai la reine, et ne vous verrai plus.
A des périls trop sûrs c'est exposer ma gloire,
Que d'oser à vos yeux disputer la victoire.

TÉNÉSIS.

Hélas ! malgré les soins de ce que je me doi,
Que la mienne, seigneur, sera triste pour moi !
Qu'Agénor frémirait de mon destin barbare,
S'il savait comme moi tout ce qui nous sépare,
Et de combien d'horreurs nos cœurs sont menacés !
Mais, sans vous informer de mes malheurs passés,
Je ne souffrirai point qu'une flamme si belle,
Dont je mérite peu l'attachement fidèle,
Pour tout prix des secours que j'implore de vous,
Vous fasse renoncer à l'espoir le plus doux.
Quoi qu'il m'en coûte, il faut vous donner à la reine ;
Je veux former moi-même une si belle chaîne,
Ne pouvant vous payer que du don de sa foi :
Mais croyez, si ma main eût dépendu de moi,
Que j'aurais fait, seigneur, le bonheur de ma vie
De voir à vos vertus ma destinée unie ;
Et, si jamais le sort pouvait nous rapprocher,
Que votre cœur n'aurait rien à me reprocher.
Je ne vous nierai pas, seigneur, que je vous aime ;

Je trouve à vous le dire une douceur extrême ;
Et l'amour n'a point cru déshonorer mon cœur
En y faisant pour vous naître une vive ardeur.
Mais, hélas! cet aveu, si doux en apparence,
N'en doit pas plus, seigneur, flatter votre espérance :
Je ne sais point former de parjures liens.
Quoiqu'un âge bien tendre ait vu serrer les miens,
Il n'en est pas moins vrai qu'un funeste hyménée
Aux lois d'un autre époux soumet ma destinée.
                    AGÉNOR.
Vous, madame ?
                    TÉNÉSIS.
            Et j'ai cru devoir vous révéler
Ce qu'ici vainement je voudrais vous céler.
Ce serait vous trahir...
                    AGÉNOR.
                Ah ! cruelle princesse,
De quel barbare prix payez-vous ma tendresse!
Et puisque enfin j'allais abandonner ces lieux,
Pourquoi me dévoiler ces secrets odieux?
                    TÉNÉSIS.
Trop d'espoir eût séduit votre âme généreuse.
                    AGÉNOR.
Mais il en eût rendu la douleur moins affreuse.
Hélas! que le destin, en unissant nos cœurs,
S'est bien fait un plaisir d'égaler nos malheurs!
Comme vous à l'hymen engagé dès l'enfance,
Cependant de ses nœuds j'ai bravé la puissance ;
Et de tous les serments dont j'attestai les dieux,
Je n'ai gardé que ceux que je fis à vos yeux.
Quelle était cependant celle à qui l'hyménée
Du parjure Agénor joignit la destinée?
J'ignore encor son nom ; mais je sais que jamais
La jeunesse ne vit briller autant d'attraits.
S'ils ont pu se former, qu'elle doit être belle!
La seule Ténésis l'emporterait sur elle.
Que vous plaindrez mon sort à ce fatal récit!
Près de Sinope...
                    TÉNÉSIS.
            O ciel! quel trouble me saisit!
Ne fut-ce point, seigneur, près d'un antre terrible,
Des décrets du destin interprète invisible ?
                    AGÉNOR.
C'est là, pour la première et la dernière fois,
Que je vis la beauté qu'on soumit à mes lois.

Du pyrope éclatant sa tête était ornée :
Sans pompe cependant elle fut amenée.
Un mortel vénérable, et dont l'auguste aspect
Inspirait à la fois la crainte et le respect,
Conduisait à l'autel cette jeune merveille;
Age peu différent, suite toute pareille,
Un prêtre, deux vieillards, nul esclave près d'eux.

TÉNÉSIS.

Mais, seigneur, à l'autel ne vit-on point vos mères?

AGÉNOR.

L'un et l'autre avec nous nous n'avions que nos pères.

TÉNÉSIS.

Achevez.

AGÉNOR.

J'ai tout dit.

TÉNÉSIS.

Hélas! c'était donc vous?

AGÉNOR.

Quoi! madame...

TÉNÉSIS.

Ah! seigneur, vous êtes mon époux.

AGÉNOR.

Moi, votre époux! qui? moi, le fils de Mermécide!

TÉNÉSIS.

Ah! seigneur, ce nom seul de notre hymen décide :
Bélus m'en a parlé cent fois avec transport,
De ce fils disparu plaignant toujours le sort.
De celui des humains ce fils doit être arbitre.

AGÉNOR.

Mon cœur est moins touché d'un si superbe titre,
Que d'un bien...

TÉNÉSIS.

Terminons des transports superflus.
Adieu, seigneur, adieu; je cours chercher Bélus.
Les moments nous sont chers; il faut que je vous
[laisse.

SCÈNE III

AGÉNOR, MIRAME.

AGÉNOR.

Qu'ai-je entendu? qui? moi, l'époux de la princesse!
Et comment ce Bélus, si jaloux de son rang,
A-t-il pu se choisir un gendre de mon sang?
Mais quel est donc celui dont le ciel m'a fait naître,

Si l'univers en moi doit adorer un maître ?
MIRAME.
Seigneur, un étranger, qui se cache avec soin,
Demande à vous parler un moment sans témoin.
AGÉNOR.
Qu'il entre. Cependant, que mon âme agitée,
Tout entière aux plaisirs dont elle est transportée,
Aurait besoin ici d'un peu de liberté !

SCÈNE IV

MERMÉCIDE, AGÉNOR, MIRAME.

AGÉNOR.
Approchez ; vous pouvez parler en sûreté.
MERMÉCIDE.
D'un secret important chargé de vous instruire...
Mais daignez ordonner, seigneur, qu'on se retire.
à Mirame. AGÉNOR.
Sortez.... Eh bien ! quel est ce secret important ?
Hâtez-vous ; tout m'appelle ailleurs en cet instant.
MERMÉCIDE.
Seigneur, dans ce billet que j'ose ici vous rendre...
AGÉNOR.
De quelle main ?
MERMÉCIDE.
Lisez, et vous allez l'apprendre.
AGÉNOR.
C'est de Bélus sans doute, et son cœur généreux
Daigne encor... Mais lisons.
(Mermécide tire un poignard, et Agénor lui arrête la main.)
Arrête, malheureux !
D'une si faible main qu'espères-tu, perfide ?
Mais qu'est-ce que je vois ? Grands dieux ! c'est Mer-
[mécide
MERMÉCIDE.
Ciel ! que vois-je à mon tour ? Mérodate ! mon fils !
Et pour comble d'horreurs, parmi mes ennemis !
AGÉNOR.
Seigneur, ne mêlez point d'amertume à ma joie :
Pénétré du bonheur que le ciel me renvoie,
Mon cœur ne ressentit jamais tant de douceur.
MERMÉCIDE.
Et le mien n'a jamais ressenti tant d'horreur.
En quels lieux m'offrez-vous une tête si chère !

AGÉNOR.
O ciel! à quels transports reconnais-je mon père!
MERMÉCIDE.
Dieux! ne m'a-t-il coûté tant de soins, tant de pleurs,
Que pour le voir lui seul combler tous mes mal-
[heurs?
De l'éclat qui vous suit que mon âme alarmée,
Cruel! en d'autres lieux aurait été charmée!
Ah! fils trop imprudent, que faites-vous ici?
De votre sort affreux tremblez d'être éclairci.
Mais j'aperçois la reine, ingrat! et je vous laisse.
AGÉNOR.
Ah! de noms moins cruels honorez ma tendresse:
Du plaisir de vous voir ne privez point mes yeux:
Vous n'avez près de moi rien à craindre en ces lieux.

SCÈNE V

SÉMIRAMIS, AGÉNOR, MERMÉCIDE.

SÉMIRAMIS.
Que faites-vous, seigneur? et quel soin vous arrête
Lorsque mille périls menacent notre tête?
Babylone en fureur s'arme de toutes parts:
On a déjà chassé nos soldats des remparts:
De ce palais bientôt les mutins sont les maîtres,
Si ce bras triomphant n'en écarte les traîtres.
Venez, seigneur, venez, accompagné de moi,
Leur montrer leur vainqueur, mon époux et leur roi.
Eh quoi! loin de voler où ma voix vous appelle,
De nos périls communs négligeant la nouvelle,
A peine vous daignez... Mais qui vois-je avec vous?
Mon ennemi, seigneur, et le plus grand de tous!
Ah! traître, enfin le ciel te livre à ma vengeance!
AGÉNOR.
Daignez de ces transports calmer la violence.
De quels crimes s'est donc noirci cet étranger,
Pour forcer une reine à vouloir s'en venger?
SÉMIRAMIS.
De quels crimes, seigneur? Le perfide! le lâche!...
Mais en vain à la mort votre pitié l'arrache:
Rien ne peut le soustraire à ma juste fureur.
AGÉNOR.
Je vous ai déjà dit que j'ignore son crime:
Quel qu'il soit cependant, j'adopte la victime.

Cet étranger m'est cher ; j'ose même aujourd'hui
Ici comme de moi vous répondre de lui.
Dès mes plus jeunes ans je connais Mermécide.
SÉMIRAMIS.
Vous n'avez donc connu qu'un rebelle, un perfide,
Indigne de la vie et de votre pitié,
Que loin de dérober à mon inimitié
Vous devriez livrer vous-même à ma justice,
Ou m'en laisser du moins ordonner le supplice.
Pour le priver, seigneur, d'un si puissant secours,
Faut-il vous dire encor qu'il y va de mes jours ?
Mais, ingrat, ce n'est pas ce qui vous intéresse.
En vain je fais pour vous éclater ma tendresse :
Ce généreux secours qu'on m'avait tant promis
Se termine à sauver mes plus grands ennemis.
AGÉNOR.
Madame, si le ciel ne vous en fit point d'autres,
Vous me verrez longtemps le protecteur des vôtres.
Si celui-ci surtout a besoin de secours,
Jusqu'au dernier soupir je défendrai ses jours.
Il n'est empire, honneur, que je ne sacrifie
Au soin de conserver une si chère vie.
SÉMIRAMIS.   [reur
Ah ! qu'est-ce que j'entends ? Je ne sais quelle hor-
Se répand tout à coup jusqu'au fond de mon cœur.
Je ne vois dans leurs yeux qu'un trouble qui me glace.
Seigneur, entre vous deux qu'est-ce donc qui se
                                   [passe ?
Quel intérêt si grand prenez-vous à ses jours ?
AGÉNOR.
Est-il besoin encor d'éclaicir ce discours ?
Voulez-vous qu'à vos coups j'abandonne mon père ?
MERMÉCIDE.
Non, je ne le suis pas ; mais voilà votre mère.
AGÉNOR.
Ma mère !
SÉMIRAMIS.
  Lui mon fils ? Grands dieux ! qu'ai-je en-
Cher Agénor, hélas ! je vous ai donc perdu ! [tendu ?
MERMÉCIDE.
Heureuse bien plutôt qu'en cette horrible flamme
Un mystère plus long n'ait point nourri votre âme !
Je n'ai laissé que trop Ninias dans l'erreur :
Je frémis des périls où j'ai livré son cœur.
Eh ! qui pouvait prévoir qu'une ardeur criminelle

Reléguerait au loin la nature infidèle?
Revenez tous les deux de votre étonnement,
Et vous, reine, encor plus de votre égarement.
Voilà ce Ninias si digne de son père,
Mais à qui les destins devaient une autre mère.

NINIAS.

Mermécide, arrêtez : c'est ma mère, et je veux
Qu'on la respecte autant qu'on respecte les dieux.
Je n'oublierai jamais que je lui dois la vie,
Et je ne prétends pas qu'aucun autre l'oublie.

SÉMIRAMIS.

Non, tu n'es point mon fils : en vain cet imposteur
Prétend de mon amour démentir la fureur :
Si tu l'étais, déjà la voix de la nature
Eût détruit de l'amour la première imposture.
Il n'est qu'un seul moyen de me montrer mon fils,
C'est par un prompt secours contre mes ennemis.
Qu'à mon courroux sa main prête son ministère,
Qu'il t'immole ; à ce prix je deviendrai sa mère.
Mais je ne la suis pas ; je n'en ressens du moins
Les entrailles, l'amour, les remords, ni les soins.
Cruel! pour me forcer à te céder l'empire,
Il suffisait de ceux que mon amour m'inspire ;
Tu n'avais pas besoin d'emprunter contre lui
D'un redoutable nom l'incestueux appui.
Va te joindre à Bélus, cœur ingrat et perfide ;
Rends-toi digne de moi par un noir parricide ;
Viens toi-même chercher dans mon malheureux
Les traces de Ninus et le sceau de ton sang. [flanc
Mais, soit fils, soit amant, n'attends de moi, barbare!
Que les mêmes horreurs que ton cœur me prépare.
Comme fils, n'attends rien d'un cœur ambitieux ;
Comme amant, encor moins d'un amour furieux.
Je périrai le front orné du diadème,
Et, s'il faut le céder, tu périras toi-même.
Ingrat, je t'aime encore avec trop de fureur
Pour te sacrifier les transports de mon cœur.
Garde-toi cependant d'une amante outragée ;
Garde-toi d'une mère à ta perte engagée.
Adieu : fuis sans tarder de ces funestes lieux ;
Respecte-s-y du moins mère, amante, ou les dieux.

NINIAS.

Oui, je vais vous prouver par mon obéissance
Combien le nom de mère a sur moi de puissance.
Puisse à votre grand cœur ce nom qui m'est si doux

N'inspirer que des soins qui soient dignes de vous!

SCÈNE VI

SÉMIRAMIS, PHÉNICE.

SÉMIRAMIS.

Ingrat! quels soins veux-tu que la nature inspire
A ce cœur qui jamais n'en reconnut l'empire?
Ce cœur infortuné, que l'amour a séduit,
A t'aimer comme un fils fut-il jamais instruit?
Un moment suffit-il pour éteindre une flamme
Que le courroux du ciel irrite dans mon âme?
Penses-tu qu'en un cœur si sensible à l'amour
L'effort d'en triompher soit l'ouvrage d'un jour?
Parce que tu me hais, tu le trouves facile:
Ta vertu contre moi te sert du moins d'asile.
Nature trop muette, et vous, dieux ennemis,
Instruisez-moi du moins à l'aimer comme un fils:
Ou prêtez-moi contre elle un secours favorable,
Ou laissez-moi sans trouble une flamme coupable.
Mais pourquoi m'alarmer de ce fils imposteur,
Supposé par Bélus, démenti par mon cœur?
Quelle foi près de lui doit trouver Mermécide?
Puis-je en croire un moment un témoin si perfide?
Ninias ne vit plus: un frivole souci...

PHÉNICE.

Mégabise en mourant n'a que trop éclairci
Ce doute malheureux où votre cœur se livre,
Madame: Ninias n'a point cessé de vivre.
Avez-vous oublié tout ce que de son sort
Vient de vous révéler un fidèle rapport?
Et quel funeste espoir peut vous flatter encore,
Puisque enfin Ténésis est celle qu'il adore?
Vous seule l'ignorez, lorsque toute la cour
Retentit dès longtemps du bruit de son amour.
Loin d'en croire aux transports qui séduisent votre
Dans ce péril pressant songez à vous, madame. [âme,

SÉMIRAMIS.

Qu'espères-tu de moi dans l'état où je suis?
Détester mes forfaits est tout ce que je puis.
Tout en proie aux horreurs dont mon âme est trou-
Je cède au coup affreux dont je suis accablée: [blée,
Je succombe, Phénice, et mon cœur abattu
Contre tant de malheurs se trouve sans vertu.

Mais quoi! seule à gémir de mon sort déplorable,
J'en laisserais jouir le cruel qui m'accable!
Mon sceptre et mon amour m'ont coûté trop d'hor-
Pour n'y pas ajouter de nouvelles fureurs. [reurs
Quelque destin pour eux que mon cœur ait à crain-
[dre,
Le vainqueur plus que moi sera peut-être à plaindre.
Non, je ne verrai point triompher Ténésis
Des malheurs où le sort réduit Sémiramis :
Sur l'objet que sans doute un ingrat me préfère
Il faut que je me venge et d'un fils et d'un frère.
Elle est entre mes mains ; et le fidèle Arbas,
Au gré de mon courroux, a juré son trépas.
Rentrons : c'est dans le sang d'une indigne rivale
Qu'il faut que ma fureur désormais se signale.
Embrasons ce palais par mes soins élevé :
Sa cendre est le tombeau qui m'était réservé.
C'est là que je prétends du sang de son amante
Offrir à Ninias la cendre encor fumante.
L'ingrat, qui croit peut-être insulter à mon sort,
Donnera malgré lui des larmes à ma mort.

ACTE CINQUIÈME

SCÈNE PREMIÈRE

SÉMIRAMIS.

Que deviens-je? où fuirai-je? Amante déplorable,
Épouse sans vertu, mère encor plus coupable,
Où t'iras-tu cacher? Quel gouffre assez affreux
Est digne d'enfermer ton amour malheureux?
Tu n'en fis pas assez, reine de sang avide :
Il fallait joindre encor l'inceste au parricide!
Tes vœux n'auraient été qu'à demi satisfaits.
Grands dieux! devais-je craindre, après tant de
Après que mon époux m'a servi de victime, [forfaits,
Que vous puissiez encor me réserver un crime?
Terre, ouvre-moi ton sein, et redonne aux enfers
Ce monstre dont ils ont effrayé l'univers;

Dérobe à la clarté l'abominable flamme
Dont les feux du Ténare ont embrasé mon âme.
Dieux, qui m'abandonnez à ces honteux transports,
N'en attendez, cruels, ni douleurs ni remords.
Je ne tiens mon amour que de votre colère ; [plaire.
Mais, pour vous en punir, mon cœur veut s'y com-
Je veux du moins aimer comme ces mêmes dieux,
Chez qui seuls j'ai trouvé l'exemple de mes feux.
Cesse de t'en flatter, malheureuse mortelle !
Où crois-tu de tes feux trouver l'affreux modèle ?
Et quel indigne espoir vient t'agiter encor ?
Crois-tu dans Ninias retrouver Agénor ?
Contente-toi d'avoir sacrifié le père,
Et reprends pour le fils des entrailles de mère.
Dangereux Ninias, ne t'avais-je formé
Si grand, si généreux, si digne d'être aimé,
Que pour me voir moi-même adorer mon ouvrage,
Et trahir la nature, à qui j'en dois l'hommage ?
Mais de quel bruit affreux... Ciel ! qu'est-ce que je
[voi ?
Phénice, où courez-vous ? et d'où naît votre effroi ?

SCÈNE II

SÉMIRAMIS, PHÉNICE, ARBAS.

PHÉNICE.

Fuyez, reine, fuyez ; vos soldats vous trahissent :
Du nom de Ninias tous ces lieux retentissent.
A peine a-t-il paru, qu'à son terrible aspect
Vos gardes n'ont fait voir que crainte et que respect.
La fierté dans les yeux et bouillant de colère,
J'ai vu lui-même encor votre perfide frère,
Des soldats mutinés échauffant la fureur,
Ordonner à grands cris le trépas de sa sœur.
Où sera votre asile en ce moment funeste ?

SÉMIRAMIS. [reste.

Va, ne crains rien pour moi tant qu'un soupir me
Au gré de son courroux le ciel peut m'accabler ;
Mais ce sera du moins sans me faire trembler.
Arbas, je sais pour moi jusqu'où va votre zèle,
Et vous êtes le seul qui me restiez fidèle.
En remettant ici la princesse en vos mains,
Je vous ai déclaré quels étaient mes desseins.
Allez, et vous rendez, par votre obéissance,

13.

Digne de mes bienfaits et de ma confiance.
Songez dans quels périls vous vous précipitez
Si ces ordres bientôt ne sont exécutés.
Et nous, allons, Phénice, au-devant d'un barbare,
Nous exposer sans crainte à ce qu'il nous prépare :
Viens me voir terminer mon déplorable sort.
Suis-moi ; je vais t'apprendre à mépriser la mort.
Mais qu'est-ce que je vois?... Ah! courroux si ter-
Qu'à cet aspect si cher vous devenez flexible! [rible,

SCÈNE III

NINIAS, SÉMIRAMIS, PHÉNICE.

SÉMIRAMIS.
Traître, que cherches-tu dans ces augustes lieux?
NINIAS.
La mort, ou le seul bien qui me fut précieux.
Ce que j'y cherche? Hélas! j'y viens chercher ma
J'y viens livrer un fils à toute sa colère. [mère ;
SÉMIRAMIS.
Toi mon fils! toi, cruel! l'objet de ma fureur,
Que je ne puis plus voir sans en frémir d'horreur
Tandis que devant moi ton orgueil s'humilie,
Je vois que tu voudrais pouvoir m'ôter la vie.
Mais Ténésis retient un si noble courroux:
Incertain de son sort, on tremble devant nous ;
On vient livrer un fils à toute ma colère,
Tandis qu'au fond de l'âme on déteste sa mère.
Tu m'as plainte un moment, perfide! mais ton cœur
S'est bientôt rebuté de ce soin imposteur.
Juge si je puis voir, sans un excès de joie,
Les douloureux transports où ton âme est en proie.
Regarde en quel état un déplorable amour
Réduit l'infortunée à qui tu dois le jour.
Prive-moi de celui qu'à regret je respire :
Ne t'en tiens point au soin de me ravir l'empire ;
Arrache-moi du moins aux horribles transports
Qui s'emparent de moi malgré tous mes efforts.
Quoiqu'il ne fût jamais mère plus malheureuse,
Mon sort doit peu toucher ton âme généreuse.
Dès que le crime seul cause tous nos malheurs,
On ne doit plus trouver de pitié dans les cœurs.
NINIAS.
Que le mien cependant est sensible à vos larmes!

Que ce sont contre un fils de redoutables armes!
Quel que soit le dessein qui m'ait conduit ici,
Avez-vous pu penser que ce fils endurci,
Déshérité des soins que la nature inspire,
Ait voulu vous priver du jour ou de l'empire?
Ah! ma mère, souffrez, malgré votre courroux,
Que d'un nom si sacré je m'arme contre vous.
Votre fureur en vain me le rend redoutable;
En vain on vous reproche un crime épouvantable:
Les dieux en ont semblé perdre le souvenir;
Je dois les imiter, loin de vous en punir.
Rendez-moi votre cœur, mais tel que la nature
Le demande pour moi par un secret murmure,
Ou je vais à vos pieds répandre tout ce sang
Que mon malheur m'a fait puiser dans votre flanc.
Rendez-moi Ténésis, rendez-moi mon épouse.
Est-ce à moi d'éprouver votre fureur jalouse?

SÉMIRAMIS.

Maître de l'univers, c'en est trop; levez-vous:
Ce n'est pas au vainqueur à fléchir les genoux.
Arbitre souverain de ce superbe empire,
Quels cœurs à vos souhaits ne doivent point souscrire?
Jugez si c'est à moi d'en retarder l'espoir.
Puisque c'est le seul bien qui reste en mon pouvoir,
Je vais sans différer contenter votre envie,
Vous rendre Ténésis, mais ce sera sans vie.

NINIAS.

Ah! si je le croyais...

SÉMIRAMIS.

Je brave ta fureur,
Fils ingrat: mon supplice est au fond de mon cœur.
Menace, tonne, éclate, et m'arrache une vie
Que déjà tant d'horreurs m'ont à demi ravie.
Ose de mon trépas rendre ces lieux témoins,
Te voilà dans l'état où je te crains le moins.
Tes soins et ta pitié me rendaient trop coupable,
Et mon dessein n'est pas de te trouver aimable.
Je fais ce que je puis pour exciter ta main
A me plonger, barbare, un poignard dans le sein.
Et qu'ai-je à perdre encore en ce moment funeste?
La lumière du ciel, que mon âme déteste?
La mort de mon époux, grâces à mes transports,
N'est plus un attentat digne de mes remords;
Et tu crois m'effrayer par des menaces vaines!
Cruel! un seul regret vient accroître mes peines:

C'est de ne pouvoir pas, au gré de ma fureur,
Immoler à tes yeux l'objet de ton ardeur.
NINIAS.
O ciel! vit-on jamais dans le cœur d'une mère
D'aussi coupables feux éclater sans mystère?
Dieux, qui l'aviez prévu, fallait-il en son flanc
Permettre que Ninus me formât de son sang?
Que vous humiliez l'orgueil de ma naissance!

SCÈNE IV

NINIAS, SÉMIRAMIS, BÉLUS, PHÉNICE, MERMÉCIDE, MADATE, MIRAME, GARDES.

NINIAS, à Bélus.
Ah! seigneur, est-ce vous? Que de votre présence
Mon cœur avait besoin dans ces moments affreux!
Qu'ils ont été pour moi tristes et rigoureux!
Mais quoi! sans Ténésis!
BÉLUS.
                    La douleur qui me presse
Annonce assez, mon fils, le sort de la princesse.
SÉMIRAMIS, à part.
L'aurait-on immolée au gré de mes souhaits?
BÉLUS.
Seigneur, j'ai vainement parcouru ce palais;
En vain dans ses détours ma voix s'est fait entendre :
De son triste destin je n'ai pu rien apprendre.
C'en est fait! pour jamais vous perdez Ténésis.
Mais que vois-je? Avec vous, seigneur, Sémiramis?
Eh quoi! cette inhumaine est en votre puissance,
Et ma fille et Ninus sont encor sans vengeance!
Sourd à la voix du sang qui s'élève en ces lieux,
Dans leur faible courroux imitez-vous les dieux?
Et toi, dont la fureur désole ma famille,
Barbare! réponds-moi, qu'as-tu fait de ma fille?
SÉMIRAMIS.
Ce que ton lâche cœur voulait faire de moi,
Et ce que je voudrais pouvoir faire de toi.
Mais qu'est-ce que je vois? O ciel! je suis trahie!

SCÈNE V

NINIAS, TÉNÉSIS, SÉMIRAMIS, BÉLUS, MERMÉ-
CIDE, MIRAME, MADATE, PHÉNICE, GARDES.

NINIAS, à Ténésis.

Quoi! madame, c'est vous! Une si chère vie...
TÉNÉSIS.
Seigneur, si c'est un bien pour vous si précieux,
Rendez grâce à la main qui nous rejoint tous deux.
(En montrant Mermécide.)
Vous voyez devant vous l'étranger intrépide
Par qui j'échappe aux coups d'une main parricide.
Reine, rassurez-vous; Ténésis ne vient pas
Vous reprocher ici l'ordre de son trépas.
Je viens pour implorer, et d'un fils et d'un frère,
La grâce d'une sœur et celle d'une mère,
Ou me livrer moi-même à leur juste courroux.
C'est ainsi que mon cœur veut se venger de vous.
(A Ninias.)
Seigneur, si ma prière a sur vous quelque empire,
C'est l'unique faveur que de vous je désire :
L'un et l'autre daignez l'accorder à mes vœux.
SÉMIRAMIS.
Madame, je dois trop à ces soins généreux :
Cette noble pitié, quoique peu désirée,
N'en est pas moins ici digne d'être admirée.
Je ne m'attendais pas à vous voir aujourd'hui
Dans mon propre palais devenir mon appui.
Jouissez du bonheur que le ciel vous renvoie;
Je n'en troublerai plus la douceur ni la joie.
Je rends grâces au sort qui nous rassemble ici.
Vous voilà satisfaits, et je le suis aussi.
(Elle se tue.)
NINIAS.
Ah! juste ciel!
SÉMIRAMIS.
Ingrat, cesse de te contraindre :
Après ce que j'ai fait, est-ce à toi de me plaindre?
Que ne me plongeais-tu le poignard dans le sein!
J'aurais trouvé la mort plus douce de ta main.
Trop heureux cependant qu'une reine perfide
Épargne à ta vertu l'horreur d'un parricide!
Adieu. Puisse ton cœur, content de Ténésis,
Mon fils, n'y pas trouver une Sémiramis!
(Elle meurt.)

FIN DE SÉMIRAMIS.

CATILINA

TRAGÉDIE

REPRÉSENTÉE POUR LA PREMIÈRE FOIS LE 20 DÉCEMBRE 1748.

ACTEURS

CATILINA.
CICÉRON, consul.
CATON.
PROBUS, grand prêtre du temple de Tellus.
TULLIE, fille de Cicéron.
FULVIE.
LENTULUS.
CRASSUS.
CÉTHÉGUS.
LUCIUS.
SUNNON, ambassadeur des Gaules.
GONTRAN.
Licteurs.

La scène est dans le temple de Tellus.

ACTE PREMIER

SCÈNE PREMIÈRE

CATILINA, LENTULUS.

CATILINA.
Cesse de t'effrayer du sort qui me menace :
Plus j'y vois de périls, plus je me sens d'audace ;
Et l'approche du coup qui vous fait tous trembler,
Loin de la ralentir, sert à la redoubler.
Crois-moi, sois sans détour pour un ami qui t'aime.
Dans le fond de ton cœur je lis mieux que toi-même,
Lentulus ; et le mien ne peut voir sans pitié
Ce qu'un ambitieux coûte à ton amitié.
Ce tyran des Romains, l'amour de la patrie,
Te trompe, et se déguise en frayeur pour ma vie.
Est-ce à moi d'abuser du penchant malheureux

Qui te fait une loi de tout ce que je veux?
Issu des Scipions, tu crains qu'à ta mémoire
On ne refuse un jour place dans leur histoire;
Et le rang de préteur qui te lie au sénat,
Trouble en un conjuré le cœur du magistrat.
Tu crains pour Rome enfin; voilà ce qui t'arrête,
Quand tu ne crois ici craindre que pour ma tête.
Va, de trop de remords je te vois combattu
Pour te ravir l'honneur d'un retour de vertu.
LENTULUS.
Catilina, laissons un discours qui m'offense :
Tes soupçons sont toujours trop près de ta prudence.
A force de vouloir approfondir un cœur,
Un faux jour a souvent produit plus d'une erreur,
Et les plus éclairés ont peine à s'en défendre :
Mais un chef de parti ne doit point s'y méprendre.
D'entre les conjurés distingue tes amis, [mis.
Et qu'un discours sans fard leur soit du moins per-
De toutes les grandeurs qui feront ton partage,
Je ne t'ai demandé que ce seul avantage;
Laisse-m'en donc jouir : mon amitié pour toi
N'a que trop signalé sa constance et sa foi.
Dis-moi, si ta fierté jusque-là peut descendre,
De tant d'excès affreux ce que tu peux prétendre.
Pourquoi faire égorger Nonius cette nuit?
Et de ce meurtre enfin quel peut être le fruit?
CATILINA.
Celui d'épouvanter le premier téméraire
Qui, de mes volontés secret dépositaire,
Osera comme lui balancer un moment,
Et s'exposer aux traits de mon ressentiment.
Lentulus, dans le fond, doit assez me connaître
Pour croire que je n'ai sacrifié qu'un traître,
Et que ces cruautés qui lui font tant d'horreur
Sont de ma politique, et non pas de mon cœur.
Ce qui semble forfait dans un homme ordinaire,
En un chef de parti prend un aspect contraire :
Vertueux ou méchant au gré de son projet,
Il doit tout rapporter à cet unique objet.
Qu'il soit cru fourbe, ingrat, parjure, impitoyable,
Il sera toujours grand s'il est impénétrable,
S'il est prompt à plier ainsi qu'à tout oser,
Et qu'aux yeux du public il sache en imposer.
Il doit se conformer aux mœurs de ses complices,
Porter jusqu'à l'excès les vertus et les vices,

Laisser de son renom le soin à ses succès :
Tel on déteste avant, que l'on adore après.
Je ne vois sous mes lois qu'un parti redoutable,
A qui je dois me rendre encor plus formidable.
S'il ne se fût rempli que d'hommes vertueux,
Je n'aurais pas de peine à l'être encor plus qu'eux.
Hors Céthégus et toi, dignes de mon estime,
Le reste est un amas élevé dans le crime,
Qu'on ne peut contenir sans les faire trembler,
Et qui n'aiment qu'autant qu'on sait leur ressem-
Un chef autorisé d'une juste puissance   [bler.
Soumet tout, d'un coup d'œil, à son obéissance :
Mais, dès qu'il est armé pour troubler un Etat,
Il trouve un compagnon dans le moindre soldat ;
Et l'art de le soumettre exige un art suprême,
Plus difficile encor que la victoire même.

LENTULUS.

Songe à les subjuguer sans te rendre odieux.
Mais, avant que le jour nous surprenne en ces lieux,
Au temple de Tellus dis-moi ce qui t'appelle.
Son grand prêtre Probus te sera-t-il fidèle ?
Quoique rien en ce lieu ne borne son pouvoir,
Je ne sais si Probus remplira notre espoir.
Il est vrai qu'à ses soins nous devons cet asile,
Dont il nous rend l'accès aussi sûr que facile ;
Mais au nouveau consul le grand-prêtre est lié
Par l'intérêt, le sang, l'orgueil ou l'amitié.
Lorsqu'à des conjurés ses pareils s'associent,
C'est par des trahisons que tous se justifient.
Aujourd'hui le sénat doit s'assembler ici ;
Ce n'est pas cependant mon plus cruel souci.
Je crains, je l'avouerai, les fureurs de Fulvie ;
Et je crains encor plus ton amour pour Tullie,
Fille d'un ennemi dangereux et jaloux,
De Cicéron enfin, l'objet de ton courroux.
Eh ! comment, dans un cœur qu'un si grand soin en-
Peux-tu concilier tant d'amour et de haine ? [traîne,
L'amour pour tes pareils aurait-il des appas ?

CATILINA.

Ah ! si je le ressens, je n'y succombe pas.
Qu'un grand cœur soit épris d'une amoureuse flam-
C'est l'ouvrage des sens, non le faible de l'âme ; [me,
Mais, dès que par la gloire il peut être excité,
Cette ardeur n'a sur lui qu'un pouvoir limité.
C'est ainsi que le mien est épris de Tullie.

Ses grâces, sa beauté, sa fière modestie,
Tout m'en plaît, Lentulus ; mais cette passion
Est moins amour en moi, qu'excès d'ambition.
Malgré tous les objets dont son orgueil se pare,
Tullie est ce que Rome eut jamais de plus rare :
Je vois à son aspect tout un peuple enchanté,
Et c'est de tant d'attraits le seul qui m'ait tenté :
Sans la foule des cœurs qui s'empressent pour elle,
Tullie à mes regards n'eût point paru si belle.
Mais je n'ai pu souffrir que quelque audacieux
Vînt m'enlever un bien qu'on croit si précieux.
Enfin je l'ai conquis, et sans cette victoire
Je croirais aujourd'hui que tout manque à ma gloire.
Ce n'est pas que l'amour en soit le seul objet :
Loin que de mes desseins il suspende l'effet,
Cette flamme, où tu crois que tout mon cœur s'appli-
Est un fruit de ma haine et de ma politique. [que,
Si je rends Cicéron favorable à mes feux,
Rien ne peut désormais s'opposer à mes vœux :
Je tiendrai sous mes lois et la fille et le père,
Et j'y verrai bientôt la république entière.
Je sais que ce consul me hait au fond du cœur,
Sans oser d'un refus insulter ma faveur ;
Il craint en moi le peuple, et garde le silence :
Mais, tandis qu'entre nous Rome tient la balance,
J'ai cru devoir toujours poursuivre avec éclat
Un hymen qui le perd dans l'esprit du sénat.
Au temple de Tellus voilà ce qui m'appelle.
Probus, qu'à Cicéron je veux rendre infidèle,
M'y sert à ménager des traités captieux,
Où, sans rien terminer, je les trompe tous deux.
Mais, loin de confier nos desseins au grand prêtre,
De ses propres secrets je suis déjà le maître.
J'ai flatté son orgueil par le pontificat ;
J'ai parlé pour lui seul, en public, au sénat,
Tandis que pour César, aidé de Servilie,
J'engageais Cicéron trompé par Césonie.
Enfin, Probus sait trop que, s'il m'osait trahir,
Il ne me faut qu'un mot pour le faire périr.
Même ici, par ses soins, je dois revoir Tullie.
Ne crains point cependant le courroux de Fulvie :
Son cœur fut trop à moi pour en redouter rien.
LENTULUS.
Elle a trop pénétré l'artifice du tien
Pour ne se point venger de tant de perfidie.

Elle est femme, jalouse, imprudente, hardie ;
Elle sait tout : bientôt nous serons découverts,
Et je n'entrevois plus que de tristes revers.
Que faisons-nous dans Rome ? et sur quelle espéran-
Parmi tant d'ennemis, avoir tant d'assurance ? [ce,
Contre César et toi les clameurs de Caton
Ne cessent d'irriter Antoine et Cicéron.
Ces deux consuls, tous deux amis de la patrie,
Brûlant de cet amour que tu nommes manie,
Peut-être trop instruits de nos desseins secrets,
Préviendront d'un seul coup ta haine et tes projets.
Déjà de toutes parts je vois grossir l'orage :
Crassus devient suspect, t'en faut-il davantage ?
Et tu n'ignores pas que depuis plus d'un jour
Les lettres de Pompée annoncent son retour ;
Que Pétréius, suivi de nombreuses cohortes,
Bientôt de Rome même occupera les portes.
César, dont le génie égale le grand cœur,
T'accuse d'imprudence et de trop de lenteur.

CATILINA.

Oui, je sais que César désire ma retraite,
Pour briguer au sénat l'honneur de ma défaite,
Pour voir nos légions marcher sous ses drapeaux
Et pour profiter seul du fruit de mes travaux :
Mais, si le sort répond à l'espoir qui m'anime,
Je ferai de César ma première victime.
Il est trop jeune encor pour me donner la loi,
Et je n'en veux ici recevoir que de moi.
Qu'ai-je à craindre dans Rome, où le peuple m'ado-
Où je veux immoler ce sénat que j'abhorre ? [re,
Le péril est égal, ainsi que la fureur,
Et j'ai de plus sur eux ma gloire et ma valeur.
L'exemple de Sylla n'a que trop fait connaître
Combien il est aisé de leur donner un maître ;
Et ce Pompée enfin, si fameux aujourd'hui,
Tremblera devant moi comme il fit devant lui.
Manlius, avec nous toujours d'intelligence,
Aussi prompt que toi-même à servir ma vengeance,
Avec sa légion doit joindre Célius,
Et Céson avec lui rejoindre Manlius.
Sunnon, des fiers Gaulois le ministre fidèle,
Qui les voit menacés d'une guerre nouvelle,
Habile à profiter de celle des Romains,
Doit de tout son pouvoir appuyer nos desseins.
Cesse de m'opposer une crainte frivole :

Dès demain je serai maître du Capitole.
C'est du haut de ces lieux que, tenant Rome aux fers,
Je veux avec les dieux partager l'univers.
Rome, je n'ai que trop fléchi sous ta puissance ;
Mais je te punirai de mon obéissance.
Pardonne ce courroux à la noble fierté
D'un cœur né pour l'empire ou pour la liberté.
LENTULUS.
Ah ! je te reconnais à ce noble langage :
Rome même est trop peu pour un si grand courage.
Remplis ton sort ; fais voir à l'univers jaloux
Qu'il ne devait avoir d'autres maîtres que nous.
Adieu, Catilina. Probus vient : je te laisse.
CATILINA.
Va ; dis à Céthégus qu'il tienne sa promesse.
L'un et l'autre en secret daignez voir Manlius,
Et faites observer Fulvie et Curius.

SCÈNE II

CATILINA, PROBUS.

PROBUS.
Eh quoi ! seigneur, c'est vous que votre vigilance
A conduit le premier aux autels que j'encense !
Saviez-vous que Tullie y dût porter ses pas ?
CATILINA.
Je le sais ; cependant je ne l'y cherche pas :
Votre intérêt, Probus, est tout ce qui m'amène,
Et mon cœur à vous seul veut confier sa peine.
César, que Cicéron appuyait au sénat,
César est désormais sûr du pontificat ;
Il l'emporte sur vous, et son audace extrême
Veut soumettre à ses lois la religion même.
J'ai cru, de Cicéron qui vous est allié,
Que mon parti pour vous serait fortifié,
Ou qu'il choisirait mieux du moins votre adversaire ;
Mais ses trésors ont fait ce que je n'ai pu faire :
C'est ainsi qu'aujourd'hui se gouvernent les lois.
Ce sénat, le modèle et le tuteur des rois,
Qui fit à l'univers admirer sa justice,
Qui punissait de mort un soupçon d'avarice,
Qui puisait ses décrets dans le conseil des dieux,
Vend ce qu'à la vertu réservaient nos aïeux.
Je vois avec douleur que cet affront vous blesse.

PROBUS.

Eh! ce n'est pas moi seul, seigneur, qu'il intéresse ;
Il rejaillit sur vous encor plus que sur moi,
Vous, qu'un vil orateur fait plier sous sa loi ;
Vous qui, jusqu'à ce jour, armé d'un front terrible,
Des cœurs audacieux fûtes le moins flexible ;
Qui, d'un sénat tremblant à votre fier aspect,
Forciez d'un seul regard l'insolence au respect :
A sa voix aujourd'hui plus soumis qu'un esclave,
Enfin à votre tour vous souffrez qu'on vous brave,
Et vous abandonnez le soin de l'univers
A des hommes sans nom qui mettent Rome aux fers.
Eh! que m'importe à moi que le sénat m'outrage,
Que sa corruption mette à prix son suffrage?
L'univers ne perd rien à mon abaissement ;
Mon nom ni mes vertus n'en font pas l'ornement ;
Les dieux ne m'ont point fait pour le régir en maître :
Vous seul... Mais désormais méritez-vous de l'être,
Avec une valeur qui n'oserait agir,
Et ce front outragé qui ne sait que rougir ?
Quoi! pour vous engager à sauver la patrie,
Faudra-t-il qu'avec moi tout un peuple s'écrie :
« La mort nous a ravi Marius et Sylla ;
« Qu'ils revivent en toi; règne, Catilina ? »

CATILINA.

Probus, ne tentez point une indigne victoire.
Les crimes du sénat ne souillent point ma gloire.
Je frémis comme vous de tout ce que j'y vois,
De l'abus du pouvoir et du mépris des lois ;
J'admire en vous surtout cette âme bienfaisante
Que l'approche des dieux rend si compatissante
Mais, parmi tant d'objets cités pour m'émouvoir,
Vous en oubliez un.

PROBUS.

Quel est-il?

CATILINA.

Mon devoir.
A combien de désirs il faut que l'on s'arrache,
Si l'on veut conserver une vertu sans tache !
L'outrage n'est suivi d'aucun ressentiment
Dès que le bien public s'oppose au châtiment :
Ses intérêts sacrés font notre loi suprême,
Et s'immoler pour eux, c'est vivre pour soi-même.
Considérez ce temple orné de mes aïeux,
Que Rome a cru devoir placer parmi vos dieux.

Le sang qu'ils prodiguaient pour cette auguste mère
N'a laissé dans son sein qu'un fils qui la révère ;
Et, tout muets qu'ils sont, ces marbres généreux
Ne m'en disent pas moins qu'il faut l'être autant [qu'eux.
Rome ne me doit rien, et je lui dois la vie.
    PROBUS.
Ainsi vous souffrirez qu'elle soit asservie ;
Qu'un peuple qui vous a nommé son protecteur
Soit réduit à chercher un autre défenseur !
En vain, fondant sur vous sa plus chère espérance,
Rome vous élevait à la toute-puissance :
J'entrevois dans le cœur d'un fier patricien
Les faiblesses de cœur d'un obscur plébéien ;
Et c'est Catilina qui seul ici protège
Un reste de sénat impur et sacrilège,
Un tas d'hommes nouveaux proscrits par cent dé-
Que l'orgueilleux Sylla dédaigna pour sujets ; [crets,
Disparu dans l'abîme où son orgueil le plonge,
Les grandeurs du sénat ont passé comme un songe.
Non, ce n'est plus ce corps digne de nos autels,
Où les dieux opinaient à côté des mortels :
De ce corps avili Minerve s'est bannie
A l'aspect de leur luxe et de leur tyrannie.
On ne voit que l'or seul présider au sénat,
Et de profanes voix fixer le consulat.
Enfin Rome n'est plus, sans le secours d'un maître :
Et qui d'eux plus que vous serait digne de l'être ?
César semble promettre un superbe avenir,
Que peut-être moins jeune il osera tenir.
Lucullus n'est plus rien, et son rival Pompée
N'a pour lui qu'un bonheur où Rome s'est trompée.
Crassus, plein de désirs indignes d'un grand cœur,
Borne à de vils trésors les soins de sa grandeur.
Cicéron, ébloui du feu de son génie...
Mais je veux respecter le père de Tullie.
Pour Caton, je n'y vois qu'un courage insensé,
Un faste de vertu qu'on a trop encensé.
Le reste n'est point fait pour prétendre à l'empire.
C'est à vous seul, seigneur, que j'ose le prédire.
Quelle gloire pour vous, en domptant les Romains,
De pouvoir vous vanter au reste des humains
Que sans avoir des dieux emprunté le tonnerre,
Un seul homme a changé la face de la terre !
    CATILINA.
Ministre des autels, que me posez-vous ?

PROBUS.
La gloire de bien faire et le salut de tous ;
Ce qu'un grand cœur, flatté de cet honneur suprême,
Aurait dû dès longtemps se proposer lui-même.
CATILINA.
Ah! Probus, je l'avoue, une si noble ardeur
Porte des traits de feu jusqu'au fond de mon cœur ;
Je sens que, malgré moi, mes scrupules vous cèdent.
PROBUS.   [dent :
Hé bien! qu'à ce remords de prompts effets succè-
D'armes et de soldats remplissons tous ces lieux,
Où le sénat impie ose troubler mes dieux :
Dans un sang ennemi... Mais j'aperçois Tullie.
CATILINA.
Ne vous éloignez point, cher Probus, je vous prie.
J'ai besoin de conseil dans le trouble où je suis,
Et je vous rejoindrai bientôt, si je le puis.

(Probus se retire dans le fond du théâtre.)

SCÈNE III

CATILINA, TULLIE.

CATILINA.
Quoi! madame, aux autels vous devancez l'aurore !
Eh! quel soin si pressant vous y conduit encore ?
Qu'il m'est doux cependant de revoir vos beaux
Et de pouvoir ici rassembler tous mes dieux ! [yeux,
TULLIE.
Si ce sont là les dieux à qui tu sacrifies,
Apprends qu'ils ont toujours abhorré les impies,
Et que, si leur pouvoir égalait leur courroux,
La foudre deviendrait le moindre de leurs coups.
CATILINA.
Tullie, expliquez-moi ce que je viens d'entendre :
Ma gloire et mon amour craignent de s'y méprendre,
Et si nous n'étions seuls, malgré ce que je voi,
Je ne croirais jamais que l'on s'adresse à moi.
TULLIE.   [m'adresse,
Ah! ce n'est qu'à vous seuls, grands dieux ! que je
Et non à des cruels qu'aucun remords ne presse,
Monstres dont la fureur brave les immortels,
Et que le crime suit jusqu'au pied des autels ;
Qui, tout baignés d'un sang qui demande vengeance,
Osent des dieux vengeurs insulter la présence.

ACTE I, SCÈNE III.

Le sang de Nonius, versé près de ces lieux,
Fume encore ; et voilà l'encens qu'on offre aux [dieux !
La sacrilège main qui vient de le répandre
N'attend plus qu'un flambeau pour mettre Rome en [cendre.
Ce n'est point Mithridate ennemi des Romains,
Ni le Gaulois altier qui forme ces desseins ;
Grands dieux! c'est une main plus fatale et plus [chère
Qui menace à la fois la patrie et mon père.
Ces excès de fureur, inconnus à Sylla,
N'étaient faits que pour toi, traître Catilina.

CATILINA.

D'un reproche odieux réprimez la licence,
Madame, ou contraignez vos soupçons au silence :
Songez, pour violer le respect qui m'est dû,
Qu'il faut auparavant que je sois convaincu ;
Qu'il faut l'être soi-même, avant que d'oser croire
La moindre lâcheté qui peut flétrir ma gloire ;
Que l'amour est déchu de son autorité,
Dès qu'il veut de l'honneur blesser la dignité.
Souvenez-vous enfin qu'un généreux courage
Pardonne à qui le hait, mais point à qui l'outrage.

TULLIE.

Et qu'ai-je à redouter de ton inimitié ?
Tu ne me verras point implorer ta pitié,
Cruel! tu peux porter à la triste Tullie
Tous les coups que ta main réserve à la patrie.
Borne tes cruautés à déchirer un cœur
Qui s'est déshonoré par une lâche ardeur :
Ce cœur que trop longtemps a souillé ton image,
N'est plus digne aujourd'hui que d'opprobre et d'ou-
Rien ne peut expier la honte de mes feux. [trage :
Mais ne présume pas que ce cœur malheureux,
Que tes fausses vertus t'ont rendu favorable, [ble :
T'épargne un seul moment dès qu'il te sait coupa-
Tu le verras plus prompt à s'armer contre toi,
Qu'il ne le fut jamais à t'engager sa foi.
Grands dieux! n'ai-je brûlé d'une flamme si pure,
Que pour un assassin, un rebelle, un parjure ?
Et le barbare encore insulte à ma douleur !
Il veut que mon devoir respecte sa fureur !
Mais, cruel, mon amour n'en sera point complice ;
Dût-on charger ma main du soin de ton supplice,
Je n'hésiterai point à te sacrifier.
Tu n'as plus qu'un moment à te justifier.

CATILINA.
Eh! de quoi voulez-vous que je me justifie?
TULLIE.
D'un complot qui bientôt te coûtera la vie.
Mais, puisque ton orgueil s'obstine à le nier,
Et que tu me réduis, traître, à t'humilier :
Esclave, paraissez.

SCÈNE IV

CATILINA, TULLIE; FULVIE, déguisée en esclave.

CATILINA, à part.
Que vois-je? c'est Fulvie!
TULLIE, à Fulvie.
Parlez, je vous l'ordonne au nom de la patrie.
FULVIE.
Qui? moi parler, madame! A quel péril affreux
Exposez-vous ici les jours d'un malheureux!
D'un Romain, quels qu'en soient le rang et la nais-
Je sais combien je dois respecter la présence : [sance,
De celui-ci surtout je redoute l'aspect.
TULLIE.
Parlez, et dépouillez ce frivole respect.
Un esclave enhardi par le salut de Rome,
Doit-il tant s'effrayer à l'aspect d'un seul homme?
Connaissez-vous celui qui paraît à vos yeux?
Répondez : quel est-il?
FULVIE.
C'est un séditieux.
Je ne connais que trop ce mortel redoutable,
Et le plus grand de tous, s'il était moins coupable.
Oui, madame, c'est lui : voilà le furieux
Qui veut souiller de sang sa patrie et ses dieux,
Egorger le sénat, immoler votre père,
Et, la flamme à la main, désoler Rome entière.
CATILINA, feignant de ne pas reconnaître Fulvie.
Quoi! vous osez commettre un homme tel que moi
Avec des malheureux si peu dignes de foi!
Et vous me réduisez à souffrir qu'un esclave,
Au mépris de mon rang, me flétrisse et me brave!
Ah! c'est pousser l'injure et l'audace trop loin.
TULLIE.
Ingrat, rougis du crime, et non pas du témoin.
Mais en vain ton orgueil s'attache à le confondre :

Vanter ta dignité, ce n'est pas me répondre.
(A Fulvie.)
Adieu. Vous, suivez-moi.
CATILINA, arrêtant Fulvie.
Non, non, il n'est plus temps :
Cet esclave est chargé d'avis trop importants.
D'ailleurs, dès qu'avec lui vous osez me commettre,
Souffrez qu'en d'autres mains je puisse le remettre.
Probus, venez à nous.

SCÈNE V

CATILINA, TULLIE, FULVIE, PROBUS.

TULLIE.
Quel est donc ton dessein ?
CATILINA.
C'est au nom du sénat et du peuple romain,
Qui de ces lieux sacrés vous fit dépositaire,
Probus, qu'entre vos mains je mets ce téméraire.
TULLIE.
En vain par ce dépôt tu crois m'en imposer :
Je vois à quel dessein tu veux en disposer.
CATILINA.
Non : loin que ma fierté désormais le récuse,
C'est devant le sénat que je veux qu'il m'accuse.
Puisqu'il doit en ces lieux s'assembler aujourd'hui,
C'est à Probus, madame, à répondre de lui.
TULLIE.
Songe, Catilina, qu'il y va de ta vie.
CATILINA.
Allez, songez, madame, à sauver la patrie.
C'est des jours d'un ingrat prendre trop de souci,
Et l'amour n'a plus rien à démêler ici.

SCÈNE VI

CATILINA.

Qu'aurais-je à redouter d'une femme infidèle ?
Où seront ses garants ? Et d'ailleurs, que sait-elle ?
Quelques vagues projets dont l'imprudent Caton
Nourrit depuis longtemps la peur de Cicéron ;
Projets abandonnés, mais dont ma politique
Par leur illusion trompe la république,

Sait de ce vain fantôme occuper le sénat,
L'effrayer d'un faux bruit ou d'un assassinat,
Et ne lui laisser voir que des mains meurtrières,
Tandis qu'un grand dessein échappe à ses lumières.
Maître de mes secrets, j'ai pénétré les siens,
Et Lentulus lui-même ignore tous les miens.
De cent mille Romains armés pour ma querelle,
Aucun ne se connaît, tous combattront pour elle.
De l'un des deux consuls je me suis assuré :
Plus que moi, contre l'autre, Antoine est conjuré :
César ne doit qu'à moi sa dignité nouvelle,
Et je sais qu'à ce prix il me sera fidèle.
Voilà comme un consul qui pense tout prévoir
Souvent pour mes desseins agit sans le savoir.
L'Africain peu soumis, le Gaulois indomptable,
Tout l'univers enfin, las d'un joug qui l'accable,
N'attend pour éclater que mes ordres secrets,
Et Cicéron n'est point instruit de mes projets.
Ce n'est pas dans tes murs, Rome, que je m'arrête :
Des cris du monde entier j'ai grossi la tempête.
Mon cœur n'était point fait pour un simple parti
Que le premier revers eût bientôt ralenti.
J'ai séduit tes vieillards ainsi que ta jeunesse,
César, Sylla, Crassus et toute ta noblesse...
Mais il faut retourner à Probus, qui m'attend :
Ménageons avec lui ce précieux instant,
Pour rendre sans effet le courroux de Tullie
Et pour mettre à profit les fureurs de Fulvie.
Soutiens, Catilina, tes glorieux desseins :
Maître de l'univers si tu l'es des Romains, [plisse,
C'est aujourd'hui qu'il faut que ton sort s'accom-
Que Rome à tes genoux tombe, ou qu'elle périsse.

ACTE DEUXIÈME

SCÈNE PREMIÈRE

FULVIE, PROBUS.

FULVIE.

N'abusez point, Probus, de l'état où je suis ;
Je vous perdrai : du moins songez que je le puis.

ACTE II, SCÈNE I. 243

Vous croyez, à l'abri de votre caractère,
Pouvoir impunément défier ma colère,
Et que mon cœur, tremblant à l'aspect de ce lieu,
Va mettre au même rang le ministre et le dieu :
Et quel ministre encore ! un sacrilège, un traître,
Qui, de Catilina devenu le grand prêtre,
Des Tarquins sur son front veut ceindre le bandeau,
Et du sang des Romains nourrir ce dieu nouveau ;
Lâche, qui se dévoue aux amours de Tullie ;
Qui, de ses propres dieux profanateur impie,
Prête leur sanctuaire à des feux criminels,
Déshonore le prêtre, et souille les autels.

PROBUS.

Cédez moins au torrent de votre jalousie,
Et, loin de m'offenser, écoutez-moi, Fulvie.
Considérez l'abîme où va nous engager
Une folle habitude à ne rien ménager.
Vous croyez vous venger ; vous vous perdez vous-mê-
Et, de plus, un amant qui peut-être vous aime. [me,
Le dépit n'a jamais satisfait ses transports,
Qu'il n'ait livré notre âme à d'éternels remords.
L'amour le mieux vengé, quelle que soit l'offense,
Est souvent le premier à pleurer sa vengeance.
On punit l'inconstant, mais on perd en un jour
L'objet de sa tendresse et l'espoir d'un retour.
Enfin, que savez-vous si l'on aime Tullie ?
A travers les fureurs dont votre âme est saisie,
Croyez-vous que l'amour éclaire assez vos yeux
Pour percer les replis d'un cœur ambitieux ?
Vous savez les projets que votre amant médite :
En pénétrez-vous bien les détails et la suite ?
Un homme tel que lui doit-il à découvert
Se montrer sans prudence au grand jour qui le perd ?
Peut-il porter trop loin l'artifice et la feinte ?
Non : il faut que son cœur ne soit qu'un labyrinthe ;
Que l'amour même en vain y cherche des secrets
Que pour lui la raison et l'honneur n'ont point faits.
L'usage qu'aujourd'hui vous avez osé faire
Des secrets dont l'amour vous fit dépositaire
Ne vous prouve que trop, malgré votre dépit,
Pour peu qu'il ait parlé, qu'il n'en a que trop dit.
L'impétueux Caton murmure, tonne, éclate,
Trouble tout pour servir un consul qui le flatte
Devenu du sénat et l'idole et l'espoir,
Cicéron est armé du souverain pouvoir :

Le sénat, qui sur lui redoute une entreprise,
Pour mettre son héros à couvert de surprise,
De l'ordre équestre entier le fait accompagner.
Puisqu'on ne peut le perdre, il faut donc le gagner.
Pour le faire périr, il faut la force ouverte ;
Mais ce serait sans fruit travailler à sa perte.
Un hymen prétendu peut calmer ses frayeurs ;
Et cet hymen devient l'objet de vos fureurs!
Plus de raison alors, et la fière Fulvie
Expose un nom célèbre aux mépris de Tullie,
Se couvre sans rougir d'un vil déguisement!
Pourquoi ce déshonneur? pour perdre son amant!
Ah! madame, ce cœur, dont j'ai plaint la tendresse,
De l'habit qui vous cache a-t-il pris la bassesse?
Dans quel sein déposer des secrets dangereux,
Si le cœur d'une amante est un écueil pour eux?
Vit-on jamais l'amour, dans sa plus noire ivresse,
Emprunter du dépit une langue traîtresse?

FULVIE.

Qui donc ai-je trahi, ministre ambitieux?
Et quelle foi doit-on à des séditieux?
La garder aux méchants, c'est partager leurs crimes.
Mais je vois que Probus connaît peu ces maximes,
Et je sais, quand la haine enflamme vos pareils,
Jusqu'où va la noirceur de leurs lâches conseils,
Surtout lorsqu'il s'agit de venger leurs injures.
César est désigné souverain des augures :
Cicéron a brigué pour ce rival heureux,
Et le place en un rang dont on flattait vos vœux ;
Catilina d'ailleurs vous était favorable :
Le moyen qu'à vos yeux je ne sois point coupable,
Moi qui viens de sauver un consul odieux
Qui s'est osé jouer d'un ministre des dieux,
Qui, de sa dignité dépositaire habile,
Plein de faste aux autels, et près des grands servile,
Sur l'espoir de leurs dons mesure sa ferveur,
Et n'adore en effet que la seule faveur?
Mon devoir m'ordonnait de sauver la patrie :
Imitez-le, ou gardez vos conseils pour Tullie.
Croyez-moi, terminez d'imprudentes leçons
Qui ne font qu'irriter ma haine et mes soupçons.
Cessez de me flatter qu'on peut m'aimer encore :
J'ai trop vu la beauté que l'infidèle adore :
Mes yeux avant ce jour ne la connaissaient pas,
Mais vous me payerez ses funestes appas.

C'est vous qui leur gagnez sur moi la préférence,
Moi que déshonorait la seule concurrence.
Pourquoi de cet hymen m'a-t-on fait un secret?
Et pourquoi, s'il est feint, m'en cacher le projet?
Traître, ce n'est pas vous qui deviez me l'appren-
[dre;
Mais on croit n'avoir rien à craindre d'un cœur
Sachez que d'un secret à demi confié, [tendre.
Dès qu'on peut une fois percer l'autre moitié,
On est toujours en droit d'en trahir le mystère,
Et qu'on ne doit plus rien à qui nous l'ose taire.
PROBUS.
Hé bien! perdez, madame, un homme généreux
Qui veut briser les fers de tant de malheureux;
Vengez votre beauté d'un amant infidèle,
Et votre orgueil blessé des projets qu'il vous cèle;
D'un long embrasement devenez le flambeau,
Et nous ouvrez à tous les portes du tombeau.
Mais Catilina vient; évitez sa présence,
Ou du moins gardez-vous d'irriter sa vengeance.

SCÈNE II

CATILINA, FULVIE, PROBUS.

CATILINA.
Probus, où sommes-nous? et qu'est-ce que je voi?
Quel opprobre pour Rome! et quel affront pour moi!
C'est aux yeux du sénat, aux miens, qu'une Romaine,
Au mépris des devoirs où son sexe l'enchaîne,
Sous un déguisement fait pour de vils humains,
S'en va déshonorer le premier des Romains,
De ses folles erreurs le rendre la victime,
Sans daigner seulement s'éclaircir de son crime!
Et, lorsque tout conspire à me justifier,
Sa jalouse fureur veut me sacrifier!
Eh! quel était le but où ma valeur aspire?
Pour qui voulais-je ici conquérir un empire?
Est-ce pour Cicéron, l'objet de mon courroux,
Lui que je voudrais voir expirer sous mes coups?
Non; c'est pour une ingrate à qui je sacrifie
Ma gloire, mon devoir, et le soin de ma vie.
FULVIE.
Poursuis, Catilina: le reproche sied bien
A des cœurs innocents et purs comme le tien;

Mets dans l'art de tromper, ta science suprême,
Tu m'en as trop appris pour me tromper moi-même.
Va, cesse d'éclater sur mon déguisement;
Tout, jusqu'à ton courroux, est faux en ce moment.
Égorge Cicéron aux yeux de sa famille,
Je ne t'en croirai pas moins épris de sa fille.
Ce n'est pas d'aujourd'hui que tu sais allier
La vertu, les forfaits, l'amant, le meurtrier;
Et, Tullie à tes yeux fût-elle encor plus chère,
Rien ne garantirait la tête de son père.
Mais de quoi te plains-tu? quel est mon attentat?
Est-ce moi qui prétends t'accuser au sénat?
De l'espoir d'être à toi ma tendresse enivrée
A tes lâches complots ne m'a que trop livrée.
Songe que tu me dois et César et Crassus,
Les enfants de Sylla, Cépion, Lentulus.
Cruel! j'aurais voulu que tout ce qui respire
Eût été comme moi soumis à ton empire.
Mais, tandis que pour toi je séduisais les cœurs,
Tu préparais au mien le comble des horreurs;
Et le tien, trop épris des charmes de Tullie,
A bientôt oublié ce qu'il doit à Fulvie.
Cependant, qui de nous s'arme ici contre toi?
C'est elle qui te perd, ingrat; ce n'est pas moi.
Il est vrai qu'en son cœur j'ai voulu te détruire;
Mais c'est là seulement qu'attachée à te nuire,
Contente de pouvoir vous désunir tous deux,
Je n'ai rien oublié pour te rendre odieux.
Eh! pouvais-je prévoir que l'honneur chimérique
De sauver les débris d'un nom de république
Porterait une amante à perdre son amant?
Mais, pour t'en garantir, je ne veux qu'un moment.
Abandonne à mon cœur le soin de ta défense.
Je ne sais s'il te doit ou tendresse ou vengeance;
Je ne veux sur ce point nul éclaircissement
Qui puisse triompher d'un plus doux mouvement.
Mais, par un désaveu, souffre que j'humilie
A l'aspect du sénat l'orgueilleuse Tullie.
Son cœur est désormais indigne de ta foi.

CATILINA.

Tullie, en me perdant, se rend digne de moi;
Et vous, qui prétendez me sauver par un crime,
Vous ne méritez plus mes vœux ni mon estime.
C'est au sénat qu'il faut m'accuser aujourd'hui:
Je ne redoute rien ni de vous ni de lui.

Si jamais vous osiez y démentir Tullie,
Un affront si sanglant vous coûterait la vie.
Ainsi déclarez tout; c'est l'unique moyen
De regagner un cœur qui ne vous doit plus rien.
Vos fureurs n'ont que trop épuisé ma constance.
Mais je vois les licteurs, et le consul s'avance :
Éloignez-vous d'ici.

FULVIE.

Tu me braves, ingrat!
Adieu : tu me verras ce jour même au sénat.

(Elle sort.)

CATILINA.

Probus, suivez ses pas; allez tous deux m'attendre,
Et cachez Manlius qui doit ici se rendre.

SCÈNE III

CICÉRON, CATILINA, LES LICTEURS.

CICÉRON fait signe aux licteurs de s'éloigner.

C'est vous, Catilina, que je cherche en ces lieux,
Non comme un sénateur jaloux et furieux,
Mais comme un ennemi qui sait régler sa haine
Sur ce qu'en peut permettre une vertu romaine.
Enfin, depuis le jour que le sort des Romains,
Par le choix des tribuns, fut remis en mes mains,
Vous ne m'avez point vu, soigneux de vous déplaire,
Braver l'inimitié d'un si noble adversaire.
Je remportai sur vous l'honneur du consulat,
Sans acheter les voix du peuple et du sénat;
Et vous savez assez que cette préférence,
Qui flattait vos désirs, passait mon espérance.
Mais le sénat, toujours en butte à vos mépris,
Réunit en moi seul les vœux et les esprits.
Encor si quelquefois vous daigniez vous contraindre;
Que, fait pour être aimé, vous vous fissiez moins
[craindre;
Que, mettant à profit tant de dons précieux,
Vous affectassiez moins un orgueil odieux !
Mais, bravant le sénat et les consuls ensemble,
A vos moindres chagrins vous voulez que tout trem-
Regardez ces autels, voyez parmi nos dieux [ble.
Ces marbres consacrés aux noms de nos aïeux.
Leurs grands cœurs ont toujours haï la tyrannie,
Et Rome n'a jamais tremblé que pour leur vie.

Si, moins ambitieux, votre haute valeur
Ne nous eût inspiré que la même terreur,
Qui d'entre nous pouvait refuser son suffrage
Aux vertus dont le ciel a fait votre partage?
Politique, orateur, capitaine, soldat,
Vos défauts des vertus ont même encor l'éclat.
Quel citoyen pour nous, et le plus grand peut-être,
S'il nous menaçait moins de nous donner un maître!
On dit... mais je crois peu des bruits mal assurés
Qui vous osent nommer parmi des conjurés.
Tout défiant qu'il est, Caton ne l'ose croire.
Cependant le sénat, jaloux de votre gloire,
Pour étouffer des bruits qui dans un sénateur
Pourraient en vous blessant blesser son propre hon-
Dès hier vous nomma gouverneur de l'Asie. [neur,
Pompée et Pétréius, descendus vers Ostie,
L'un et l'autre chargés de vous y recevoir,
Remettront dans vos mains leur souverain pouvoir.
Partez donc, et songez que votre obéissance
Peut seule être le prix de notre confiance.

CATILINA.

Ainsi donc le sénat veut, sans me consulter,
Me charger d'un emploi que je puis rejeter.
Je ne sais s'il a cru me forcer à le prendre;
Mais j'ignore comment vous osez me l'apprendre,
Et croire m'éblouir jusqu'à me déguiser
Tout l'affront d'un honneur que je dois mépriser.
On me hait; on me craint : on conspire dans Rome;
Parmi des conjurés c'est moi seul que l'on nomme :
Cependant le sénat, peu certain de ma foi,
Daigne, malgré ces bruits, m'honorer d'un emploi;
Le farouche Caton, devenu plus flexible,
D'aucun soupçon encor ne paraît susceptible;
Et Cicéron ne vient armé que de bienfaits,
Lorsqu'il peut par la foudre arrêter mes projets.
Mais d'un consul jaloux la politique habile
Devrait mieux me cacher que c'est lui qui m'exile,
Et ne point abuser de la crédulité
D'un sénat trop jaloux de son autorité ;
Car enfin tous ces bruits, enfants de sa faiblesse,
N'ont d'autres fondements qu'un soupçon qui vous
CICÉRON. [blesse.
N'est-ce rien, selon vous, que d'être soupçonné?
A votre ambition sans cesse abandonné,
Vous causez tant de trouble et tant d'inquiétude.

ACTE II, SCÈNE III.

Que le moindre soupçon tient lieu de certitude :
Dès qu'on ose alarmer le pouvoir souverain,
On est toujours suspect d'un coupable dessein.
Peut-on trop sur ce point rassurer la patrie?
Acceptez-vous l'emploi que Rome vous confie?
C'est pour m'en éclaircir que je viens vous trouver.

CATILINA.

J'entends: c'est sur ce point que l'on veut m'éprouver.
Si j'accepte l'emploi, c'est à tort qu'on m'accuse ;
Et je suis criminel dès que je le refuse.
Mais, malgré l'appareil d'un frivole discours,
Je perce en ce moment à travers vos détours.
L'intérêt des Romains n'est pas ce qui vous guide :
C'est le seul mouvement d'une haine perfide,
Que le fiel de Caton sut toujours enflammer,
Et que mes soins en vain ont tenté de calmer.
J'ai fait plus : j'ai brigué jusqu'à votre alliance ;
Et lorsque Rome attend avec impatience
Un hymen qui pourrait rassurer les esprits,
Vous osez le premier signaler des mépris!
Et depuis quand, seigneur, l'intérêt de ma gloire
Vous fait-il craindre un bruit que Caton n'ose croire,
Quand ce même Caton, citoyen furieux,
Répand seul contre moi ces bruits injurieux
Que vous autorisez avec trop d'imprudence,
Vous qui, de son orgueil nourrissant l'insolence,
Consacrez chaque jour ses transports insensés ?
Je vous connais tous deux mieux que vous ne pensez.
Timide, soupçonneux, et prodigue de plaintes,
Cicéron lit toujours l'avenir dans ses craintes :
Et Caton, d'un génie ardent, mais limité,
Ne connaît de vertu que la férocité ;
Prompt à se courroucer, enclin à contredire,
La haine est le seul dieu qui le meut et l'inspire.
Mais c'est perdre le temps en discours superflus,
Et je reviens aux soins qui vous touchent le plus.
Alarmé d'un pouvoir dont la grandeur vous blesse,
L'ardeur d'en triompher vous occupe sans cesse ;
Et comme il vous fallait le secours d'un emploi
Pour éloigner de Rome un homme tel que moi,
Vous m'avez fait nommer gouverneur de l'Asie,
Bienfait que je tiendrais de votre jalousie ;
Mais mon nom seul ici vous faisant tous trembler,
Vous vous flattez qu'ailleurs vous pourrez m'acca-
Déjà par Manlius l'Italie occupée   [bler.

Va bientôt se remplir des troupes de Pompée;
Et ce fameux vainqueur de tant de nations
Vous offre son épée avec ses légions.
Que d'inutiles soins, dans le temps que Tullie
Pourrait à votre gré disposer de ma vie!
Car de ces noirs complots qui causent tant d'effroi
Elle a dû déclarer que le chef c'était moi.
Je ne présume pas qu'à son devoir soumise
Elle a pu vous céler le chef de l'entreprise :
Pourquoi donc au sénat ne pas me déférer?
J'entrevois les raisons qui vous font différer:
C'est que mon rang demande une preuve plus grave
Que les rapports suspects d'un malheureux esclave.
Mais mon honneur m'engage à vous désabuser :
Avec ce seul témoin vous pouvez m'accuser :
Son nom garantit tout. Cet esclave est Fulvie,
Qui, jalouse en secret des charmes de Tullie,
A cru devoir troubler quelques soins innocents
Qu'exigeaient d'un grand cœur des charmes si tou-
[chants.
Qui croirait qu'un consul si prudent et si sage
Eût été le jouet d'une femme volage?
Vous rougissez, seigneur; mais c'est avec éclat
Que je veux aujourd'hui me venger au sénat :
Car c'est là qu'en consul vous devez me répondre,
Et c'est là qu'en héros je saurai vous confondre.
Adieu.

SCÈNE IV

CICÉRON.

Dans quel désordre il laisse mes esprits!
Quelle honte pour moi, si je m'étais mépris!
Catilina pourrait ne pas être coupable;
Mais qu'il est dangereux! et qu'il est redoutable!
Quel ennemi le sort nous a-t-il suscité!
Que de courage ensemble et de subtilité!
Son génie éclairé voit, pénètre ou devine.
Rome n'est plus; les dieux ont juré sa ruine.
Essayons cependant de calmer la fureur
Du perfide ennemi qui fait tout mon malheur.
S'il paraît au sénat, et qu'il s'y justifie,
Son triomphe bientôt me coûtera la vie.
Malgré tous ses détours, j'entrevois ce qu'il veut;
Mais nous serions perdus s'il osait ce qu'il peut.

Employons sur son cœur le pouvoir de Tullie,
Puisqu'il faut que le mien jusque-là s'humilie.
Quel abîme pour toi, malheureux Cicéron !
Allons revoir ma fille, et consulter Caton : [me,
C'est là que je pourrai, dans le cœur d'un seul hom-
Retrouver à la fois nos dieux, nos lois, et Rome.

ACTE TROISIÈME

SCÈNE PREMIÈRE
SUNNON, GONTRAN.

SUNNON.
Arrêtons, cher Gontran : c'est dans ces lieux sacrés,
Décorés avec faste, au fond peu révérés,
Qu'à la face des dieux nous allons voir éclore
Un projet qui m'alarme, et qui les déshonore :
C'est ici que bientôt Crassus, Catilina,
Antoine, Céthégus, les enfants de Sylla,
Mille autres dont les noms éclatent dans l'histoire,
Et qui de leurs aïeux flétrissent la mémoire,
Vont de leur sang impur sceller leur union,
Et livrer Rome entière à la proscription.
Heureux si je pouvais, en ce désordre extrême,
D'un parti que je hais me dégager moi-même !
Entraîné dès longtemps, peut-être corrompu
Par un ambitieux qui séduit ma vertu,
Je me trouve forcé d'embrasser sa querelle,
D'être ennemi de Rome, ou ministre infidèle.
GONTRAN.
Quoi ! des Gaules ici Sunnon ambassadeur
De ce rang si sacré voudrait flétrir l'honneur !
SUNNON.
Laissons l'honneur d'un rang qui n'est plus qu'un
[vain titre,
Lorsqu'un autre intérêt devient mon seul arbitre.
Les Gaules ont daigné m'envoyer en ces lieux ;
Mais où sont les Romains, leurs lois, même leurs
Et quel devoir encor veux-tu que je trahisse [dieux ?

Parmi des furieux sans frein et sans justice?
C'est aux événements à disposer de moi.
D'ailleurs, dans ce chaos, à qui garder ma foi?
A de vils sénateurs noyés dans la mollesse,
A deux consuls jaloux et désunis sans cesse?
L'un des deux, sans honneur et sans fidélité,
Abuse chaque jour de son autorité :
L'autre a mille vertus, mais n'ose en faire usage.
Caton, loin de calmer, irritera l'orage.
Formidable au dehors, méprisable au dedans,
Le sénat n'est enfin qu'un amas de brigands,
Unis pour le butin, divisés au partage,
Dont toute la vertu périt avec Carthage.
A peine il fut formé, qu'il détruisit ses rois :
Il détruit aujourd'hui l'autorité des lois.
Après avoir détruit et lois et diadème,
Nous le verrons bientôt se détruire lui-même.
Allumons le flambeau de la sédition :
Rien ne peut nous sauver que leur division.
Tu ne sais pas encor quel péril nous menace.
Un Romain (tu connais sa valeur, son audace),
Et quel Romain encor! César depuis un an
Brigue en secret l'honneur d'être notre tyran ;
C'est à nous gouverner que ce héros aspire.
Si la Seine un moment coule sous son empire,
Nous sommes tous perdus ; et Gaulois et Germains
Vont tomber sous le fer ou le joug des Romains.
Ce que la Grèce, Rome et l'univers ensemble
Eurent de plus parfait, dans César se rassemble :
Prudent, ambitieux ; l'homme de tous les temps,
De toutes les vertus et de tous les talents ;
Intrépide, éclairé ; d'autant plus redoutable,
Que de tous les mortels il est le plus aimable.
Mais Catilina vient : cher Gontran, laisse-nous.

SCÈNE II

CATILINA, SUNNON.

CATILINA.

Je vous cherche, Sunnon, et j'ai besoin de vous.
De nos desseins secrets la trame est découverte,
Et je ne m'en crois pas plus voisin de ma perte.
Le sénat éperdu, les chevaliers épars,   [Mars ;
Appellent à grand bruit le peuple au champ de

De toutes parts enfin on murmure, on s'assemble :
Mais, objet de leurs cris, ce n'est pas moi qui trem-
[ble.
L'instant fatal approche ; et, loin d'en être ému,
Je me sens transporté d'un plaisir inconnu.
Je craignais les délais : ils sont toujours à craindre.
Le feu des factions est facile à s'éteindre ;
Ainsi l'on ne peut trop hâter l'événement.
Sunnon, puis-je compter sur notre engagement ?

SUNNON.

La foi de mes pareils ne fut jamais frivole.
Je suis Gaulois, ainsi fidèle à ma parole :
L'honneur est parmi nous le premier de nos dieux.
Mais vous savez quel joug on m'impose en ces lieux,
Et d'un ambassadeur quel est le ministère ;
Que je suis retenu par une loi sévère
Qui me défend d'armer de criminelles mains,
Et d'oser les tremper dans le sang des Romains.
D'ailleurs, de vos projets j'ignore le mystère :
Je crains tout, sans savoir ce qu'il faut que j'espère.
Si vos desseins ne sont aussi justes que grands,
Et si ce n'est pour nous que changer de tyrans,
Si nos traités ne sont fondés sur la justice,
Vous prétendez en vain qu'aucun nœud nous unisse.
Notre unique vertu n'est pas notre valeur :
Nous aimons la justice autant que la candeur.
Quoique enfant de la guerre, allaité sous les tentes,
Le Gaulois n'eut jamais que des mœurs innocentes.
Si vous nous surpassez par votre urbanité,
Nous l'emportons sur vous par notre intégrité.
C'est à tous nos desseins l'honneur seul qui préside,
Et de nos intérêts l'équité qui décide ;
Nos dieux, nos souverains, l'autorité des lois,
La gloire, le devoir, notre épée et nos droits ;
Aussi prompts que vaillants, francs et pleins de no-
[blesse,
Obéissants par choix, et soumis sans bassesse.
Mais Rome cherche moins, dans ses vastes projets,
A faire des amis, qu'à faire des sujets.
Comme nous ne voulons que le simple héritage
Dont les temps et le sort firent notre partage,
Voyez si, du sénat réprimant la fureur,
Vous pouvez des Gaulois être le protecteur.
Peut-être en ce discours, ou trop fier ou trop libre,
Ai-je peu ménagé la majesté du Tibre ;

Mais, dès que de mes soins notre sort dépendra,
Je parlerais aux dieux comme à Catilina.
CATILINA.
Je ne condamne point un discours magnanime
Qu'un intérêt sacré doit rendre légitime ;
Mais je le blâmerais, Sunnon, si ma vertu
Ne vous inspirait pas un respect qui m'est dû.
Je ne suis point surpris qu'un ministre soupçonne
De trop d'ambition un projet qui l'étonne,
Et que, loin de vouloir soulager l'univers,
Je prétende, au contraire, appesantir ses fers.
Revenez cependant d'une erreur qui m'offense,
Et qui peut vous séduire à force de prudence.
Je suis chef, il est vrai, d'un parti dangereux ;
Mais vous ne devez pas me confondre avec eux.
Souvent, pour s'assurer de leur obéissance,
Il faut laisser régner le crime et la licence.
Le choix des conjurés est un choix hasardeux,
Qui ne veut pas toujours des hommes généreux :
Le projet le plus grand, l'action la plus belle
A quelquefois besoin d'une main criminelle.
Si vous me regardez comme un ambitieux
Que la soif de régner a rendu furieux,
Et qui ne veut user du flambeau de la guerre
Que pour subjuguer Rome et désoler la terre,
Vous vous trompez, Sunnon. Considérez l'état
Du sénat et des lois, du peuple et du soldat ;
Trouvez enfin dans Rome un seul trait qui réponde
A son titre pompeux de maîtresse du monde.
Les pirates divers que Pompée a défaits
Cachaient dans leurs rochers cent fois moins de for- [faits.
Mais je suis las de voir triompher l'injustice :
Il est temps que mon bras s'arme pour leur supplice ;
Que j'immole à nos lois ce sénat orgueilleux,
Pour rendre l'univers et les Romains heureux.
Voilà, mon cher Sunnon, le seul but où j'aspire,
Non au funeste honneur de conquérir l'empire ;
Et comme j'ai toujours estimé les Gaulois,
Je mourrai, s'il le faut, pour défendre leurs droits.
Mais ne présumez pas que de votre courage
Dans ces murs malheureux je veuille faire usage ;
Les conjurés et moi, quel que soit le danger,
Nous n'avons pas besoin d'un secours étranger :
Au contraire, je veux que, fuyant de la ville,
Au camp de Manlius vous cherchiez un asile.

CATILINA.

TULLIE.
Arrêtez un moment; j'ai deux mots à vous dire.

Acte III, sc III.

Mais, avant que la nuit vous éloigne de nous,
Je vais vous expliquer ce que j'attends de vous.
Tout semble me livrer une ville alarmée ;
Mais loin de ses remparts Rome a plus d'une armée.
Que le sénat ici tombe sous mes efforts,
Ce n'est point accabler ce redoutable corps
Qui renaît de lui-même, et qui se multiplie
Dans l'univers entier comme dans l'Italie,
Que je vaincrai souvent sans le rendre soumis,
Et qui me cherchera toujours des ennemis.
Je veux, si les destins me sont peu favorables,
Trouver dans les Gaulois des amis secourables,
Quelque retraite enfin dans un jour malheureux :
De vous, de vos amis, c'est tout ce que je veux.

SUNNON.

Ah ! dès que votre bras s'arme pour la justice,
Il n'est point de Gaulois qui ne vous obéisse :
Je vous réponds de tous.

CATILINA.

Quels seront vos garants ?

SUNNON, lui présentant la main.

Touchez dans cette main ; ce sont là nos serments.
Adieu, Catilina. Quelqu'un vient ; c'est Tullie.

(Il sort.)

CATILINA, seul.

Que sa triste vertu me pèse et m'humilie !
Fuyons ; n'exposons point tant de fois en un jour
Des cœurs nés pour la gloire aux attraits de l'amour.

SCÈNE III

TULLIE, CATILINA.

TULLIE.

Arrêtez un moment ; j'ai deux mots à vous dire.
Cependant, à l'effroi que votre accueil m'inspire,
Je ne sais si je dois m'expliquer avec vous.
Victimes tous les deux d'une amante en courroux,
Si mes cruels soupçons vous ont fait une offense,
N'en accusez que vous et votre fier silence ;
Car vous pouviez d'un mot désabuser mon cœur.
Pourquoi, loin d'éclaircir une funeste erreur,
Me cacher, aux dépens de toute mon estime,
Un témoin dont le nom vous eût absous du crime,
Et que rendait suspect son amour irrité ?

Vous savez de mes mœurs quelle est l'austérité;
Qu'enchaînée aux devoirs d'une innocente vie,
Je n'ai jamais connu que le nom de Fulvie.
Que ne m'épargniez-vous la honte et le remords
D'avoir trop écouté ses coupables transports?
Fallait-il exposer une âme vertueuse
A servir les fureurs d'une âme impétueuse?
CATILINA.
Ah! je n'étais déjà que trop humilié
De voir à vos mépris mon rang sacrifié,
Sans vous faire rougir d'une indigne rivale.
TULLIE.
Dût sa haine aujourd'hui m'être encor plus fatale,
Malgré votre courroux, je veux vous engager
A respecter ses feux, même à la ménager.
D'un pareil ennemi vous n'avez rien à craindre;
Et son sexe, et son nom, tout m'oblige à la plaindre.
Ainsi, loin d'insulter à son déguisement,
Faisons-la de ces lieux sortir secrètement.
Vous n'avez contre vous de témoin que Fulvie,
Et l'on n'en croira point sa folle jalousie.
Loin de vous présenter l'un et l'autre au sénat,
Évitez pour moi-même un dangereux éclat.
Que vous reviendrait-il d'une faible victoire
Qui, loin de l'embellir, flétrirait votre gloire?
Croyez-moi, méprisez une amante en fureur, [cœur.
Qui d'ailleurs ne voulait que vous perdre en mon
CATILINA.
Lorsqu'on ose attaquer mon honneur et ma vie,
Vous voulez qu'en tremblant je me cache ou je fuie;
Que, laissant le champ libre à l'insensé Caton,
Je souffre qu'en public il flétrisse mon nom;
Que j'éloigne Fulvie, afin que votre père,
Sur son absence même, au sénat me défère?
Comment! lorsque vous-même, échauffant sa fu-
[reur,
Vous me livrez au peuple, et me perdez d'honneur,
Que sur de faux rapports déjà l'on délibère,
Que contre moi Caton éclate sans mystère:
Vous voulez que, témoin de leur emportement,
J'attende du sénat quelque ménagement;
Que le consul, enfin, touché de mon absence,
Ou ne m'accuse point, ou prenne ma défense
Ah! ne présumez pas que leur mauvaise foi
Puisse m'en imposer et triompher de moi.

Dès ce jour même il faut que je me justifie.
TULLIE.
Pourriez-vous de ma part craindre une perfidie?
CATILINA.
Non ; mais on a trompé votre crédule amour,
Afin que vous puissiez me tromper à mon tour.
La plus légère peur corrompt les cœurs timides
Et des plus vertueux fait souvent des perfides.
TULLIE.
Du moins en ma présence épargnez Cicéron.
CATILINA.
Ah! s'il écoutait moins le dangereux Caton
Et les fantômes vains d'une peur chimérique,
Vous et moi nous eussions sauvé la république.
TULLIE.
Il en est temps encor, cruel ; écoutez-moi :
N'allez point au sénat ; fiez-vous à ma foi.
Sur de vaines rumeurs votre fierté s'abuse :
Songez que c'est moi seule ici qui vous accuse,
Que je puis d'un seul mot rassurer les esprits,
Et dissiper l'erreur qui les avait surpris.
Si de nos premiers feux vous perdez la mémoire,
Songez du moins, seigneur, qu'il y va de ma gloire.
Quoi! vous pouvez m'aimer, et me sacrifier
A l'orgueilleux honneur de vous justifier!
L'amour vous justifie, et reprend son empire :
Quand mon cœur vous absout, mon cœur doit vous
Le sénat contre vous n'a rien fait publier. [suffire.
Ah! laissez-moi l'honneur de vous concilier ;
Laissez-moi réunir mon amant et mon père.
Hélas! était-ce à moi d'en parler la première?
L'amour n'offre donc plus à vos tendres souhaits
Aucun bien qui vous puisse engager à la paix?
Vous êtes des Romains la plus noble espérance ;
Daignez contre vous-même embrasser leur défense.
De quoi vous plaignez-vous, quand c'est vous seul,
Qui voulez aujourd'hui convoquer le sénat? [ingrat,
Si vous vous obstinez encore à vous défendre,
Le consul à son tour voudra s'y faire entendre ;
Et bientôt vos amis, ardents et furieux,
De carnage et d'horreur vont remplir tous ces lieux.
Voulez-vous mettre en feu la ville infortunée
Que votre amante habite, où votre amante est née?
Laissez-moi désarmer vos redoutables mains ;
Accordez à mes pleurs la grâce des Romains ;

Et qu'il soit dit du moins de l'heureuse Tullie
Que le dieu de son cœur fut dieu de sa patrie.

CATILINA.

Ah! Madame, cessez de vouloir m'abuser :
J'aimerais mieux vous voir, constante à m'accuser,
Armer contre ma vie un sénat qui m'abhorre.
Quoi! c'est moi qu'on veut perdre, et c'est moi qu'on [implore!
Que dis-je? c'est à moi que Tullie a recours
Pour sauver les cruels qui poursuivent mes jours!
C'est pour eux, non pour moi, qu'elle verse des lar-
Et, loin de m'arracher à leurs perfides armes, [mes!
Je la vois avec eux conspirer à l'envi!
Rendez-moi donc l'honneur que vous m'avez ravi,
Si vous ne voulez pas que j'aille le défendre. [dre.
Mais en vain par vos pleurs on cherche à me surpren-
Eh! sur quoi votre amour prétend-il m'émouvoir?
A-t-il dans votre cœur triomphé du devoir?
Quoi! sur le seul rapport d'un témoin méprisable,
Sans rien examiner, vous me croyez coupable!
Et, sans en exiger d'autre éclaircissement,
Votre austère vertu sacrifie un amant!
Cet exemple est si grand, qu'il faut que je l'imite.
Plus vous m'attendrissez, plus mon honneur m'invite
A m'immoler moi-même à ce que je me dois.

TULLIE.

Hé bien! cruel, adieu pour la dernière fois.

CATILINA, seul.

Que je me sens touché! que mon âme est émue!
Ah! que n'ai-je évité cette fatale vue!
Mais j'aperçois Probus.

SCÈNE IV

CATILINA, PROBUS.

PROBUS.

Je viens vous avertir
Que dès ce même instant, seigneur, il faut partir:
Tout s'arme contre vous, et le sénat s'assemble.

CATILINA.

Qu'aurais-je à redouter d'un ennemi qui tremble?
Je veux, à commencer par le plus fier de tous,
Les voir dans un moment tomber à mes genoux,
Et je vais les trouver.

PROBUS.
Quoi ! seul et sans défense ?
CATILINA.
Aucun d'eux n'osera soutenir ma présence ;
Ainsi ne craignez rien.
PROBUS.
Seigneur, y pensez-vous ?
Songez que Romulus expira sous leurs coups.
Je ne condamne point une noble assurance ;
Mais on n'en doit pas moins consulter la prudence.
Plus le sénat vous craint, plus il faut du sénat
Craindre contre vos jours un secret attentat.
CATILINA.
Non, Probus ; et je brave un péril qui vous glace.
Le succès fut toujours un enfant de l'audace.
L'homme prudent voit trop, l'illusion le suit ;
L'intrépide voit mieux, et le fantôme fuit :
L'instant le plus terrible éclaire son courage,
Et le plus téméraire est alors le plus sage.
L'imprudence n'est pas dans la témérité ;
Elle est dans un projet faux et mal concerté :
Mais s'il est bien suivi, c'est un trait de prudence
Que d'aller quelquefois jusques à l'insolence ;
Et je sais, pour dompter les plus impérieux, [eux.
Qu'il faut souvent moins d'art que de mépris pour
Adieu. Dans un moment ils me verront paraître
En criminel qui vient leur annoncer un maître.

ACTE QUATRIÈME

SCÈNE PREMIÈRE

CICÉRON, CRASSUS, CATON, ET LE RESTE DES SÉNATEURS.

CICÉRON.
Arbitres souverains de Rome et de ses lois,
Qui parmi vos sujets comptez les plus grands rois,
Je ne viens point ici, jaloux de votre gloire,
Briguer avec éclat le prix d'une victoire :

Le sort, à mes pareils prodiguant ses faveurs,
Me réservait le soin d'annoncer des malheurs.
De mon amour pour vous tel est le premier gage,
Et de mon consulat le funeste partage.
Tandis qu'enorgueillis par tant d'heureux travaux
Vous pouviez méditer des triomphes nouveaux,
De la terre et des mers vous promettre l'empire,
Un seul homme à vos yeux travaille à vous proscrire.
Pourrai-je sans frémir nommer Catilina,
L'héritier des fureurs du barbare Sylla?
Lui que la cruauté, l'orgueil et l'insolence
N'ont que trop parmi nous signalé dès l'enfance;
Lui qui, toujours coupable et toujours impuni,
Veut ce que n'eût osé l'univers réuni,
Subjuguer les Romains? O vous que Rome adore,
Et qui par vos vertus la soutenez encore!
Vous, l'appui du sénat et l'exemple à la fois,
Incorruptible ami de l'État et des lois,
Parlez, divin Caton.

CATON.

    Eh! que pourrais-je dire
En des lieux où l'honneur ne tient plus son empire,
Où l'intérêt, l'orgueil, commandent tour à tour;
Où la vertu n'a plus qu'un timide séjour;
Où de tant de héros je vois flétrir la gloire?
Et comment l'univers pourra-t-il jamais croire
Que Rome eut un sénat et des législateurs,
Quand les Romains n'ont plus ni lois ni sénateurs?
Où retrouver enfin les traces de nos pères [res?
Dans des cœurs corrompus par des mœurs étrangè-
Moi-même, qui l'ai vu briller de tant d'éclat,
Puis-je me croire encore au milieu du sénat?
Ah! de vos premiers temps rappelez la mémoire.
Mais ce n'est plus pour vous qu'une frivole histoire :
Vous imitez si mal vos illustres aïeux,
Que leurs noms sont pour vous des noms injurieux.
Mais de quoi se plaint-on? Catilina conspire!
Est-il si criminel d'aspirer à l'empire,
Dès que vous renoncez vous-mêmes à régner?
Un trône, quel qu'il soit, n'est point à dédaigner.
Non, non, Catilina n'est pas le plus coupable.
Voyez de votre État la chute épouvantable,
Ce que fut le sénat, ce qu'il est aujourd'hui,
Et le profond mépris qu'il inspire pour lui.
Scipion, qui des dieux fut le plus digne ouvrage

Scipion, ce vainqueur du héros de Carthage;
Scipion, des mortels qui fut le plus chéri,
Par un vil délateur se vit presque flétri.
Alors la liberté ne savait pas dans Rome
Du simple citoyen distinguer le grand homme;
Malgré tous ses exploits, le vainqueur d'Annibal
Se soumit en tremblant à votre tribunal.
Sylla vient, qui remplit Rome de funérailles,
Du sang des sénateurs inonde nos murailles.
Il fait plus : ce tyran, las de régner enfin
Abdique insolemment le pouvoir souverain,
Comme un bon citoyen meurt heureux et tranquille,
En bravant le courroux d'un sénat imbécile
Qui, charmé d'hériter de son autorité,
Eleva jusqu'au ciel sa générosité,
Et nomma sans rougir père de la patrie
Celui qui l'égorgeait chaque jour de sa vie.
Si vous eussiez puni le barbare Sylla,
Vous ne trembleriez point devant Catilina :
Par là vous étouffiez ce monstre en sa naissance,
Ce monstre qui n'est né que de votre indolence.

CRASSUS.

N'est-ce qu'en affectant de blâmer le sénat,
Que Caton de son nom croit rehausser l'éclat?
Mais il devrait savoir que l'homme vraiment sage
Ne se pare jamais de vertus hors d'usage.
Qu'aurions-nous à rougir des temps de nos aïeux?
Si ces temps sont changés, il faut changer comme eux,
Et conformer nos mœurs à l'esprit de notre âge.
Et qu'a donc perdu Rome à n'être plus sauvage?
Rome est ce qu'elle fut : ses changements divers
Ont-ils de notre empire affranchi l'univers?
Non; car ce fier Sylla, d'odieuse mémoire,
Même en l'asservissant, combla Rome de gloire.
Mais c'est trop s'occuper de reproches honteux,
Importunes leçons d'un censeur orgueilleux
Qui se trompe toujours au zèle qui l'enflamme.
Que Caton à son gré nous méprise et nous blâme :
N'aurons-nous désormais d'oracles que Caton,
Et les saintes frayeurs qui troublent Cicéron ?
Où sont vos ennemis? quel péril vous menace ?
Un simple citoyen vous alarme et vous glace !
A percer ses complots j'applique en vain mes soins
Je vois plus de soupçons ici que de témoins.
On dirait, à vous voir assemblés en tumulte,

Que Rome des Gaulois craigne encore une insulte,
Et qu'un autre Annibal va marcher sur leurs pas.
Où sont des conjurés les chefs et les soldats?
Les fureurs de Caton et son impatience
Dans le sein du sénat semant la défiance,
On accuse à la fois Cépion, Lentulus,
Dolabella, César, et moi-même Crassus.
Voyez de vos conseils jusqu'où va l'imprudence :
On craint Catilina, cependant on l'offense ;
Mais, plus vous le craignez, plus il faut ménager
Un homme et des amis qui pourraient le venger.
Et quel est, dites-moi, le témoin qui l'accuse ?
Une femme jalouse, et que l'amour abuse;
Qui, sur les vains soupçons d'une infidélité,
Veut surprendre à son tour votre crédulité;
Qui, sans pudeur livrée à l'ardeur qui l'entraîne,
Invente des complots pour flatter votre haine.
Si je plains l'accusé, c'est parce qu'on le hait :
Voilà le seul témoin qui prouve son forfait;
Car la haine a souvent fait plus de faux coupables,
Qu'un penchant malheureux n'en fait de véritables.
Je dis plus, et quand même il serait criminel,
Faut-il, comme Caton, être toujours cruel ?
Dans son sang le plus pur voulez-vous noyer Rome ?
Songez qu'un seul remords peut vous rendre un grand
La rigueur n'a jamais produit le repentir : [homme.
Ce n'est qu'en pardonnant qu'on nous le fait sentir.
Rome n'est plus au temps qu'elle pouvait sans crain-
Immoler à la loi quiconque osait l'enfreindre. [dre
D'ailleurs, il est toujours imprudent de sévir,
A moins qu'en sûreté l'on ne puisse punir.
De quatre légions qui campaient vers Préneste,
Celle de Manlius est la seule qui reste.
Quand le sénat devrait punir Catilina,
Êtes-vous assurés que quelqu'un l'osera ?
S'il échappe à vos coups, redoutez sa vengeance,
Et des amis tout prêts d'embrasser sa défense.
A des projets nouveaux n'allez pas l'inviter
Par d'impuissants décrets qu'il saurait éviter.
Pour l'intérêt public il faut qu'on lui pardonne,
Et qu'à son repentir le sénat l'abandonne.

CATON.

Si l'intérêt public décide de son sort,
Consul, qu'à l'instant même on lui donne la mort.

SCÈNE II

CATILINA, ET LES PRÉCÉDENTS.

(Catilina entre brusquement par le milieu du sénat, qui se lève à son aspect. Un moment après chacun reprend sa place.)

CATILINA.
La mort! A ce décret je crois me reconnaître.
CATON.
Tu le devrais du moins, puisqu'il regarde un traître.
CATILINA.
Je ne sais qui des deux, dans ce commun effroi,
Rome doit le plus craindre, ou de vous, ou de moi :
Je la sauve, et Caton la perd par un faux zèle.
CICÉRON.
Téméraire! au sénat quel ordre vous appelle?
CATILINA.
Et qui m'empêcherait, seigneur, de m'y montrer?
Sont-ce les ennemis que j'y puis rencontrer?
Je n'en redoute aucun, ni Caton, ni vous-même.
CICÉRON.
Quoi! vous joignez encore à cette audace extrême
Celle d'oser paraître en armes dans ces lieux!
CATILINA.
Que mes armes, consul, ne blessent point vos yeux.
Mais, sur ce nouveau crime avant que de répondre,
Souffrez sur d'autres points que j'ose vous confondre.
Auriez-vous oublié que je vous l'ai promis?
Quoiqu'à votre pouvoir vous ayez tout soumis,
J'espère cependant qu'on daignera m'entendre,
Et c'est en citoyen que je vais me défendre.
J'abdique pour jamais le rang de sénateur.
Pardonnez, Cépion, Crassus, et vous, préteur;
Antoine, à votre tour souffrez que je vous nomme
Parmi les ennemis du sénat et de Rome.
César ne paraît point, mais je vois Céthégus.
Il ne nous manque plus ici qu'un Spartacus;
Car entre nous et lui, grâce à son imprudence,
Le vertueux Caton met peu de différence.
Eh bien! pères conscrits, êtes-vous rassurés?
Vous voyez d'un coup d'œil l'état des conjurés,
Leurs chefs et leurs soldats, cette nombreuse armée
Dont Rome en ce moment est si fort alarmée,
Ces périls enfantés par les folles erreurs

D'un témoin dont Tullie adopte les fureurs.
C'est sur ce seul témoin qu'une beauté si chère
Me croit dans le dessein d'assassiner son père,
D'égorger le sénat : et vous le croyez tous !
Malheureux que je suis d'être né parmi vous !
Sylla vous méprisait, et moi je vous déteste.
De nos premiers tyrans vous n'êtes qu'un vil reste.
Juges sans équité, magistrats sans pudeur,
Qui de vous commander voudrait se faire honneur?
Et vous me soupçonnez d'aspirer à l'empire,
Inhumains, acharnés sur tout ce qui respire,
Qui depuis si longtemps tourmentez l'univers !
Je hais trop les tyrans, pour vous donner des fers.

CATON.

A quoi te servirait cette troupe cruelle
Que ton palais impur et vomit et recèle ;
Qui, le jour et la nuit semant partout l'effroi,
Ministres odieux de tes fureurs...

CATILINA.

Tais-toi.
Il est vrai qu'autrefois, plus jeune et plus sensible
(Vous l'avez ignoré ce projet si terrible,
Vous l'ignorez encor), je formai le dessein
De vous plonger à tous un poignard dans le sein.
L'objet qui vous dérobe à ma juste colère
Ne parlait point alors en faveur de son père ;
Mais un autre penchant plus digne d'un Romain
M'arracha tout à coup le glaive de la main :
Je sentis, malgré moi, l'amour de la patrie
S'armer pour des cruels indignes de la vie.
Aujourd'hui, que tout doit rassurer les esprits,
Une femme en fureur les trouble par ses cris ;
A ses transports jaloux tout s'alarme, tout tremble :
Et c'est pour les servir que le sénat s'assemble !
C'est sur ses vains rapports qu'un homme impétueux
Veut perdre ce que Rome eut de plus vertueux !
Orgueilleux citoyen, dont l'austère sagesse
Est moins principe en lui qu'un fruit de sa rudesse ;
Tyran républicain, qui malgré sa vertu
Est le plus dangereux que Rome ait jamais eu :
Par lui seul, d'entre nous la concorde est bannie ;
C'est lui qui, du sénat détruisant l'harmonie,
Fomente la chaleur de nos divisions,
Et nous force d'avoir recours aux factions.
Mais il veut gouverner. Hé bien ! qu'il vous gouverne ;

Qu'il triomphe à son gré d'un sénat subalterne,
Qui, lâche déserteur de son autorité,
N'en a plus que l'orgueil pour toute dignité.
Et quel est aujourd'hui l'ordre de vos comices?
Le tumulte et l'effroi n'en sont que les prémices.
De chaque élection le meurtre est le signal;
Vos préteurs égorgés au pied du tribunal;
Un consul tout sanglant, mais trop juste victime,
D'un peuple malheureux qu'à son tour il opprime :
Tous vos choix sont souillés par des assassinats.
Ainsi furent nommés vos derniers magistrats;
C'est ainsi qu'on élit, ou que l'on sait exclure,
Et qu'on osa me faire une mortelle injure.
Le plébéien s'élève, et le patricien
Se donne sans rougir un père plébéien;
Et pour l'adoption où l'intérêt l'entraîne
Vous laissez profaner la majesté romaine.
Le voilà ce sénat, ce protecteur des lois,
Dont l'exemple aurait dû diriger tous les rois;
Le voilà ce sénat qui fait trembler la terre,
Et qui dispute aux dieux le dépôt du tonnerre.
La justice, autrefois votre divinité,
Ne règne plus ici que pour l'impunité.
La décence, les lois, la liberté publique,
Tout est mort sous le joug d'un pouvoir tyrannique.
Caton est devenu notre législateur,
L'idole des Romains...

CICÉRON.
                    Et vous le destructeur,
Traître! Si le sénat vous eût rendu justice,
Vos jours n'auraient été qu'un éternel supplice;
Mais, si je puis encor faire entendre ma voix,
Vous ne braverez plus la faiblesse des lois.

CATILINA.
Eh bien! pour achever de confondre un coupable,
Qu'on offre à mes regards ce témoin redoutable,
De vos soins pénétrants monument précieux,
Cet esclave qui peut me convaincre à vos yeux.
D'où vient qu'en ce moment vous me cachez Fulvie?
Manlius aurait-il disposé de sa vie?
Car elle fut toujours l'âme de ses secrets.

CICÉRON.
Laissons là Manlius; parlons de vos projets.
On ne connaît que trop vos lâches artifices.
Tremblez, séditieux, pour vous, pour vos complices.

Vous êtes convaincu; le crime est avéré.
Déjà sur votre sort on a délibéré :
Vos forfaits n'ont que trop lassé notre indulgence.
CATILINA.
Je vais de ce discours réprimer l'insolence.
Vous pensez, je le vois, que, tremblant pour mes [jours,
A des subtilités je veuille avoir recours.
Et qu'ai-je à redouter de votre jalousie?
Ainsi ne croyez pas que je me justifie.
Imprudents! savez-vous, si j'élevais la voix,
Que je vous ferais tous égorger à la fois?
Instruit de votre haine et de mon innocence,
Tout le peuple à grands cris m'excite à la vengean- [ce ;
Mais je n'imite pas les fureurs de Caton,
Et je laisse la peur au sein de Cicéron.
Je n'aurais, pour punir votre coupable audace,
Qu'à vous abandonner au coup qui vous menace.
Sans m'armer contre vous d'un secours étranger,
Me taire encore un jour suffit pour me venger.
Et vous me condamnez, insensés que vous êtes,
Moi qui retiens le fer suspendu sur vos têtes ;
Moi qui, sans me charger d'un projet odieux,
N'ai qu'à laisser agir Manlius et les dieux ;
Moi qui, pouvant me mettre à couvert de l'orage,
M'expose pour sauver un consul qui m'outrage!
(Montrant Cicéron.)
J'ai causé par malheur votre premier effroi,
Et dans tous les complots vous ne voyez que moi :
Il en est cependant dont vous devez tout craindre.
Que vous êtes aveugle! et que Rome est à plaindre!
Laissons là Manlius. Consul peu vigilant,
Tandis que Rome touche à son dernier instant,
Qu'au plus affreux danger le sénat est en proie,
Qu'on va faire de Rome une seconde Troie ;
Lorsque vous ne songez qu'à me faire périr,
Ingrats, sur vos malheurs je me sens attendrir.
Je sens en ce moment l'amour de la patrie
Reprendre dans mon cœur une nouvelle vie,
Et votre aveuglement me fait trop de pitié
Pour vous sacrifier à mon inimitié.
CICÉRON.
Hé bien! rompez, seigneur, un si cruel silence;
Punissez en Romain l'ingrat qui vous offense.
En faveur de vous-même osez tout oublier,
Et sauvez le sénat pour nous humilier.

CATILINA.
Je n'ai point attendu l'instant du sacrifice
Pour servir ce sénat qui m'envoie au supplice;
Depuis huit jours entiers j'assemble mes amis.
Les voilà ces complots que je me suis permis.
Mais, malgré tous les soins d'une âme généreuse,
Ils m'ont fait soupçonner d'une trame honteuse.
Armez sans différer, prévenez l'attentat,
Si vous voulez sauver la ville et le sénat.
Celui qui hors des murs commande vos cohortes,
Manlius, dès ce soir doit attaquer vos portes.

CICÉRON.
Manlius!

CATILINA.
Oui, consul : craignez qu'avant la nuit
Aux dépens de vos jours on n'en soit trop instruit.
Je vous ai déclaré le chef de l'entreprise;
Veillez, ou de sa part craignez quelque surprise.
Je n'ai pu découvrir le reste du parti.
C'est à vous d'y penser; vous êtes averti.
Manlius vous trahit : c'était pour vous défendre
Qu'en armes dans ces lieux j'étais venu me rendre,
Et non pour vous punir de m'avoir outragé :
En combattant pour vous, je suis assez vengé.
Vous pouvez désormais en douter ou me croire :
J'ai rempli mon devoir et satisfait ma gloire.
Mes amis sont tout prêts; vous pouvez les armer :
Leur qualité n'a rien qui vous doive alarmer;
Vous les connaissez tous. Songez au Capitole;
Garnissez l'Aventin, les portes de Pouzzole;
Il faut garder surtout le pont Sublicien,
Le quartier de Caton, et veiller sur le mien :
Car le plus grand effort de ce complot funeste
Eclatera sans doute aux portes de Préneste,
Et mon palais y touche : on peut s'y soutenir;
Du moins un long combat pourra s'y maintenir.
Vous paraissez émus, et rougissez peut-être
D'avoir pu si longtemps me voir sans me connaître.
Après tant de mépris, après tant de refus,
Tant d'affronts si sanglants dont vous êtes confus,
Aurais-je triomphé de votre défiance?
Non, j'en ai fait souvent la triste expérience,
On ne guérit jamais d'un violent soupçon :
L'erreur qui le fit naître en nourrit le poison;
Et dans tout intérêt la vertu la plus pure

Peut être quelquefois suspecte d'imposture.
Mais, pour calmer les cœurs, je sais un sûr moyen
Qui vous convaincra tous que je suis citoyen.
On connaît Cicéron, et sa vertu sublime
A su dans tous les temps lui gagner votre estime;
Il en est digne aussi par sa fidélité.
Caton vous est connu par sa sévérité.
Cicéron ou Caton, l'un des deux, ne m'importe,
Je vais dès ce moment, sans amis, sans escorte,
Me mettre en leur pouvoir : choisissez l'un des deux,
Ou le plus défiant, ou le plus rigoureux :
Je veux que de mon sort on le laisse le maître,
Qu'il me traite en héros, ou me punisse en traître :
Souffrez que sans tarder je remette en ses mains
Un homme, la terreur ou l'espoir des Romains.

CATON.

Catilina, je crois que tu n'es point coupable :
Mais, si tu l'es, tu n'es qu'un homme détestable;
Car je ne vois en toi que l'esprit et l'éclat
Du plus grand des mortels, ou du plus scélérat.

CICÉRON.

Catilina, daignez reprendre votre place :
De vos soins par ma voix le sénat vous rend grâce.
Vous êtes généreux : devenez aujourd'hui,
Ainsi que notre espoir, notre plus ferme appui.
Nos injustes soupçons n'ont plus besoin d'ôtage :
D'un homme tel que vous la gloire est le seul gage.
Vous, sénateurs, veillez à notre sûreté.
Il s'agit du sénat et de la liberté.
Courons sans différer où l'honneur nous appelle.
Adieu, Catilina : j'attends de votre zèle
Tous les secours qu'on doit attendre d'un grand
Rome a besoin de vous et de votre valeur : [cœur.
Combattez seulement, ma crainte est dissipée.

CATILINA, à part, regardant Cicéron.

Va, ma valeur bientôt sera mieux occupée :
Elle n'aspire plus qu'à te percer le sein.

SCÈNE III

CATILINA, CÉTHÉGUS.

CÉTHÉGUS.

Catilina, dis-moi, quel est donc ton dessein?
D'où naît ce désespoir? éclaircis ma surprise.

ACTE IV, SCÈNE III.

Après avoir formé la plus haute entreprise,
Toi-même tu détruis de si nobles projets!
Tu trahis Manlius, tes amis, tes secrets!

CATILINA.

Arrête, Céthégus : tu me prends pour Tullie.
Tes doutes ont blessé l'amitié qui nous lie :
Qu'entre nous désormais ils soient plus mesurés.
Mais, avant tout, dis-moi l'état des conjurés,
Et s'il en est quelqu'un qui tremble ou qui balance.

CÉTHÉGUS.

Aucun d'eux : nous pouvons agir en assurance.
Du sang de Nonius avec soin recueilli,
Autour du vase affreux dont il était rempli,
Au fond de ton palais j'ai rassemblé leur troupe.
Tous se sont abreuvés de cette horrible coupe,
Et, se liant à toi par des serments divers,
Semblaient dans leurs transports défier les enfers.
De joie et de frayeur mon âme s'est émue.
César, le seul César s'est soustrait à leur vue.

CATILINA.

César n'a pas besoin de serments avec moi,
Et son ambition me répond de sa foi.
Pour toi, que de ma part rien ne devrait surprendre,
Qui sur un regard seul aurais dû mieux m'entendre,
Apprends que Manlius voulait nous perdre tous,
Et qu'un moment plus tard c'en était fait de nous.
Manlius autrefois soupira pour Fulvie;
Corrompu par ses pleurs ou par sa jalousie,
Le perfide courait nous vendre à Cicéron :
Mais, d'un dessein si lâche informé par Céson,
Un instant m'a suffi pour prévenir le crime.
Ma main fumait encor du sang de la victime,
Quand tu m'as vu paraître au milieu du sénat,
Qui pourra, s'il apprend ce nouvel attentat,
Croire qu'en sa faveur je l'ai commis peut-être,
Et que pour le gagner je l'ai défait d'un traître.
Au reste, ne crains rien des frivoles récits
Dont je viens d'effrayer de timides esprits,
Qu'il fallait exciter par de feintes alarmes,
Si je veux les forcer de recourir aux armes,
Ne pouvant sans nous perdre armer un seul guerrier,
Si le sénat tremblant n'eût armé le premier.
Quel triomphe pour moi, dans ce péril extrême,
De le voir pour ma gloire armé contre lui-même!
Des postes différents, faussement indiqués,

Qui selon mon rapport pourraient être attaqués,
Aucun ne me convient ; mais il faut par la ruse
Disperser les soldats d'un sénat qu'elle abuse.
Prends garde cependant qu'à des signes certains
On puisse distinguer nos soldats des Romains.
Le palais de Sylla, notre plus fort asile,
Pourra seul plus d'un jour tenir contre la ville.
Céson, de Manlius devenu successeur,
Avec sa légion doit servir ma fureur.
Je ne crains que Rufus, préfet de six cohortes
Pleines de vétérans qui défendent les portes.
Rufus n'a de soutien ni d'ami que Caton,
Et je n'ai convaincu ni lui ni Cicéron.
Si Rufus, dont je crains le courage et l'adresse,
Pénètre les complots où Céson s'intéresse,
Rufus tentera tout, la force ou les bienfaits,
Pour regagner Céson, ou rompre ses projets :
C'est l'unique moyen de tromper notre attente.
Mais ce péril nouveau n'a rien qui m'épouvante :
Les dangers que pour moi j'ai laissés entrevoir,
Malgré tant d'ennemis, me flattent de l'espoir
Qu'en des pièges nouveaux je pourrai les surprendre.
Soit pour s'en emparer, ou soit pour le défendre,
Autour de mon palais ils vont tous accourir :
Que ce soit pour ma perte ou pour me secourir,
Nos premiers sénateurs viendront le reconnaître ;
Cicéron et Caton s'y trouveront peut-être.
Que ce moment me tarde! et qu'il me serait doux
De pouvoir d'un seul coup les sacrifier tous!
Adieu, cher Céthégus; je vais revoir Tullie.

CÉTHÉGUS.

C'est elle qui nous perd.

CATILINA.

Crois-tu que je l'oublie ?
Je veux, pour l'en punir, employer à mon tour
Aux plus noirs attentats ses soins et son amour.
Va, ce n'est point à moi, dès qu'il s'agit d'offense,
Que l'on doive donner des leçons de vengeance;
De ce soin sur mon cœur tu peux te reposer :
C'est aujourd'hui qu'il faut tout perdre et tout oser.
Je vais solliciter la défense des portes,
Et l'ordre d'y placer de nouvelles cohortes,
Sur le prétexte vain de quelque affreux projet
Dont je puis avoir seul pénétré le secret.
Ce n'est pas tout : je veux par Tullie elle-même

M'assurer cet emploi, s'il est vrai qu'elle m'aime.
Sur ce fatal décret je vais la prévenir ;
C'est de son amour seul que je veux l'obtenir.
Dans trois heures au plus le jour va disparaître :
Des postes d'alentour il faut te rendre maître.
Probus ne m'a fait voir qu'un esprit chancelant ;
Prévenons les retours d'un conjuré tremblant ;
Et de la même main songe à punir Fulvie
De ses forfaits nouveaux et de sa perfidie.
Plus de ménagements, de pitié ni d'égards :
Le feu, le fer, le sang, voilà mes étendards.

ACTE CINQUIÈME

SCÈNE PREMIÈRE

CICÉRON.

Caton ne paraît point, et la nuit qui s'avance
Accroît à chaque instant l'horreur qui la devance.
Pétréius, invité de hâter son retour,
Ne peut plus arriver avant la fin du jour ;
Et ce jour malheureux était le seul peut-être
Qui pouvait me flatter de triompher d'un traître.
Plus sur son innocence il a cru m'abuser,
Plus mon cœur défiant s'obstine à l'accuser.
Je sais qu'à Manlius il vient d'ôter la vie ;
C'est pour mieux m'éblouir qu'il nous le sacrifie.
Trop heureux si je puis à mon tour lui cacher
Le péril du décret qu'il vient de m'arracher !
Mais nous sommes perdus si jamais il devine
Qu'en secret par Céson je trame sa ruine ;
Des pièges qu'on lui tend habile à se venger,
Il en ferait sur moi retomber le danger.
Rufus m'assure en vain d'une longue défense ;
Céson est désormais mon unique espérance.
Quelle honte pour vous, indomptables Romains,
De n'avoir pour appui que de si faibles mains !
O toi qu'en ses malheurs Rome toujours implore,
Et que sans te nommer en secret elle adore ;

Toi qui devais un jour, couronnant ses exploits,
Soumettre à son pouvoir les peuples et les rois,
Daigne aujourd'hui, du moins, favorable génie,
La sauver de l'opprobre et de la tyrannie !
Caton ne revient point ! je crains que son ardeur
Plus loin que je ne veux n'entraîne son grand cœur.
Mais je le vois, c'est lui. Quoi ! vous êtes en armes !
Venez-vous redoubler ou calmer nos alarmes ?

SCÈNE II

CICÉRON, CATON.

CATON.

Je voudrais vainement, dans ce désordre affreux,
Vous promettre, consul, quelque succès heureux.
Le destin du sénat est d'autant plus terrible,
Que la main qui nous frappe est encore invisible.
Victorieux, vaincu, j'ai combattu longtemps
Sans pouvoir reconnaître un seul des combattants.
Nos soldats étonnés, peu touchés de leur gloire,
N'ont plus ce noble orgueil, garant de la victoire ;
J'ai vu, non sans frémir, nos premiers vétérans
Muets, intimidés, abandonner les rangs.
La nuit achèvera bientôt de tout confondre,
Et Rufus de Céson n'ose plus me répondre.
Si Pétréius enfin ne vient nous secourir,
Il ne nous restera que l'honneur de mourir.
Mais si nous en croyons les lenteurs de Pompée,
Notre attente sur lui sera toujours trompée :
Son lieutenant, nourri dans cet abus fatal,
N'imitera que trop ce tiède général.
Cependant il est temps que Pétréius arrive :
La chaleur du combat ne peut être plus vive.
Le fier Catilina, revêtu d'un emploi
Dont vous avez voulu le charger malgré moi,
Sur le frivole espoir de pouvoir le surprendre
Dans les pièges nouveaux que vous croyez lui tendre,
L'adroit Catilina vous aura pénétré.
Aux portes de Préneste il ne s'est point montré :
L'intrépide Rufus, qui s'en est rendu maître,
A ce poste du moins ne l'a point vu paraître,
Et je crains qu'il ne soit au palais de Sylla,
Car j'en ai vu sortir Célius et Sura.
Pomponius, suivi d'une troupe fidèle,

ACTE V, SCÈNE II.

L'investit, et pour vous rien n'égale son zèle :
Il a fait mettre aux fers, sur l'avis de Céson,
Plusieurs séditieux, les Gaulois et Sunnon.
Soit haine, soit mépris, dessein ou négligence,
L'indifférent Crassus garde un honteux silence.
César se tait aussi : quel qu'en soit le sujet,
Rien n'est si dangereux que César qui se tait :
Cependant son palais, dans une paix profonde,
Est, selon sa coutume, ouvert à tout le monde.
La moitié du sénat défend le champ de Mars,
Où le peuple en fureur accourt de toutes parts.
Rome enfin n'offre plus que l'effroyable image
D'un champ couvert de morts et souillé de carnage.
Mais ce qui me surprend, c'est que Pomponius
M'a dit qu'en aucun lieu l'on n'a vu Manlius.

CICÉRON.

Manlius ne vit plus.

CATON.

Dieux! quel bonheur extrême!
Qui l'a donc immolé?

CICÉRON.

Catilina lui-même.

CATON.

Consul, vous m'alarmez ; et je crains que Céson
N'abuse comme vous d'un injuste soupçon.
Gardons-nous d'attaquer un homme impénétrable,
Qu'il faut craindre encor plus innocent que cou-
CICÉRON.   [pable.
Caton, écoutez moins cette rare candeur.
Eh ! qui de tant de maux pourrait être l'auteur?
Qui, hors Catilina, peut vouloir nous détruire?
A de fausses lueurs vous laissez-vous séduire?
Que Manlius soit mort, qu'il l'ait sacrifié,
C'est prouver seulement qu'il s'en est défié.
Je ne vois dans ce coup que le meurtre d'un traître
Qu'un autre a prévenu dans la crainte de l'être.
Plût aux dieux que, moins lent à punir ses forfaits,
Du chef des conjurés Céson nous eût défaits!
Si de quelque succès son audace est suivie,
Ses cruautés n'auront de bornes que sa vie.
Des infâmes complots formés par Céthégus
Ne voudriez-vous pas excepter Lentulus?
Bientôt jusque sur vous leur fureur va s'étendre.
Mais c'est trop s'arrêter.

CATON.
Consul, daignez attendre ;
Je ne souffrirai point qu'abandonnant ces lieux
Vous osiez exposer des jours si précieux :
C'est votre ami, c'est moi qui vous en sollicite.
De chevaliers romains une troupe d'élite
Par mon ordre bientôt va se rejoindre à nous ;
Permettez qu'avec eux je combatte pour vous.
Mais je vois Lucius ; que vient-il nous apprendre ?

SCÈNE III

CICÉRON, CATON, LUCIUS.

LUCIUS.
Qu'à l'instant près de vous Pétréius va se rendre ;
J'entends déjà son nom voler de toutes parts,
Et déjà ses soldats ont bordé les remparts.
Sans le secours heureux que le ciel nous envoie,
Aux plus cruelles mains Rome allait être en proie.
Nous avons vu trois fois le fier Catilina
S'élancer en fureur du palais de Sylla,
Renverser, foudroyer nos plus fermes cohortes ;
Trois fois, mais vainement, il a tenté les portes.
Je l'ai vu presque seul se mêler parmi nous ;
J'ai vu Céson lui-même expirer sous ses coups.
De qui l'ose attaquer la ruine est certaine,
Et Rufus contre lui ne se soutient qu'à peine.
Seigneur, il m'a chargé de vous en avertir.
CATON.
Je vois nos chevaliers : il est temps de partir.

SCÈNE IV

CICÉRON, CATON, TULLIE.

TULLIE.
Seigneur, où courez-vous, tandis que le carnage
Au soldat furieux laisse à peine un passage ?
CICÉRON.
Rassurez-vous, ma fille, et restez en ces lieux ;
Bientôt nous reviendrons y rendre grâce aux dieux :
Ce temple, en attendant, vous servira d'asile.
Que sur Rome et sur moi votre cœur soit tranquille.

SCÈNE V

TULLIE.

Espoir des malheureux, dieux, soyez mon recours !
Hélas ! c'est de vous seuls que j'attends du secours.
A quel excès de maux me voilà parvenue !
On me fuit, on se tait : ô soupçon qui me tue !
Que je crains les malheurs de ce fatal décret
Que mon père a paru m'accorder à regret !
Loin d'oser sur ce choix lui faire violence,
Ne devais-je pas mieux pénétrer son silence ?
J'entends avec fureur nommer Catilina :
On dit qu'il se retranche au palais de Sylla,
Tandis qu'en d'autres lieux il aurait dû paraître.
Est-ce là, s'il m'aimait, que l'ingrat devrait être ?
Peut-il m'abandonner en cette extrémité ?
Quel usage fait-il de sa fidélité ?
Aucun de ses amis n'accourt pour ma défense ;
Et tous, jusqu'à Probus, évitent ma présence.
D'un funeste décret n'aurais-je armé sa main
Que pour voir immoler jusqu'au dernier Romain ?
Cruel Catilina, soit perfide ou fidèle,
Que tu coûtes de pleurs à ma douleur mortelle !
Que dis-je ? et Manlius, qu'il a sacrifié,
Ne l'a-t-il pas déjà plus que justifié ?
Ne l'aimerais-je donc que pour lui faire outrage ?
Dieux, éloignez de moi cet horrible nuage.
On vient : c'est lui. Je sens redoubler mon effroi.

SCÈNE VI

CATILINA, sans épée, un poignard à la main ; TULLIE.

TULLIE.
Seigneur, en quel état vous offrez-vous à moi ?
Quoi ! tout couvert de sang ! Quel désordre effroyable !
A qui réservez-vous ce fer impitoyable ?
Que vois-je ?

CATILINA.
Un malheureux qui vient d'être vaincu,
Honteux de vivre encore, ou d'avoir tant vécu.
Dieux qui m'abandonnez à mon sort déplorable,
Ramenez-moi du moins l'ennemi qui m'accable.

En vain pour le chercher j'échappe à mille bras :
Le lâche à ma fureur ne s'exposera pas.
Tandis qu'au désespoir mon cœur est tout en proie,
Mes cruels ennemis se livrent à la joie.
Ce fer, que je gardais pour leur percer le flanc,
Ne sera plus souillé que de mon propre sang.

TULLIE, à part.

Fatale vérité que j'ai trop combattue,
De quel affreux éclat viens-tu frapper ma vue !

(A Catilina.)

Écoutez-moi, seigneur, et reprenez vos sens.
Qui peut vous arracher ces terribles accents ?
Si vous êtes vaincu, mon père est donc sans vie ?

CATILINA.

Eh ! sait-il seulement qu'on meurt pour la patrie ?
Ce n'est pas vous, c'est lui que je cherche en ces lieux.
Fuyez, éloignez-vous d'un amant furieux.
Dieux ! après tant d'exploits dignes de mon courage,
Il ne me restera qu'une inutile rage !
Ah ! si j'eusse manqué de prudence ou de cœur,
Je pourrais au destin pardonner mon malheur :
Mais que n'ai-je point fait dans ce moment terrible ?
Et que fallait-il donc pour me rendre invincible ?
Intrépides amis, dignes d'un sort plus doux,
Vous êtes morts pour moi ; j'ose vivre après vous !
Quoi ! Sylla presque seul, plus heureux que grand
[homme
N'eut besoin que d'un jour pour triompher de Rome ;
Et moi, triste jouet du perfide Céson,
Je suis vaincu deux fois, et par toi, Cicéron !
Quoi ! dans le même instant il faut que Rome tombe,
C'est toi qui la soutiens, et c'est moi qui succombe !
Mon génie, accablé par ce vil plébéien,
Sera donc à jamais la victime du sien !
Après m'avoir ravi la dignité suprême,
Ce timide mortel triomphe de moi-même !
Fortune des héros, ce n'est pas sur les cœurs
Que l'on te vit toujours mesurer tes faveurs.
Que l'on doit mépriser les lauriers que tu donnes,
Puisque c'est Cicéron qu'aujourd'hui tu couronnes !
O de mon désespoir vil et faible instrument,
Tu me restes donc seul dans ce fatal moment ;
Mes généreux amis sont morts pour ma défense,
Et pour comble d'horreur, je mourrai sans ven-
[geance !

ACTE V, SCÈNE VI.

Dieux cruels, inventez quelque supplice affreux
Qui puisse être pour moi plus triste et plus honteux !
TULLIE.
Malheureux, que dis-tu ? Quand la mort t'environne,
Ton cœur respire encor le fiel qui l'empoisonne,
Et gémit de laisser des crimes imparfaits !
CATILINA.
Qu'entends-je ? on m'ose ici reprocher des forfaits !
Cœur faible, qui, rampant sous de lâches maximes,
Croyez l'ambition une source de crimes,
Vaine erreur qu'un grand cœur sut toujours dédai-
Apprenez que le mien était fait pour régner. [gner,
Rome, esclave, sans frein, avait besoin d'un maître ;
J'ai voulu lui donner le seul digne de l'être ;
C'est moi. Si vous osez condamner ce projet,
Vous ne méritiez pas d'en devenir l'objet.
N'auriez-vous pas voulu, pour gouverner l'empire,
Que j'eusse de Caton consulté le délire,
Ou que, faisant un choix plus conforme à vos vœux,
J'eusse, pour avilir tant d'hommes généreux,
Donné ma voix au dieu que le sénat révère,
Lui dont la seule gloire est d'être votre père ?
TULLIE.
Songez qu'il est du moins l'arbitre de vos jours.
CATILINA, montrant son poignard.
Voilà celui qui doit décider de leur cours.
Tout vaincu que je suis, craignez de voir paraître
Cet arbitre nouveau qu'on me donne pour maître.
TULLIE.
Écoutez-moi, cruel, avant que la fureur
Achève d'aveugler votre indomptable cœur :
Les moments nous sont chers, et celui-ci peut-être
Va flétrir sur l'airain le jour qui nous vit naître.
Encor si dans les champs où préside l'honneur,
Où le vaincu souvent peut braver le vainqueur,
Je vous voyais chercher une sorte de gloire,
Je pourrais sans rougir chérir votre mémoire ;
Mais se donner la mort pour de honteux complots,
Est-ce donc là mourir de la mort des héros ?
Je devrais vous haïr ; mais votre mort prochaine
Eteint tout sentiment de vengeance et de haine.
Mon cœur, de ses devoirs autrefois si jaloux,
Qui, malgré tout l'amour dont il brûlait pour vous,
Se fit de votre perte un devoir légitime,
Ne sait plus aujourd'hui que pleurer sa victime.

Barbare! si jamais vous fûtes mon amant,
Si la mort vous paraît un frivole tourment, [même;
Craignez-en un pour vous plus cruel : c'est moi-
C'est une amante en pleurs qui vous perd et vous
[aime;
C'est ma douleur, qui va me conduire au tombeau.
Voulez-vous en mourant devenir mon bourreau?
Reconnaissez ma voix : c'est la fière Tullie
Que l'amour vous ramène et vous réconcilie ;
Qui veut vous arracher à votre désespoir,
Et qui ne rougit plus de trahir son devoir.
Songez, Catilina, que Rome est votre mère ;
Qu'à vous plus qu'à tout autre elle doit être chère.
Renoncez à l'orgueil de vouloir mettre aux fers
Un peuple à qui les dieux ont soumis l'univers.
Pour sauver votre honneur, n'employez d'autres
[armes
Qu'un retour vertueux, vos remords et mes larmes.
Jurez-moi que jamais vous ne teindrez vos mains
De votre propre sang, ni du sang des Romains :
Je vais vous dérober au coup qui vous menace :
Ce que j'ai fait pour Rome obtiendra votre grâce.

CATILINA.

Ma grâce est dans mes mains, cœur indigne du mien.
Cicéron vous a-t-il déjà transmis le sien?
Moi fléchir! moi prier! moi demander la vie!
L'accepter, ce serait me couvrir d'infamie.

TULLIE.

Eh bien! cruel, méprise un pardon généreux, [reux,
J'y consens ; mais du moins, dans ton sort malheu-
De la part d'une amante accepte une retraite.

CATILINA.

M'y pourriez-vous cacher ma honte et ma défaite?
C'est là le trait cruel qui déchire mon cœur.
Ah! s'il vous touche encor, respectez mon malheur.
Si de vous obéir ce cœur était capable,
J'aurais trop mérité le destin qui m'accable.
Dans l'état où je suis, loin de vous attendrir,
C'est vous qui devriez m'exciter à mourir,
Et même me prêter une main généreuse.
Cachez à mes regards cette douleur honteuse.
Que craignez-vous? ma mort? La mort n'est qu'un
[instant
Que le grand cœur défie, et que le lâche attend.
Vous m'indignez. Je sens que ma raison s'égare.

TULLIE.

Frappe ; mais malgré toi tu me suivras, barbare.
Ne crois pas m'effrayer par tes emportements ;
Je ne me connais plus dans ces affreux moments.
Quoi ! c'est Catilina qui manque de constance !
Malheureux ! qu'attends-tu, sans armes, sans dé-
Le sénat va bientôt revenir en ces lieux : [fense ?
Veux-tu que je te voie égorger à mes yeux ?
Ingrat, suis-moi : du moins une fois en ta vie
Reconnais par pitié l'empire de Tullie :
Tu n'as que trop bravé sa tendresse et ses pleurs.
Remets-moi ce poignard.

CATILINA se perce, et donne le poignard à Tullie.

Le voilà.

TULLIE.

Je me meurs.

CATILINA.

Tout est fini pour moi : mais, si je perds la vie,
Du moins mes ennemis ne me l'ont point ravie.
Séchez vos pleurs, Tullie, et que prétendez-vous
D'un cœur dont la mort seule éteindra le courroux ?
Étouffez des regrets que ma fierté dédaigne :
C'est de mourir vaincu qu'il faut que l'on me plaigne.

SCÈNE VII

CATILINA, TULLIE, LENTULUS, CÉTHÉGUS,
LES LICTEURS.

CATILINA, voyant arriver les conjurés qu'on mène au supplice
Voici le dernier coup que me gardait le sort.

CÉTHÉGUS, en passant.

Adieu, Catilina : nous allons à la mort.

CATILINA.

Amis infortunés, ma main vient de répandre
Ce sang que j'aurais dû verser pour vous défendre.

SCÈNE VIII

CICÉRON, CATON, TULLIE, CATILINA,
LES LICTEURS.

CATILINA, voyant paraître Cicéron et Caton.

Il ne me restait plus, pour comble de douleur,
Que d'expirer aux yeux de mon lâche vainqueur.

(A Cicéron.)
Approche, plébéien, viens voir mourir un homme
Qui t'a laissé vivant pour la honte de Rome.
(A Caton.)
Et toi, dont la vertu ressemble à la fureur,
Au gré de mes désirs tu feras son malheur.
Cruels, qui redoublez l'horreur qui m'environne,
(Il fait un mouvement pour se lever.)
Qu'heureusement pour vous la force m'abandonne!
Mais croyez qu'en mourant mon cœur n'est point
O César! si tu vis, je suis assez vengé. [changé :

FIN DE CATILINA.

XERXÈS

TRAGÉDIE

REPRÉSENTÉE LE 7 FÉVRIER 1714.

ACTEURS

XERXÈS, roi de Perse.
DARIUS, fils aîné de Xerxès.
ARTAXERXE, frère de Darius, nommé à l'empire.
AMESTRIS, princesse du sang royal de Perse.
ARTABAN, capitaine des gardes, et ministre de Xerxès.
BARSINE, fille d'Artaban.
TISSAPHERNE, confident d'Artaban.
PHÉNICE, confidente d'Amestris.
CLÉONE, confidente de Barsine.
ARSACE, officier de l'armée de Darius.
MÉRODATE, confident de Darius.
SUITE DU ROI.

La scène est à Babylone, dans le palais des rois de Perse.

ACTE PREMIER

SCÈNE PREMIÈRE

ARTABAN, TISSAPHERNE.

TISSAPHERNE.
C'en est donc fait, seigneur, et l'heureux Artaxerxe
Va faire désormais le destin de la Perse,
Tandis que Darius, au mépris de nos lois,
Sera sujet d'un trône où l'appelaient ses droits !
Xerxès peut à son gré disposer de l'empire ;
Quelque injuste qu'il soit, son choix doit me suffire :
Mais, sans vouloir entrer dans le secret des rois,
Le grand cœur d'Artaban approuve-t-il ce choix ?
Verra-t-il sans regret priver du diadème...
ARTABAN.
Et si de son malheur j'étais auteur moi-même ?
Je suis prêt d'éclaircir tes doutes curieux :

Mais, avant que d'ouvrir cet abîme à tes yeux,
Dis-moi, d'un grand dessein te sens-tu bien capa-
Ton âme au repentir est-elle inébranlable ? [ble ?
Je connais ta valeur, j'ai besoin de ta foi ;
Tissapherne, en un mot, puis-je compter sur toi?
Examine-toi bien ; rien encor ne t'engage.

TISSAPHERNE.   [trage?
D'où peut naître, seigneur, ce soupçon qui m'ou-
Tant de bienfaits sur moi versés avec éclat
Vous font-ils présumer que je sois un ingrat ?

ARTABAN.
Je ne fais point pour toi ce que je voudrais faire :
Xerxès souvent lui-même a soin de m'en distraire ;
Il voit notre union avec quelque regret.
Je te dirai bien plus, il te hait en secret.

TISSAPHERNE.
Ah ! seigneur, que Xerxès ou me haïsse ou m'aime,
Tissapherne pour vous sera toujours le même.
Vous pouvez disposer de mon cœur, de mon bras ;
J'affronterais pour vous le plus affreux trépas.

ARTABAN.
Ami, c'en est assez ; ne crois pas que j'en doute.
Mais prends garde qu'ici quelqu'un ne nous écoute.

TISSAPHERNE.
Ces lieux furent toujours des Perses révérés :
Nul autel n'a pour eux des titres plus sacrés.
Xerxès, par vos emplois, vous en a rendu maître :
Quel mortel sans votre ordre oserait y paraître ?

ARTABAN.
N'importe : craignons tout d'un perfide séjour ;
On n'observe que trop mes pareils à la cour.
Xerxès vient de nommer Artaxerxe à l'empire.
C'est moi qui l'ai forcé, malgré lui, de l'élire.
J'ai fait craindre à ce roi, facile à s'alarmer,
Cent périls pour un fils qui l'a trop su charmer ;
Et, jaloux d'un héros qu'idolâtre la Perse,
J'ai fait, par mes conseils, couronner Artaxerxe.
Pour mieux y réussir, j'ai pris soin d'éloigner
Celui que tant de droits destinaient à régner.
Tandis que Darius, chez des peuples barbares,
Nous force d'admirer les exploits les plus rares,
Je ne peins à Xerxès ce fils si vertueux
Qu'avide de régner, cruel, impétueux.
Du bruit de sa valeur, du prix de ses services,
D'un père qui le craint je nourris les caprices.

Enfin tous mes projets étaient évanouis,
Si jamais sa prudence eût couronné ce fils.
Moins Artaxerxe est cru digne du diadème,
Plus j'ai cru le devoir placer au rang suprême.
Avec tant de secret ce projet s'est conduit,
Qu'aucun en cette cour n'en est encore instruit ;
Et je ne prétends pas qu'elle en soit éclaircie
Que lorsque ma fureur en instruira l'Asie.
Tu vois ce qu'aujourd'hui je confie à ta foi :
Garde bien un secret si dangereux pour toi.
Va trouver cependant, ramène à Babylone
Ce prince à qui mes soins ont ravi la couronne
Offre-lui de ma part trésors, armes, soldats :
De ma fille surtout vante-lui les appas ;
Dis-lui qu'avec plaisir mon respect lui destine
Et le bras d'Artaban, et la main de Barsine.

TISSAPHERNE.
Darius, autrefois sensible à ses attraits,
M'a paru plein d'un feu qui flatte vos projets.

ARTABAN.   [elle,
Non, je m'y connais mal, ou, moins ardent pour
Ce prince brûle ailleurs d'une flamme infidèle.
Même avant son départ, malgré les soins du roi,
Son mépris pour Barsine a passé jusqu'à moi :
De ma feinte amitié l'adroite vigilance
N'en pouvait plus surprendre accueil ni confidence.
Trop heureux cependant de pouvoir aujourd'hui
D'un prétexte si vrai me parer envers lui !
Quoi qu'il en soit, pourvu qu'il soulève l'empire,
Il ne m'importe pas pour qui son cœur soupire :
Ce n'est qu'en le portant aux plus noirs attentats
Que je puis à mes lois soumettre ses États.
Détruisons, pour remplir une place si chère,
Le père par les fils, et les fils par le père.
Je veux, à chacun d'eux me livrant à la fois,
Paraître les servir, mais les perdre tous trois.
Voilà ce que mon cœur dès longtemps se propose.
Qu'en liberté le tien consulte ce qu'il ose.

TISSAPHERNE.
Seigneur, je l'avouerai, ce dessein me surprend.
Le péril est certain mais le projet est grand.
Cependant, sans compter ce qu'on appelle crime,
Craignez de vous creuser vous-même un noir
Darius est chéri, sage, plein de valeur ;   [abîme,
Vous verrez l'univers partager son malheur.

Daignez de vos desseins peser la violence.
Non qu'à les soutenir mon amitié balance ;
N'en attendez pour vous que d'éclatants efforts :
Je n'ai pas seulement écouté mes remords.
Cette foi des serments, parmi nous si sacrée,
Cette fidélité ce jour même jurée,
Tant de devoirs enfin deviennent superflus :
Vous n'avez qu'à parler, rien ne m'arrête plus.

ARTABAN.

Laisse ces vains devoirs à des âmes vulgaires ;
Laisse à de vils humains ces serments mercenaires.
Malheur à qui l'ardeur de se faire obéir,
En nous les arrachant, nous force à les trahir !
Quoi ! toujours enchaîné par une loi suprême,
Un cœur ne pourra donc disposer de lui-même !
Et, du joug des serments esclaves malheureux,
Notre honneur dépendra d'un vain respect pour
[eux !
Pour moi, que touche peu cet honneur chimérique,
J'appelle à ma raison d'un joug si tyrannique.
Me venger et régner, voilà mes souverains :
Tout le reste pour moi n'a que des titres vains.
Le soin de m'élever est le seul qui me guide,
Sans que rien sur ce point m'arrête ou m'intimide.
Il n'est lois ni serments qui puissent retenir
Un cœur débarrassé du soin de l'avenir.
A peine eus-je connu le prix d'une couronne,
Que mes yeux éblouis dévorèrent le trône ;
Et mon cœur, dépouillant tout autre passion,
Fit son premier serment à son ambition.
De froids remords voudraient en vain y mettre
[obstacle ;
Je ne consulte plus que ce superbe oracle ;
Un cœur comme le mien est au-dessus des lois :
La crainte fit les dieux, l'audace a fait les rois.
Le moment est venu qu'il faut que son courage
Affranchisse Artaban d'un indigne esclavage.
Ce Darius si grand, qui cause ta frayeur,
Deviendra le premier l'objet de ma fureur.
Je prétends que dans peu la Perse, qui l'adore,
Autant qu'il lui fut cher, le déteste et l'abhorre.
Mais Xerxès vient à nous : attends pour me quitter,
Que je sache quels soins le peuvent agiter.

SCÈNE II

XERXÈS, ARTABAN, TISSAPHERNE.

ARTABAN.
Dans un jour où Xerxès dispose de l'empire,
Où son choix donne un maître à tout ce qui res-[pire,
Quel malheur imprévu, quel déplaisir si prompt
De ce monarque heureux peut obscurcir le front?
XERXÈS.
Quel jour! quel triste jour! et que viens-je de faire?
Pourquoi t'ai-je écouté sur un choix téméraire?
ARTABAN.
Seigneur, qui peut causer ce repentir soudain?
XERXÈS.
Juge toi-même, ami, si je m'alarme en vain.
Tu sais, par une loi des Perses révérée,
Que tant d'événements n'ont que trop consacrée,
Qu'un prince désigné pour régner en ses lieux,
Du moment qu'il obtient ce titre glorieux,
Peut du roi qui le nomme exiger une grâce,
A laquelle, sans choix, il faut qu'il satisfasse.
Artaxerxe, mon fils, trop instruit de ses droits,
Vient de m'en imposer les tyranniques lois.
Il prétend dès ce jour obtenir de son père
Le seul bien que ma main réservait à son frère ;
Il exige, en un mot, la princesse Amestris,
Des exploits d'un héros unique et digne prix.
ARTABAN.
Quoi! seigneur, Darius oserait y prétendre?
XERXÈS.
Jamais, si je l'en crois, amour ne fut plus tendre.
Je vais te découvrir un funeste secret
Qu'à ta fidélité je cachais à regret :
Darius autrefois soupira pour Barsine.
ARTABAN.
Pour ma fille !
XERXÈS.
Je sais quelle est son origine,
Ami ; mais je craignis, s'il s'alliait à toi,
Qu'il ne s'en fît un jour un appui contre moi,
Contre un fils qui m'est cher. Enfin, dès leur
[naissance,
Je combattis ses feux de toute ma puissance.

Je priai, menaçai; je fis plus : je feignis
Que j'étais devenu le rival de mon fils.
A la fin je forçai son amour à se taire,
Et le contraignis même à t'en faire un mystère.
Je fis venir alors la princesse Amestris.
A son aspect charmant mon fils parut surpris :
Soit qu'en effet son cœur brûlât pour la princesse,
Ou qu'il crût à ce prix regagner ma tendresse,
Soit qu'il fût rebuté d'un amour malheureux,
Je crus voir Darius brûler de nouveaux feux.
D'un si juste penchant bien loin de le distraire,
J'offris à son amour la fille de mon frère;
Mais, de Barsine encor respectant les attraits,
Ses feux furent toujours inconnus et secrets :
Artaxerxe lui-même en ce moment ignore
Qu'Amestris soit l'objet que Darius adore.
Enfin d'un prompt hymen je flattai son ardeur
Si de nos ennemis il revenait vainqueur.
Il en triomphe; et moi, pour toute récompense,
Après l'avoir privé des droits de sa naissance,
Je lui ravis encor le prix de sa valeur!
Qui pourra triompher de sa juste fureur?
Tu vois de quels soucis mon âme est accablée :
Calme par tes conseils l'effroi qui l'a troublée.

ARTABAN.
Quels conseils vous donner, seigneur, lorsque les lois
Sont le plus ferme appui de la grandeur des rois?
Respectez un pouvoir au-dessus de tout autre,
Si vous voulez, seigneur, qu'on respecte le vôtre.
Si Darius se plaint, qu'il s'en prenne à la loi,
Qui seule vous contraint à lui manquer de foi.

XERXÈS.
Quand il pourrait céder à cette loi suprême,
Amestris voudra-t-elle y souscrire de même?
Elle aime Darius.

ABTABAN.
Eh bien! feignez, seigneur,
Que Darius retourne à sa première ardeur,
Qu'épris plus que jamais il revient à ma fille.
A vos moindres desseins je livre ma famille;
Disposez-en, seigneur, dût Barsine en ce jour
Devenir le jouet d'une envieuse cour.
Pour prévenir les maux qui vous glacent de crainte,
On peut sans s'abaisser aller jusqu'à la feinte.
Arsace est dans ces lieux; forcez-le à déclarer

Pour ce nouvel hymen qu'il vient tout préparer ;
Que, sûr de votre aveu, Darius, qui l'envoie,
A l'amour de Barsine est tout entier en proie.
Dès qu'Amestris croira qu'épris de nouveaux feux
Ce prince porte ailleurs ses desseins et ses vœux,
Vous la verrez bientôt, à vos lois moins rebelle,
Prévenir d'elle-même un amant infidèle.
Enfin, si ce projet ne peut vous réussir,
Contre de vains remords il faut vous endurcir,
Détruire ce rival de la grandeur suprême, [même,
Peut-être dans ces lieux plus puissant que vous-
Dans le fond de son cœur de votre rang jaloux ;
Apprendre à vos sujets à n'adorer que vous,
Sacrifier ce fils trop chéri de la Perse,
Et forcer son amante à l'hymen d'Artaxerxe.

TISSAPHERNE.
Mérodate, seigneur, demande à vous parler.
XERXÈS.
(A part.)
Qu'il entre... A son aspect que je me sens troubler !

SCÈNE III

XERXÈS, ARTABAN, TISSAPHERNE, MÉRODATE.

XERXÈS.
Mérodate, quel soin peut ici te conduire ?
MÉRODATE.
Du retour d'un héros chargé de vous instruire...
XERXÈS.
Quoi ! Darius...
MÉRODATE.
Seigneur, avant la fin du jour
Ce fils victorieux va paraître à la cour.
Pour ne point retarder une si juste envie,
Permettez...
XERXÈS.
Non, demeure, il y va de ta vie.
Tissapherne, prends soin d'écarter du palais
Ce témoin qui pourrait traverser nos projets.

SCÈNE IV
XERXÈS, ARTABAN.

XERXÈS.
Pour toi, cher Artaban, si ton devoir fidèle
Fit jamais éclater ton respect et ton zèle,
Dans ce moment fatal ne m'abandonne pas;
Au-devant de mon fils précipite tes pas :
Offre-lui de ma part et l'Égypte et Barsine :
Fais-lui valoir ce prix que son roi lui destine;
Mais qu'il se garde bien de paraître à mes yeux.
Dis-lui qu'il est perdu s'il se montre en ces lieux :
A ce prince surtout fais un profond mystère
Du rang où mon amour vient d'élever son frère.
Va, cours, tandis qu'ici semant mille soupçons,
De tes sages conseils je suivrai les leçons.
Pour en hâter l'effet, qu'on cherche la princesse.

SCÈNE V
XERXÈS.

XERXÈS.
O toi, dieu de la Perse, à qui seul je m'adresse,
Soleil, daigne éclairer mon cœur et mes desseins.
Et préserver ces lieux des malheurs que je crains!
Pardonne-moi du moins un honteux artifice
Dont mon cœur en secret déteste l'injustice.
Tu vois combien ce cœur, de remords agité,
Regrette de descendre à cette indignité.
Mais Artaxerxe vient... Ciel! dans mon trouble
[extrême,
Ne pourrai-je jouir un moment de moi-même?
Ah! mon fils, laissez-moi; pourquoi me cherchez-
[vous?

SCÈNE VI
ARTAXERXE, XERXÈS.

ARTAXERXE.
Dût sur ce fils tremblant tomber votre courroux,
Je ne puis résister à mon impatience.
Chaque pas, chaque instant aigrit ma défiance.
A d'injustes soupçons Xerxès abandonné

Se repentirait-il de m'avoir couronné?
A peine ses bontés m'élèvent à l'empire,
Que son cœur inquiet en gémit, en soupire.
Privez-moi pour jamais d'un rang si glorieux,
Et me rendez, seigneur, un bien plus préceux;
Rendez-moi ces bontés et cet amour de père
Qu'à tout autre bienfait Artaxerxe préfère.
Mais quelle est mon erreur! Plût au ciel que mon
Ne fît que soupçonner mon respect et ma foi! [roi
J'aurais bientôt calmé le souci qui m'accable.
Que je crains bien plutôt qu'Amestris trop aimable,
Avec une beauté qui l'égale à nos dieux,
N'ait peut-être trouvé grâce devant vos yeux!
Car enfin, indigné de l'ardeur qui me presse,
Je vous ai vu frémir au nom de la princesse.
Seigneur, que ce silence irrite encor mes maux!
XERXÈS.
Sans vous inquiéter du nom de vos rivaux,
Ne vous suffit-il pas qu'à son devoir soumise
Amestris à vos vœux soit désormais acquise?
Elle ne dépend plus ni d'elle ni de moi:
Son sort est dans vos mains; je vous ai fait son roi.
Je vous crois cependant l'âme trop généreuse
Pour vouloir abuser d'une loi rigoureuse.
Consultez Amestris; elle mérite bien
Que votre cœur soumis attende tout du sien.
Si je l'aimais, du moins j'en userais de même;
Et c'est ainsi qu'on doit disputer ce qu'on aime.
Voyez-la, j'y consens; c'est vous en dire assez.
ARTAXERXE.
Non, seigneur...
XERXÈS.
C'en est trop : allez, et me laissez.
(Artaxerxe sort.)
Que je viens à regret d'alarmer sa tendrese!
Que pour un fils si cher ma pitié s'intéresse!
La princesse paraît... Que de pleurs vont couler!
Qu'à son aspect mon cœur commence à se troubler!

SCÈNE VII

XERXÈS, AMESTRIS.

XERXÈS.
Madame, quelque amour qui puisse vous séduire,

D'un secret sur ce point j'ai voulu vous instruire.
L'orgueilleux Darius, dépouillé de ses droits,
N'a plus rien à prétendre au rang de roi des rois.
Artaxerxe aujourd'hui, paré de ce grand titre,
Du sort de l'univers est devenu l'arbitre.
Je vois à ce discours votre cœur s'émouvoir ;
Mais d'un profond respect écoutez le devoir ;
Et, de quelque douleur que vous soyez atteinte,
J'interdis à vos feux le reproche et la plainte.
Surtout, si Darius vous est cher aujourd'hui,
Cachez-lui des secrets qui ne sont pas pour lui.

AMESTRIS.

Ah ! seigneur, pardonnez au transport qui m'agite.
En vain à mon amour la plainte est interdite :
Après le coup affreux dont vous frappez mon
  [cœur,
Rien ne peut plus ici contraindre ma douleur.
Qu'elle éclate à vos yeux cette douleur mortelle
A qui vous imposez une loi si cruelle.
Juste ciel ! se peut-il qu'un fils victorieux,
Votre image, ou plutôt l'image de nos dieux,
Soit privé par vous seul de l'honneur de prétendre
A ces mêmes États qu'il sait si bien défendre ?
Pardonnez ; je sais bien qu'il ne m'est pas permis
De prononcer, seigneur, entre vous et vos fils :
Mais si jamais des dieux la majesté suprême,
Prenant soin sur un front de s'empreindre elle-
  [même ;
Si l'éclat des vertus, la gloire des hauts faits,
Le besoin de l'empire et les vœux des sujets ;
En un mot, si jamais la valeur, la naissance,
Furent des droits, seigneur, pour la toute-puis-
  [sance,
Qui mieux a mérité ce haut degré d'honneur
Que celui qu'on en prive avec tant de rigueur ?
Je vois de mes discours que votre cœur s'offense ;
Mais, seigneur, d'un héros j'entreprends la dé-
  [fense.
Il a tant fait pour vous, que Xerxès aujourd'hui
Ne doit pas s'offenser que je parle pour lui :
Heureuse si l'amour instruisait la nature
A le dédommager d'une cruelle injure !

XERXÈS.

D'un choix qui pour ce fils vous semble injurieux,
Madame, je ne dois rendre compte qu'aux dieux.

Quand je ne tiendrais pas de la grandeur suprême
Le droit de disposer du sacré diadème,
Ma volonté suffit pour établir des lois ;
Et la terre en tremblant doit souscrire à mon choix.
Et sur quoi jugez-vous que le prince Artaxerxe
Soit si peu digne encor de régner sur la Perse?
Darius, je l'avoue, a quelques faits de plus ;
Mais son frère a mon cœur, et n'est pas sans vertus :
Il sait aimer du moins, et c'est vous qu'il adore.

AMESTRIS.
Dieux! qu'est-ce que j'entends?

XERXÈS.
Ce n'est pas tout encore ;
A son auguste hymen il faut vous préparer,
Et je me suis chargé de vous le déclarer.

AMESTRIS.
Moi, seigneur?

XERXÈS.
Oui, madame : il vous a demandée ;
La loi veut qu'à ses feux vous soyez accordée.
Vous savez ce qu'impose une si dure loi?

AMESTRIS.
Ainsi sans mon aveu l'on dispose de moi !
On dispose à son gré la grandeur souveraine !
La parole des rois n'est plus qu'une ombre vaine !
Frein par qui les tyrans sont même retenus,
Serments sacrés des rois, qu'êtes-vous devenus ?
Quoi! seigneur, Artaxerxe à mon hymen aspire,
Peu content de priver Darius de l'empire ;
Et c'est vous qui, pour prix de tant d'exploits fa-
Accablez de ces coups un fils si généreux ! [meux,
Mais, seigneur, c'est en vain qu'à vos ordres suprêmes
Vous joignez une loi qui commande aux rois mêmes:
Je n'ai pas oublié qu'au plus grand des héros
Vous promîtes ma main pour prix de ses travaux.
Vous reçûtes ma foi pour le don de la sienne :
La mort, la seule mort peut lui ravir la mienne.
Il n'est loi ni pouvoir que je craigne en ces lieux :
Les promesses des rois sont des décrets des dieux.
Ainsi, dans quelque rang qu'Artaxerxe puisse être,
Darius de ma main sera toujours le maître.
Tout malheureux qu'il est, dépouillé, sans appui,
Jamais de tant d'amour je ne brûlai pour lui.
Hier sur ses vertus il fondait sa victoire ;
Mais aujourd'hui, seigneur, il y va de ma gloire ;

Et plus vous ravissez d'États à ce vainqueur,
Plus l'amour indigné le couronne en mon cœur.
Eh! plût aux dieux, seigneur, lorsque tout l'abandon-
Pouvoir lui tenir lieu de père et de couronne ! [ne,

XERXÈS.

Que sert de vous flatter sur ce que j'ai promis,
Quand la loi me dégage envers vous et mon fils ?
Ainsi, sans vous parer d'une vaine constance,
Méritez mes bontés par votre obéissance,
Et craignez qu'Amestris, avant la fin du jour,
Ne déteste peut-être et l'amant et l'amour.
Quel que soit Darius, madame, je souhaite
Qu'il puisse mériter une ardeur si parfaite.
Je ne sais cependant si ce héros fameux,
Pour qui vous témoignez des soins si généreux,
Est si digne en effet des transports de votre âme.
Eh! quel garant si sûr avez-vous de sa flamme?
Pour fixer un amant quels que soient vos attraits,
Peut-être qu'en ces lieux il est d'autres objets
Qui pourraient bien encor partager sa tendresse.
Je ne dis rien de plus, madame : je vous laisse,
Sûr de vous voir bientôt m'obéir sans regret.

SCÈNE VIII

AMESTRIS.

Juste ciel! quel est donc ce terrible secret ?
Quel orage nouveau contre moi se prépare ?
Quelle horreur tout à coup de mon âme s'empare ?
Je me sens accabler de trouble et de douleurs,
Et malgré ma fierté je sens couler mes pleurs.
Quoi! ce héros, l'objet d'une flamme si belle,
Ce Darius si cher serait un infidèle !
Malheureuse Amestris, voilà donc ce retour
Pour qui de tant de vœux j'importunais l'Amour !
Quoi! tandis que pour lui ma folle ardeur éclate,
Une autre à ses attraits soumet son âme ingrate !
Lui que j'ai toujours cru si grand, si généreux,
Que l'amour me peignait au-dessus de mes vœux,
Que j'égalais aux dieux dans mon âme insensée,
Trahit donc tant d'amour ? Ah, mortelle pensée !
Mais que dis-je? Où mon cœur va-t-il s'abandonner?
Et sur la foi de qui l'osé-je soupçonner ?
Sur la foi d'un cruel qui cherche à me surprendre,

Qu'à des détours plus bas on vit cent fois descendre.
Darius me trahir ! je ne puis le penser :
Le croire un seul moment, ce serait l'offenser.
Non, le ciel ne fit pas un cœur si magnanime
Pour le laisser souiller de parjure et de crime.
Cependant Mérodate a paru dans ces lieux,
Sans nul empressement de s'offrir à mes yeux.
Tout parle du héros où mon cœur s'intéresse,
Mais rien ne m'entretient ici de sa tendresse.
D'où peut naître l'effroi dont je me sens saisir ?
Ah ! d'un mortel soupçon courons nous éclaircir ;
Mourir pour Darius, si ma gloire l'ordonne,
Ou punir sans regret l'ingrat s'il m'abandonne ;
Et, quelque affreux tourment qu'il en coûte à mon
[cœur,
Mesurer ma vengeace au poids de ma douleur.

ACTE DEUXIÈME

SCÈNE PREMIÈRE

BARSINE, ARSACE, CLÉONE.

BARSINE.
Qu'un si rare bonheur, si j'osais vous en croire,
Aurait de quoi flatter mes désirs et ma gloire !
Mais je ne puis penser qu'une si vive ardeur
Puisse encore pour Barsine occuper ce grand cœur,
Ni que de tant d'exploits, que l'univers admire,
Ma main soit le seul prix où Darius aspire.
Et de ce même hymen, si doux à mes souhaits,
Xerxès vient, dites-vous, d'ordonner les apprêts !
Arsace, à tant d'honneurs aurais-je osé prétendre ?
ARSACE.
C'est par l'ordre du roi que je viens vous l'apprendre.
Lui-même en un moment vous en instruira mieux.
Ce prince va bientôt se montrer en ces lieux.

SCÈNE II

BARSINE, CLÉONE.

BARSINE.
Qu'à cet espoir flatteur j'ai de peine à me rendre !
CLÉONE.
Madame, et qu'a-t-il donc qui doive vous surpren-
[dre ?
A quels charmes plus grands un héros si fameux
Pouvait-il espérer d'offrir jamais ses vœux ?
BARSINE.
Cléone, la beauté, quelque amour qu'elle inspire,
Ne fait pas sur les cœurs notre plus sûr empire ;
Pour en fixer les vœux il est d'autres attraits,
Malgré tout son éclat, plus doux et plus parfaits :
C'est d'un amour constant la vertu qui décide,
Et non la beauté seule avec un cœur perfide.
Et tu veux que le mien, méprisé sur l'écueil
Où l'a précipité son téméraire orgueil,
Puisse croire un moment que Darius m'adore !
Il faudrait que son cœur pût m'estimer encore,
Que le mien plus fidèle eût fait tout son bonheur
De l'honneur d'asservir cet illustre vainqueur.
Mais le frivole éclat qui sort du diadème
M'a fait porter mes vœux jusqu'à Xerxès lui-même.
Sur quelques soins légers qu'il faisait éclater,
Mon cœur d'un vain espoir crut pouvoir se flatter.
En vain à ce désir, qui séduisait mon âme,
Darius opposait ses vertus et sa flamme :
Tout aimable qu'il est, dans l'ardeur de régner,
Ma folle ambition me le fit dédaigner.
Juge, après cet aveu, si son retour m'accable ;
Et plus il fait pour moi, plus je deviens coupable,
Prince trop généreux, quel malheur te poursuit !
Lorsque je puis t'aimer, d'un vain espoir séduit,
A de vaines grandeurs mon cœur te sacrifie ;
Quand je t'aime en effet, tout veut que je te fuie !
Mais si je puis jamais disposer de ta foi...
J'entends du bruit. On vient. Juste ciel ! c'est le roi.

SCÈNE III

XERXÈS, BARSINE, TISSAPHERNE, CLÉONE.

XERXÈS.
Madame, en ce moment Arsace a dû vous dire
Quel est l'heureux hymen où Darius aspire.
Mon cœur en fit longtemps ses désirs les plus doux ;
Mais les ans m'ont ravi le bonheur d'être à vous.
Plus digne de jouir d'un si rare avantage,
Souffrez que Darius répare cet outrage,
Et que par votre main Xerxès puisse aujourd'hui
Du prix de ses exploits s'acquitter envers lui.
Dans les murs de Memphis, où vous irez l'attendre,
Par mon ordre bientôt Darius doit se rendre.
Allez. Puisse le ciel, au gré de mes souhaits,
Vous y faire un bonheur digne de vos attraits !
Daignez-en quelquefois employer la puissance
Pour retenir mon fils dans mon obéissance.
Fixez de ses désirs le cours ambitieux :
Et s'il osait jamais... Que vois-je, justes dieux !

SCÈNE IV

XERXÈS, DARIUS, BARSINE, TISSAPHERNE,
CLÉONE.

DARIUS.
Enfin, libre des soins que m'imposait la guerre,
Je puis à vos genoux, monarque de la terre,
Faire éclater d'un fils la joie et le respect.
Qu'il m'est doux...

XERXÈS.
        Porte ailleurs ton hommage suspect :
Et loin de me vanter le respect qui te guide,
A ma juste fureur dérobe-toi, perfide.
Et comment oses-tu te montrer à mes yeux?
Quel ordre de ma part te rappelle en ces lieux?

DARIUS.
Et depuis quand, seigneur, indigne d'y paraître...

XERXÈS.
Depuis qu'à mes regards tu n'offres plus qu'un traî-
Que mes ordres sacrés ne peuvent retenir,   [tre
Et que tout mon courroux ne peut assez punir.

Mais, malgré tes complots et malgré ton audace,
Avant qu'ici du jour la lumière s'efface,
Malgré les soins de ceux qui m'ont osé trahir,
Je te forcerai bien, perfide, à m'obéir.

SCÈNE V

DARIUS, BARSINE, CLÉONE.

DARIUS.

Quels discours! quels transports! et que viens-je
 [d'entendre!
O ciel! à cet accueil aurais-je dû m'attendre?
Et depuis quand, chargé de noms injurieux,
Darius n'est-il plus qu'un objet odieux,
Madame? et quel est donc ce funeste mystère?
Déplorable jouet des caprices d'un père,
Oserai-je un moment à l'objet de ses vœux
Confier la douleur d'un prince malheureux? [dre.
Quel que soit mon destin, vous pouvez me l'appren-
Je ne veux que savoir; je ne crains point d'entendre.
Vous vous taisez! O ciel! à l'exemple du roi,
Tous les cœurs aujourd'hui sont-ils glacés pour moi?
Hé quoi! Barsine aussi contre moi se déclare!

BARSINE.

Non; je sais mieux le prix d'une vertu si rare.
Croyez, si je régnais sur le cœur de Xerxès,
Que son amour pour vous irait jusqu'à l'excès;
Que du moins, à mes yeux d'un odieux caprice
Vous n'auriez pas, seigneur, éprouvé l'injustice;
Et qu'enfin, si son cœur se réglait sur le mien,
Darius même aux dieux pourrait n'envier rien.
Interdite et confuse encore plus que vous-même,
Je ne puis revenir de ma surprise extrême :
Tout confond à tel point mon esprit éperdu,
Que je ne sais, seigneur, si j'ai bien entendu :
Car enfin ce Xerxès, si fier et si terrible,
Jamais à nos désirs n'a paru si sensible.
Hélas! si vous saviez de quel espoir flatteur
En ce même moment il remplissait mon cœur!
De la part d'un héros chéri de la victoire,
Aimable, généreux, et tout brillant de gloire,
Il venait m'assurer d'une constante foi.
Ah! qu'un retour si tendre aurait d'attrait pour moi,
Si ce même héros sensible à mes alarmes,

Touché de mes remords, attendri par mes larmes,
Si Darius enfin, objet de tant d'ardeur,
De mes premiers dédains oubliant la rigueur,
Daignait en ce moment me confirmer lui-même
Qu'on ne m'abuse point quand on me dit qu'il
[m'aime!
Mon cœur, toujours tremblant sur un espoir si doux,
Ne veut tenir, seigneur, cet aveu que de vous.
Quoi! vous baissez les yeux! Dieux! quel affreux
[silence!
Qu'ai-je dit? où m'emporte une vaine espérance?

DARIUS.

Qelle fureur nouvelle, agitant tous les cœurs,
A donc pu les remplir de si tristes erreurs?
Ai-je bien entendu, Barsine? est-ce vous-même
Qui méprisez pour moi l'éclat du diadème?
Vous qui, de tant d'amour dédaignant les trans-
BARSINE.   [ports...
Ah! ne redoublez point ma honte et mes remords.
Cessez de rappeler des injures passées
Que mes larmes, seigneur, n'ont que trop effacées.
Mais vous, qui m'accablez d'un reproche odieux,
Sans daigner seulement tourner sur moi les yeux,
Parlez : méritez-vous mon amour ou ma haine?
Le roi m'abuse-t-il d'une espérance vaine ?
Comme il me l'a promis, serez-vous mon époux?
Dois-je enfin vous aimer, ou me venger de vous?

DARIUS.   [tendre

Grands dieux! ce que j'ai vu, ce que je viens d'en-
Pouvait-il se prévoir et peut-il se comprendre?
Chaque mot, chaque instant redouble mon effroi.
Ah! quel aveu, madame, exigez-vous de moi?
Peu digne de vos feux et de votre vengeance,
Pourquoi me forcez-vous à vous faire une offense?
Mais je fus trop longtemps soumis à vos attraits
Pour vouloir vous tromper par d'indignes secrets :
Darius, ennemi d'une injuste contrainte,
Ne sait point en esclave appuyer une feinte.
Contre un fils malheureux Xerxès peut éclater;
Mais si de notre hymen il a pu vous flatter,
Madame, il vous a fait une mortelle injure.
Il ne peut nous unir sans devenir parjure.
Lui-même, à mon départ, confident d'autres feux,
Des serments les plus saints a scellé tous mes vœux.
Enfin c'est Amestris, pour qui mon cœur soupire,

Qui daigna m'accepter sortant de votre empire...
Je la vois ; quel bonheur la présente à mes yeux !
BARSINE.
Ah! c'en est trop, cruel : je te laisse en ces lieux
Signaler de tes soins l'inconstance fatale.
Cependant, tremble, ingrat ; je connais ma rivale.
(Elle sort.)

SCÈNE VI
DARIUS, AMESTRIS, PHÉNICE.

DARIUS.
Quoi ! madame, c'est vous ! et le ciel irrité
Me laisse encor jouir de ma félicité !
Que mon cœur est touché ! qu'une si chère vue
Calme le désespoir de mon âme éperdue !
Malgré tous mes malheurs... Mais qu'est-ce que je
AMESTRIS. [vois ?
On disait qu'en ces lieux je trouverais le roi :
Le dessein de l'y voir est le seul qui me guide,
Et non l'indigne soin d'y chercher un perfide.
DARIUS.
Moi perfide ! qui ? moi ! Dieux ! qu'est-ce que j'en-
AMESTRIS. [tends ?
Cesse de feindre, ingrat ; tes vœux seront contents.
Mais n'attends pas ici que j'éclate en injures ;
Je laisse aux dieux le soin de punir les parjures.
Va, cours où te rappelle un plus doux entretien,
Et songe pour jamais à renoncer au mien.

SCÈNE VII
DARIUS.

O mort ! des malheureux triste et chère espérance,
J'implore désormais ta funeste assistance !
J'éprouve en ces moments, si douloureux pour moi,
Des tourments plus cruels et plus affreux que toi.
Dieux, qui semblez vous faire une loi rigoureuse,
De rendre la vertu pesante et malheureuse,
Qui, la foudre à la main, l'effrayez parmi nous,
Pour ne nous rien laisser qui nous égale à vous,
Contentez-vous d'avoir presque ébranlé la mienne ;
Souffrez qu'un saint respect dans mon cœur la re-
[tienne ;

Que je puisse du moins, malgré tout mon courroux,
D'un reste de vertu vous rendre encor jaloux.

SCÈNE VIII
DARIUS, ARTAXERXE.

ARTAXERXE.
Enfin le ciel, sensible aux souhaits d'Artaxerxe,
Nous ramène un héros adoré de la Perse,
Le plus grand des mortels et le plus généreux.
DARIUS.
Mais de tous les mortels, ciel! le plus malheureux.
O mon cher Artaxerxe! est-ce vous que j'embrasse?
Venez-vous partager mes maux et ma disgrâce?
Si vous saviez quel prix on gardait à ma foi!
ARTAXERXE.
De vos regrets, seigneur, confident malgré moi,
J'en ai le cœur frappé des plus rudes atteintes.
Que je crains d'avoir part à de si justes plaintes!
DARIUS.
Vous, mon frère? Eh! pourquoi vous confondrais-je,
[hélas!
Avec tant de vertus, parmi des cœurs ingrats?
J'éprouverai longtemps une injuste colère,
Avant que je me plaigne un moment de mon frère;
Trop heureux que le sort m'ait laissé la douceur
De pouvoir dans son sein déposer ma douleur!
Quelque amour que pour vous fasse éclater mon
[père
Il ne m'en rendra pas notre amitié moins chère.
Si je jouis jamais du pouvoir souverain,
Vous verrez si mon cœur vous la jurait en vain.
ARTAXERXE.
Ah! seigneur, je vois bien que Darius ignore
Toute l'horreur des maux qui l'attendent encore.
Je me reprocherais de laisser son grand cœur
Plus longtemps le jouet d'une funeste erreur.
C'est trop de vos bontés vous-même être victime;
Il faut vous découvrir la main qui vous opprime...
Et quelle main, grands dieux! mais qui, sans le
De toutes vos vertus vous a ravi l'espoir. [vouloir,
Coupable seulement par mon obéissance,
Ne me soupçonnez pas d'avoir part à l'offense;
Croyez que malgré moi l'on vous prive d'un rang

Où vous plaçaient mes vœux encor plus que le sang ;
Croyez qu'en me parant de la grandeur suprême
Xerxès n'a sur son choix consulté que lui-même ;
Et qu'enfin je ne veux souscrire aux dons du roi
Qu'autant que vous voudrez en jouir avec moi.

DARIUS.

Content par ma valeur d'en être jugé digne,
Je renonce sans peine à cet honneur insigne ;
Et, si je suis touché de quelque déplaisir,
C'est de voir que mon frère ait osé s'en saisir.
Souffrir que l'on me fît une mortelle injure !
Et vous ne voulez pas que mon cœur en murmure !
Malheureux que je suis ! faut-il en même jour
Voir s'armer contre moi la nature et l'amour ;
Et me voir, par des mains qui me furent si chères,
Arracher sans honneur du trône de mes pères !
O sort ! pour m'accabler te reste-t-il des traits ?

ARTAXERXE.

Ah ! daignez par pitié m'épargner ces regrets.

DARIUS.

Eh ! pourquoi voulez-vous que je m'en prive encore,
Lorsque tout me trahit, quand on me déshonore ;
Lorsqu'au lieu des bienfaits que j'avais mérités
Je me vois accabler de mille indignités ;
Lorsqu'un père cruel ose avec perfidie,
Sous des prétextes vains m'éloigner de l'Asie ;
Troubler des nations qui ne l'offensaient pas,
Bien moins dans le dessein d'agrandir ses États
Que pour me dépouiller avec plus d'assurance
D'un sceptre dont mon bras est l'unique défense ;
D'autant plus irrité, qu'à tout autre qu'à vous
J'aurais déjà ravi l'espoir d'un bien si doux ;
Mais d'autant plus contraint dans ma fureur ex-
[trême,
Que je ne puis frapper sans me percer moi-même ?
Je ne m'étonne plus de voir de toutes parts
Mes amis éviter jusques à mes regards ;
Une amante en courroux me traiter d'infidèle :
Un prince sans États n'était plus digne d'elle.
Pour vous, je l'avouerai, que parmi mes ingrats,
Après ce que je sens, je ne vous comptais pas.
Cruel ! en dépouillant mon front du diadème,
Il ne vous reste plus qu'à m'ôter ce que j'aime.
Libre de l'obtenir d'une superbe loi,
Que ne m'arrachez-vous et son cœur et sa foi ?

ARTAXERXE.

Eh! comment voulez-vous que je vous la ravisse?
Voyez de vos soupçons jusqu'où va l'injustice!
Je vous l'ai déjà dit: croyez que malgré moi
Je souscris aux bontés dont m'honore le roi,
Que par mon malheur seul je vous ravis l'empire.
Ah! seigneur, ce n'est pas au trône que j'aspire,
Mais ce n'est pas non plus à l'objet de vos vœux:
Je sais trop respecter vos désirs et vos feux.
Je sais que votre cœur soupire pour Barsine,
Qu'avec l'Égypte encor le roi vous la destine.
Ce n'est pas que l'objet dont mon cœur est charmé
Mérite moins, seigneur, la gloire d'être aimé.
Ce jour doit éclairer notre auguste hyménée:
Daignez ne point troubler cette heureuse journée.
Sans offenser l'ardeur dont vous êtes épris,
Je crois, seigneur, pouvoir vous nommer Amestris.

DARIUS.

Dieux cruels, jouissez du transport qui m'anime!
C'en est fait, je sens bien que j'ai besoin d'un crime.
Perfide, plus que tous contre moi conjuré,
Je puis donc désormais vous haïr à mon gré!
O ciel! lorsque je crois dans mon malheur extrême,
Pouvoir du moins compter sur un frère que j'aime,
Je viens, en imprudent, confier ma douleur
Au fatal ennemi qui me perce le cœur!

ARTAXERXE.

Ah! c'est trop m'alarmer: expliquez-vous, de grâce.
D'un si dur entretien mon amitié se lasse.
Ou calmez les transports d'un injuste courroux,
Ou, si vous vous plaignez, du moins expliquez-vous.

DARIUS.

Avec ce fer, qui fait le destin de la Perse,
Je suis prêt, s'il le veut, d'éclaircir Artaxerxe.
S'il est, autant que moi, blessé de vains discours,
Voilà le sûr moyen d'en terminer le cours:
De l'amour outragé c'est l'interprète unique.
Entre rivaux du moins c'est ainsi qu'on s'explique.
Tant que vous oserez vous déclarer le mien,
N'attendez pas de moi de plus doux entretien.

ARTAXERXE.

Vous, mon rival? ô ciel!

DARIUS.

Mais un rival à craindre.

ARTAXERXE.
Hélas! que je vous plains!
DARIUS.
Je ne suis point à plaindre.
Plaindre un amant trahi, c'est s'avouer heureux.
La pitié d'un rival n'est pas ce que je veux;
Ainsi que mon amour, ma fierté la dédaigne.
Qui ne veut que haïr ne veut pas qu'on le plaigne.
Ce serait sans danger faire des malheureux,
Dès qu'il leur suffirait qu'on s'attendrît pour eux.
Pour moi, qui vois le but d'une pitié si vaine,
Je ne veux plus de vous que fureur et que haine.
L'amour qui vous attache à l'objet de mes vœux
Du sang qui nous unit a rompu tous les nœuds.
Dans l'état où je suis, opprimé par un père,
Méprisé d'une amante, et trahi par un frère,
Plus de leur amitié les soins me furent doux,
Et plus leur perfidie excite mon courroux.

ARTAXERXE.
Je pardonne aux malheurs dont le sort vous accable
Un transport que l'amour rend encor moins cou-
Et plus vous m'outragez, plus je sens ma pitié [pable;
D'un oubli généreux flatter mon amitié.
Qu'à mon exemple ici Darius se souvienne
Qu'Artaxerxe n'est pas indigne de la sienne;
Mais, s'il veut l'oublier, en s'adressant à moi
Qu'il apprenne du moins qu'il s'adresse à son roi.

DARIUS.
Vous, ingrat, vous mon roi! Quelle audace est la
Songez... [vôtre!

SCÈNE IX

DARIUS, ARTAXERXE, ARTABAN,
TISSAPHERNE.

ARTABAN.
Seigneurs, Xerxès vous mande l'un et l'autre.
ARTAXERXE.
Adieu, prince; bientôt nous verrons, à ses yeux...
DARIUS.
Qui de nous méritait de régner en ces lieux.
(A Artaban.)
Pour vous, qui désormais, soigneux de me déplaire,
N'offrez à mes regards qu'un sujet téméraire;

Qui, dans un faible cœur par vos conseils séduit,
M'avez de mes exploits enlevé tout le fruit ;
Enfin qui, n'écoutant qu'un orgueil qui me brave,
De roi que j'étais né n'avez fait qu'un esclave ;
Si les dieux et les lois ne vous retiennent pas,
Indigne favori, craignez du moins mon bras.
(Il sort.)

SCÈNE X

ARTABAN, TISSAPHERNE.

ARTABAN.
D'une vaine fureur je crains peu la menace.
Va, je saurai bientôt réprimer ton audace.

TISSAPHERNE.
Ah ! seigneur, que pour vous aujourd'hui j'ai trem-
Du courroux de Xerxès je suis encor troublé. [blé!

ARTABAN.
Peux-tu craindre pour moi la colère d'un maître
Tremblant d'avoir parlé dès qu'il me voit paraître ?
Je n'ai pas dit un mot, que d'un si vain transport
J'ai fait sur son fils seul retomber tout l'effort.
Du chemin qu'il tenait, instruit par Mérodate,
Je me suis à sa vue écarté de l'Euphrate :
Résolu d'attirer ce prince dans ces lieux,
J'ai fait croire à Xerxès que cet ambitieux
Avec tant de secret n'avait caché sa route
Qu'avec quelque dessein de le trahir sans doute.
Rien n'est moins apparent ; cependant sans raison
Il a d'un vain rapport saisi tout le poison.
Darius est perdu si, pour sauver sa vie
Il n'arme en sa faveur la moitié de l'Asie.
J'achèverai bientôt d'ébranler la vertu
D'un cœur de ses malheurs plus aigri qu'abattu.
Tu vois comme il me hait ; mais, malgré sa colère,
Je prétends dès ce jour le voir contre son père
Revenir de lui-même implorer mon secours,
A ceux qu'il outrageait avoir enfin recours.
Artaxerxe le craint, son père le déteste ;
C'est où je les voulais : je me charge du reste.
Viens, Tissapherne, viens ; le moment est venu.
Laissons agir un cœur qui n'est plus retenu :
Courons où nous entraîne un espoir magnanime.

Viens, je réponds de tout : il ne faut plus qu'un
[crime.

ACTE TROISIÈME

SCÈNE PREMIÈRE
AMESTRIS, PHÉNICE.

AMESTRIS.
Non, je veux voir Xerxès: tu m'arrêtes en vain ;
Rien ne peut plus troubler un si juste dessein.
PHÉNICE.
Et quel soin si pressant à le voir vous invite?
AMESTRIS.
Le soin de contenter le transport qui m'agite ;
De me venger du moins, Phénice, avec éclat,
D'un amant odieux, d'un traître, d'un ingrat.
PHÉNICE.
Sur quelques vains apprêts, madame, osez-vous
[croire
Qu'un cœur qui fut toujours si sensible à la gloire,
Après tant de serments, ait pu sacrifier...
AMESTRIS.
Vois son empressement à se justifier,
Le perfide ! enchanté d'une flamme nouvelle,
Pense-t-il seulement à ma douleur mortelle ?
Sait-il qu'il est ailleurs des cœurs infortunés,
Aux plus affreux tourments par lui seul condamnés?
Hélas ! tandis qu'ici ma douleur se signale,
Peut-être que l'ingrat, aux pieds de ma rivale,
Aux dépens de ma gloire, accréditant sa foi,
Rougit d'être accusé d'avoir brûlé pour moi.
Pour mieux persuader, peut-être qu'à Barsine
Il offre en ce moment la main qui m'assassine.
Si son cœur à ce soin n'était abandonné,
Ne suffirait-il pas qu'il en fût soupçonné,
Pour venir à mes pieds dissiper mes alarmes,
Et m'offrir cette main pour essuyer mes larmes ?
Qu'un soin bien différent le soustrait à mes yeux !

Le perfide, occupé d'un amour odieux,
Ne songe qu'aux apprêts d'un funeste hyménée,
Qui peut-être sera ma dernière journée.
Que dis-je ? où ma douleur me va-t-elle engager ?
Artaxerxe paraît, songeons à nous venger.
Puisque avec lui les lois ordonnent que je règne,
Offrons-lui cette main qu'un parjure dédaigne ;
Profitons du moment ; peut-être que demain,
Malgré tout mon courroux, je le voudrais en vain.

SCÈNE II

ARTAXERXE, AMESTRIS, PHÉNICE.

ARTAXERXE.
Le rival d'un héros si digne de vous plaire,
Un prince que séduit un amour téméraire,
Qui vient, sans votre aveu, de le faire éclater
Malgré le peu d'espoir dont il doit se flatter,
Sans crainte d'offenser les charmes qu'il adore
Peut-il à vos regards se présenter encore,
Madame ? Pardonnez : non, je n'ignore pas
Tout le devoir d'un cœur épris de vos appas ;
Mais aurais-je voulu, sans vous offrir l'empire,
Apprendre à l'univers que pour vous je soupire ?
N'osant vous faire entendre une timide voix,
J'ai fait parler pour moi l'autorité des lois.
Non que, fier du haut rang dont on me favorise,
A contraindre vos vœux mon amour s'autorise :
Je ne voulais régner que pour me faire honneur
D'en être plus soumis au choix de votre cœur ;
D'autant plus résolu de ne le pas contraindre,
Que mon amour tremblant semble avoir tout à
[craindre ;
Que je vous vois déjà détourner, malgré vous,
Des yeux accoutumés à des objets plus doux ;
Qu'enfin je ne vois rien qui ne me désespère.
Que de maux, sans compter les vertus de mon frère !
AMESTRIS.
Seigneur, il me fut cher ; je ne veux point nier
Un feu que tant de gloire a dû justifier.
Tant que l'ingrat n'a point trahi sa renommée,
J'ai fait tout mon bonheur, seigneur, d'en être aimée ;
Je le ferais encor, si lui-même aujourd'hui
N'avait forcé ma gloire à se venger de lui.

Arrachez-moi, seigneur, à ce penchant funeste ;
J'y consens : vos vertus vous répondent du reste.
Vous ne me verrez point opposer à vos feux
Le triste souvenir d'un amour malheureux ;
Nul retour vers l'ingrat ne vous sera contraire.
Moi-même j'instruirai votre amour à me plaire :
Donnez-vous tout entier à ce généreux soin.
Rendons de notre hymen un parjure témoin.
Vous pouvez assurer de mon obéissance
Un roi dont aujourd'hui j'ai bravé la puissance.
Allez tout préparer ; je vous donne ma foi
De ne pas résister un moment à la loi.

ARTAXERXE.

Non, je ne reçois point ce serment téméraire.
En vain vous me flattez du bonheur de vous plaire,
En vain votre dépit me nomme votre époux, [vous.
Lorsque l'amour, d'un autre, a fait le choix pour
Je vous aime, Amestris ; et jamais dans mon âme
La vertu ne fit naître une plus belle flamme :
J'aurais de tout mon sang acheté la douceur
De pouvoir un moment régner sur votre cœur ;
Mais, quoiqu'en obtenant le seul bien où j'aspire,
Mon bonheur, quel qu'il soit, dût ici me suffire,
J'estime trop ce cœur pour vouloir aujourd'hui
Obtenir notre hymen d'un autre que de lui.
Dût le funeste soin d'éclaircir ma princesse
Rallumer dans son cœur sa première tendresse ;
Dussé-je enfin la perdre, et voir évanouir
Ce bonheur si charmant dont je pouvais jouir,
Je ne puis sans remords abandonner mon frère
Aux coupables transports d'une injuste colère.
S'il y va de mes feux à le sacrifier,
Il y va de ma gloire à le justifier.
Je vous ai vu traiter Darius d'infidèle ;
Je conçois d'où vous vient une erreur si cruelle.
Mais, si vous aviez vu ses transports comme moi,
Vous ne soupçonneriez ni son cœur ni sa foi.
Adieu, madame, adieu : quelque soin qui le guide,
Darius n'est ingrat, parjure, ni perfide.
Croyez-en un rival charmé de vos appas :
Il me haïrait moins s'il ne vous aimait pas.

SCÈNE III

AMESTRIS, PHÉNICE.

AMESTRIS.

Je demeure interdite, et mon âme abattue
Succombe au coup mortel dont ce discours me tue.
Quoi! Darius m'aimait, et par un sort fatal
Il faut que je l'apprenne encor de son rival,
D'un rival qui le plaint et qui le justifie,
Tandis qu'à de faux bruits mon cœur le sacrifie!
Ai-je bien pu revoir ce prince si chéri,
Sans que de ses malheurs mon cœur fût attendri,
D'un mensonge odieux sans percer le nuage?
Le crime et la vertu n'ont-ils donc qu'un langage?
Et des cœurs par l'amour unis si tendrement
Se doivent-ils, hélas! méconnaître un moment?
A sa vertu du moins j'aurais dû reconnaître
Le mortel le plus grand que le ciel ait fait naître :
Et cependant, pour prix de sa fidélité,
Je l'outrage moi-même avec indignité!
Je me joins au cruel dont la fureur l'opprime!
Je pare de mes mains l'autel et la victime!
J'achève d'accabler, au mépris de ma foi,
Un cœur qui n'espérait peut-être plus qu'en moi!
Ah! j'en mourrai, Phénice; et ma douleur ex-
                                  [trême...
On ouvre... Quel objet! c'est Darius lui-même.
Fuyons, dérobons-nous de ces funestes lieux :
Je ne mérite plus de paraître à ses yeux.

SCÈNE IV

DARIUS, AMESTRIS, PHÉNICE.

DARIUS.

Demeurez, Amestris, et d'une âme adoucie
Contemplez les horreurs dont mon âme est saisie.
Non que ce triste objet de votre inimitié
Ose encore implorer un reste de pitié.
Ce n'était pas assez qu'on m'eût ravi l'empire :
On me ravit encor le seul bien où j'aspire.
J'ai beau porter partout mes funestes regards,
Je ne vois qu'ennemis, qu'horreurs de toutes parts.

Je ne veux point ici justifier ma flamme ;
Je sais par quels détours on a surpris votre âme :
J'aimerais mieux mourir encor plus malheureux,
Que de vous accabler d'un repentir affreux.
Pourvu que, dans l'éclat de la grandeur suprême,
Vous ne méprisiez plus un prince qui vous aime ;
Qui, né pour commander un jour à l'univers,
S'honorait cependant de vivre dans vos fers ;
J'irai, sans murmurer de mon sort déplorable,
Terminer loin de vous les jours d'un misérable.
Adieu, chère Amestris. Quoi ! vous versez des pleurs !
Qu'une pitié si tendre adoucit mes malheurs !

AMESTRIS.

Ah ! prince infortuné, le destin qui t'accable
De tes persécuteurs n'est pas le plus coupable.
Pour prix de tant de soins, pour prix de tant
[d'ardeur,
C'est donc ton Amestris qui te perce le cœur !
Qu'ai-je fait, malheureuse ? et par quel artifice
A-t-on de tant d'horreurs rendu mon cœur com-
Ce cœur à tes désirs si charmé de s'offrir, [plice
A tes moindres discours si prêt à s'attendrir ;
Ce cœur qui, tout ingrat qu'il eut lieu de te croire,
Te gardait cependant la plus tendre mémoire ;
Mais, hélas ! aujourd'hui plus coupable à tes yeux
Qu'un ministre insolent, un roi faible, et les dieux !
C'est en vain que ton cœur absout le mien du
Avec mon repentir ma fierté se ranime. [crime ;
Ce n'est plus par des pleurs et par de vains trans-
[ports
Que je puis contenter mon cœur et mes remords ;
Viens me voir, tout en proie à ma juste colère,
Braver la cruauté de ton barbare père.
Te jurer à ses yeux les transports les plus doux,
Malgré tout son pouvoir t'accepter pour époux,
T'offrir de mon amour les plus précieux gages,
Ou du moins par ma mort expier mes outrages.

DARIUS.

r Aêtez, ma princesse. Ah ! c'en est trop pour moi.
Je ne crains plus le sort, mon frère, ni le roi ;
Laissez-moi seul ici conjurer la tempête.
Je vais à mon rival disputer sa conquête :
Ce cœur qui m'est rendu décide de son sort :
Son hymen désormais est moins sûr que sa mort.

AMESTRIS.

Garde-toi sur ses jours d'aller rien entreprendre :
Souffre, sans t'alarmer, que j'ose le défendre.
Si les rivaux étaient tous aussi généreux,
On ne verrait pas tant de criminels entre eux.
C'est lui qui, dans l'aveu qu'il m'a fait de sa flamme,
Sur de cruels soupçons vient d'éclaircir mon âme;
Qui, sensible à tes maux, bien loin d'en abuser,
A l'offre de ma main vient de se refuser.
Je crains trop les transports où ton amour te livre :
Partons, si tu le veux; je suis prête à te suivre :
Fuyons loin de Xerxès : mais en quittant ces lieux
Sortons-en, s'il se peut, encor plus vertueux.
Laissons à l'univers plaindre des misérables
Qu'il abandonnerait s'il les croyait coupables.
J'aime mieux que Xerxès plaigne un jour nos mal-
[heurs,
Que de voir ses États en proie à nos fureurs.
Les dieux protègeront des amours légitimes,
Qui ne seront souillés ni d'horreurs ni de crimes.
Contente, pour tout bien, de l'honneur d'être à toi,
Je ne demande plus que ton cœur et ta foi.
Xerxès vient : garde-toi d'un seul mot qui l'offense,
D'armer contre tes jours une injuste vengeance;
Il sera moins aigri d'entendre ici ma voix.
Feignons...

SCÈNE V

XERXÈS, DARIUS, AMESTRIS, ARTABAN, TISSAPHERNE, PHÉNICE.

XERXÈS.

C'est donc ainsi que respectant mes lois
Vous osez d'Amestris chercher ici la vue ?

AMESTRIS.

Depuis quand à ses feux est-elle défendue ?
Ah ! seigneur, se peut-il que ce fils malheureux
Vous éprouve toujours si contraire à ses vœux ?
Ne peut-il d'un adieu soulager sa misère ?
Et ses moindres regrets offensent-ils son père ?
Ne craignez point que, prêt à vous désobéir,
Il apprenne avec moi, seigneur, à vous trahir :
D'un héros si soumis vous n'avez rien à craindre,
Et vous ne l'entendrez vous braver ni se plaindre.
De vos cruels détours moi seule je gémis;

Mais mes larmes n'ont point corrompu votre fils.
De la foi des serments l'autorité blessée,
Des droits les plus sacrés la justice offensée,
De vos détours enfin l'exemple dangereux
N'ébranlera jamais un cœur si généreux.
####### XERXÈS.
Pour son propre intérêt je veux bien vous en croire ;
Je n'en soupçonne rien de honteux à sa gloire.
Qu'il parte cependant, et que la fin du jour
Le trouve, s'il se peut, déjà loin de ma cour.
Vous, suivez-moi, madame, où vous attend son [frère.
####### AMESTRIS.
Où, seigneur?
####### XERXÈS.
Aux autels.
####### AMESTRIS.
C'est en vain qu'il l'espère :
Un autre hymen plus doux m'engage sous ses lois.
Regardez ce héros, et jugez de mon choix.
Adieu, cher Darius; je mourrai ton épouse,
Crois-en de ses serments une amante jalouse,
Ou j'apprendrai du moins aux malheureux amants
Le moyen de braver la fureur des tyrans.

SCÈNE VI

XERXÈS, DARIUS, ARTABAN, TISSAPHERNE.

####### XERXÈS.
Où suis-je? De quel nom l'orgueilleuse m'outrage !
Quoi ! dans ces mêmes lieux où tout me rend [hommage,
Où je tiens dans mes mains le sort de tant de rois,
On m'ose faire entendre une insolente voix !
####### DARIUS.
Seigneur, qu'attendiez-vous d'une amante irritée,
De ses premiers transports encor tout agitée?
Vous étiez-vous flatté de désunir deux cœurs
Qu'à s'aimer encor plus invitent leurs malheurs?
Du moins pour m'accabler avec quelque justice,
Nommez-moi des forfaits dignes de mon supplice.
Si je suis criminel, eh ! que n'immolez-vous
Ce fils infortuné qui se livre à vos coups?
Oui, seigneur (car, enfin, il n'est plus temps de [feindre;

Mon cœur au désespoir ne peut plus se contrain-
Avant que de m'ôter l'objet de mon amour, [dre) :
Il faudra me priver de la clarté du jour.
Tant que d'un seul soupir j'aurai part à la vie,
Amestris à mes yeux ne peut être ravie ;
Je la disputerai de ce reste de sang [flanc :
Que mes derniers exploits ont laissé dans mon
A moins que votre bras plus cruel que la guerre,
De ce malheureux sang n'arrose ici la terre ;
De ce sang toujours prêt à couler pour son roi,
Tant de fois hasardé pour lui prouver ma foi.
Eh ! qui de vos sujets, plus soumis, plus fidèle,
Jamais par plus de soins sut signaler son zèle ?
Eh ! qu'a donc fait, seigneur, ce rival si chéri,
Loin du bruit de la guerre et des tentes nourri,
Peut-être sans vertu que l'honneur de vous plaire,
Pour être de mes droits l'heureux dépositaire ?
Pour faire à vos soldats approuver votre choix,
Qu'il nomme les États conquis par ses exploits ;
Qu'il montre sur son sein ces nobles cicatrices,
Titres que pour régner m'ont acquis mes services.
Droit du sang, zèle, exploits, seigneur, j'ai tout
            [pour moi ;
Et cependant c'est lui que vous faites mon roi !

XERXÈS.

Si vous eussiez moins fait, vous le seriez peut-être ;
Mais je n'ai pas voulu m'associer un maître.
Darius, pour régner comptant pour rien ma voix,
A cru qu'il suffisait que mon peuple en fît choix,
On ne vous voit jamais traverser Babylone,
Qu'aussitôt à grands flots il ne vous environne :
Vous semblez ne courir à de nouveaux exploits
Que pour venir après nous imposer des lois.
Artaxerxe d'ailleurs est issu d'une mère
Qu'un tendre souvenir me rendra toujours chère :
La vôtre, de concert avec mes ennemis,
De mon sceptre, en naissant, déshérita son fils.
Non que de mon courroux la constance inhumaine
Vous ait fait après elle hériter de ma haine :
Je veux bien avouer qu'après tant de hauts faits
Vous ne méritiez pas le sort que je vous fais,
Prince, quoi qu'il en soit, je veux qu'on m'obéisse :
J'exige encor de vous ce second sacrifice ;
Partez.

DARIUS.
Qui? moi, seigneur?
XERXÈS.
Oui, vous, audacieux.
Avant que le soleil disparaisse à mes yeux,
Si vous n'êtes parti, c'est fait de votre vie.
Artaban, c'est à toi que ton roi le confie :
De son sort désormais je te laisse le soin.
DARIUS.
Roi cruel, père injuste, il n'en est pas besoin;
Mon sort est dans mes mains.
(Il porte la main sur son épée.)

SCÈNE VII

DARIUS, ARTABAN, TISSAPHERNE.

ARTABAN. [faire?
Que prétendez-vous
Gardez-vous d'écouter un transport téméraire :
Le roi n'est pas encore éloigné de ces lieux.
DARIUS.
Porte ailleurs tes conseils et tes soins odieux;
Remplis, sans discourir, les ordres de mon père,
Si tu ne veux toi-même éprouver ma colère.
ARTABAN.
Seigneur, écoutez-moi, le cœur moins prévenu :
Je vois bien que le mien ne vous est pas connu.
De vos cruels soupçons l'injuste défiance,
Vos mépris pour Barsine et pour mon alliance,
Un roi que je pourrais nommer votre tyran,
N'ont point changé pour vous le respect d'Artaban.
Touché de vos vertus plus que de vos outrages,
Mon cœur à vos mépris répond par des hommages;
Heureux si, dans l'ardeur de me venger de vous,
Ce cœur d'un vain honneur eût été moins jaloux!
C'est moi qui par mes soins ai porté votre père
A parer de vos droits un fils qu'il vous préfère :
Mais, hélas! qu'ai-je fait, en y forçant son choix,
Que priver l'univers du plus grand de ses rois?
Je sens que contre vous un dessein si perfide
Est moins un attentat qu'un affreux parricide,
Que ne saurait jamais réparer ma douleur
Qu'en signalant pour vous une juste fureur.
Ce discours, je le vois, a de quoi vous surprendre,

Et ce n'est pas de moi que vous deviez l'attendre :
Mais votre père en vain me comble de bienfaits,
Lorsqu'il s'agit, seigneur, d'expier mes forfaits.
Dans la nécessité de me donner un maître,
J'en veux du moins prendre un qui soit digne de
Qui de nos ennemis sache percer le flanc, [l'être,
Et qui sache juger du prix de notre sang ;
Non de ces faibles rois dont la grandeur captive
S'entoure de flatteurs dans une cour oisive,
Mais un roi vertueux, connu par ses hauts faits,
Tel enfin que le ciel vous offre à nos souhaits.
Artaban désormais n'en reconnaît point d'autre.
Il ne tiendra qu'à vous d'être bientôt le nôtre.
Je vous offre, seigneur, mes trésors et mon bras.
Faisons sur votre choix prononcer les soldats ;
Vous verrez quel secours vous en pouvez attendre.

DARIUS.

Quel étrange discours m'ose-t-on faire entendre !
Je n'ai que trop souffert ce coupable entretien,
Artaban juge-t-il de mon cœur par le sien?
S'il est assez ingrat, assez lâche, assez traître,
Pour oublier si tôt tous les bienfaits d'un maître
Qui l'a de tant d'honneurs comblé jusqu'aujour-
[d'hui,
Il peut chercher ailleurs des ingrats tels que lui.
Pour moi, soumis aux lois qu'impose la nature,
Je me reproche même un frivole murmure :
Je respecte en mon roi le maître des humains ;
J'adore en lui du ciel les décrets souverains,
Dont les rois sont ici les seuls dépositaires,
Et non pas des sujets faibles et téméraires.
Qui? moi trahir Xerxès! moi troubler ses États!
Ah! ne me parlez plus de pareils attentats.

ARTABAN.

C'est mal interpréter le zèle qui me guide.

DARIUS.

Ce zèle, quel qu'il soit, ne peut qu'être perfide.

ARTABAN.

Seigneur, dès que le ciel vous fit naître mon roi...

DARIUS.

Laissons là ce vain titre ; il n'est plus fait pour moi.
Ce zèle est trop outré pour être exempt de piège :
Je ne puis estimer qui me veut sacrilège.

ARTABAN.

Et moi, seigneur, et moi, charmé de vos vertus,

J'admire Darius, et l'en aime encor plus :
Je suis touché de voir un cœur si magnanime,
Avec tant de raisons de recourir au crime,
Conserver cependant pour son père et son roi,
Malgré son injustice, une si tendre foi.
Que je plains l'univers de perdre un si grand maître !
Ah ! seigneur, c'est ainsi qu'on est digne de l'être :
C'est par des sentiments si grands, si généreux,
Qu'on mérite en effet notre encens et nos vœux.
Il n'est que Darius, seul semblable à lui-même,
Qui puisse renoncer à la grandeur suprême,
A l'éclat, aux honneurs d'une pompeuse cour,
Et peut-être immoler jusques à son amour.

DARIUS.

Ah ! cruel Artaban, quelle fureur vous guide !
Et que prétend de moi votre adresse perfide ?
Laissez-moi mon respect, laissez-moi mes remords ;
N'excitez point contre eux de dangereux transports.
Je sens qu'au souvenir de ma chère princesse
Toute ma vertu cède à l'ardeur qui me presse.
Pour conserver un bien qui fait tout mon bonheur,
Il n'est rien qu'en ces lieux ne tente ma fureur.
S'il est vrai que mon sort vous intéresse encore,
Sur ce point seulement Darius vous implore.

ARTABAN.

Eh bien ! seigneur, eh bien ! pour vous la conserver,
De ces lieux, s'il le faut, je la vais enlever.
Je vous puis cependant offrir une retraite
Contre vos ennemis, sûre autant que secrète.

DARIUS.

En quels lieux ?

ARTABAN.

C'est ici, dans ce même palais
Dont Xerxès prétendait vous exclure à jamais.
Pour mieux vous y cacher j'écarterai la garde :
Le droit d'en disposer seul ici me regarde.
Du moment que la nuit aura voilé les cieux,
Nous pourrons enlever Amestris de ces lieux.
Quoi ! Darius balance ! Et quelle est son attente ?
Qu'on lui vienne ravir le jour et son amante ?
Acceptez le secours que j'ose vous offrir :
A vos ordres, seigneur, ce palais va s'ouvrir.

DARIUS.

Moi, dans ces lieux sacrés que j'ose m'introduire !

ARTABAN.
Quel remords sur ce point peut encor vous séduire?
Et dans quels lieux, seigneur, puis-je mieux vous
[cacher?
Quel mortel osera jamais vous y chercher?
DARIUS.
C'en est fait, à vos soins Darius se confie.
Je ne hasarde rien en hasardant ma vie;
Et, pour toutes faveurs, je ne demande aux dieux
Que de pouvoir sortir innocent de ces lieux.

ACTE QUATRIÈME

SCÈNE PREMIÈRE

ARTABAN, TISSAPHERNE.

ARTABAN.
Tout succède à mes vœux : la nuit la plus obscure,
Au gré de mes désirs, a voilé la nature.
Du sort de Darius je puis donc disposer!
La nuit s'avance, ami; nous pouvons tout oser.
C'est ici que bientôt Amestris doit se rendre;
Le prince impatient se lasse de l'attendre,
Cours informer de tout son rival avec soin :
D'un si rare entretien je veux qu'il soit témoin.
Dis-lui ce que j'ai fait pour trahir sa tendresse,
Nos desseins concertés d'enlever la princesse;
Parle comme un ami peu satisfait de moi,
Indigné de me voir tromper ainsi son roi.
Cette précaution, étrange en apparence,
Plus que le reste encore importe à ma vengeance.
Le temps est précieux, ne perds pas un moment;
J'attendrai ton retour dans cet appartement.

SCÈNE II

ARTABAN.

Amour d'un vain renom, faiblesse scrupuleuse,
Cessez de tourmenter une âme généreuse,

Digne de s'affranchir de vos soins odieux.
Chacun a ses vertus, ainsi qu'il a ses dieux,
Dès que le sort nous garde un succès favorable,
Le sceptre absout toujours la main la plus coupable;
Il fait du parricide un homme généreux :
Le crime n'est forfait que pour les malheureux.
Pâles divinités qui tourmentez les ombres,
Et répandez l'effroi dans les royaumes sombres,
Venez voir un mortel, plus terrible que vous,
Surpasser vos fureurs par de plus nobles coups.
Du plus illustre sang ma main bientôt fumante
Va tout remplir ici d'horreur et d'épouvante :
Tout va trembler, frémir; et moi, je vais régner.
Vertu ! c'est à ce prix qu'on peut te dédaigner...
J'aperçois Darius : une affreuse tristesse
Semble occuper son cœur.

SCÈNE III

DARIUS, ARTABAN.

DARIUS.
Où donc est la princesse ?
Ne viendra-t-elle point ?
ARTABAN.
Dissipez ce souci :
Je vais dans le moment vous l'envoyer ici.
Pour vous livrer, seigneur, une amante si chère,
J'attendais de la nuit le sombre ministère.
J'ai moi-même avec soin fait le choix des soldats
Qui doivent en Égypte accompagner nos pas.
Je ne crains qu'Amestris : soit crainte ou pré-
[voyance,
Je n'ai trouvé qu'un cœur armé de défiance;
Elle hésite à vous voir; je lui parais suspect.
Donnez-moi ce poignard, seigneur : à son aspect,
Peut-être qu'Amestris, qui doutait de mon zèle,
N'osera soupçonner un témoin si fidèle.
(Darius lui remet son poignard.)
Adieu; je vais presser un si doux entretien :
Puisse-t-il vous unir d'un éternel lien !
DARIUS.
Allez; le temps est cher : mon âme impatiente
Commence à se lasser d'une si longue attente.

SCÈNE IV

DARIUS.

Où vais-je, malheureux? et quel est mon espoir?
Qu'est devenu ce cœur si plein de son devoir?
Quoi! j'ose violer le palais de mon père!
Moi, qui me reprochais une plainte légère,
Qui m'enorgueillissais d'une austère vertu,
Je me rends sans avoir seulement combattu!
D'amant infortuné devenu fils perfide,
J'abandonne mon cœur au transport qui le guide!
C'est ainsi que, de nous disposant à son gré,
L'amour sait de nos cœurs s'emparer par degré;
Et, d'appâts en appâts conduisant la victime,
Il la fait à la fin passer de crime en crime.
Lieux où je prétendais un jour entrer en roi,
Où j'entre en malheureux qui viole sa foi,
Puissent les soins cruels où mon amour m'engage
Vous épargner encore un plus sanglant outrage!
Je ne sais quel effroi vient ici me troubler,
Mais je sais qu'un grand cœur peut quelquefois trem-
Je combats vainement un trouble si funeste. [bler.
En vain je vais revoir le seul bien qui me reste :
Loin de pouvoir goûter un espoir si charmant,
Je ne ressens qu'horreur et que saisissement.
Ce cœur, dans les hasards fameux par son audace,
S'alarme sans savoir quel péril le menace.
On vient : c'est Amestris. Que, dans son désespoir,
Mon triste cœur avait besoin de la revoir!

SCÈNE V

DARIUS, AMESTRIS.

DARIUS.

Je vous revois enfin, mon aimable princesse;
A votre aspect charmant toute ma crainte cesse :
Je me plaignais de vous; et mon cœur éperdu,
Impatient, troublé d'avoir tant attendu,
Vous accusait déjà...

AMESTRIS.

Si je m'en étais crue,
Vous ne jouiriez pas de ma funeste vue.

18.

Quel affreux confident vous êtes-vous choisi !
Avec un tel secours, que cherchez-vous ici ?
A quoi destinez-vous des mains si criminelles ?
De tant d'amis, pour vous autrefois si fidèles,
Ne vous reste-t-il plus que le seul Artaban,
Ce ministre odieux des fureurs d'un tyran,
De tous vos ennemis le plus cruel peut-être,
Caché sous des écueils familiers à ce traître ?
Contre de vains détours ce grand cœur affermi,
Qui sait avec tant d'art surprendre un ennemi,
Avec tant de valeur, si plein de prévoyance,
A des amis de cour se livre sans prudence !
Je frémis : chaque instant, chaque pas que je fais,
Jusqu'au silence affreux qui règne en ce palais,
Tout me remplit d'effroi : mille tristes présages
Semblent m'offrir la mort sous d'horribles images.
Vous ne la voyez pas, seigneur ; votre grand cœur
S'est fait un soin cruel d'en mépriser l'horreur :
Mais moi, de vos mépris instruite par les larmes
Qu'arrachent de mon cœur mes secrètes alarmes,
Je crois déjà vous voir, le couteau dans le flanc,
Expirer à mes pieds, noyé dans votre sang.
Fuyez ; épargnez-moi le terrible spectacle
De vous voir dans mes bras égorger sans obstacle :
Fuyez ; ne souillez point d'un plus long attentat
Ces lieux où vous devez n'entrer qu'avec éclat.
Je vous dirai bien plus : quoique je la respecte,
Votre vertu commence à m'être ici suspecte.
Allez m'attendre ailleurs ; laissez à mon amour
Le soin de vous rejoindre et de fuir de la cour :
Surtout n'exposez plus une si chère vie.

DARIUS.

Ma princesse, eh ! comment voulez-vous que je fuie ?
De ce palais sacré j'ignore les détours ;
Et quand je les saurais, quel odieux recours !
Dût le ciel irrité lancer sur moi la foudre,
A vous abandonner rien ne peut me résoudre.
C'est pour vous enlever de ces funestes lieux
Qu'à mille affreux périls je ferme ici les yeux.
Dussé-je contre moi voir s'armer ma princesse,
J'attendrai qu'Artaban me tienne sa promesse :
Après ce qu'il a fait et ce qu'il m'a promis,
Nul soupçon de sa foi ne peut m'être permis.

AMESTRIS.

Malheureux ! à l'objet que vous voyez paraître,

Reconnaissez les soins que vous gardait le traître.

SCÈNE VI
ARTAXERXE, DARIUS, AMESTRIS.

ARTAXERXE.
Sur des avis secrets, peu suspects à ma foi,
En vain je m'attendais à voir ce que je voi.
Au milieu de la nuit une telle entrevue,
En des lieux si sacrés, était si peu prévue,
Que, malgré le courroux dont mon cœur est saisi,
J'ai peine à croire encor ce que je vois ici.
Depuis quand aux humains ces lieux inaccessibles
Prêtent-ils aux amants des retraites paisibles?
Ignore-t-on encor que ce lieu redouté
Est le séjour du trône et de la majesté?
C'est pousser un peu loin l'audace et l'imprudence,
Que d'oser de vos feux lui faire confidence.
Qui jamais eût pensé qu'un prince vertueux,
Devenu moins soumis et moins respectueux,
N'écoutant désormais qu'un désespoir injuste,
Eût osé violer une retraite auguste,
Braver son père, avoir un odieux recours
A ceux qu'il a chargés de veiller sur ses jours?
Avec un tel appui, que prétendez-vous faire?
Qui vous fait en ces lieux mettre un pied téméraire?

DARIUS.
Cesse de t'informer où tendent mes projets,
Et ne pénètre point jusque dans mes secrets.
Crois-moi : loin d'abuser d'une injuste puissance,
Ingrat, ressouviens-toi des droits de ma naissance;
Qu'à moi seul appartient celui de commander.

ARTAXERXE.
Je crains bien qu'en effet l'espoir d'y succéder,
Déguisant dans ton cœur la fureur qui te guide,
Ici, moins qu'un amant, n'ait conduit un perfide.
Si tu n'avais cherché qu'à revoir Amestris,
Ce n'est pas dans ces lieux que je t'aurais surpris :
L'amour ne cherche pas un si terrible asile.
D'ailleurs à ce mystère Artaban inutile
N'eût pas été choisi pour servir tes amours.
On a bien d'autres soins avec un tel secours.
D'où vient que ce palais, devenu solitaire,
Se trouve dépouillé de sa garde ordinaire?

Je n'entrevois ici que projets pleins d'horreur.
DARIUS.
Ah! c'est trop m'outrager; il faut qu'à ma fureur...
AMESTRIS.
Arrêtez, gardez-vous d'oser rien entreprendre.
Je ne sais quelle voix vient de se faire entendre;
Mais d'effroyables cris sont venus jusqu'à moi :
Tout mon sang dans mon cœur s'en est glacé d'effroi.
ARTAXERXE.
Tremble; c'est à ce bruit, qui t'annonce mon père,
Qu'il faut... Va, malheureux, évite sa colère.
Que vois-je? quel objet se présente à mes yeux?
Artaban, est-ce vous?

SCÈNE VII

ARTAXERXE, DARIUS, AMESTRIS, ARTABAN.

ARTABAN.
        O dieux! injustes dieux!
ARTAXERXE.
Quel horrible transport! Expliquez-vous, de grâce;
Dans ces augustes lieux qu'est-ce donc qui se passe?
ARTABAN.
Grands dieux, qui connaissez les forfaits des hu-[mains
A quoi sert désormais la foudre dans vos mains?
Souverain protecteur de ce superbe empire,
Ame de l'univers, par qui seul tout respire,
Ne dissipe jamais les ombres de la nuit,
Si tu ne veux souiller la clarté qui te suit.
Dès que de tels forfaits les mortels sont capables,
Ils ne méritent plus tes regards favorables.
ARTAXERXE.
D'où naît ce désespoir? quel étrange malheur...
ARTABAN.
Ah! seigneur, est-ce vous? O comble de douleur!
Hélas! mon roi n'est plus.
ARTAXERXE.
        Il n'est plus!
DARIUS.
                  O mon père!
AMESTRIS.
Qu'un trépas si soudain m'annonce un noir mystère!
ARTABAN.
Seigneur, Xerxès est mort : une barbare main

ACTE IV, SCÈNE VII.

De trois coups de poignard vient de percer son sein.

ARTAXERXE.

Ah! qu'est-ce que j'entends, Darius?

DARIUS.

Artaxerxe!

ARTABAN.

Grands dieux! réserviez-vous ce forfait à la Perse?

DARIUS.

Laissez de ces transports le vain emportement,
Ou donnez-leur du moins plus d'éclaircissemen .
Est-ce ainsi que, chargé d'une tête si chère,
Artaban veille ici sur les jours de mon père?
De ce dépôt sacré qu'avez-vous fait? Parlez.

ARTABAN.

Moi, ce que j'en ai fait? Quelle audace! Tremblez.

DARIUS.

Parlez, expliquez-vous.

ARTABAN.

Non, la même innocence
N'aurait pas un maintien plus rempli d'assurance.
Il faut avoir un cœur au crime bien formé,
Pour m'entendre sans trouble et sans être alarmé.

DARIUS.

Je ne puis plus souffrir cette insolence extrême.
A qui s'adresse donc ce discours?

ARTABAN.

A vous-même.

DARIUS.

A moi, perfide! à moi?

ARTABAN.

Barbare, à qui de nous,
Puisque ce coup affreux n'est parti que de vous?

DARIUS.

Ah! monstre, imposteur!

ARTABAN.

Frappe, immole encor ton frère :
Joins notre sang au sang de ton malheureux père.

DARIUS.

Quoi! prince, vous souffrez qu'il ose m'accuser?

ARTAXERXE.

Darius, c'est à toi de m'en désabuser.

DARIUS.

Quoi! d'un esclave indigne appuyant l'imposture,
Vous-même à votre sang vous feriez cette injure!
J'avais cru que ce cœur qu'Artaxerxe connaît...

ARTABAN.

Traître ! on n'est pas toujours tout ce que l'on paraît.
Mais d'un crime si noir il est plus d'un complice :
Le cruel n'a pas seul mérité le supplice.
Seigneur, apprenez tout ; c'est moi qui cette nuit
L'ai dans ces lieux sacrés en secret introduit.
Comme il ne demandait qu'à revoir la princesse,
Touché de ses malheurs, j'ai cru qu'à sa tendresse
Je pouvais accorder ce généreux secours ;
Mais, tandis qu'à servir ses funestes amours
Loin de ces tristes lieux m'occupait le perfide,
Sa main les a souillés du plus noir parricide.
De mes soins pour l'ingrat j'allais voir le succès,
Quand, passant près des lieux, retraite de Xerxès,
Dont une lueur faible éclairait les ténèbres,
Votre nom, prononcé parmi des cris funèbres,
M'a rempli tout à coup et d'horreur et d'effroi.
J'entre. Jugez, seigneur, quel spectacle pour moi,
Quand ce prince, autrefois si grand, si redoutable,
Des pères malheureux exemple déplorable,
S'est offert à mes yeux sur son lit étendu,
Tout baigné dans son sang lâchement répandu,
Qui de ce même sang, mais d'une main tremblante,
Nous traçait de sa mort une histoire sanglante,
Puisant, dans les ruisseaux qui coulaient de son [flanc,
Le sang accusateur des crimes de son sang :
Monument effroyable à la race future !
Caractères affreux dont frémit la nature !
Ce prince, à mon aspect rappelant ses esprits,
S'est fait voir dans l'état où ce traître l'a mis.
« Tu frémis, m'a-t-il dit, à cet objet funeste :
« Tu frémiras bien plus quand tu sauras le reste.
« Quelle barbare main a commis tant d'horreurs !
« Cher Artaban, approche, et lis par qui je meurs.
« Le fils cruel que j'ai dépouillé de l'empire
« Dans le sein paternel... » A ces mots il expire.
Traître, d'aucun remords si ton cœur n'est pressé,
Viens voir ces traits de sang où ton crime est tracé.

DARIUS.

Où tend de ce trépas la funeste peinture ?
Crois-tu par ce récit prouver ton imposture ?
Ne crois pas ébranler un cœur comme le mien :
Je confondrai bientôt l'artifice du tien.
Dis-moi, traître, dis-moi, puisque mon innocence
Est contre un tel témoin réduite à la défense,

Qui peut m'avoir conduit jusqu'à ce lit sacré,
Du reste des mortels, hors toi seul, ignoré,
Dont n'aurait pu m'instruire une faible lumière?
ARTABAN.
Que sais-je? Le destin ennemi de ton père.
AMESTRIS, à Artaxerxe.
Ah! seigneur, c'en est trop; et mon cœur irrité
Ne peut, sans murmurer de cette indignité,
Voir le vôtre souffrir qu'avec tant d'insolence
Un traître ose à mes yeux opprimer l'innocence;
Que, la main teinte encor du sang qu'il fit couler,
De sa fausse douleur prêt à vous aveugler,
Il ose de son crime accabler votre frère,
Sans exciter en vous une juste colère.
Il ne vous reste plus, crédule et soupçonneux,
Que de nous partager un crime si honteux.
DARIUS.
Ah! madame, souffrez que ma seule innocence
Se charge contre lui du soin de ma défense.
(A Artaban.)
Pour convaincre de crime un prince tel que moi,
Malheureux! il faut bien d'autres témoins que toi.
Tu n'es que trop connu.
ARTABAN.
J'ai voulu voir, barbare,
Jusqu'où pourrait aller une audace si rare;
Mais sous tes propres coups il te faut accabler.
Regarde, si tu peux, ce témoin sans trembler.
(Il lui montre son poignard.)
DARIUS.
Grands dieux!
ARTABAN.
Voyez, seigneur, voyez ce fer perfide,
Que du sang de son père a teint le parricide,
Encor tout dégouttant de ce sang précieux
Dont l'aspect fait frémir la nature et les dieux.
Roi des rois, c'est à toi que ma douleur l'adresse:
Armes-en désormais une main vengeresse;
Efface, en le plongeant dans son perfide sein,
Ce qui reste dessus du crime de sa main.
DARIUS.
Je demeure interdit. Dieux puissants, quoi! la foudre
Ne sort pas de vos mains pour le réduire en poudre?
Ah! traître, oses-tu bien employer contre moi
Ce fer que l'amour seul a commis à ta foi?

Barbare, c'était donc à ce funeste usage
Que ta main réservait un si précieux gage!
Prince, je n'ai besoin, pour me justifier,
Que de ce même fer qu'il s'est fait confier.
Il a feint qu'Amestris...

ARTAXERXE.

Ah! misérable frère,
Malheureux assassin de ton malheureux père,
Que peux-tu m'opposer qui puisse dans mon cœur
Balancer ce témoin de ta noire fureur?
Juste ciel! se peut-il que de tels sacrifices
De mon règne naissant consacrent les prémices?

DARIUS.

C'en est fait, je succombe; et mon cœur abattu
Contre tant de malheurs se trouve sans vertu.

AMESTRIS.

Défends-toi, Darius; que ton cœur se rassure :
L'innocence a toujours confondu l'imposture.
C'est un droit qu'en naissant elle a reçu des dieux,
Qui partagent l'affront qu'on te fait en ces lieux.

DARIUS.

Je n'en ai que trop dit; et la fière innocence
Souffre malaisément une longue défense.
Quoi! vous voulez, madame, encor m'humilier
Au point de me forcer à me justifier!
De quel droit mon sujet, paré d'un plus haut titre,
Du destin de son roi deviendra-t-il l'arbitre?
Né le premier d'un sang souverain en ces lieux,
Je ne connais ici de juges que les dieux.

ARTAXERXE.

Ne crains pas qu'abusant du pouvoir arbitraire
Ton frère de ton sort décide en téméraire :
Du sang de tes pareils on ne doit disposer,
Qu'au poids de la justice on ne l'ait su peser.
Tout parle contre toi; mais telle est la victime,
Qu'il faut aux yeux de tous la convaincre de crime.
Pour en décider seul mon cœur est trop troublé.
(A Artaban.)
Allez; que par vos soins le conseil rassemblé
Se joigne en ce moment aux mages de la Perse :
C'est sur leurs voix que doit prononcer Artaxerxe.
Consultons sur ce point les hommes et les dieux.
(Aux personnes de sa suite.)
Vous, observez le prince, et gardez-le en ces lieux.

(A Darius.)
Adieu. Puisse le ciel s'armer pour l'innocence,
Ou de ton crime affreux m'épargner la vengeance!

SCÈNE VIII

DARIUS, AMESTRIS.

DARIUS.
Ce n'est donc plus qu'à vous, grands dieux, que j'ai recours!
Non pas dans le dessein de conserver mes jours;
Sauvez-moi seulement d'une indigne mémoire.
Que du moins ces lauriers fameux par tant de gloire,
Des honneurs souverains par le sort dépouillés,
D'un opprobre éternel ne soient jamais souillés!
Ah! ma chère Amestris! quelle horreur m'environne!
Quel sceptre! quels honneurs! quels titres pour le trône!
Faut-il que tant de gloire et que des feux si beaux
Se trouvent terminés par la main des bourreaux?

AMESTRIS.
Non, mon cher Darius, ne crains rien de funeste:
Les dieux seront pour toi, puisque Amestris te reste.
Je n'offre point de pleurs à ton sort malheureux:
L'amour attend de moi des soins plus généreux.
Je vais, dans tous les cœurs enchantés de ta gloire,
Te laver du soupçon d'une action si noire.
Tu verras ton triomphe éclater en ce jour:
Crois-en le ciel vengeur, tes vertus, mon amour.
J'armerai tant de bras, que ton barbare frère
Me rendra mon amant, ou rejoindra ton père.

ACTE CINQUIÈME

SCÈNE PREMIÈRE

ARTABAN.

Le soleil va bientôt chasser d'ici la nuit,
Et de mon crime heureux éclairer tout le fruit.

Darius est perdu : sa tête infortunée
Sous le couteau mortel va tomber condamnée.
De ma fureur sur lui rejetant les horreurs,
De la soif de son sang j'ai rempli tous les cœurs.
De leur amour pour lui je ne crains plus l'obstacle :
Sa tête à ses sujets triste et nouveau spectacle,
Va me servir enfin, dans ce jour éclatant,
De degré pour monter au trône qui m'attend.
Il ne me reste plus qu'à frapper Artaxerxe :
Il est si peu fameux, si peu cher à la Perse,
Que, parmi les frayeurs d'un peuple épouvanté,
A peine ce forfait me sera-t-il compté.
A travers tant de joie un seul souci me reste ;
C'est de mes attentats le complice funeste,
Le lâche Tissapherne, indigne d'être admis
A l'honneur du forfait que ma main a commis.
Je l'ai vu, dans le temps que mon cœur magnanime
S'immolait sans frémir une illustre victime,
Pâlir d'effroi, m'offrir, d'une tremblante main,
Le secours égaré d'un vulgaire assassin.
On eût dit, à le voir, dans ce moment terrible
Où le sang et les cris me rendaient inflexible,
Considérer l'autel, la victime, et le lieu,
Que sa main sacrilège allait frapper un dieu.
Dès qu'à de tels forfaits l'ambition nous livre,
Tout complice un moment n'y doit jamais survivre :
C'est vouloir qu'un secret soit bientôt révélé.
Ou complice ou témoin, tout doit être immolé.
Tandis qu'ici la nuit répand encor ses ombres,
Précipitons le mien dans les royaumes sombres.
Il faut que de ce fer, teint d'un si noble sang,
Pour prix de sa pitié je lui perce le flanc.
Allons... Mais quel objet à mes yeux se présente !

SCÈNE II

ARTABAN, BARSINE.

BARSINE.

Seigneur, vous me voyez éperdue et tremblante :
Je vous cherche, le cœur plein d'horreur et d'effroi.
Quelle affreuse nouvelle a passé jusqu'à moi !
Tout se remplit ici de troubles et d'alarmes :
Vos gardes désolés versent partout des larmes.
On dit...

ACTE V, SCÈNE II. 327

ARTABAN.
Et que dit-on ?
BARSINE.
Qu'une perfide main
Du malheureux Xerxès vient de percer le sein.
ARTABAN.
Que peut vous importer cette affreuse nouvelle ?
Et quel soin si pressant près de moi vous appelle ?
BARSINE.
On dit que Darius de ces barbares coups,
Peut-être injustement, est accusé par vous.
Je vois qu'ici pour lui tous les cœurs s'intéressent.
ARTABAN.
Je vois en sa faveur que trop de soins vous pressent :
C'est vous inquiéter du sort d'un malheureux
Plus que vous ne devez et plus que je ne veux.
BARSINE.
Je vois qu'ici l'envie attaque votre gloire : [croire.
Pour moi, je sais, seigneur, tout ce que j'en dois
Mais si, malgré l'horreur d'un si noir attentat,
Vous pouviez conserver Darius à l'État,
Les Perses, enchantés de sa valeur suprême,
Croiraient ne le devoir désormais qu'à vous-même.
En les satisfaisant, vous pourriez aujourd'hui
De ce prince, d'ailleurs, vous faire un sûr appui.
Rendez à l'univers ce héros magnanime,
Que, malgré vous, le peuple absout déjà du crime.
ARTABAN.
C'est-à-dire qu'il faut, pour contenter vos vœux,
Que je mette aujourd'hui le crime entre nous deux ;
Et peut-être, bien plus, pour sauver le perfide,
Que je me charge ici moi seul du parricide ?
Fille indigne de moi, qui crois m'en imposer,
Ce n'est pas à mes yeux qu'il faut se déguiser. [dre :
Les cœurs me sont ouverts ; rien ne te sert de fein-
Des faiblesses du tien parle sans te contraindre ;
Dis-moi que pour l'ingrat ton lâche cœur épris
Des transports les plus doux paye tous ses mépris ;
Que, ce cœur démentant et sa gloire et ma haine,
Le soin de le sauver est le seul qui t'amène :
Et je te répondrai ce qu'un cœur généreux
Doit répondre, indigné d'un amour si honteux.
Lâche ! pour ton amant n'attends aucune grâce :
La pitié dans mon cœur n'a jamais trouvé place.
Pour peu qu'à l'émouvoir elle ose avoir recours,

Barsine peut compter que c'est fait de ses jours.
BARSINE.
C'en est donc fait, seigneur, vous n'avez plus de
ARTABAN. [fille.
Opprobre désormais d'une illustre famille,
Et qu'importe à ton père ou ta vie ou ta mort?
Va, fuis loin de mes yeux, crains un juste transport.
On vient : éloigne-toi, si tu ne veux d'un père
Éprouver ce que peut une juste colère.
(Barsine sort.)
Ce n'est point par des pleurs que l'on peut émouvoir
Un cœur qui ne connaît amour, lois, ni devoir.
Artaxerxe paraît, achevons notre ouvrage :
Mais, avant que ce coup signale mon courage,
Je veux que par mes soins Darius immolé
Soulève contre lui le peuple désolé;
Faisons-en sur lui seul tomber toute la haine.

SCÈNE III

ARTAXERXE, ARTABAN.

ARTABAN.
Vous soupirez, seigneur ; un soin secret vous gêne :
Mais de votre pitié reconnaissez le fruit.
Par les pleurs d'Amestris tout le peuple est séduit.
L'ingrate, n'écoutant que l'amour qui la guide,
Rejette sur vous seul un affreux parricide.
On l'a vue en fureur s'échapper de ces lieux,
Porter de toutes parts ses pleurs séditieux.
A sauver Darius Babylone s'apprête,
A moins que par sa mort votre main ne l'arrête.
De ses fausses vertus un vain peuple abusé,
Malgré le crime affreux dont il est accusé,
Non seulement, seigneur, le plaint et lui pardonne,
Mais va jusqu'à vouloir le placer sur le trône.
Si jamais Darius échappe de vos mains,
Pour vous le conserver nos efforts seront vains :
Les soldats éblouis, plus touchés de sa gloire
Qu'indignés d'un forfait si difficile à croire,
Ardents à le servir, viendront de toutes parts
A flots impétueux grossir ses étendards.
Jugez alors, jugez si, bourreau de son père,
Sa main balancera pour immoler un frère?
Qui retient, en faveur d'un lâche meurtrier,

Ce bras qui l'aurait dû déjà sacrifier?
Signalez, par les soins d'une prompte vengeance,
Votre justice ainsi que votre prévoyance :
Songez que vous avez plus à le prévenir,
Que vous n'avez encor, seigneur, à le punir.
ARTAXERXE.
Vous ignorez, hélas! combien je suis à plaindre :
Non point par les périls que vous me faites craindre,
Mais par le souvenir d'un frère trop chéri,
Que je ne puis frapper sans en être attendri.
On l'a jugé coupable, et c'est fait de sa vie.
Mais, avant qu'à Xerxès mon cœur le sacrifie,
Je veux le voir encor dans ses derniers moments :
Je n'en saurais vouloir trop d'éclaircissements.
ARTABAN.
Sur quoi prétendez-vous que l'on vous éclaircisse?
Pourriez-vous de ma part craindre quelque arti-
ARTAXERXE. [fice?
Non, mais je veux enfin, quoiqu'il soit condamné,
Voir encore un moment ce prince infortuné.
Qu'on se garde surtout de hâter son supplice.

SCÈNE IV

ARTAXERXE.

Toi qui de ma douleur attends ce sacrifice,
Ombre du plus grand roi qui fut dans l'univers,
Qu'une barbare main fit descendre aux enfers,
Dissipe les horreurs d'un doute qui m'accable.
Le vengeur est tout prêt, montre-moi le coupable :
N'expose point un cœur qu'irrite ton trépas
A des crimes certains pour un qui ne l'est pas.
Prends pitié de ton sang ; fais que ma main funeste,
En croyant le venger, n'en verse pas le reste.
Je ne sais quelle voix me parle en sa faveur ;
Mais jamais la pitié n'attendrit tant un cœur.
Dieux vengeurs des forfaits, appui de l'innocence,
Vous sur qui nous osons usurper la vengeance,
Grands dieux ! épargnez-moi le reproche fatal
De n'avoir immolé peut-être qu'un rival.

SCÈNE V

ARTAXERXE, AMESTRIS.

AMESTRIS.

C'en est donc fait, cruel ! sans que rien vous arrête,
A le sacrifier votre fureur s'apprête !
Barbare, pouvez-vous, sans mourir de douleur,
Prononcer un arrêt qui fait frémir d'horreur ?
Quoi ! d'aucune pitié votre âme n'est émue !
Quel funeste appareil vient de frapper ma vue !
Ah ! seigneur, se peut-il qu'un cœur si généreux,
Altéré désormais du sang des malheureux,
Sur la foi d'un cruel, bourreau de votre père,
De ses propres forfaits puisse punir un frère ? [tels,
Et quel frère, grands dieux ! Le plus grand des mor-
Moins digne de soupçons, que d'encens et d'autels.
Est-ce à moi de venir, dans votre âme attendrie,
De cet infortuné solliciter la vie ?
Si rien en sa faveur ne vous peut émouvoir,
Craignez du moins, craignez mon juste désespoir,
Et ne présumez pas qu'au sein de Babylone
A de lâches complots le peuple l'abandonne.
O désir de régner ! que ne peut ta fureur,
Puisqu'elle a pu si tôt corrompre un si grand cœur !
Car ne vous flattez pas que d'un tel sacrifice
On puisse à d'autres soins imputer l'injustice.
Dites du moins, cruel, à quel prix en ces lieux
Vous prétendez donc mettre un sang si précieux.
Est-ce au prix de ma main ? est-ce au prix de ma
Barbare, vous pouvez contenter votre envie. [vie ?
Prononcez : j'en attends l'arrêt à vos genoux ;
Et l'attends sans trembler, s'il est digne de vous.

SCÈNE VI

ARTAXERXE, DARIUS, AMESTRIS, GARDES.

DARIUS.

Ah ! madame, cessez de prendre ma défense ;
Laissez aux dieux le soin d'appuyer l'innocence.
C'est rendre en ce moment mon rival trop heureux,
Que de vous abaisser à des soins si honteux.
Solliciter pour moi, c'est m'avouer coupable.

Laissez, sans le flétrir, périr un misérable.
Quand vous triompheriez de son inimitié,
Ma vertu ne veut rien devoir à sa pitié.
  (A Artaxerxe.)
Puisqu'on m'a prononcé ma sentence mortelle,
Parle, d'où vient qu'ici ta cruauté m'appelle?
Que prétends-tu de moi dans ces moments affreux?
Est-ce pour insulter au sort d'un malheureux?
Va, cruel, sois content : le ciel impitoyable
Ne peut rien ajouter au destin qui m'accable.
Jouis d'un sceptre acquis au mépris de mes droits :
Soumets, si tu le peux, Amestris à tes lois :
Pour combler de ton cœur toute la barbarie,
Achève de m'ôter et l'honneur et la vie ;
Mais laisse-moi mourir sans m'offrir des objets
Qui ne font qu'irriter mes maux et mes regrets.
Je ne veux point, ingrat, dans ton âme cruelle
Te rappeler pour toi mon amitié fidèle :
Rien ne me servirait de t'en entretenir,
Puisqu'il t'en reste à peine un triste souvenir.
Rappelle seulement mes premières années,
Glorieuses pour moi, quoique peu fortunées ;
Cet amour scrupuleux et des dieux et des lois,
Cet austère devoir signalé tant de fois,
Ces transports de vertu, cette ardeur pour la gloire,
Dont nul autre penchant n'a flétri la mémoire ;
Ce respect pour mon roi, que rien n'a pu m'ôter :
C'est avec ces témoins qu'il me faut confronter,
Non avec Artaban, souillé de trop de crimes
Pour donner de sa foi des garants légitimes ;
Qui, pour t'en imposer, ne produit contre moi
Qu'un poignard désormais peu digne de ta foi.
« Amestris, m'a-t-il dit, doute encor de mon zèle ;
« Ce fer peut me servir de garant auprès d'elle ;
« Un moment à mes soins daignez le confier. »
Mais c'est trop m'abaisser à me justifier.
Tout est prêt, m'a-t-on dit. Adieu, barbare frère,
Plus injuste pour moi que ne le fut mon père.
Les dieux te puniront un jour de mes malheurs...
Tu détournes les yeux! je vois couler tes pleurs!
Hélas! et que me sert que ton cœur s'attendrisse,
Tandis que ta fureur me condamne au supplice?
Quel opprobre, grands dieux! et quelle indignité!
Au supplice! qui? moi! L'avais-je mérité?
De tant de noms fameux, en ce moment funeste,

Le nom de parricide est le seul qui me reste !
Je me sens à ce nom agité de fureur.
Ah ! cruel, s'il se peut, épargne-m'en l'horreur.

ARTAXERXE.

Ah ! frère infortuné, plus cruel que moi-même,
Eh ! que puis-je pour toi dans ce malheur extrême ?
Est-ce moi qui t'ai seul chargé d'un crime affreux ?
Ai-je prononcé seul un arrêt rigoureux ?
Que n'ai-je point ici tenté pour ta défense ?
J'aurais de tout mon sang payé ton innocence ;
Et si je n'avais craint que d'un si noir forfait
Ma pitié ne m'eût fait soupçonner en secret,
J'aurais, pour conserver une tête si chère,
Trahi les lois, trahi jusqu'au sang de mon père.
Plains-toi, si tu le veux, d'un devoir trop fatal ;
Accuses-en le juge, et non pas le rival.   [presse,
Quels que soient ses appas, quelque ardeur qui me
Je te donne ma foi que jamais la princesse,
Libre par ton trépas d'obéir à la loi,
Ne me verra tenter un cœur qui fut à toi.
L'instant fatal approche : adieu, malheureux frère,
Victime qu'à regret je dévoue à mon père ;
Dans ces moments affreux, si terribles pour toi,
Victime cependant moins à plaindre que moi.
Adieu. Malgré les coups dont le destin t'accable,
Va mourir en héros, et non pas en coupable.

DARIUS.

Va, je n'ai pas besoin de conseils pour mourir ;
La mort, sans m'effrayer, à mes yeux peut s'offrir.
C'est le supplice, et non le trépas qui m'offense ;
C'est de te voir, cruel, braver mon innocence,
Te plaire en ton erreur, chercher à t'abuser.

ARTAXERXE.

Ingrat, qui veux-tu donc que je puisse accuser ?
Croirai-je qu'Artaban, qui perd tout en mon père,
Ait porté sur son prince une main meurtrière ?
Quel espoir sous mon règne aurait flatté son cœur,
Moi qui ne l'ai jamais pu voir qu'avec horreur ?
Rien ne peut désormais retarder ton supplice.

DARIUS.

Et le ciel peut souffrir cette horrible injustice !
Ah ! misérable honneur ! malheureuse vertu !
Hélas ! que m'a servi d'en être revêtu ?
Quoi ! je meurs accusé du meurtre de mon père,

Et, pour comble d'horreur, condamné par mon [frère !
Allons, c'est trop se plaindre; il faut remplir mon
Et subir sans frémir la honte de ma mort. [sort,
Adieu, chère Amestris : ne versez plus de larmes ;
Contre cet inhumain ce sont de faibles armes.
Les cœurs ne sont plus faits ici pour s'attendrir.
Il faut nous séparer, madame; il faut mourir.
AMESTRIS.
Vous, mourir ! Ah! seigneur, c'est en vain qu'un [barbare...
ARTAXERXE.
Otez-moi ces objets, gardes; qu'on les sépare.

SCÈNE VII

DARIUS, ARTAXERXE, AMESTRIS, BARSINE,
GARDES.

BARSINE.
Arrête, Darius; arrête, roi des rois ;
Et sois, en frémissant, attentif à ma voix.
La justice du ciel, lente, mais toujours sûre,
S'est lassée à la fin d'appuyer l'imposture.
Apprends un crime affreux qui te fera trembler...
Mais ce n'est pas à moi de te le révéler ;
Tu n'apprendras que trop une action si noire.
C'est pour m'en épargner l'odieuse mémoire,
Pour n'en point partager et l'horreur et l'affront,
Que ma main a fait choix du poison le plus prompt.
Tout ce qu'en ce moment Barsine te peut dire,
C'est qu'elle est innocente, et qu'Artaban expire.
Tissapherne qui vit, quoique prêt à mourir,
Complice du forfait, peut seul le découvrir.
(A Darius.)
Adieu, prince; je meurs à plaindre, mais contente
D'avoir pu conserver une tête innocente :
Heureuse d'effacer, dans ces tristes moments,
Ce qu'un père cruel t'a causé de tourments !
DARIUS.
Achevez, justes dieux, d'éclairer l'innocence ;
Mais ne vous chargez point du soin de ma vengeance.
ARTAXERXE.
Qu'ai-je entendu, mon frère ? et que dois-je penser ?
DARIUS.
A m'aimer, à me plaindre, et ne plus m'offenser ;

19.

Et si quelque soupçon peut encor te séduire,
Tissapherne paraît qui pourra le détruire.
Daigne l'interroger.
    TISSAPHERNE, aux gardes.
      Vos soins sont superflus :
Barbares, laissez-moi ; je ne me connais plus...
Que vois-je? Darius! Ah! prince magnanime,
Que j'ai craint de vous voir succomber sous le crime!
Quoi! vous vivez encor! mes vœux sont satisfaits :
Le ciel, sans m'effrayer, peut frapper désormais.
Je ne craignais, seigneur, que de voir l'imposture
Triompher aujourd'hui d'une vertu si pure ;
Mais puisque vous vivez, quel que soit mon forfait,
Je vais en ce moment l'avouer sans regret.
C'est Artaban et moi dont la fureur impie
Du malheureux Xerxès vient de trancher la vie.
Séduit par les projets d'un odieux ami,
Contre la majesté par l'ingrat affermi,
Sur quelque vain espoir aux forfaits enhardie
Ma main a seule ici servi sa perfidie.
Il prétendait régner, et vous perdre tous deux :
Mais, craignant de ma part des remords dangereux,
Il en a cru devoir prévenir l'injustice,
Et le traître n'a fait que hâter son supplice.
Je viens de l'immoler aux mânes de mon roi.
    ARTAXERXE.
Penses-tu par sa mort t'acquitter envers moi?...
    TISSAPHERNE.
Je ne sais si son sang pourra vous satisfaire ;
Mais je puis sans péril braver votre colère.
Dans l'état où je suis, je ne crains que les dieux.
      (On emporte Tissapherne.)
    ARTAXERXE.
Que je dois désormais te paraître odieux! [mages,
Ah! mon cher Darius, par quels soins, quels hom-
Pourrai-je dans ton cœur réparer tant d'outrages?
    DARIUS.
Seigneur, vous le pouvez : rendez-moi le seul bien
Qui puisse désarmer un cœur comme le mien.
    ARTAXERXE.
Si sur le moindre espoir je pouvais y prétendre,
Ce bien n'est pas celui que je voudrais te rendre ;
J'en connais trop le prix : mais, malgré mon ardeur,
Prince, je ne sais pas tyranniser un cœur.
Dès qu'on a pu porter l'amour de la justice

Jusqu'à vouloir livrer son sang même au supplice,
Tout doit dans notre cœur céder à l'équité.
Reçois-en donc ce prix de ta fidélité :
Afin qu'à mes bienfaits tout le reste réponde,
Je te rends la moitié de l'empire du monde.

FIN DE XERXÈS.

PYRRHUS

TRAGÉDIE

REPRÉSENTÉE POUR LA PREMIÈRE FOIS LE 29 AVRIL 1726.

ACTEURS

PYRRHUS, roi d'Épire, élevé sous le nom d'Hélénus, fils de Glaucias.
GLAUCIAS, roi d'Illyrie.
NÉOPTOLÈME, usurpateur de l'Épire, prince du sang de Pyrrhus.
ILLYRUS, fils de Glaucias.
ÉRICIE, fille de Néoptolème.
ANDROCLIDE, officier des armées de Glaucias, et sujet de Pyrrhus.
CYNÉAS, confident de Pyrrhus.
ISMÈNE, confidente d'Éricie.
GARDES.
SUITE.

La scène est à Byzance, dans le palais de Lysimachus.

ACTE PREMIER

SCÈNE PREMIÈRE

GLAUCIAS.

Vous, à qui j'offre ici tant de vœux inutiles,
Dieux vengeurs des forfaits, protecteurs des asiles,
Que le soin de vous plaire et de vous imiter
Contre un roi généreux semble encore irriter ;
Si les pleurs que j'oppose à vos décrets terribles,
Si ma juste douleur vous éprouve inflexibles,
Du moins ne laissez pas succomber ma vertu
Sous les divers transports dont je suis combattu.
Glaucias ne peut-il, sans cesser d'être père,
Soutenir de son rang l'auguste caractère ?
O mon fils ! cher espoir ! malheureux Illyrus !
Faut-il livrer ta tête, ou celle de Pyrrhus ?
Voici le jour fatal qui veut que je décide

Entre l'ami parjure ou le père homicide.
Il ne m'est plus permis d'accorder dans mon cœur
Les droits de la nature avec ceux de l'honneur :
L'une attend tout de moi, ma foi doit tout à l'autre.
J'ai rempli mon devoir : dieux, remplissez le vôtre.
Vous fûtes les garants des serments que je fis ;
Sauvez-moi du parjure, ou me rendez mon fils.
Barbare Cassander, traître Néoptolème,
Est-ce à vous que je dois livrer la vertu même ?
Frappez, dieux tout-puissants : c'est assez protéger
Deux tyrans dont la foudre aurait dû me venger.
Laisserez-vous Pyrrhus, votre plus digne ouvrage,
En proie aux noirs projets de leur jalouse rage ?
Est-ce un crime pour lui que d'avoir mérité
De jouir comme vous de l'immortalité ?
Et n'est-ce point assez qu'une main parricide
Ait terminé les jours de l'illustre Æacide ?
Abandonnerez-vous son fils infortuné
Au malheur qui poursuit le sang dont il est né ?
Non, il ne mourra point ; le mien en vain l'ordonne.
Je dois tout à Pyrrhus, ma gloire, ma couronne
Et la vie, et, pour dire encor plus pour un roi,
Je lui dois d'un ami le secours et la foi :
Il ne l'éprouvera légère ni perfide.
Mais qu'est-ce que je vois ? n'est-ce point Androclide ?
Et que viens-tu chercher dans ces funestes lieux,
Près d'un roi le jouet du sort injurieux ?

SCÈNE II

GLAUCIAS, ANDROCLIDE.

ANDROCLIDE.

Seigneur, un sort plus doux n'a pas servi le zèle
D'un sujet malheureux, et cependant fidèle,
Peu digne des honneurs dont il fut revêtu,
Capitaine sans gloire et soldat sans vertu,
Que l'Illyrie a vu de retraite en retraite
Mendier des secours garants de sa défaite,
Réduit à déclarer la honte et le malheur
D'un combat dont un autre a remporté l'honneur.
Cassander m'a vaincu : sa fureur et ma fuite
N'ont laissé qu'un bûcher dans l'Épire détruite.
Tout ce qu'avait conquis la valeur d'Hélénus,
Tout ce que j'avais fait en faveur de Pyrrhus,

A suivi le succès d'une lâche victoire
Que le tyran obtint et poursuivit sans gloire ;
Et pour comble de maux, seigneur, je vous revoi
Parmi des ennemis sans honneur et sans foi.
Puis-je, sans succomber à ma frayeur extrême,
Voir le roi d'Illyrie avec Néoptolème?
GLAUCIAS.
Calme le vain effroi dont ton cœur est saisi :
Un intérêt plus grand doit le toucher ici.
Mes pertes, mes périls, n'ont rien d'assez terrible
Pour un roi que l'honneur éprouve seul sensible.
Tu ne sais pas encor jusqu'où va mon malheur :
Apprends tout. Mais, avant que de t'ouvrir mon
[cœur,
Prends garde si quelqu'un ne pourrait nous en-
[tendre.
Pyrrhus avec le jour près de moi doit se rendre.
Le soleil va bientôt se montrer à nos yeux,
Et c'est Pyrrhus surtout que je crains en ces lieux.
ANDROCLIDE.
Vous me parlez toujours d'un roi que je révère :
Vous savez à quel point je fus chéri du père.
Lorsque Néoptolème, armé contre ses jours,
Par un noir parricide en eut tranché le cours,
Vous savez que c'est moi qui, trompant le perfide,
Sauvai de sa fureur les enfants d'Æacide :
Je vous remis Pyrrhus encor dans le berceau,
Qui pour lui, sans vos soins, eût été son tombeau :
Pénétré des malheurs qui l'avaient poursuivie,
Vous jurâtes, seigneur, de défendre sa vie.
Mais, depuis que Pyrrhus est en votre pouvoir,
Il ne m'a pas été permis de le revoir ;
Et c'est des immortels le seul bien que j'implore.
GLAUCIAS.
Tu l'as vu mille fois, tu vas le voir encore.
Tes yeux peuvent-ils bien se méprendre à Pyrrhus?
Quoi! tu peux méconnaître, en voyant Hélénus,
La majesté des traits du redoutable Achille,
Sa fierté, sa valeur, son courage indocile,
Un héros, en un mot, si digne de celui
Dont le nom seul encor fait trembler aujourd'hui ;
Qui n'a point démenti le sang qui l'a fait naître
(Il en est digne autant qu'un mortel le peut être) ;
Qui reçut dans son cœur, avec le sang des dieux,
Tout l'éclat des vertus que l'on adore en eux;

Qui fit à l'univers, dès l'âge le plus tendre,
Par un nouvel Achille oublier Alexandre!
Du nom de ses aïeux s'il n'est pas informé,
Son grand cœur se sent bien du sang qui l'a formé.
Il passe pour mon fils, et ma tendresse extrême
Redouble chaque jour pour cet autre moi-même.
Mais, hélas! que lui sert ma funeste amitié,
Quand les dieux et le sort sont pour lui sans pitié?
                    ANDROCLIDE.
J'ai toujours soupçonné, malgré votre silence,
Que Pyrrhus, en secret élevé dès l'enfance,
Sous le nom d'Hélénus cachait dans votre fils
Le précieux dépôt que je vous ai remis.
Mais, seigneur, quel péril si pressant le menace,
Lui dont tout l'univers craint le bras et l'audace?
Pyrrhus est-il de ceux pour qui l'on doit trembler?
                    GLAUCIAS.
Le coup est cependant tout prêt à l'accabler.
Tu sais, lorsque Hélénus eut reconquis l'Épire
Qui fut de ses aïeux le légitime empire,
Que je te confiai le soin de conserver
Ces États qu'en secret j'avais fait soulever,
Et dont enfin je fis sortir Néoptolème.
Hélénus, n'écoutant que son ardeur extrême,
Poursuivit l'inhumain qui fuyait devant lui.
Cassander le reçut, et devint son appui;
Cassander, de tout temps ennemi d'Æacide,
Arma pour soutenir son ami parricide.
Mais ils crurent en vain arrêter le vainqueur :
Hélénus remplit tout de carnage et d'horreur,
Les atteignit enfin vers les murs d'Ambracie;
Lieu fatal! jour funeste au repos de ma vie!
Hélénus, plein d'ardeur et l'œil étincelant,
N'avait jamais paru ni plus fier ni plus grand.
Mais, s'il fit voir alors Achille formidable,
Il ne nous fit pas voir Achille invulnérable :
Il fut blessé. Mon fils, jaloux de sa valeur,
Crut pouvoir par lui seul réparer ce malheur,
Et poursuivre sans crainte une sûre victoire,
Dont Hélénus devait s'attribuer la gloire;
Mais ce fut pour servir de triomphe au vainqueur :
Il fut défait et pris. Juge de ma douleur,
Quand je vis Illyrus tomber en la puissance
De ceux qu'au désespoir réduisait ma vengeance.
A peine je rendis un reste de combat.

Hélénus languissait, et manquait au soldat,
Qui, l'ayant vu couvert de sang et de poussière,
Et croyant qu'il touchait à son heure dernière,
Malgré mes vains efforts plia de toutes parts ;
Et je me crus enfin, après mille hasards,
Trop heureux de pouvoir regagner l'Illyrie,
Moi qui me préparais à conquérir l'Asie.

ANDROCLIDE.

L'état où j'ai trouvé votre peuple réduit
De ce cruel revers ne m'a que trop instruit.
Mais, quel que soit ici le sort qui le menace,
Vous pouvez d'Illyrus réparer la disgrâce,
Seigneur : dès qu'Hélénus survit à ce malheur,
Quelles pertes pourraient étonner votre cœur ?
Je ne vois point encor ce que vous devez craindre.

GLAUCIAS.

Écoute, et tu verras si mon sort est à plaindre.
Néoptolème, enflé de ses heureux succès,
Prétend s'en assurer le fruit par une paix.
Il sait que Pyrrhus vit, et que j'en suis le maître ;
Que son intérêt seul m'arme contre le traître :
Il m'a fait proposer de lui livrer Pyrrhus ;
Qu'il mettait à ce prix le salut d'Illyrus ;
Mais que, pour épargner mon honneur et ma gloire,
Et ne me point souiller d'une action si noire
Qui décréditerait et mon nom et ma foi,
Cet article serait entre lui seul et moi.
Dans ce cruel séjour voilà ce qui m'amène.
Lysimachus, qui veut terminer notre haine,
S'est de lui-même offert pour garant du traité.
Néoptolème et moi nous l'avons accepté. [zance,
Tous deux depuis huit jours dans les murs de By-
Nous nous sommes tous deux remis en sa puissance.
Enfin Lysimachus, garant de notre paix,
A de soldats sans nombre investi ce palais :
Nul n'en saurait sortir sans un ordre suprême
Qui vienne de ma part, ou de Néoptolème,
Qu'on laisse cependant disposer de mon fils.
Mais le barbare y met un trop indigne prix.
Il veut plus ; il prétend s'unir à ma famille :
Fier du penchant qu'il voit en mon fils pour sa
Il prétend qu'elle soit le lien d'une paix   [fille,
Qu'aux dépens de Pyrrhus on ne verra jamais.
Non, je ne puis souffrir qu'une si belle vie
Serre les nœuds sanglants de l'hymen d'Éricie :

Et ce même Pyrrhus met au rang de ses dieux
L'objet qui de son sang est le prix odieux.
ANDROCLIDE.
Pourquoi l'ameniez-vous en ce séjour funeste?
Quels sont donc vos desseins, et quel espoir vous
GLAUCIAS. [reste?
Que veux-tu que je fasse? On me retient mon fils,
Et Pyrrhus a trop fait trembler mes ennemis.
Néoptolème a craint que, fier de mon absence,
Ce héros n'entreprît de surprendre Byzance ;
Enfin il a voulu qu'il me suivît ici.
Mais je mourrais plutôt... Taisons-nous, le voici.
Garde-toi bien surtout de lui faire connaître
Quel péril le menace, et quel sang l'a fait naître.
Va, ne t'éloigne point de cet appartement.

SCÈNE III

GLAUCIAS, HÉLÉNUS, CYNÉAS.

HÉLÉNUS, à Cynéas.
Allez, cher Cynéas; laissez-nous un moment.
GLAUCIAS.
Approchez, Hélénus; venez, fils magnanime,
Unique espoir d'un roi que le destin opprime.
Voici le jour cruel marqué par sa fureur
Pour éclairer ma honte ou me percer le cœur.
Il faut livrer Pyrrhus ou perdre votre frère,
Et je ne puis livrer qu'une tête bien chère.
HÉLÉNUS.
Je ne dois point parler en faveur de Pyrrhus,
Ni prononcer, seigneur, sur le sort d'Illyrus :
Je vois que tous les deux vous tiennent en balance,
Et je dois sur tous deux observer le silence.
L'un ne m'est pas connu, mais il a votre foi ;
L'autre doit m'être cher, mais doit être mon roi :
Et je ne puis servir ni perdre l'un ou l'autre,
Sans trahir mon honneur, ou sans blesser le vôtre ;
Sans me rendre, seigneur, suspect d'ambition,
Ou sans vous conseiller une indigne action.
Un roi né généreux, un père né sensible
Peut lui seul prononcer sur un choix si terrible,
Où l'honneur et le sang doivent seuls vous guider,
Où le père et l'ami doivent seuls décider.
Daignez me dispenser d'en dire davantage

Sur ces combats affreux où votre cœur s'engage.
Seigneur, dès qu'il s'agit de si grands intérêts,
Hélénus craint surtout les reproches secrets.
J'avouerai cependant que ce Pyrrhus m'étonne :
Est-il digne des soins qu'un si grand roi se donne ?
Vous faites tout pour lui : que fait-il donc pour vous ?
Et quel déguisement le cache parmi nous ?
Peut-il être, en ces lieux, si voisin d'un perfide,
Sans le sacrifier aux mânes d'Æacide,
Sans faire pour mon frère un généreux effort ?
Un descendant d'Achille a-t-il peur de la mort ?

GLAUCIAS.

Mon fils, n'insultez point au malheur qui l'opprime :
Pyrrhus n'en est pas moins digne de notre estime.
Dans l'état où je suis, pourrait-il me venger
Sans mettre mon honneur et mes jours en danger ?
Le fier Lysimachus nous tient tous pour otages.
Mais ma foi suffisait sans ces précieux gages :
Mon ennemi lui-même ose s'y confier,
Sûr qu'à sa foi mon cœur sait tout sacrifier.
Adieu ; je vais revoir ce tyran que j'abhorre,
Le fléchir s'il se peut, ou le tenter encore.
Que n'offrirai-je point pour Pyrrhus et mon fils ?
Mon cœur pour les sauver ne connaît point de prix.

SCÈNE IV

HÉLÉNUS.

O roi trop vertueux ! un exemple si rare
Puisse-t-il désarmer un ennemi barbare,
Et servir de leçon aux rois peu généreux
A ne pas délaisser leurs amis malheureux !
Hélas ! que je vous plains et que je vous admire !
Sentiments de vertu que la pitié m'inspire,
Mon frère peut périr, mon frère est mon rival ;
Ne vous devrais-je point à mon amour fatal ?
Ah ! n'est-ce point à lui que l'honneur sacrifie ?
Mon frère, ainsi que moi, brûle pour Éricie.
Prends garde qu'en ton cœur, trop sensible Hélénus,
Éricie aujourd'hui ne parle pour Pyrrhus :
Fais-toi d'autres vertus dont le choix légitime
N'offre point avec lui l'apparence du crime.
Quand du moindre intérêt le cœur est combattu,
Sa générosité n'est plus une vertu.

ACTE I, SCÈNE V.

Mon frère est dans les fers d'un ennemi perfide,
Monstre nourri de sang, et de meurtres avide :
Voilà ce qui me doit parler pour Illyrus.
Laissons aux dieux le soin du malheureux Pyrrhus :
Trop de pitié pour lui me touche et m'intéresse.
J'entends du bruit : on vient. O ciel ! c'est la princesse.

SCÈNE V

HÉLÉNUS, ÉRICIE, ISMÈNE.

HÉLÉNUS.
Madame, eh ! quel bonheur vous présente à mes [yeux,
Lorsqu'à peine le jour vient d'éclairer ces lieux?
Puisse cet heureux jour confirmer l'avantage
Que me fait espérer un si charmant présage !

ÉRICIE.
S'il dépendait de moi de le rendre plus doux,
Seigneur, bientôt la paix régnerait entre nous.
J'allais offrir aux dieux les vœux les plus sincères,
Les prier de fléchir la haine de nos pères.

HÉLÉNUS.
Le vôtre avec la paix offre ici votre main ;
Mais, hélas ! qu'il en fait un présent inhumain !
Juste ciel ! se peut-il que d'un objet si rare
Une aveugle fureur fasse un présent barbare,
Et que ce même hymen qui comblerait nos vœux
Soit devenu le prix du sang d'un malheureux?

ÉRICIE.
Seigneur, de ce présent j'ignore le mystère,
Et ne me charge point des secrets de mon père.
Mais, s'il faut sans détour s'expliquer avec vous,
La paix n'est pas l'objet de vos vœux les plus doux :
Votre cœur, élevé dans le sein des alarmes,
N'interrompt qu'à regret le tumulte des armes ;
Le sang, les cris, les pleurs, cent peuples gémissants,
Voilà pour vos pareils les objets ravissants.
Votre nom n'a-t-il pas assez rempli la terre ?
Qu'a-t-il besoin encor des horreurs de la guerre ?
Mon père offre la paix, votre frère y consent ;
Elle trouve en vous seul un obstacle puissant :
Votre haine pour nous éclate en ma présence,
Sans daigner un moment se contraindre au silence.
Je vois qu'en vain mon père espérait aujourd'hui
Vous trouver pour la paix de concert avec lui :

Ne me déguisez point ce qu'il en doit attendre ;
Du moins accordez-lui la grâce de l'entendre.
Ce prince vous demande un moment d'entretien ;
J'ose vous en prier... Vous ne répondez rien,
Seigneur : vous frémissez au seul nom de mon père !
Ah ! je n'exigeais pas un aveu plus sincère.

HÉLÉNUS.

D'un reproche cruel accablez moins mon cœur,
Madame ; je sens trop à qui j'en dois l'aigreur.
Je vois que pour la paix le vôtre s'intéresse,
Et je crois entrevoir le motif qui le presse.
Illyrus, avec vous de concert pour la paix,
A remis en vos mains de si chers intérêts :
Mais la guerre pour moi peut seule avoir des char-
Et je ne me nourris que de sang et de larmes ; [mes,
Je suis un furieux que rien ne peut toucher.
Ah ! madame, est-ce à vous de me le reprocher ?
Si j'étais moins suspect de traverser mon frère,
Vous m'accuseriez moins de haïr votre père.
Je ne vous nierai pas que peut-être sans vous
Rien n'eût pu le soustraire à mon juste courroux ;
Que ce même palais, notre commun asile,
N'aurait été pour lui qu'un rempart inutile :
Mais peut-il avec vous craindre des ennemis ?
Les plus fiers ne sont pas ici les moins soumis.
Les cœurs nourris de sang et de projets terribles
N'ont pas toujours été les cœurs les moins sensibles.
Le mien éprouve enfin que les plus grands hasards
Ne se trouvent pas tous sur les traces de Mars.
Dès mes plus jeunes ans enchaîné par la gloire,
Je n'ai connu d'autels que ceux de la victoire ;
Mais vous m'avez appris qu'il n'était point de cœur
Qui ne dût à la fin redouter un vainqueur.

ÉRICIE.

A cet aveu si prompt j'ai dû si peu m'attendre,
Que l'étonnement seul m'a forcée à l'entendre.
Mon père est en ces lieux, seigneur : c'est avec lui
Qu'il fallait sur ce point s'expliquer aujourd'hui.
Je sais pour vos vertus jusqu'où va son estime,
Et la mienne jamais ne fut plus légitime.
Ainsi, loin d'affecter cet orgueil éclatant
Dont la fierté s'honore et le cœur se repent,
J'avouerai sans détour que j'ai craint votre haine,
Et ne vous ai point vu notre ennemi sans peine,
Vous qui nous apprenez par cent faits glorieux

Qu'on peut voir des mortels aussi grands que les
[dieux ;
Tels enfin qu'à l'amour un grand cœur inflexible
Pourrait les souhaiter pour devenir sensible.
Mais, malgré cet aveu que j'ai cru vous devoir,
L'estime est le seul bien qui soit en mon pouvoir.
Si votre amour ne peut se soumettre au silence,
Songez qu'il doit ailleurs porter sa confidence.
Mon père veut vous voir : quels que soient ses des-
[seins,
Vous savez peu fléchir, seigneur, et je vous crains,
Daignez vous souvenir que ce prince est mon père ;
Qu'il m'est cher encor plus que je ne lui suis chère ;
Que jamais de son rang on ne fut plus jaloux.
Tout dépend de l'accueil qu'il recevra de vous.
Je crois, après ce mot, n'avoir rien à vous dire :
J'en ai même trop dit, s'il ne peut vous suffire.

SCÈNE VI

HÉLÉNUS.

O ciel ! en quel état me trouvé-je réduit !
Cher espoir d'un amour qui m'avez trop séduit,
Vous m'offrez vainement la princesse que j'aime ;
Mon cœur oubliera tout devant Néoptolème.
Qui ? lui m'entretenir ! Et que veut-il de moi ?
Je ne sentis jamais tant d'horreur ni d'effroi.
J'abhorre ce tyran : et son aspect farouche
L'emporte dans mon cœur sur l'amour qui le touche.
N'importe, il faut le voir : n'allons point en un jour
Hasarder le succès d'un malheureux amour.
Quels que soient les transports dont mon âme est
[saisie,
Je sens que les plus grands sont tous pour Éricie.
Mais Illyrus paraît ; sortons.

SCÈNE VII

ILLYRUS, HÉLÉNUS, GARDES.

ILLYRUS.
Prince, un moment ;
J'ai besoin avec vous d'un éclaircissement.

(A ses gardes.)
Gardes, éloignez-vous. Répondez-moi, mon frère,
Puis-je avec vous ici m'expliquer sans mystère ?
HÉLÉNUS.
Oui, seigneur; vous pouvez parler en liberté.
ILLYRUS.
Calmez donc les soupçons dont je suis agité.
Avec empressement vous cherchez Éricie,
Et je ne puis souffrir vos soins sans jalousie.
Vous savez que je l'aime, et vous n'ignorez pas
Que l'hymen à mon sort doit unir tant d'appas.
Avec elle en ces lieux que faisiez-vous encore ?
Parlez.
HÉLÉNUS.
Je lui disais, seigneur, que je l'adore.
ILLYRUS.
Hélénus, songez-vous que vous parlez à moi,
Et qu'Illyrus un jour doit être votre roi ?
HÉLÉNUS.
Je vous obéirai quand vous serez mon maître,
Si le destin m'abaisse au point d'en reconnaître ;
Jusque-là mon amour craint peu votre pouvoir.
Je sais jusqu'où s'étend la règle du devoir :
Mais j'ignore, seigneur, ces tristes sacrifices
Qui font gémir un cœur en d'éternels supplices.
Le mien, qui ne connaît ni crainte ni détour,
Regarde d'un même œil et la guerre et l'amour.
Sans le péril affreux dont le sort vous menace,
Vous verriez sur ce point jusqu'où va mon audace.
Mais Hélénus, sensible autant que généreux,
N'a jamais su, seigneur, braver les malheureux.
Si l'amour vous livrait le cœur de la princesse,
Ma fierté suffirait pour bannir ma tendresse ;
Mais, si l'amour aussi daigne me l'accorder,
Jusqu'au dernier soupir je saurai le garder.
Adieu, seigneur.

SCÈNE VIII
ILLYRUS, GARDES.

ILLYRUS.
Ingrat ! d'un orgueil qui m'offense
Je te ferai sentir jusqu'où va l'impuissance.
Illyrus, tu le vois, ce n'est plus un secret,
On ose t'avouer un amour indiscret ;

Et l'on te brave encore ! Ah ! ma perte est jurée,
Mon rival m'a fait voir qu'elle était assurée ;
Glaucias abandonne un fils infortuné,
Qu'on ne braverait pas, s'il n'était condamné.
On me voit dans les fers avec indifférence ;
On n'a pour mon rival que de la déférence :
Glaucias à mes yeux le nomme son appui ;
C'est son dieu tutélaire, enfin c'est tout pour lui.
Cependant, si j'en crois ma juste défiance,
Mon père a de ce fils supposé la naissance.
Le mystère profond qu'il me fait de Pyrrhus,
Un respect qu'il ne peut cacher pour Hélénus,
Et sur ce point, malgré sa prévoyance extrême,
Quelques mots échappés à Glaucias lui-même,
N'éclaircissent que trop ses funestes secrets.
Hélénus, tu n'es pas ce que tu nous parais.
Je vois que c'est à toi que l'on me sacrifie,
Et je pourrais d'un mot mettre au hasard ta vie :
Mais un trait si perfide est indigne de moi,
Et je veux être encor plus généreux que toi.
Puisqu'on me l'a permis, allons trouver mon père ;
De ses délais enfin je perce le mystère :
Mais, sans nous prévaloir de son secret fatal,
Montrons-nous aujourd'hui plus grand que mon [rival;
Humilions son cœur en lui faisant connaître
Des sentiments d'honneur qu'il n'aurait pas peut-
[être.

ACTE DEUXIÈME

—

SCÈNE PREMIÈRE
NÉOPTOLÈME, ÉRICIE.

NÉOPTOLÈME.
Vous ne m'apprenez rien de cette vive ardeur,
Que je n'eusse déjà pénétré dans son cœur
Je n'ai vu qu'une fois ce guerrier invincible,
Qu'on dit partout ailleurs si fier et si terrible,
Mais à votre aspect seul, ma fille, aussi soumis
Qu'il paraît redoutable à tous ses ennemis.

Ainsi, sur cet amour, que je prévois sincère,
Je vais vous découvrir mon âme tout entière.
Je règne : mais combien m'a coûté ce haut rang !
Et qu'est-ce enfin qu'un sceptre encor souillé de
[sang ?
Prétexte à mes sujets de recourir aux armes,
Source pour moi d'ennuis, de remords et d'alar-
Illyrus est vaillant, mais il n'est que soldat, [mes.
Et la seule valeur défend mal un État ;
Héritier d'un grand roi, trop puissant, qui, peut-être,
Au lieu d'un défenseur, me donnerait un maître,
J'ai besoin d'un héros qui, tenant tout de moi,
Trouve en mes intérêts de quoi veiller pour soi.
Hélénus, à la fois soldat et capitaine,
N'attend que du destin la grandeur souveraine.
En l'unissant à vous par un sacré lien,
Je m'en fais pour moi-même un éternel soutien.
Il est né généreux, et sa reconnaissance
Ne m'enviera jamais la suprême puissance.
Voilà le successeur que je me suis choisi,
Et c'est pour l'en presser que je l'attends ici.
D'ailleurs, qui mieux que lui peut engager son père
A sacrifier tout à ma juste colère ?
Chéri de Glaucias, c'est le seul Hélénus
Qui pourra le forcer à me livrer Pyrrhus.

ÉRICIE.

Seigneur, sur ses projets qu'un grand roi lui confie
Daignera-t-il entendre un moment Éricie ?
Je n'examine point quel sera mon époux :
Son choix, vous le savez, ne dépend que de vous :
Ainsi j'obéirai. Ce qui me reste à dire,
C'est votre gloire ici qui seule me l'inspire.
D'un cœur rempli pour vous d'amour et de respect,
Quel sentiment, seigneur, pourrait être suspect ?
Souffrez que, m'élevant jusqu'à Néoptolème,
J'aille sans l'offenser le chercher dans lui-même.
C'est l'univers entier qui parle par ma voix ;
J'ose l'interpréter pour la première fois.
Vous vous êtes vengé: le meurtre d'Æacide,
Pour tout autre qu'un roi, serait un parricide ;
Mais, si vous répandez le reste infortuné
De ce sang que les dieux vous ont abandonné,
Les intérêts d'État, le trône et ses maximes,
La politique enfin, voile de tant de crimes,
Ne seront désormais que de faibles garants

Pour vous sauver des noms qu'on prodigue aux
[tyrans.
Quand même à vos désirs son fils pourrait souscrire,
Glaucias voudra-t-il qu'il règne sur l'Épire ;
Que du sang de Pyrrhus il achète ma main,
D'un sang que deux grands rois redemandent en
Lui qui, pour conserver une tête si chère, [vain ;
Semble avoir étouffé les sentiments d'un père ?
Si vous vous attachez le grand cœur d'Hélénus,
Que peut vous importer le trépas de Pyrrhus?
Laissez vivre, seigneur, un prince dont la vie
D'aucun malheur pour vous ne peut être suivie.
Æacide, ennemi des princes de son sang,
Vous força malgré vous de lui percer le flanc.
Si sa mort fut pour vous un crime involontaire,
Que son inimitié vous rendit nécessaire,
Le salut de son fils, qui peut seul l'expier,
Plus nécessaire encor, doit vous justifier.
Et vous vous attachez à la seule victime
Qui pouvait expier ou consommer le crime !

NÉOPTOLÈME.

Tant que Pyrrhus vivra, mes sujets ennemis,
A ce funeste nom, se croiront tout permis ;
Et le fier Hélénus, fût-il plus grand encore,
Ne me sauverait point d'un peuple qui m'abhorre.
Les dieux, en me livrant le superbe Illyrus,
Ont prononcé l'arrêt du malheureux Pyrrhus :
Il m'a trop fait trembler, il est temps qu'il périsse.
Glaucias m'en refuse en vain le sacrifice :
Je ne peux qu'à ce prix arrêter ses projets,
Et fixer entre nous une constante paix.
Son cœur en gémira ; mais votre hymen, ma fille,
Unissant pour jamais l'une et l'autre famille,
Calmera la douleur d'un roi trop généreux
Qui peut par cet hymen rendre Hélénus heureux.
Que Glaucias y soit favorable ou contraire,
Du trépas de Pyrrhus rien ne peut me distraire.
Que l'univers alors éclate contre moi :
Un crime nécessaire est pour nous une loi.
Voulez-vous qu'écoutant un discours téméraire
J'asservisse le sceptre aux erreurs du vulgaire ?
Heureux qu'à notre égard son imbécillité
Nous assure du moins de sa docilité !
A tout ce qui nous plaît c'est à lui de souscrire.
Dès que sans le troubler il nous laisse l'empire,

Laissons-lui des discours dont il est si jaloux.
Ce qui fait ses vertus serait vice pour nous.
Le peuple, en ce qui flatte ou choque sa manie,
Trouve de la justice ou de la tyrannie.
Nous ne nous réglons point au gré de ses erreurs.
Les dieux ont leur justice, et le trône a ses mœurs.
Mais Glaucias paraît. Ma fille, allez m'attendre.
Quel dessein le conduit? et que vient-il m'appren-
[dre?

SCÈNE II

GLAUCIAS, NÉOPTOLÈME.

GLAUCIAS.

Seigneur, vous triomphez : Androclide est défait.
Je ne sais si sa honte est pour vous un secret;
Mais sous vos lois l'Épire est désormais réduite :
Cassander l'a soumise, ou plutôt l'a détruite.
Je ne vous cache point les pertes que je fais,
Et je vous viens moi-même annoncer vos succès.
Le destin vous élève, et le ciel m'humilie :
J'ai commandé longtemps, aujourd'hui je supplie.
Voyons l'usage enfin qu'en nos succès divers
Vous ferez du triomphe, et moi de mes revers.
L'infortuné Pyrrhus n'est plus pour vous à craindre;
Sans être trop humain, je crois qu'on peut le plain-
La pitié sur ce point, dans un cœur irrité, [dre :
N'a pas même besoin de générosité.
J'ai protégé sans fruit ce prince déplorable :
Tout s'arme contre lui, tout vous est favorable;
Mais vous connaissez trop ma constance et ma foi,
Pour croire que le sort soit au-dessus de moi.
Je ne vous parle point d'une vaste puissance
Qui vous fit si longtemps éprouver ma vengeance :
A peine votre cœur se serait satisfait,
Que vous savez assez quel en serait l'effet.
Régnez donc, puisque ainsi le destin en ordonne;
Sans remords et sans droit gardez une couronne
Qu'un autre nommerait le prix de vos forfaits,
Que je vais cependant consacrer par la paix.
Je rends à Cassander la Macédoine entière :
Tout ce que j'ai conquis sera votre frontière :
Je n'armerai jamais en faveur de Pyrrhus,
Et je consens enfin à l'hymen d'Illyrus.
Je fais plus : je promets, seigneur, que votre vie

Jamais de mon aveu ne sera poursuivie ;
Qu'à Pyrrhus je tairai son nom et ses aïeux :
J'en jure par ce fer, j'en jure par les dieux.
J'ai tout dit : répondez.
NÉOPTOLÈME.
Où donc est l'avantage
D'une paix dont Pyrrhus ne serait point le gage ?
Il est vrai que mon sort, seigneur, a bien changé ;
Mais, pour vous craindre moins, en suis-je plus
[vengé ?
L'Épire en sera-t-elle à mes lois plus soumise,
Mes jours plus à couvert d'une lâche entreprise ?
Si Pyrrhus se connaît, pourra-t-il oublier
Que son père fut roi, qu'il eut un meurtrier,
Qu'il vit, et qu'entre nous un coup irréparable
Doit opposer sans cesse un vengeur au coupable ?
Malgré les nœuds du sang dont nous sortions tous
Il fallut m'immoler un roi trop soupçonneux ; [deux,
Je ne m'en cache point : si c'est un parricide,
On ne doit l'imputer qu'aux rigueurs d'Æacide.
Son trône, après sa mort, était le seul abri
Que je pusse choisir à mon honneur flétri :
Je ne vis qu'un bandeau qui pût sauver ma tête.
La force en fit le droit, un meurtre la conquête,
Il est vrai : mais combien de trônes sont remplis
Par les usurpateurs qui s'y sont établis !
Votre aïeul en fut un : j'en nommerais mille autres
Qui n'eurent pour régner d'autres droits que les
[nôtres.
Quoi qu'il en soit, seigneur, je demande Pyrrhus,
Et ne peux qu'à ce prix relâcher Illyrus
De vos soins vertueux outrez moins la chimère,
Et ressouvenez-vous que vous êtes son père ;
Que s'il périt, c'est vous qui le voulez ainsi ;
Que c'est vous plus que moi qui l'immolez ici :
Enfin, que c'est vous seul qui m'imposez un crime
Que la nécessité va rendre légitime.
Vous m'entendez, seigneur ; adieu. Point de traités,
Si du sang de Pyrrhus vous ne les cimentez.
GLAUCIAS.
Ah ! cruel, arrêtez : puisqu'il vous faut un gage,
Si c'est peu de ma foi, prenez-moi pour otage ;
Je suis prêt à vous suivre en ces mêmes climats
Où j'ai porté cent fois la flamme et le trépas.
Si ce n'est pas assez de vous céder un trône,

Prenez encor le mien, et je vous l'abandonne;
Mais ne réduisez point un prince vertueux
A trahir en Pyrrhus son honneur et ses dieux.
Quand je reçus ce prince échappé de vos armes,
Son berceau fut longtemps arrosé de mes larmes.
Je regardai Pyrrhus comme un présent divin
Que le ciel m'ordonnait de cacher dans mon sein.
Enfin, Pyrrhus m'est plus que si j'étais son père:
Je répondrais aux dieux d'une tête si chère.
Les serments les plus saints ont répondu de moi;
Et je mourrais plutôt que de trahir ma foi.
Il n'est fils ni sujets que je ne sacrifie
Au soin de conserver sa déplorable vie.

NÉOPTOLÈME.

Hé bien! vous pouvez donc au sortir de ce lieu
Aller dire à ce fils un éternel adieu.

GLAUCIAS.

Pour dérober ce fils à ta main meurtrière,
Je me suis abaissé jusques à la prière;
Mais c'est trop honorer un lâche tel que toi,
Que de lui témoigner le plus léger effroi.
Je brave ta fureur, si tu braves ma plainte.
Un monstre doit causer plus d'horreur que de crainte.
Délivre ou perds mon fils, je le laisse à ton choix,
Et je cours l'embrasser pour la dernière fois.
Oui, barbare, je vole à cet adieu funeste : [reste.
Mais toi, tremble en songeant au vainqueur qui me

SCÈNE III

NÉOPTOLÈME.

Dans quel étonnement laisse-t-il mes esprits!
Peut-on jusqu'à ce point abandonner un fils?
Est-ce férocité, vertu, devoir, courage?
De quel nom appeler ce bizarre assemblage?
Quel oubli de soi-même! et quel mélange affreux
De père sans tendresse et d'ami généreux!
Dépouille-t-on ainsi les entrailles de père?
Quelles sauvages mœurs! ou plutôt quel mystère!
Je l'ai trop admiré sur sa fausse vertu :
De soins bien différents un père est combattu.
Glaucias m'abusait; et son indifférence
Pour un fils sur qui va retomber ma vengeance
Me fait voir où mon bras doit adresser ses coups;

Je reconnais enfin l'objet de mon courroux,
l est entre mes mains : le prince d'Illyrie
N'est autre que Pyrrhus que l'on me sacrifie,
Puis-je en douter encor ? Mais je vois Hélénus.
J'éclaircirai bientôt mes soupçons sur Pyrrhus.

SCÈNE IV

HÉLÉNUS, NÉOPTOLÈME.

NÉOPTOLÈME.

Héros dont les exploits font revivre Alexandre,
Ou plutôt qui semblez renaître de sa cendre ;
Qui, jeune encore, osez faire voir aux humains
Qu'on peut même prétendre à de plus hauts destins ;
Souffrez qu'un ennemi sorti du sang d'Achille,
Sang qui n'offrit jamais un hommage servile,
S'acquitte cependant des innocents tributs
Que tout cœur généreux doit rendre à vos vertus.
Le mien, quoique irrité d'une guerre inhumaine,
Vous partagea longtemps son estime et sa haine ;
Mais l'estime eut toujours de quoi la surpasser ;
Et ce que l'une a fait, l'autre veut l'effacer.
J'ai proposé la paix, et la main d'Éricie ;
Je l'ai moi-même offerte au prince d'Illyrie.
Pouvais-je présumer que ses faibles attraits,
D'un triomphe plus beau comblant tous mes sou-
[haits,
Subjugueraient, seigneur, un guerrier intrépide
Qui de nouveaux lauriers paraît toujours avide ?
C'est à lui que je parle, et je n'ai pas besoin
De rappeler ses traits et son nom de plus loin.
Daignez me confirmer un amour qui me flatte.
Les moments nous sont chers ; il est temps qu'il
Seigneur, c'est un aveu que j'exige de vous, [éclate,
Et je n'en puis entendre un qui me soit plus doux.

HÉLÉNUS.

Les charmes d'Éricie, et tout ce qu'elle inspire,
En disent plus, seigneur, que je n'en pourrais dire ;
Heureux si les vertus dont vous m'avez flatté
Lui paraissaient d'un prix digne de sa beauté !
Il est vrai que je l'aime, et n'en fais point mystère
J'ai cru même devoir l'avouer à mon frère :
Mais Glaucias l'ignore, et du don de ma foi
Je ne puis disposer sans l'aveu de mon roi.

20.

Mon cœur, indépendant du pouvoir arbitraire,
Se livre sans contrainte à ce qui peut lui plaire ;
Mais cette liberté n'étend pas son pouvoir
Jusqu'à braver les lois d'un trop juste devoir.
Je fais gloire du mien, et jamais pour un père
Amour ne fut plus grand, ni respect plus sincère ;
Mais c'est moins en sujet que je lui suis soumis,
Que par des sentiments qui sont plus que d'un fils.
####### NÉOPTOLÈME.
S'il est vrai qu'Hélénus brûle pour Éricie,
Prince, je réponds d'elle et du roi d'Illyrie.
Glaucias vous chérit, et verra sans regret
Le choix que mon estime et votre amour ont fait.
Quel successeur plus grand et plus digne d'Achille
Pouvais-je présenter à l'Épire indocile ? [feux,
Qu'il m'est doux de pouvoir, en couronnant vos
Rendre à la fois ma fille et mes sujets heureux !
####### HÉLÉNUS.
Cessez de vous flatter d'une espérance vaine :
Glaucias à la paix peut immoler sa haine,
Mais ne souffrira point que je sois possesseur
D'un trône dont Pyrrhus est le seul successeur.
Nos malheurs, il est vrai, vous en ont rendu maître,
Et tant que vous vivrez vous pourrez toujours l'être :
Je doute cependant qu'on vous laisse jamais
Le droit d'en disposer au gré de vos souhaits.
Mon hymen, ou celui du prince d'Illyrie,
Pourra vous garantir et le sceptre et la vie ;
Mais Pyrrhus, après vous reprenant tous ses droits,
A l'Épire, seigneur, doit seul donner des lois.
Qui peut lui disputer alors ce diadème ?
Et, malgré mon amour, savez-vous si moi-même
Je pourrais consentir à l'en voir dépouiller,
Et d'un trône usurpé ma gloire se souiller ?
####### NÉOPTOLÈME.
Et quel est donc le but de la paix qu'on demande,
S'il faut que de Pyrrhus ma couronne dépende ?
Je n'aurai donc vaincu que pour être soumis,
Et que pour voir sur moi régner mes ennemis ;
Que pour voir un hymen qui dépouille ma fille,
Comme une grâce encor qu'on fait à ma famille !
Le sort, en remettant la victoire en nos mains,
Nous a fait concevoir de plus nobles desseins.
####### HÉLÉNUS.
Oui, vous avez vaincu ; mais l'honneur et la gloire

ACTE II, SCÈNE IV.

Ne suivent pas toujours le char de la victoire :
Il en est qu'on ne doit imputer qu'au hasard.
La vôtre est de ce rang : le sort vous en fit part,
Et l'arracha des mains d'un ennemi terrible,
Dont vous n'aviez pas cru la défaite possible.
Si mon sang répandu vous a fait triompher,
Ce n'est pas vous du moins qui le fîtes couler.
Le sort à mes pareils peut garder un outrage ;
Mais l'on n'obtient sur eux de parfait avantage,
Qu'on ne les ait privés de la clarté du jour,
Ou l'on en peut trop craindre un funeste retour.
Seigneur, je vous ai dit que j'aimais la princesse ;
Ses charmes peuvent seuls égaler ma tendresse :
Mais je n'ai désiré que son cœur et sa main.
Ma valeur peut lui faire un assez haut destin,
Sans que j'aille à Pyrrhus ravir un diadème
Qui deshonorerait votre fille elle-même.
Pour vous, qui vous osez déclarer mon vainqueur,
Montrez des sentiments dignes de tant d'honneur.

NÉOPTOLÈME.

Je vois bien qu'il est temps que je me fasse entendre,
Et que vous sachiez, vous, ce que j'ose prétendre.
Je ne sais de quel prix Éricie est pour vous ;
Mais, si de l'obtenir votre amour est jaloux,
Si sa main est un bien qui vous semble si rare,
Il faut qu'à me servir votre cœur se prépare.
Je demande Pyrrhus ; ma fille est à ce prix :
Tout autre n'est pour moi que refus ou mépris.
Voilà ce que de vous exige ma vengeance.
Vous, qui sur Glaucias avez toute puissance,
Portez-le dès ce jour à remplir mes souhaits,
Ou déterminez-vous à ne nous voir jamais.

HÉLÉNUS.

Vous-même eussiez en vain tenté cette entrevue
Sans les soins d'Éricie, à qui seule elle est due :
Mais sur cet entretien si l'on m'eût pressenti,
Un mépris éternel m'en aurait garanti.
Barbare ! voilà donc le fruit de votre estime,
Un hymen qui pour dot m'apporterait un crime !
Dès qu'il faut s'allier à vous par un forfait,
Gardez à Cassander ce funeste bienfait,
Et ne vous vantez plus d'être du sang d'Achille.
Ce sang, qui fut toujours en héros si fertile,
Ne pourrait inspirer des sentiments si bas.
Vous en êtes souillé, mais vous n'en sortez pas.

PYRRHUS.

Si je pouvais penser que la jeune Éricie
Eût reçu vos penchants de vous avec la vie,
Ce ne serait pour moi qu'un objet plein d'horreur.
Cruel ! si vous voulez lui conserver mon cœur,
Déguisez mieux du moins cet affreux caractère
Qui me ferait rougir de vous nommer mon père ;
Montrez-moi des vertus qui vous fassent aimer,
Et qui dans mon amour puissent me confirmer.
Ce n'est pas votre rang, c'est la vertu que j'aime :
Sans elle, vous m'offrez en vain un diadème.
Dussiez-vous m'élever à des honneurs divins,
Je vous préférerais le plus vil des humains.
Je me vois à regret forcé de vous confondre ;
Mais vous deviez prévoir ce que j'ai dû répondre.

NÉOPTOLÈME.

Hé bien ! prince, suivez ces transports généreux ;
Mais ressouvenez-vous que pour vous rendre heu-
[reux
J'ai voulu pénétrer jusqu'au fond de votre âme,
Et voir ce que pour nous oserait votre flamme :
Car sans votre secours je serai satisfait.
Vous m'avez de Pyrrhus fait en vain un secret ;
Il est en mon pouvoir : c'est Illyrus lui-même,
Que son triste destin livre à Néoptolème.

HÉLÉNUS.

Qui ? lui Pyrrhus, seigneur ! Mais non, pensez-y
NÉOPTOLÈME.   [bien...
Adieu : vous-même ici pesez notre entretien.
Je n'oublierai jamais un refus qui me blesse,
Et j'en vais de ce pas instruire la princesse.

SCÈNE V

HÉLÉNUS.

Ah ! tyran, de quel trait viens-tu frapper mon cœur !
Vertu, dont les transports me coûtent mon bon-
Pour le prix de t'avoir sacrifié ma flamme, [heur,
Sauve-moi des regrets qui déchirent mon âme ;
Tourne vers mon rival mes soins et ma piété,
Et ranime pour lui ma première amitié.
Illyrus est Pyrrhus ! mais d'où vient que mon père
M'en a fait si longtemps un barbare mystère ?
M'aurait-il soupçonné d'être moins généreux,
Et moins touché que lui du sort d'un malheureux ?

Hélas! quoi qu'il ait fait pour défendre sa vie,
Tout ce qu'il a perdu valait-il Éricie?
C'est Pyrrhus qui me l'ôte, et par un sort fatal
Je suis réduit encore à pleurer mon rival! [dre ;
Allons trouver mon père et cessons de nous plain-
Étouffons sans regret des feux qu'il faut éteindre :
Voilà des ennemis dignes de mon courroux.
Le triomphe du moins en est beau, s'il n'est doux.
Héros qui pour tout bien recherchez la victoire,
Qu'un peu de sang perdu couvrit souvent de gloire,
Pour en savoir le prix, c'est peu d'être guerrier;
Il faut avoir un cœur à lui sacrifier.

ACTE TROISIÈME

SCÈNE PREMIÈRE
ÉRICIE, ISMÈNE.

ÉRICIE.

Tu combats vainement mon désespoir funeste :
La plainte, chère Ismène, est tout ce qui me reste.
Laisse-moi le seul bien des cœurs infortunés
Que sous d'indignes fers l'Amour tient enchaînés.
Lieux témoins de ma honte, et d'un perfide hom-
[mage
Payé de tout mon cœur et suivi d'un outrage ;
Lieux où j'ai cru soumettre un héros à mes lois,
Hélas! je vous vois donc pour la dernière fois!
Pardonne ces transports à mon âme éperdue :
On me méprise, Ismène, et la paix est rompue.
Nous reverrons bientôt, l'acier cruel en main,
Fondre dans nos États un guerrier inhumain ;
Et pour comble de maux, il faut partir, Ismène,
Sans pouvoir contre lui faire éclater ma haine :
Je fais pour le trouver des souhaits superflus.
Inutiles transports! je ne reverrai plus
Ce cruel Hélénus que ma raison abhorre,
Que ma gloire déteste, et que mon cœur adore...
Ismène, je le vois. Ah! mortelles douleurs!
Je succombe, et n'ai plus que l'usage des pleurs

Fuyons; n'exposons point au mépris d'un barbare
Les faiblesses d'un cœur où la raison s'égare.

SCÈNE II

HÉLÉNUS, ÉRICIE, ISMÈNE.

HÉLÉNUS.

Près de voir succéder, peut-être pour jamais,
Les horreurs de la guerre aux douceurs de la paix,
Dans ce triste moment où votre âme irritée
Contre un infortuné n'est que trop excitée,
M'est-il encor permis d'offrir à vos beaux yeux
Un amant qui ne peut que vous être odieux?
Si je ne vous croyais généreuse, équitable,
Madame, je craindrais de paraître coupable ;
Mais que peut craindre un cœur qui remplit son
[devoir?
Et qu'ai-je à redouter que de ne vous plus voir?
Je ne vous dirai point que je vous aime encore :
Malgré ce que j'ai fait, mon âme vous adore.
Mes refus m'ont privé de l'espoir le plus doux,
Mais n'ont point étouffé ma tendresse pour vous.
D'un rigoureux honneur déplorable victime,
Tendre amant sans faiblesse, et coupable sans cri-
D'un vertueux effort touché sans repentir, [me,
Mon cœur sent cependant tout ce qu'il peut sentir:
Et si, pour exciter le vôtre à la vengeance,
Ma générosité lui parut une offense,
S'il a pu souhaiter de me voir malheureux,
Non, jamais le destin n'a mieux rempli vos vœux.

ÉRICIE.

Que parlez-vous ici de haine et de vengeance?
Non, ne redoutez rien de mon indifférence.
Quel désespoir éclate? ou que soupçonnez-vous,
Pour oser vous flatter d'un instant de courroux?
Cessez de vous troubler d'une frayeur si vaine :
C'est supposer l'amour que de craindre la haine ;
Mais jusque-là mon cœur ne sait point s'enflammer.
C'est aux amants chéris, seigneur, à s'alarmer.

HÉLÉNUS.

Je sais que je dois peu ressentir leurs alarmes.
Je craignais d'avoir fait une injure à vos charmes ;
Mais au ressentiment si mon cœur s'est mépris,
C'est qu'il se crut toujours au-dessus du mépris.

Ce n'est pas se flatter que de craindre, madame.
Jamais un faux orgueil n'a corrompu mon âme :
La vertu seule y mit une noble fierté,
Que l'amour laisse agir, même avec dignité ;
Qui n'a fait aujourd'hui que ce qu'elle a dû faire.
Heureux d'être un objet peu digne de colère,
Qui, n'osant me flatter de l'honneur d'être aimé,
Crois mériter du moins celui d'être estimé !
Madame, je vois trop qu'un récit peu fidèle
M'a fait de mon devoir une lâche querelle ;
Mais, si votre courroux vous paraît trop pour moi,
Songez qu'ici le mien doit causer de l'effroi.
Ceux qui de mes refus ont noirci l'innocence
En recevraient bientôt la juste récompense,
Si mon amour pour vous ne daignait retenir
Un bras qui n'est souvent que trop prompt à punir.
Malgré tous vos mépris, je sens que je vous aime :
Mais je n'ai jamais tant haï Néoptolème.
Si jamais votre cœur a pu trembler pour lui,
Dans les murs de Byzance arrêtez-le aujourd'hui.
Je souscris à la paix ; qu'on me rende mon frère :
Osez le demander vous-même à votre père ;
Prévenez sur ce point un amant furieux,
Qui, hors vous, n'aura rien de sacré dans ces lieux.

ÉRICIE.

Cruel ! c'est donc ainsi que votre amour s'exprime !
Voilà ce feu si beau qui pour moi vous anime,
Et l'hommage d'un cœur qui ne se donne à moi
Que pour remplir le mien de douleur et d'effroi !
On m'aime, et cependant il faut que je fléchisse !
On m'adore, et c'est moi qui dois le sacrifice !
Il faut de mon devoir que j'étouffe la voix,
Et que de mon amant je subisse les lois !
De l'amour suppliant l'orgueil a pris la place ;
Et je vois à ses soins succéder la menace,
Les refus, les mépris, la fierté, la terreur.
Vos transports les plus doux ne sont que de fureur,
Impétueux amant, dont l'ardeur téméraire
Ne déclare ses feux qu'en déclarant la guerre.
Inspira-t-on jamais l'amour par la frayeur ?
C'est ainsi qu'Hélénus se rend maître d'un cœur !
Il ordonne en tyran ; il faut le satisfaire.
Barbare ! ma fierté vous devrait le contraire ;
Je devrais n'écouter que mon juste courroux :
Mais je veux me venger plus noblement de vous.

Je veux qu'en gémissant Hélénus me regrette,
Et qu'il sente du moins la perte qu'il a faite.
Il ne tenait qu'à vous de faire mon bonheur :
L'amour à cet espoir ouvrait déjà mon cœur;
Heureuse de pouvoir offrir un diadème,
Sans rechercher en vous d'autre bien que vous-
Je ne me vengerai de vos refus honteux   [même.
Qu'en vous faisant rougir de mes soins généreux.
Puisque vous le voulez, je vais trouver mon père,
Tenter, pour le fléchir, les pleurs et la prière ;
Je vais pour vous, ingrat, tomber à ses genoux,
Et faire ce qu'en vain j'attends ici de vous.

SCÈNE III

HÉLÉNUS,

O devoir ! ta rigueur est-elle satisfaite ?
Vois ce qui m'est offert, et ce que je rejette.
Quels bienfaits de ta part me feront oublier
Ce que tu m'as forcé de te sacrifier ?
Ah ! Pyrrhus, que le soin de défendre ta vie
Sera d'un prix cruel, s'il m'en coûte Éricie !
Mais on vient : c'est lui-même. Hélas ! pour m'atten-
Que d'objets à la fois viennent ici s'offrir !   [drir,

SCÈNE IV

HÉLÉNUS, ILLYRUS, GARDES.

ILLYRUS.

Seigneur, car je ne sais si je parle à mon frère,
Tant le sort entre nous a jeté de mystère !
Quoi qu'il en soit, avant que de quitter ce lieu,
J'ai cru devoir vous dire un éternel adieu,
Après avoir reçu ceux du roi d'Illyrie,
Dont je suis plus touché que de sa barbarie.
Quel autre nom donner à sa rigueur pour moi,
Quand je n'y trouve plus mon père ni mon roi ?
Par quel malheur son fils a-t-il cessé de l'être ?
Ai-je déshonoré celui qui m'a fait naître ?
Quel est donc ce Pyrrhus, pour lui d'un si haut prix ?
Encor si c'était vous, j'en serais moins surpris.
Seigneur, vous soupirez ! je vois couler vos larmes !
Ces pleurs me causeraient de mortelles alarmes,

Si mon cœur était fait pour sentir de l'effroi :
Il s'émeut cependant de tout ce que je voi.
Une douleur si noble a de quoi me surprendre :
Ce n'est pas d'un rival que j'eusse osé l'attendre,
Ni me flatter qu'il dût être si généreux,
Lorsque tout abandonne un prince malheureux.
Non qu'à votre vertu j'eusse fait l'injustice
De croire votre amour de ma perte complice ;
Mais, si je n'ai rien craint de votre inimitié,
Je n'en attendais pas non plus tant de pitié.

HÉLÉNUS.

Seigneur, quelques transports qu'une maîtresse ins-
La gloire et le devoir ont aussi leur empire. [pire,
Entre ce qui me plaît et ce que je me dois,
L'honneur seul a toujours déterminé mon choix.
Je n'ai pas, dans les soins d'une ardeur qui m'est
Perdu le souvenir de mon malheureux frère ; [chère,
Et dût-il me haïr, même sans m'estimer,
Ses malheurs suffiraient pour me le faire aimer.
Je vois avec douleur le sort qu'on vous prépare,
Sans oser cependant immoler un barbare.
Ce palais est rempli de chefs et de soldats
Qu'un ordre redoutable attache sur mes pas.
Le fier Lysimachus, jaloux de sa puissance,
Ne laisse à mon courroux nul espoir de vengeance ;
Et si je n'en craignais un funeste succès,
J'aurais bientôt troublé l'asile de la paix :
Mais la peur d'exposer la tête de mon père
Me fait, en frémissant, étouffer ma colère ;
Et l'horreur de vous voir dans des fers odieux
La porte à des accès quelquefois furieux.
J'ose tout, je crains tout, sans savoir qu'entre-
[prendre :
Je plains même Pyrrhus, et voudrais le défendre :
Heureux si son secret fût resté dans l'oubli !

ILLYRUS.

Vous n'êtes pas le seul qui le sachiez ici,
A qui ce Pyrrhus doit encor plus qu'il ne pense :
Mais on veut lui garder un généreux silence ;
Et pour sauver ses jours on fait plus aujourd'hui
Que jamais Glaucias n'osa faire pour lui,
Lorsque tout engageait à le faire connaître.

HÉLÉNUS.

Ah ! laissons ce Pyrrhus, seigneur, quel qu'il puisse
Pénétré de son sort jusqu'au saisissement, [être,

Mon cœur n'a pas besoin d'autre éclaircissement.
Je ne connais que vous en ce moment funeste
Où le rival s'oublie, et l'ami seul vous reste.
Mais Glaucias paraît : retirez-vous, seigneur ;
Votre aspect ne ferait qu'irriter sa douleur :
Daignez la respecter dans un malheureux père,
Et me laissez le soin d'une tête si chère.
ILLYRUS.
Non, non, ce serait trop en exiger de vous :
Je vous exposerais, seigneur, à son courroux.
Pour la dernière fois souffrez que je le voie.

SCÈNE V

GLAUCIAS, ILLYRUS, HÉLÉNUS, GARDES.

GLAUCIAS, dans le fond du théâtre.
Dieux cruels, dont sur moi la rigueur se déploie,
Si rien à la pitié ne vous peut émouvoir,
Jouissez de mes pleurs et de mon désespoir !...
Que vois-je? quels objets? les deux princes ensemble!
Ah ! que d'infortunés le sort ici rassemble !
(A Illyrus.)
Que cherchez-vous, mon fils, en ces funestes lieux,
Où tout doit désormais vous paraître odieux,
Où vous devez me fuir et m'abhorrer moi-même ?
ILLYRUS.
Vous n'en êtes pas moins, seigneur, tout ce que
[j'aime.
A mon frère, il est vrai, je me plaignais de vous,
Et j'en eusse attendu des sentiments plus doux.
Je suis touché de voir, en ce moment terrible,
Que mon rival soit seul à ma perte sensible.
Hélas ! qui fut jamais plus à plaindre que moi ?
Méprisé d'Éricie, et peu cher à mon roi,
C'est un prince sorti d'une race étrangère
Qui l'emporte sur moi dans le cœur de mon père !
Je ne condamne point sa générosité,
Mais l'effort en devrait être plus limité :
La gloire n'admet point de si grands sacrifices,
Et ce n'est point à moi d'illustrer ses caprices,
Victime des transports d'un chimérique honneur,
Sans avoir d'autre crime ici que mon malheur.
Ce reproche cruel dont votre cœur s'offense
Ne regarde, seigneur, que votre indifférence :

Je ne puis voir mon père abandonner son fils,
Sans soupçonner pour moi d'injurieux mépris.
Voilà les seuls regrets dont mon âme est saisie,
Et j'en suis plus touché que de perdre la vie :
Mais je n'en ai pas moins souhaité vous revoir.
GLAUCIAS.
Illyrus, mon seul bien et mon unique espoir,
Ah ! si c'est ton amour qui vers moi te rappelle,
Ne m'en refuse point une preuve nouvelle.
Viens, mon fils, dans les bras d'un père infortuné,
Dont le cœur ne t'a point encore abandonné ;
Viens te baigner de pleurs qui couleront sans cesse,
Et ne m'accuse point de manquer de tendresse.
Mon fils, je t'aime encor tout ce qu'on peut aimer,
Et je te connais trop pour ne pas t'estimer.
Tes reproches honteux, dont ma gloire murmure,
Outragent plus que moi le sang et la nature.
Mon cœur de ses retours n'est que trop combattu,
Et je n'ai plus d'espoir qu'en ta propre vertu.
Loin de déshonorer mon auguste vieillesse,
Aide-moi de mon sang à dompter la faiblesse.
Le malheureux Pyrrhus est maître de ma foi ;
Je ne suis pas le sien, et ta vie est à moi.
Fais voir, par les efforts d'une vertu suprême,
La victime au-dessus du sacrifice même.
Adieu : sois généreux autant que je le suis.
Te pleurer et mourir est tout ce que je puis.
ILLYRUS.
Oui, je vous ferai voir par un effort insigne
De quel amour, seigneur, Illyrus était digne ;
Que ce fils malheureux, sans le faire éclater,
Des plus rares vertus aurait pu se flatter :
Qu'il sait du moins mourir et garder le silence,
Quand son propre intérêt peut-être l'en dispense.
Je pourrais d'un seul mot éviter mon malheur,
Mais ce mot échappé vous percerait le cœur.
C'est dans le fond du mien qu'enfermant ce mystère
Je vais sauver Pyrrhus, votre gloire, et me taire.
Adieu, cher Hélénus : vous apprendrez un jour
Si j'avais mérité de vous quelque retour.

SCÈNE VI
GLAUCIAS, HÉLÉNUS.

HÉLÉNUS.
Seigneur, de ce discours que faut-il que je pense ?
Sur quoi le prince ici vante-t-il son silence ?
GLAUCIAS.
Ah ! mon fils, ce secret ne regarde que moi ;
Mais il a d'un seul mot glacé mon cœur d'effroi.
Hélas ! que de son sort mon âme est attendrie !
Pyrrhus, que de vertu ma foi te sacrifie !
HÉLÉNUS.
Le prince va, dit-il, se perdre pour Pyrrhus ;
Et c'est lui cependant sous le nom d'Illyrus,
Si j'en crois les soupçons du tyran de l'Épire.
Seigneur, de ce secret vous pouvez seul m'instruire.
Mon respect m'a forcé de cacher jusqu'ici
Les désirs que j'avais de m'en voir éclairci ;
Mais, s'il a triomphé de mon impatience,
Je rougis à la fin de votre défiance.
Si jamais votre cœur fut sensible pour moi,
Si mon amour pour vous a signalé ma foi,
Si j'ai pu m'illustrer en marchant sur vos traces,
Et par quelques exploits su mériter des grâces,
Du sang que j'ai perdu je n'exige qu'un prix :
Est-il vrai qu'Illyrus ne soit point votre fils ?
GLAUCIAS.
Je ne suis point surpris qu'un lâche cœur soupçonne
Qu'Illyrus soit Pyrrhus, dès que je l'abandonne :
Mais vous, jusqu'à ce jour élevé dans mon sein,
Vous, à qui des vertus j'aplanis le chemin,
Que j'instruisis d'exemple, auriez-vous osé croire
Que d'une lâcheté j'eusse souillé ma gloire ?
Non, mon cher Hélénus : ce fils abandonné
N'en est pas moins celui que les dieux m'ont donné ;
Et plût au sort cruel qu'il eût un autre père !
HÉLÉNUS.
Vous n'éclaircissez pas, seigneur, tout le mystère.
GLAUCIAS.
Prince, c'est trop vouloir pénétrer un secret :
Offrez à ma douleur un zèle plus discret,
Et n'en exigez pas plus que je n'en veux dire.
HÉLÉNUS.
C'en est assez pour moi, seigneur, je me retire ;

Satisfait qu'Illyrus soit toujours votre fils,
Et je vais de ce pas trouver ses ennemis.
GLAUCIAS.
Ah ! cruel, arrêtez : qu'allez-vous entreprendre ?
HÉLÉNUS.
Ce que de ma vertu mon frère doit attendre :
Je cours le dérober à son sort inhumain,
Ou mourir avec lui les armes à la main ;
Et je n'écoute plus, dans l'ardeur qui me guide,
Que la soif de verser le sang d'un parricide.
GLAUCIAS.
Barbare ! immole donc le mien à ta fureur ;
Cours exposer ma vie et me perdre d'honneur.
HÉLÉNUS.
Ah ! vous ne craignez pas, seigneur, pour votre vie :
Ce n'est pas là l'effroi dont votre âme est saisie ;
Elle est trop au-dessus d'une lâche frayeur.
Pyrrhus, le seul Pyrrhus occupe votre cœur.
Indifférent pour nous, pour lui plein de tendresse,
Voilà, pour m'arrêter, le motif qui vous presse,
Et l'unique frayeur qui vous trouble aujourd'hui.
N'avons-nous pas assez versé de sang pour lui ?
S'il est reconnaissant, que veut-il davantage ?
Je sais qu'à le sauver votre foi vous engage,
Que vous lui devez même une sainte amitié ;
Mais que lui dois-je, moi, qu'une simple pitié
Qui doit céder aux soins de conserver mon frère ?
Hé bien ! qu'à vos deux fils votre honneur le préfère :
Consacrez à jamais ces transports vertueux,
Et me laissez le soin de nous sauver tous deux.
Que Pyrrhus avec nous vienne aussi se défendre,
S'il est digne du sang que vous laissez répandre.
Eh ! de quelle vertu l'ont enrichi les dieux,
Pour vous rendre, seigneur, le sien si précieux ?
Je ne sais, mais je crains que le grand nom d'Achille
Ne soit pour lui d'un poids plus onéreux qu'utile,
Que sans honneur ses jours ne se soient écoulés.
GLAUCIAS.
Ah ! si vous connaissiez celui dont vous parlez,
Vous changeriez bientôt de soins et de langage,
Et je verrais mollir ce superbe courage.
HÉLÉNUS.
Seigneur, à ce discours, c'est trop me le cacher :
Je dois de votre sein désormais l'arracher.

GLAUCIAS.

Quoi ! ce même Hélénus que l'univers admire,
Et dont les dieux semblaient lui désigner l'empire,
L'ennemi des tyrans, l'ami des malheureux,
Flétrit en un seul jour tant de jours si fameux,
Et me demande à moi le sang d'un misérable !

HÉLÉNUS.

Ah, dieux ! de ces horreurs me croyez-vous capable ?
Non : vous ne m'imputez ces lâches mouvements
Que pour vous délivrer de mes empressements.
C'est le droit d'un refus acquis par une offense,
Et dont à vos remords je laisse la vengeance.
Ce jour, qu'on croit des miens avoir flétri le cours,
Est peut-être, seigneur, le plus beau de mes jours.
A ce même Pyrrhus j'ai fait un sacrifice
Qui sera pour mon cœur un éternel supplice,
Et dont mon amour seul connaissait tout le prix.
Mais en vain aux refus vous joignez le mépris :
Si vous voulez calmer la fureur qui m'agite,
Cessez de retenir un secret qui m'irrite,
Ou de sang et d'horreur je vais remplir ces lieux.

GLAUCIAS.

Ah ! mon fils, étouffez ces désirs curieux ;
Et Pyrrhus puisse-t-il pour jamais disparaître !

HÉLÉNUS.

Je commence, seigneur, à ne me plus connaître.
(Il embrasse avec violence les genoux de Glaucias.)
Pour la dernière fois j'embrasse vos genoux.

GLAUCIAS.

Ah ! quel emportement ! C'en est trop, levez-vous.
Reconnaissez Pyrrhus à ma douleur extrême.

HÉLÉNUS.

Achevez....

GLAUCIAS.
          Je me meurs... Malheureux ! c'est vous-
PYRRHUS.   [même.
Seigneur, c'en est assez, et je suis satisfait.
(Il veut se retirer.)

GLAUCIAS, l'arrêtant.

Arrêtez, prince ingrat : quel est donc le projet
Qu'en ce triste moment votre fureur médite ?
Non, ce n'est pas ainsi, seigneur, que l'on me quitte.
Je n'en conçois que trop, à vos yeux enflammés...
Mais je verrai bientôt, cruel, si vous m'aimez.

ACTE QUATRIÈME

SCÈNE PREMIÈRE
PYRRHUS, ANDROCLIDE, CYNÉAS.

ANDROCLIDE.
Enfin, il m'est permis, seigneur, de vous connaître,
Et d'oser embrasser les genoux de mon maître.
Dieux! quel ravissement! Quelle douceur pour moi
De trouver un héros dans le fils de mon roi!
Mais de ce bien si doux que vous troublez la joie
Par les transports secrets où je vous vois en proie!
Glaucias, à son tour accablé de douleur,
Semble plus que jamais ressentir son malheur.
Seigneur, daignez calmer cette douleur cruelle ;
Songez qu'un seul instant peut la rendre mortelle
Ne l'abandonnez pas en ces tristes moments.
PYRRHUS.
Je puis avoir pour lui d'autres empressements.
Androclide, je sais que je vous dois la vie ;
Que sans vous, en naissant, on me l'aurait ravie :
Allez, de ce bienfait je saurai m'acquitter.
ANDROCLIDE.
Le roi m'a commandé de ne vous point quitter.
PYRRHUS.
Glaucias est un roi que j'estime et que j'aime ;
Mais je ne dépends plus ici que de moi-même.
Pour vous, que le destin a soumis à mes lois,
Respectez-les du moins une première fois,
Et cessez d'écouter une crainte frivole.
Glaucias me connaît : j'ai donné ma parole ;
J'ai juré d'épargner un tyran odieux,
Et de ne point troubler l'asile de ces lieux.
Que pouvais-je de plus pour le roi d'Illyrie ?
Allez : si vous m'aimez, prenez soin de sa vie.
ANDROCLIDE.
Seigneur...
PYRRHUS.
Obéissez. Profitons des instants
Que j'ai pu dérober à leurs soins vigilants.

SCÈNE II
PYRRHUS, CYNÉAS.

PYRRHUS.
Cynéas, approchez. L'heure fatale presse :
Puis-je encore espérer de revoir la princesse ?
Sait-elle qu'Hélénus doit se trouver ici ?
CYNÉAS.
Oui, seigneur, et bientôt vous l'y verrez aussi.
J'ai laissé la princesse avec Néoptolème,
Qui m'a paru frappé d'une surprise extrême,
Lorsque je l'ai flatté de l'espoir d'une paix
Qu'il devait regarder comme un de vos bienfaits.
Au seul nom de Pyrrhus, j'ai vu sa défiance
Balancer ses désirs et son impatience :
« Je douterais, dit-il, qu'on voulût le livrer,
« Si d'autres qu'Hélénus osaient m'en assurer ;
« Mais dès que ce héros souscrit à ma demande...
PYRRHUS
Ami, c'en est assez ; dites-lui qu'il m'attende.

SCÈNE III
PYRRHUS.

Désir impérieux que je ne puis dompter,
Et qu'en vain mon devoir s'attache à surmonter
Retoutables moments d'une trop chère vue,
Que vous allez coûter à mon âme éperdue !
Pyrrhus, à quels transports oses-tu te livrer ?
Est-ce l'amour ici qui doit t'en inspirer ?
Néoptolème vit, et le sang d'Æacide
S'enflamme pour le sang d'un lâche parricide !
Mais pour lui mon amour eût en vain combattu,
Si de plus hauts desseins n'occupaient ma vertu.
Infortuné Pyrrhus, il est temps qu'elle éclate.
Non, de quelque valeur que l'univers te flatte,
Quels que soient tes exploits et tes honneurs pas-
Illyrus en un jour les a tous effacés ;   [sés,
Et telle est aujourd'hui ta triste destinée,
Qu'il faut que par toi seul elle soit terminée.
C'est vainement qu'au ciel tu comptes des aïeux,
Si ta propre vertu ne t'y place avec eux.

Le sang d'Achille est beau ; mais l'honneur d'en des-
Ne vaut pas désormais celui de le répandre. [cendre
Un rival généreux qui s'immolait pour toi
T'en a tracé l'exemple et prononcé la loi.   [lie !
Ah ! que tant de grandeur me touche et m'humi-
Père et fils vertueux, que je vous porte envie !
Comment vous surpasser ? Dieux, voilà les mortels
Dignes de partager avec vous les autels ;
Non ces barbares nés pour l'effroi de la terre,
Ces idoles de sang, fiers rivaux du tonnerre,
Qui font de leur valeur un horrible métier,
Et dont je n'ai suivi que trop l'affreux sentier.
Cherchons au-dessus d'eux une gloire nouvelle,
Plus digne des transports que j'eus toujours pour
Heureux si mon devoir pouvait les redoubler [elle.
A l'aspect d'un objet qui peut seul les troubler !

SCÈNE IV

PYRRHUS, ÉRICIE.

ÉRICIE.

Je sors en ce moment d'avec le roi d'Épire :
En croirai-je, seigneur, ce qu'il vient de me dire ?
Est-ce bien Hélénus qui nous donne une paix
Qu'on croit même devoir à mes faibles attraits ?
Mais, loin de rappeler le souvenir funeste
D'un sacrifice affreux que ma vertu déteste,
Je ne veux m'occuper que du soin généreux
De pleurer avec vous un prince malheureux.
Que n'ai-je point tenté près de Néoptolème !
J'ai regardé Pyrrhus comme un autre moi-même.
Non, l'horreur de son sort n'égalera jamais
Mes regrets de l'avoir défendu sans succès.
Je sais trop à quel point Pyrrhus vous intéresse,
Pour ne point partager la douleur qui vous presse :
Jugez combien mon cœur s'est senti pénétrer
De vous voir désormais réduit à le livrer.
Et plût aux dieux, seigneur, pour comble d'injus-
Qu'on ne m'imputât point ce cruel sacrifice, [tice,
Et qu'au bien de la paix l'amour trop indulgent
N'eût point pris sur lui-même un si triste présent !
Hélénus eût moins fait pour désarmer ma haine,
S'il savait qu'un remords en triomphe sans peine.
Mais quoi ! vous rougissez et ne répondez rien !

Pourquoi me demander un secret entretien ?
PYRRHUS.
Je rougis, il est vrai, d'un discours qui m'offense,
Et jamais mon courroux n'eut plus de violence.
Puis-je voir sans frémir qu'avec un si beau feu
Ce cœur où j'aspirais m'ait estimé si peu ?
Puis-je voir, sans rougir de honte et de colère,
Qu'Éricie ait de moi pensé comme son père,
Et qu'elle ose imputer aux transports d'Hélénus
Le funeste présent qu'il vous fait de Pyrrhus ?
Je ne sais si l'amour peut nous rendre excusables ;
Mais il ne doit jamais nous rendre méprisables.
Le crime est toujours crime, et jamais la beauté
N'a pu servir de voile à sa difformité, [flamme,
Peut-être que mon cœur, dans l'ardeur qui l'en-
Tout vertueux qu'il est, n'est point exempt de
Mais ce qu'à mon devoir je vais sacrifier [blâme
Aux yeux de l'univers va me justifier,
Éterniser mon nom, expier ma tendresse,
Et venger ma vertu d'un soupçon qui la blesse.
ÉRICIE.
Seigneur, daignez calmer un si noble courroux.
Je sais ce que je dois attendre ici de vous.
PYRRHUS. [naître,
Dans un moment du moins vous pourrez le con-
Et, loin de me haïr, vous me plaindrez peut-être.
Connaissez mieux, madame, un cœur où vous ré-
Et ne l'outragez point, si vous le dédaignez. [gnez,
Belle Éricie, enfin croyez que je vous aime ;
Mais ne le croyez point comme Néoptolème.
Mon amour n'a jamais soumis à vos beaux yeux
Qu'un cœur digne de vous, et peut-être des dieux,
Qui ne sait point offrir pour sacrifice un crime
Qui déshonorerait l'autel et la victime.
Je vais à son destin livrer un malheureux,
Mais ce ne sera point par un traité honteux :
Ma vertu n'admet point de si lâche injustice,
Et mon cœur vous devait un autre sacrifice.
Trop heureux si ce cœur, facile à s'enflammer,
Au gré de mon devoir l'avait pu consommer !
Mais, dans l'état cruel où mon malheur me laisse,
On peut me pardonner un instant de faiblesse ;
Et vous m'avez offert des soins si généreux,
Qu'ils m'ont fait oublier qui nous étions tous deux.
Votre père m'attend. Adieu, belle Éricie.

J'ai voulu vous revoir ; mais mon âme attendrie
Ne pourrait soutenir vos pleurs prêts à couler,
Et qu'un fatal instant va bientôt redoubler.
ÉRICIE.
Ah ! seigneur, arrêtez ; et si je vous suis chère,
Daignez de vos adieux m'expliquer le mystère.
Je sens un froid mortel qui me glace le cœur,
Et la mort n'a jamais causé plus de frayeur.
Hélas ! au trouble affreux dont mon âme est saisie,
Puis-je encor souhaiter de me voir éclaircie ?
Vous allez, dites-vous, livrer un malheureux,
Sans cesser d'être grand ni d'être généreux.
Ah ! je vous reconnais à cet effort suprême.
Justes dieux ! c'est Pyrrhus qui se livre lui-même.
PYRRHUS.
Oui, madame, c'est lui ; c'est ainsi qu'Hélénus
Pouvait du moins livrer l'infortuné Pyrrhus,
Qui sous ce triste nom ne craint plus de paraître,
Dès qu'à de nobles traits on veut le reconnaître.
ÉRICIE.
Dites plutôt, seigneur, qu'à ce cœur sans pitié,
Dont je n'ai jamais pu fléchir l'inimitié,
J'aurais dû reconnaître une race ennemie
Qui ne s'immole ici que pour m'ôter la vie.
Inhumain ! consommez vos généreux projets :
De votre haine enfin voilà les derniers traits.
Quel ennemi, grands dieux ! offrez-vous à la mienne !
Quel dessein venez-vous d'inspirer à la sienne ?
Ah ! si c'est à ce prix que vous donnez la paix,
Barbare, faites-nous la guerre pour jamais.
Vous ne démentez point le sang qui vous fit naître,
Ingrat, vous ne pouviez mieux vous faire connaître
Que par un noir projet qui n'est fait que pour vous :
Je reconnais Pyrrhus à ces funestes coups. [âme,
Quand par des soins trompeurs il a séduit mon
Des plus cruels refus je vois payer ma flamme ;
Et, quand je crois jouir d'un destin plus heureux,
Je retrouve Pyrrhus dans l'objet de mes vœux.
Qui vous a dévoilé, seigneur, votre naissance ?
Glaucias n'a-t-il plus ni vertu ni prudence ?
Devait-il un moment douter de vos desseins,
Et méconnaître en vous le plus grand des humains ?
Il faut, pour mon malheur, que le roi d'Illyrie
Vous ait moins estimé que ne fait Éricie.
Cruel, songez du moins, en courant à la mort,

Qu'un amour malheureux me garde un même sort.
Ne croyez point en moi trouver Néoptolème :
Vous ne savez que trop à quel point je vous aime.
PYRRHUS.
Ah ! voilà les transports que j'aurais dû prévoir,
Si l'amour m'eût laissé maître de mon devoir.
J'ai voulu consacrer à l'objet que j'adore [core :
Quelques tristes moments qui me restaient en-
Je bravais le trépas ; mais je sens à vos pleurs
Qu'il a pour les amants son trouble et ses horreurs.
Ne m'offrez-vous les soins d'une ardeur mutuelle
Que pour me rendre encor ma perte plus cruelle?
Quel bien à notre amour peut s'offrir désormais ?
Un parricide affreux nous sépare à jamais.
Songez, si je ne meurs, qu'il faut que je punisse ;
Qu'un coupable avec moi n'est pas loin du sup-
Songez enfin, madame, à ce que je me doi, [plice :
A ce que mon honneur m'impose envers un roi
A qui je dois un fils, son unique espérance,
Et le plus digne effort de ma reconnaissance.
ÉRICIE.
Glaucias vous doit-il être plus cher que moi,
Seigneur? Ne pouvez-vous récompenser sa foi
Qu'aux dépens de vos jours et de ma propre vie,
Que vous sacrifiez au prince d'Illyrie ?
Ah ! laissez-moi le soin de vous le conserver,
Et, par pitié pour moi, songez à vous sauver.
C'est Ericie en pleurs qui vous demande grâce :
Verrez-vous sans pitié le sort qui la menace?
Est-ce par vous, cruel, qu'elle doit expirer?
Ah ! du moins attendez qu'on ose vous livrer.
PYRRHUS.
Non, non, au sang d'Achille épargnez cet outrage :
Je dois d'un si beau sang faire un plus noble usage.
La mort, pour mes pareils, n'est qu'un léger instant
Dont la crainte aux humains a fait seule un tour-
Je vous perds pour jamais, adorable Éricie ; [ment.
C'est là pour un amant perdre plus que la vie :
Mais ne présumez pas qu'en lâche criminel
Je souffre que Pyrrhus soit conduit à l'autel.
D'ailleurs, pour Glaucias j'eus toujours trop d'es-
Pour lui laisser jamais la honte d'un tel crime. [time
ÉRICIE.
C'est-à-dire, seigneur, qu'il vous paraît plus doux
D'en rejeter ainsi l'indignité sur nous ;

Et que vous aimez mieux déshonorer mon père,
Pour m'en laisser à moi la douleur tout entière,
Et me faire haïr qui m'a donné le jour.
Voilà ce que Pyrrhus gardait à tant d'amour !
Hé bien ! cruel, allez trouver Néoptolème ;
Puisque vous le voulez, je vous rends à vous-même :
Mais, dans tous vos transports de générosité,
Je vois moins de vertu que de férocité.

PYRRHUS.

Ne me reprochez point une vertu farouche ;
L'honneur ainsi le veut, et l'honneur seul me touche.
S'il se pouvait trouver d'accord avec mes jours,
Vous ne m'en verriez point précipiter le cours.
Comme mortel, je sens tout le prix de la vie ;
Comme amant, tout le prix d'être aimé d'Éricie :
Mais Pyrrhus, en héros épris de vos appas,
Se met, en immortel, au-dessus du trépas.

ÉRICIE.

Vous prétendez en vain qu'au gré de votre envie
Je vous laisse, seigneur, maître de votre vie.
Si vous ne rejetez vos projets inhumains,
Je cours à Glaucias découvrir vos desseins.

PYRRHUS.

Si vous m'aimez encor, gardez de l'entreprendre.
Belle Éricie, au nom de l'amour le plus tendre,
N'abusez point ici des secrets d'un amant
Qui pourrait de dessein changer en un moment.
Considérez sur qui tomberait ma colère :
Vous plaignez un amant, vous pleureriez un père.
En faveur de Pyrrhus tâchez de le fléchir,
J'y consens ; mais daignez ne le point découvrir,
Et ne lui faites point mériter votre haine.
Qu'espérez-vous enfin d'une pitié si vaine ?
Songez que, dans l'état où m'a réduit le sort,
Il ne me reste plus que l'honneur de ma mort.
Ne me l'enviez point, et respectez ma gloire ;
Vivez pour en garder une tendre mémoire,
Et cessez de vouloir partager mes malheurs ;
Laissez mourir Pyrrhus digne enfin de vos pleurs.
Adieu, madame ; allez trouver Néoptolème :
J'irai dans un moment le rejoindre moi-même.
M'exposer plus longtemps à tout ce que je vois,
C'est moins braver la mort que mourir mille fois.

(Il sort.)

ÉRICIE.

Quoi! seigneur, vous iriez vous livrer à mon père!
Ah! puisqu'en vos fureurs votre cœur persévère,
L'inflexible Pyrrhus, qui déchire le mien,
Va le voir surpasser la fermeté du sien.
Mais Glaucias paraît. Quel soin ici l'appelle?
Éclatez, vains transports de ma douleur mortelle,
Et laissez dans mes pleurs lire un triste secret.

SCÈNE V

GLAUCIAS, ÉRICIE.

GLAUCIAS.

Princesse, un ennemi qui ne l'est qu'à regret,
Et qui touche peut-être à son heure dernière,
Osera-t-il ici vous faire une prière?
S'il fut longtemps l'objet de votre inimitié,
Il ne doit plus, hélas! l'être que de pitié.
Les dieux viennent sur moi d'épuiser leur colère.
Je n'ai rien oublié pour fléchir votre père;
Mais le cruel qu'il est me redemande un bien
Que ma pitié protège, et qui n'est pas le mien.
Il veut Pyrrhus; il veut que je lui sacrifie
Le malheureux dépôt que le ciel me confie;
Il veut, à mon honneur portant le coup mortel,
Couvrir mes cheveux blancs d'un affront éternel,
Et plonger dans l'horreur les restes de ma vie.
Plaignez mon triste sort, généreuse Ericie :
Vous êtes désormais mon unique recours;
A des infortunés prêtez votre secours.
Je sais, dans les faveurs dont le ciel vous partage,
Que la beauté n'est pas votre seul avantage,
Et que les dieux, sur vous épuisant leurs bienfaits,
Ont de mille vertus enrichi vos attraits.
Mon cœur, prêt de vous voir unie à ma famille,
Vous prodiguait déjà le tendre nom de fille :
Mais, puisque le destin me ravit la douceur
D'un bien qui m'eût comblé de joie et de bonheur,
Je veux traiter pour vous un plus noble hyménée,
De vous et de Pyrrhus unir la destinée.
Je sais que je ne puis former ces tristes nœuds
Sans outrager les lois, la nature et les dieux;
Mais la paix ne veut pas un moindre sacrifice.
Rendez à cet hymen votre père propice.

S'il soupçonne ma foi, qu'il emmène Illyrus,
Et confie à mes soins Éricie et Pyrrhus :
Vous vous serez tous trois un mutuel otage.
Néoptolème aura l'Épire pour partage ;
Et je l'en laisserai paisible possesseur,
Pourvu que votre époux en soit le successeur.
ÉRICIE.
Ah ! seigneur, plût aux dieux, et pour l'un et pour l'au-
Que tous les cœurs ici fussent tels que le vôtre, [tre,
Et sussent, comme vous, régler sur l'équité
La vengeance des rois et leur avidité !
Qui ne serait touché de l'état déplorable
Où vous réduit le soin du sort d'un misérable ?
Les dieux, tout grands qu'ils sont, en ont-ils autant
Qu'un père tel que vous est digne de regret ! [fait ?
Jugez à ma douleur si le cœur d'Éricie
A pu garder pour vous une haine endurcie.
Seigneur, tant de vertu trouve peu d'ennemis.
Hélas ! pour conserver Pyrrhus et votre fils,
Vous n'aviez pas besoin d'employer la prière.
Que n'ai-je point déjà tenté près de mon père ?
Rien ne peut désarmer sa haine et sa rigueur.
Je ne vous dirai point quelle en est ma douleur :
Mais Pyrrhus aujourd'hui m'a coûté plus de larmes
Que le soin de ses jours ne vous causa d'alarmes.
Plût au ciel que celui de nous unir tous deux
Pût rendre à vos souhaits ce prince malheureux,
Et que de notre hymen les funestes auspices
Ne fussent point suivis de plus noirs sacrifices !
Adieu. Puisse le ciel, attendri par mes pleurs,
Les faire avec succès parler dans tous les cœurs !
Vous ne connaissez pas le plus inexorable :
Mais si je n'obtiens point un aveu favorable,
Seigneur, au même instant fuyez avec Pyrrhus,
Et me laissez le soin du destin d'Illyrus.
Emparez-vous surtout d'un guerrier invincible
Dont rien ne peut dompter le courage inflexible...
Que dis-je ? où mon amour se va-t-il égarer ?
GLAUCIAS.
O ciel ! à quels malheurs faut-il me préparer ?
Dans l'état où m'a mis la fortune cruelle,
En ai-je à redouter quelque atteinte nouvelle ?
Ah ! madame, daignez ne me le point cacher,
Si d'un infortuné le sort peut vous toucher.
Vous avez vu mon fils ; je sais qu'il vous adore,

Et j'ai cru près de vous le retrouver encore.
Je venais m'emparer d'un ingrat qui me fuit,
Et que partout en vain ma tendresse poursuit.
Ma vie à ce cruel devait être assez chère
Pour ne point l'arracher à son malheureux père ;
Mais je vois qu'Hélénus ne s'éloigne de moi
Que pour mieux me manquer de parole et de foi.
Il a par ses serments surpris ma vigilance,
Dissipé mes soupçons, et trompé la prudence
D'un père en sa faveur toujours trop prévenu.
Apprenez-moi du moins ce qu'il est devenu.
Veut-il nous perdre tous, ou se perdre lui-même?
Grands dieux! faudra-t-il voir périr tout ce que
Madame, ayez pitié de l'état où je suis. [j'aime?

ÉRICIE.

Ah! que demandez-vous? et qu'est-ce que je puis?
N'ajoutez rien vous-même au trouble qui m'agite.
Les moments nous sont chers, souffrez que je vous
[quitte.
Seigneur, il n'est pas temps d'interroger mes pleurs,
Lorsqu'il faut prévenir le plus grand des malheurs.

ACTE CINQUIÈME

SCÈNE PREMIÈRE
ÉRICIE, ISMÈNE.

ÉRICIE.
Si je n'ai pu toucher un amant qui m'adore,
Que pourrai-je obtenir d'un père qui m'abhorre?
Malheureuse! les dieux ont-ils doué tes pleurs
De ces charmes puissants qui fléchissent les cœurs?
Et tu crois attendrir un prince inexorable
Que la soif de régner va rendre impitoyable;
Qui, maître du plus fier de tous ses ennemis,
Pour ne le craindre plus se croira tout permis!
Funeste ambition, détestable manie,
Mère de l'injustice et de la tyrannie,
Qui de sang la première as rempli l'univers,

Et jeté les humains dans l'opprobre et les fers,
C'est toi dont les fureurs toujours illégitimes
Firent naître à la fois les sceptres et les crimes :
Sans toi, rien n'eût borné ma gloire et mon bonheur.
Quel sort plus beau pouvait jamais flatter un cœur ?
Et mes yeux effrayés verront fumer la terre
D'un sang qui doit sa source au maître du tonnerre !
Grand dieu ! ne souffre point qu'un père furieux
S'immole sans pitié le plus pur sang des dieux ;
Daigne, loin d'employer la foudre à sa vengeance,
Tonner au fond des cœurs, et prévenir l'offense.

ISMÈNE.

Madame, il faut cacher ce mortel désespoir.
Glaucias, disiez-vous, demandait à vous voir ?

ÉRICIE.

Je ne l'ai que trop vu ce prince déplorable,
Des rois les plus vantés modèle inimitable,
Qui n'a que l'honneur seul pour guide et pour objet,
Père moins malheureux encor qu'ami parfait.
Que de son sort cruel mon âme est attendrie !
Qu'il redouble les maux de la triste Éricie !
Et ce roi généreux, si digne de pitié,
De ses malheurs encore ignore la moitié.
Hélas ! que je le plains ! Que de vertus, Ismène !
Est-ce donc là, grand dieux ! l'objet de votre haine ?
Que mon père n'a-t-il un cœur tel que le sien !
Qu'il aurait épargné de désespoir au mien !
Ismène, il ne vient point ; et mon impatience
Commence à soupçonner une si longue absence.
Quel autre qu'Hélénus pourrait le retenir ?
Sans doute le cruel m'a voulu prévenir ;
Et, si j'en crois mes pleurs, sa triste destinée
Dans les flots de son sang est déjà terminée.
Je ne sais quelle horreur me saisit malgré moi :
Je sens à chaque instant redoubler mon effroi.
Je demande mon père, et mon âme éperdue
N'a peut-être jamais tant redouté sa vue.
Enfin je l'aperçois. Soutenez-moi, grands dieux !

SCÈNE II

NÉOPTOLÈME, ÉRICIE, ISMÈNE.

NÉOPTOLÈME.

Hélénus que j'attends va paraître en ces lieux,

Ma fille. C'en est fait, ce guerrier redoutable,
Loin d'offrir à Pyrrhus une main secourable,
Lui-même doit bientôt le livrer à mes coups,
Et ce spectacle affreux n'a pas besoin de vous.
Sortez. Quoi! vous pleurez! qui fait couler vos larmes?
D'où peut naître à la fois tant de trouble et d'alarmes?
Parlez, c'est trop se taire : après ce que je voi,
Avez-vous des secrets qui ne soient pas pour moi?
ÉRICIE, se jetant à ses genoux.
Non, seigneur ; mais ce n'est qu'aux genoux de mon
Que je puis éclaircir ce funeste mystère. [père
NÉOPTOLÈME, la relevant.
Ma fille, en cet état que me demandez-vous?
Et qui peut vous forcer d'embrasser mes genoux?
Que craignez-vous enfin d'un père qui vous aime?
ÉRICIE.
Ah! seigneur, pardonnez à ma douleur extrême.
Je sais que vous m'aimez, et ce n'est pas pour moi
Que je viens implorer les bontés de mon roi.
Ne vous offensez point si les pleurs d'Éricie
Osent d'un malheureux vous demander la vie.
L'infortuné Pyrrhus va vous être remis...
NÉOPTOLÈME.
Quoi! c'est du plus cruel de tous mes ennemis
Que vous osez, ma fille, embrasser la défense!
Et ne craignez-vous point vous-même ma vengeance?
D'où naissent pour Pyrrhus des sentiments si vains?
Est-ce à vous que je dois compte de mes desseins,
Vous que je dois sur eux ou consulter ou croire?
ÉRICIE.
Non, mais vous me devez compte de votre gloire :
Elle est à moi, seigneur, autant qu'elle est à vous;
Et ce qui la flétrit se partage entre nous.
Si rien ne peut fléchir votre haine endurcie,
Songez de quels malheurs elle sera suivie.
Vous verrez contre vous armer tout l'univers,
Et Pyrrhus chaque jour renaître des enfers.
Quoi! pour faire oublier le meurtre d'Æacide,
Vous méditez encore un double parricide!
Faudra-t-il vous compter au rang des assassins,
Et vous voir devenir l'opprobre des humains,
Lorsque vous en pouviez devenir le modèle,
Si votre ambition eût été moins cruelle?
Le ciel vous a comblé de ses dons précieux,
Et vos vertus pouvaient vous égaler aux dieux,

La noblesse du sang, la valeur, la prudence :
En faudra-t-il, seigneur, excepter la clémence ?
Malgré mille revers, vous avez vu cent fois
L'univers vous placer parmi ses plus grands rois ;
Et de tant de vertus le parfait assemblage
Deviendrait d'un tyran l'inutile partage !

NÉOPTOLÈME.
Ma fille, quel discours !

ÉRICIE.
Je m'égare, seigneur ;
Mais daignez pardonner ces transports à mon cœur.
Mon respect a toujours égalé ma tendresse :
Loin de me reprocher un discours qui vous blesse,
A mes larmes, seigneur, laissez-vous attendrir,
Ou du moins écoutez ce qu'on vient vous offrir.
Glaucias est tout prêt de vous céder l'Épire :
Pour vous en assurer le légitime empire,
Ce prince pour Pyrrhus vous demande ma main.

NÉOPTOLÈME.
Pour Pyrrhus ! Glaucias croit m'éblouir en vain.
Je connais mieux que lui le sang des Æacides :
Rien ne peut arrêter leurs vengeances perfides.
Loin que cette union dût assurer mon sort,
Votre hymen ne serait que l'arrêt de ma mort.
C'est mettre sous Pyrrhus ma couronne en tutelle,
Et nourrir entre nous une guerre éternelle.
Ce n'est point ma fureur qui demande son sang :
Je règne, et je dois tout à ce superbe rang.
Si de Pyrrhus enfin je m'immole la vie,
C'est au bien de la paix que je le sacrifie.

ÉRICIE.
Si jamais vous osiez lui donner le trépas,
Quelle guerre, seigneur, n'allumeriez-vous pas ?

NÉOPTOLÈME.
Hélénus est le seul dont je crains le courage,
Et son amour pour vous dissipera l'orage ;
Mais son courroux bientôt retomberait sur moi,
Si j'osais à Pyrrhus engager votre foi.
Vous voyez qu'Hélénus me le livre lui-même ;
Jugez par ce présent à quel point il vous aime.

ÉRICIE.
Ah ! ne vous fiez point au présent qu'il vous fait :
C'est peut-être, seigneur, quelque piège secret.
Ce palais vous met-il à couvert de surprise ?

PYRRHUS.

Je ne sais; mais sur vous je crains quelque entre-
Ne vous exposez point à revoir Hélénus ; [prise.
Et, si vous m'en croyez, emmenez Illyrus.
NÉOPTOLÈME.
Qu'aurais-je à redouter d'une âme généreuse?
Votre crainte, ma fille, est trop ingénieuse.
ÉRICIE.
Votre haine, seigneur, l'est plus que mon effroi,
Et vous ferme les yeux sur tout ce que je voi.
L'ardeur de vous venger vous rend tout légitime,
Et la soif de régner vous déguise le crime :
Mais, si mes pleurs en vain combattent vos fureurs,
Vous allez voir ma mort prévenir tant d'horreurs.
NÉOPTOLÈME.
Ah! c'en est trop, ma fille, et ce discours m'outrage :
Pyrrhus n'aurait osé m'en dire davantage.
Mais Hélénus paraît.
ERICIE.
Justes dieux !
NÉOPTOLÈME.
Laissez-nous.
ÉRICIE.
Ah ! seigneur, par pitié, souffrez-moi près de vous :
Je ne vous quitte point.
NÉOPTOLÈME.
Quels transports !
ÉRICIE.
Ah ! mon père,
Si jamais votre fille a pu vous être chère,
Daignez à ma douleur accorder un moment.
NÉOPTOLÈME.
Fuyez, dérobez-vous à mon ressentiment :
Je me lasse à la fin d'une douleur si vaine.
ÉRICIE.
De ces funestes lieux ôte-moi, chère Ismène.
Si d'un infortuné je veux sauver les jours,
C'est à d'autres que lui qu'il faut avoir recours.
NÉOPTOLÈME.
Que de trouble s'élève en mon âme éperdue !

SCÈNE III

PYRRHUS, NÉOPTOLÈME, GARDES.

NÉOPTOLÈME.
Seigneur, enfin la paix, si longtemps attendue,

ACTE V, SCÈNE III.

M'est redonnée ici par ce même héros
Dont la seule valeur nous causa tant de maux.
Heureux si cette paix, qui tous deux nous rapproche,
Pouvait être entre nous exempte de reproche !
Mais on doit pardonner aux soins de ma grandeur
Ce que semble de vous exiger ma fureur.
Je sais ce qu'il en coûte à des cœurs magnanimes,
Lorsqu'il faut immoler d'innocentes victimes.

PYRRHUS.

Ne te sied-il pas bien de t'en justifier,
Toi qui nous as contraints à les sacrifier ?
Épargne à ton honneur un discours inutile,
Qui doit faire rougir un descendant d'Achille,
Et ne nous fais pas voir, pour la seconde fois,
Un sujet altéré du meurtre de ses rois.

NÉOPTOLÈME.

Ai-je bien entendu ? Quel sinistre langage !
A me l'oser tenir qu'est-ce donc qui t'engage ?
Pourquoi par Cynéas me faire pressentir
Sur un espoir trompeur que tu viens démentir ?
Est-ce en me préparant des injures nouvelles
Que l'on croit terminer de si grandes querelles ?
Tu déclares la guerre en demandant la paix.

PYRRHUS.

Non, cruel, avec moi tu ne l'auras jamais,
Quoique je vienne ici remettre en ta puissance
Celui dont tu devrais éprouver la vengeance,
Cet innocent objet de tes noires fureurs,
Ce Pyrrhus que ta haine accable de malheurs.

NÉOPTOLÈME.

Hé bien ! puisque c'est toi qui dois me le remettre,
Ne diffère donc point, ou cesse de promettre.

PYRRHUS.

Tu me connais : tu peux t'en reposer sur moi,
Et, de plus, relâcher Illyrus sur ma foi.

NÉOPTOLÈME.

Hélénus, tu vas voir combien je m'y confie.
(A ses gardes.)
Gardes, faites venir le prince d'Illyrie.
(A Pyrrhus.)
Je vais dans un moment te le remettre ici ;
Mais commande, à ton tour, que Pyrrhus vienne
[aussi.

PYRRHUS.

Inhumain ; ne crains point qu'on te le fasse attendre ;

Crains plutôt un aspect qui pourra te surprendre.
Mais daigne auparavant m'instruire de son sort ;
Sois sincère surtout ; quel sera-t-il ?
NÉOPTOLÈME.
La mort.
PYRRHUS.
S'il ne craignait que toi, tyran, ta barbarie
Te coûterait bientôt et le trône et la vie.
Voyons donc jusqu'où peut aller ta fermeté.
Mais, pour laisser ta haine agir en liberté,
Je vais te rassurer contre un fer redoutable
Qui rendrait dans mes mains ta perte inévitable.
(Il jette son épée aux pieds de Néoptolème.)
Frappe, voilà Pyrrhus.

SCÈNE IV
PYRRHUS, NÉOPTOLÈME, ILLYRUS.

ILLYRUS, en entrant.
Dieux ! qu'est-ce que je vois ?
PYRRHUS.
Je m'acquitte, Illyrus, de ce que je vous dois.
NÉOPTOLÈME.
Où suis-je ? Quel transport de mon âme s'empare !
Quel soudain mouvement tout à coup s'y déclare,
A l'aspect imprévu de cet audacieux !

SCÈNE V
GLAUCIAS, PYRRHUS, NÉOPTOLÈME, ILLYRUS, ÉRICIE, ANDROCLIDE, CYNÉAS, ISMÈNE, GARDES.

GLAUCIAS, entrant avec Éricie.
Que vois-je ? quel objet se présente à mes yeux ?
Hélénus désarmé devant Néoptolème !
NÉOPTOLÈME.
Tu vois un ennemi qui se livre lui-même,
Et qui, loin d'essayer de fléchir ma rigueur,
Ose par sa fierté défier ma fureur ;
Qui me brave, me hait, me méprise et m'offense.
GLAUCIAS.
De quoi va s'occuper ton injuste vengeance ?
Sont-ce les mouvements qu'il te doit inspirer ?

Il se livre à tes coups; que veux-tu?
NÉOPTOLÈME.
L'admirer.
Ne juge point de moi par ce que j'ai pu faire.
Le malheur rend souvent le crime nécessaire;
Et le penchant des cœurs ne dépend non plus d'eux,
Qu'il en dépend de naître heureux ou malheureux.
C'est dans le sang des rois que j'ai puisé la vie ;
Mais, quand je serais né des monstres d'Hyrcanie,
J'aurais été touché d'un trait si généreux.
Pyrrhus, un même sang nous a formé tous deux;
Mais les mêmes vertus n'ont point fait mon partage.
Si j'ai troublé des jours que t'enviait ma rage,
Je te laisse aujourd'hui maître absolu des miens,
Et je prodiguerais tout mon sang pour les tiens.
Je t'ai ravi le sceptre, et je te l'abandonne.
Un ami tel que toi vaut mieux qu'une couronne ;
Et je préfèrerais à l'éclat de mon rang
L'honneur d'être avoué pour prince de ton sang.
PYRRHUS.
Si j'osais me flatter, malgré la mort d'un père,
Qu'un repentir si grand fût durable et sincère...
NÉOPTOLÈME.
C'est à vous que je dois ce retour vertueux
Qui me rend à moi-même, à mon prince, à mes
[dieux,
Seigneur. Je n'ose encor prétendre à votre estime :
Un bien si glorieux n'est pas le prix d'un crime.
Trop heureux que Pyrrhus ne m'en punisse pas,
Et veuille de ma main recevoir ses États !
PYRRHUS.
A ce noble retour je sens que ma justice,
Malgré la voix du sang, doit plus d'un sacrifice.
Puisqu'un remords suffit pour apaiser les dieux,
Les rois ne doivent pas en exiger plus qu'eux.
Dès qu'il leur plaît ainsi, jouissez de la vie:
Moi, je vous rends le sceptre en faveur d'Éricie.
NÉOPTOLÈME lui présente Éricie.
Daignez donc accepter ce gage de ma foi,
Seigneur ; c'est le seul bien qui soit encore à moi.
(A Illyrus.)
Prince, sur cet hymen je n'ai rien à vous dire :
Votre cœur est trop grand pour ne point y sous-
(A Glaucias.) [crire.
Et vous, digne mortel dont les dieux firent choix

Pour être le vengeur et l'exemple des rois,
Généreux Glaucias, à qui je dois la gloire
De pouvoir effacer l'action la plus noire,
Recevez votre fils pour prix d'un si grand bien.
Et vous, mon cher Pyrrhus, daignez être le mien.

FIN DE PYRRHUS.

LE TRIUMVIRAT

OU

LA MORT DE CICÉRON

TRAGÉDIE

REPRÉSENTÉE POUR LA PREMIÈRE FOIS LE 23 DÉCEMBRE 1754.

ACTEURS

OCTAVE-CÉSAR } triumvirs.
LÉPIDE
CICÉRON, consul.
TULLIE, fille de Cicéron.
SEXTUS, fils de Pompée, et déguisé sous le nom de Clodomir, chef des Gaulois.
MÉCÈNE, favori d'Octave.
PHILIPPE, affranchi du grand Pompée.

La scène est à Rome, dans la place publique.

ACTE PREMIER

SCÈNE PREMIÈRE

TULLIE.

Où vais-je, infortunée ? et quel espoir me luit ?
Que de cris ! que de pleurs ! et quelle affreuse nuit !
Effroyable séjour des horreurs de la guerre,
Lieux inondés du sang des maîtres de la terre,
Lieux dont le seul aspect fit trembler tant de rois,
Palais où Cicéron triompha tant de fois,
Désormais trop heureux de cacher ce grand homme,
Sauvez le seul Romain qui soit encor dans Rome.
(Apercevant le tableau des proscrits.)
Que vois-je à la lueur de ce cruel flambeau ?
Ah ! que de noms sacrés proscrits sur ce tableau

Rome, il ne manque plus, pour combler ta misère,
Que d'y tracer le nom de mon malheureux père,
Qu'on peut, sans t'offenser, nommer aussi le tien.
Hélas! après les dieux il est ton seul soutien.
(A la statue de César.)
Toi qui fis en naissant honneur à la nature,
Sans avoir des vertus que l'heureuse imposture ;
Trop aimable tyran, illustre ambitieux,
Qui triomphas du sort, de Caton et des dieux ;
Brutus, s'il est ton fils, a plus fait pour ta gloire
(Elle montre le nom d'Octave à la tête des proscripteurs.)
Que ce tigre adopté pour flétrir ta mémoire.
César, vois à quel titre il prétend t'égaler :
Mais c'est en proscrivant qu'il sait se signaler.
Sacrifie à nos pleurs ce successeur profane ;
Si ton cœur l'a choisi, ta gloire le condamne :
Ce n'est pas sous son nom qu'un glorieux burin
Enchaînera jamais et la Seine et le Rhin.
Sous un joug ennobli par l'éclat de tes armes,
Nous respirions du moins sans honte et sans alarmes,
Loin de rougir des fers qu'illustrait ta valeur,
On se croyait paré des lauriers du vainqueur ;
Mais sous le joug honteux et d'Antoine et d'Octave,
Rome, arbitre des rois, va gémir en esclave.
Quel spectacle nouveau vient me remplir d'effroi !
(A la statue de Pompée.)
Ah! Pompée, est-ce là ce qui reste de toi?
Misérables débris de la grandeur humaine,
Douloureux monument de vengeance et de haine,
Plus on dispersera vos restes immortels,
Et plus vous trouverez et d'encens et d'autels.
Et toi, digne héritier d'un nom que Rome adore,
Héros qu'en ses malheurs chaque jour elle implore,
Pour nous venger d'Octave, accours, vaillant Sex-
A ce nouveau César sois un nouveau Brutus :   [tus;
Octave est si cruel, qu'il rendrait légitime
Ce qui même à ses yeux pourrait paraître un crime...
Mais dans l'obscurité qu'est-ce que j'entrevois?
Hélas! que je le plains! c'est le chef des Gaulois.
Tandis que pour mon père il expose sa vie,
Mon père pour jamais va lui ravir Tullie.

SCÈNE II

TULLIE, CLODOMIR.

TULLIE.
Que cherchez-vous ici, généreux Clodomir?
CLODOMIR.
Ce que les malheureux cherchent tous, à mourir.
Madame, c'en est fait : la colère céleste
Va bientôt des Romains détruire ce qui reste.
Le jour n'éclaire plus que des objets affreux,
Et l'air ne retentit que de cris douloureux :
Les autels ne sont plus qu'un refuge effroyable
Que souille impunément le glaive impitoyable.
Un tribun massacré par ses propres soldats
Ne sert que de signal pour d'autres attentats.
Un fils, presque à mes yeux, vient de livrer son père ;
J'ai vu ce même fils égorgé par sa mère.
On ne voit que des corps mutilés et sanglants,
Des esclaves traîner leurs maîtres expirants.
Le carnage assouvi réchauffe le carnage.
J'ai vu des furieux dont la haine et la rage
Se disputaient des cœurs encor tout palpitants :
On dirait, à les voir, l'un l'autre s'excitants,
Déployer à l'envi leur fureur meurtrière,
Que c'est le dernier jour de la nature entière ;
Et, pour comble de maux, dans ces cruels instants,
Rien ne m'annonce ici les secours que j'attends.
D'infortunés proscrits une troupe choisie
Va bientôt par mes soins se trouver dans Ostie.
J'ai sauvé Messala, Métellus et Pison ;
Mais ce n'est rien pour moi si je n'ai Cicéron ;
C'est à ce tendre soin que mon amour s'applique,
Pour sauver à la fois vous et la république.
Fuyez, belle Tullie, et daignez un moment
Vous attendrir aux pleurs d'un malheureux amant.
C'est pour vous, digne objet qui causez mes alarmes,
Que le plus fier des cœurs a pu verser des larmes.
TULLIE.
Moi, fuir ! ah ! Clodomir, c'est en moi, dans mon [sein,
Que Rome doit trouver son salut ou sa fin.
Les pleurs, pour m'ébranler, sont de trop faibles
[armes :
La vie a ses attraits, mais la mort a ses charmes.

CLODOMIR.

N'accablez point, Tullie, une âme au désespoir.
Si ma douleur n'a rien qui vous puisse émouvoir,
Écoutez-moi du moins en ce moment funeste.
De ce père si cher, le seul bien qui vous reste,
L'implacable Fulvie a juré le trépas ;
Vous la verrez bientôt l'arracher de vos bras,
Et couvrir de son sang cette auguste retraite,
Qui n'est pour Cicéron ni sûre ni secrète.
Octave a découvert qu'il était en ces lieux :
Rien n'échappe aux regards de cet ambitieux,
Dangereux et prudent, plus adroit que sincère,
Il ne s'attachera qu'à tromper votre père.
Mécène est avec lui. Ce sage courtisan,
Peu digne du malheur de servir un tyran,
Vient flatter Cicéron d'une faveur ouverte,
Sans savoir que peut-être il travaille à sa perte.
Octave vous adore, et prétend, à son tour,
Que votre père et vous couronniez son amour.
Et moi, qui vous aimais plus qu'on n'aime la vie,
Je vous perds avec elle, adorable Tullie.
Votre hymen mettra fin à leur division,
Et c'est mon sang qui va sceller leur union.

TULLIE.

Votre sang ! Ah ! croyez qu'il n'est point de puis-
Que je n'ose braver ici pour sa défense.   [sance
Eh ! quel sang fut jamais si précieux pour nous ?
Est-il quelque Romain qui le soit plus que vous ?
Clodomir, il est temps de vous ouvrir mon âme.
J'ai vu sans m'offenser éclater votre flamme :
J'ai souffert sans courroux qu'un amour malheu-
Malgré ma dignité, m'entretînt de ses feux ; [reux,
Et cédant sans effort au penchant invincible
Qui triomphait d'un cœur si longtemps insensible,
Mon devoir contre vous n'a jamais combattu.
L'amour pour vos pareils devient une vertu ;
Et la vôtre, d'accord avec mon innocence,
Ne m'a point fait rougir de ma reconnaissance.
Je ne vous cache point que mes vœux les plus doux
Se bornaient à l'espoir de vous voir mon époux ;
Mais vous n'ignorez pas que la fierté romaine
Jamais dans ses hymens n'admet ni roi ni reine ;
Qu'étranger, et surtout sorti du sang des rois,
Notre union ne peut dépendre de mon choix.
Parmi tant de malheurs que nous avons à craindre,

De celui-ci mon cœur n'aurait osé se plaindre,
Si ce cœur, pénétré de vos soins généreux,
N'avait cru vous devoir de si tendres aveux.
C'en est fait, Clodomir ; la fortune inhumaine
Vient de briser les nœuds d'une innocente chaîne.
Plaignez-moi, plaignez-vous ; mais respectez mon
[cœur,
Ses regrets, son devoir, sa gloire et sa candeur.
Un rival... (à ces mots, ne craignez rien d'Octave :
Un tyran à mes yeux ne vaut pas un esclave);
Un rival plus heureux va causer nos malheurs ;
Et je n'oserai plus vous donner que des pleurs,
Pour la dernière fois écoutez leur langage :
Votre amour n'en doit pas exiger davantage.
Le fils du grand Pompée... Hélas ! que n'est-ce vous ?
Que j'eusse avec plaisir accepté mon époux !
C'est vous en dire assez, et j'en dis trop peut-être.
Adieu. Bientôt Sextus en ces lieux va paraître ;
Consultez mon devoir... Ah ! fuyez, Clodomir :
Quelqu'un vient, et je crois que c'est un triumvir.
Mon père vous attend.

SCÈNE III

LÉPIDE, TULLIE.

LÉPIDE.
    Vertueuse Tullie,
Arrêtez un moment ; c'est moi qui vous en prie.
Confondez-vous Lépide avec des furieux,
Opprobres à la fois des hommes et des dieux ?
Triumvir malgré moi, tyran sans barbarie,
Je venais avec vous pleurer sur la patrie,
Et dire à votre père un éternel adieu.
Ma vertu souffre trop en ce funeste lieu,
Dont je ne puis chasser mes collègues impies,
Monstres dans les enfers nourris par les Furies ;
Et le sénat, en proie à ces deux inhumains,
Me charge des forfaits réservés à leurs mains.
Tandis que nos malheurs sont leur unique ouvrage,
La haine et le mépris vont être mon partage.
Sur un honteux soupçon, et si peu mérité,
Du cœur de Cicéron j'attends plus d'équité.
Mais de ces lieux cruels il faut que je m'exile :
Dans l'Espagne, où j'ai su me choisir un asile,

Je vais chercher, madame, un ciel moins corrompu,
Pour sauver mon honneur, mon nom et ma vertu.
TULLIE.
Ah ! la vertu qui fuit ne vaut pas le courage
Du crime audacieux qui sait braver l'orage.
Que peut craindre un Romain des caprices du sort,
Tant qu'il lui reste un bras pour se donner la mort?
Avez-vous oublié que Rome est votre mère?
Demeurez, imitez l'exemple de mon père ;
Et de votre vertu ne nous vantez l'éclat
Qu'après une victoire, ou du moins un combat.
On n'encensa jamais la vertu fugitive,
Et celle d'un Romain doit être plus active :
On ne le reconnaît qu'à son dernier soupir.
Son honneur est de vaincre, et, vaincu, de mourir :
De toute autre vertu rejetez le mensonge.
La mort pour un Romain n'est que la fin d'un songe.
Mais Cicéron qui vient vous dira mieux que moi
Qu'un grand homme n'est rien s'il ne l'est que pour
(Elle sort.)   [soi.

SCÈNE IV

CICÉRON, LÉPIDE.

CICÉRON.
Près de voir consommer mon destin déplorable,
(Montrant le tableau des proscrits.)
Et parer de mon nom cette odieuse table,
Je ne m'attendais pas qu'un lâche triumvir
Vînt m'apporter lui-même un ordre de mourir.
Hélas ! c'est aujourd'hui tout ce que je désire :
Vous n'aurez pas besoin, cruel, de me proscrire.
LÉPIDE.
Rendez plus de justice aux soins d'un tendre ami.
CICÉRON.
Eh ! quel autre dessein peut vous conduire ici ?
Lépide, est-ce bien vous ? Quoi ! ce même Lépide
Qui s'enorgueillissait d'une vertu rigide,
De nos derniers malheurs sacrilège artisan,
A mes yeux indignés n'offre plus qu'un tyran !
LÉPIDE.
Cicéron, respectez l'amitié qui nous lie :
Quoi ! si savant dans l'art de lire au fond des cœurs,
C'est vous qui des tyrans m'imputez les fureurs !

Ah ! de leur cruauté loin que je sois complice,
Il n'est point de moments où mon cœur n'en gémisse.
CICÉRON.
Faites moins éclater une feinte douleur
Qui ne sert qu'à prouver que vous manquez de cœur.
Pourquoi donc vous unir à la toute-puissance,
Dès que vous n'en pouvez réprimer la licence,
Ni soutenir un rang qui doit régler vos pas ?
Si votre cœur est pur, vos mains ne le sont pas.
Le sang coule à vos yeux, vous n'osez le défendre ;
C'est vous qui le versez en le laissant répandre ;
D'Antoine et de César collègue sans honneur,
Lorsque vous en pourriez devenir la terreur,
A peine vous osez disputer votre tête,
Trop heureux en fuyant d'éviter la tempête !
Inutile tyran d'un peuple malheureux,
Soyez du moins pour nous un tyran courageux ;
Et, si c'est à régner que votre cœur aspire,
Sauvez donc les sujets qui forment votre empire.
Unissons nos efforts et notre désespoir :
Du sénat expirant ranimons le pouvoir.
Lorsque de Rome en feu des cris se font entendre,
Attendez-vous sa fin pour pleurer sur sa cendre ?
Ouvrez les yeux, Lépide, et revenez à vous.
Rome en pleurs avec moi vous implore à genoux.
Devenons tour à tour pères de la patrie,
Et rendons aux Romains une nouvelle vie.
Dussions-nous à la mort nous livrer sans succès,
Nous revivrons tous deux pour ne mourir jamais.
LÉPIDE.
Pour le salut de Rome inutile espérance !
Abandonnez aux dieux le soin de sa défense.
Il n'est plus de Romains, ni de lois, ni d'état ;
C'est votre nom lui seul qui fait tout le sénat.
Romain trop vertueux, dans ce malheur extrême,
Ne songez qu'à sauver votre fille et vous-même.
Tout l'univers en vain s'intéresse à vos jours,
Si la fureur d'Antoine en veut trancher le cours.
Echauffé par les cris d'une femme inhumaine
Que des fleuves de sang satisferaient à peine,
Ce cruel veut vous mettre au nombre des proscrits,
Et vous pouvez juger quel en sera le prix.
Je crains qu'à vos dépens Octave ne se venge,
Et que de Lucius vous ne soyez l'échange.
Octave, qui poursuit l'oncle du triumvir,

Ne se rendra jamais qu'on ne l'ait fait mourir ;
Et l'on n'apaisera la haine de Fulvie
Que de tout votre sang on ne l'ait assouvie.
Il est vrai que contre eux Octave vous défend ;
Mais de ses intérêts son amitié dépend.
La seule ambition gouverna sa jeunesse,
Et le gouvernera jusque dans sa vieillesse.
Ainsi n'attendez rien de ce volage appui,
Que vous perdrez demain, si ce n'est aujourd'hui.
J'ai fixé mon séjour sur les rives du Tage :
C'est sur ces bords heureux, devenus mon partage,
D'un pouvoir usurpé restes injurieux,
Que je veux transporter Cicéron et mes dieux.
Venez y partager l'empire et ma fortune,
Qu'une tendre amitié doit nous rendre commune.

CICÉRON.

Qu'entends-je ?

LÉPIDE.

Et dans ces lieux quel est donc votre espoir ?

CICÉRON.

J'y veux avec le mien remplir votre devoir ;
J'y veux faire, moi seul, ce que doit faire un homme
Qui veut mourir pour Rome ou mourir avec Rome.
Vous croyez, je le vois, parler au Cicéron
De qui la fermeté n'illustra point le nom ;
Mais je vous ferai voir que ma seule sagesse
Me fit, sur ma douceur, soupçonner de faiblesse.
Dans les temps orageux où mon autorité
N'avait dans le sénat qu'un pouvoir limité,
Je laissai de Sylla triompher l'insolence.
Le respect sur César m'imposa le silence ;
Et ce même César prouve que la douceur
Peut, ainsi que la gloire, habiter un grand cœur.
Quand par des soins prudents j'ai conjuré l'orage,
Si l'on m'a reproché de manquer de courage,
Les désordres présents, ma mort et mes revers
Vont me justifier aux yeux de l'univers.

LÉPIDE.

Et sur quoi voulez-vous que l'on vous justifie ?
Vivez pour illustrer encor plus votre vie.
Je crains un désespoir. Ah ! mon cher Cicéron,
Le ciel ne vous fit point pour imiter Caton.

CICÉRON.

L'exemple de Caton serait honteux à suivre :
Plus le malheur est grand, plus il est grand de vivre.

ACTE I, SCÈNE IV.

LÉPIDE.
Voilà les sentiments qu'a dû vous inspirer
Cette gloire où vous seul avez droit d'aspirer.
Mais laissez-moi le soin d'une tête si chère :
Daignez me confier et la fille et le père :
Que je puisse, en sauvant des jours si précieux,
Me flatter avec vous d'un retour en ces lieux.
Conservons au sénat un ami si fidèle,
A Rome un magistrat qui fut si digne d'elle :
Dans notre exil commun venez me consoler.
Voulez-vous qu'à mes yeux je vous voie immoler ?
D'Octave prévenant redoutez les finesses ;
Mais craignez encor moins son art que ses promes-
Je vais guider vos pas en des lieux écartés [ses.
Où l'on ne peut jamais vous découvrir.

CICÉRON.
Partez :
J'aurai moins à rougir de me donner un maître,
Que de suivre un ami si peu digne de l'être.
Que César me soutienne ou me manque de foi,
Antoine, vous et lui, tout est égal pour moi.
Si le destin me garde une fin malheureuse,
La fuite ne pourrait que la rendre honteuse.
Je n'ai connu qu'un bien, c'était la liberté :
Je l'ai perdu. Grands dieux ! qui me l'avez ôté,
Que ne m'arrachiez-vous une importune vie
Qu'en vain votre courroux réserve à l'infamie ?

LÉPIDE.
Je ne vous presse plus ; mais, avant mon départ,
D'un secret important je veux vous faire part.
Sextus, que l'on croyait au rivage d'Ostie,
Est depuis quelque temps caché dans l'Italie :
Je soupçonne, de plus, qu'il pourrait être ici.
Gardez-vous d'embrasser ce dangereux parti.
Celui des conjurés serait moins sûr encore :
Ce sont des assassins que l'univers abhorre :
Et, si jamais César peut découvrir Sextus,
Vous vous perdez tous deux, ainsi que Métellus.

CICÉRON.
Que m'importe Sextus ? et que voulez-vous dire ?

LÉPIDE.
Ce que pour vous sauver mon amitié m'inspire.
En vain vous prétendez, sous le nom d'un Gaulois,
Nous cacher un guerrier connu par tant d'exploits.
Cicéron, mon dessein n'est pas de vous surprendre :

Je sais tout, j'ai tout vu; cessez de vous défendre.
J'ai trop aimé Pompée et trop connu ses fils,
Pour croire qu'à Sextus mes yeux se soient mépris :
Je viens de l'entrevoir.

CICÉRON.

Eh bien ! si de son père
La mémoire aujourd'hui peut vous être encor chère,
Loin de rougir des biens qu'il répandit sur vous,
Qu'un noble souvenir vous les rappelle tous.
De ce nom si vanté ranimons la puissance,
Et d'un fils malheureux embrassez la défense;
Détruisons les tyrans et le triumvirat,
Ou formons-en un autre appuyé du sénat.
Qu'aux transports d'un ami votre vertu réponde;
Devenons les soutiens et les maîtres du monde,
Mais ne le soumettons à notre autorité
Que pour donner aux lois toute leur liberté.

LÉPIDE.

De ce rare projet j'admire la noblesse :
J'en conçois la grandeur, encor mieux la faiblesse.
Je vois des généraux qui n'auront pour soldats
Que des proscrits errant de climats en climats.
Croyez-moi, Cicéron; votre unique espérance
Est de pouvoir d'Antoine éviter la vengeance.
Fuyez avec Sextus, ou fuyez avec moi.
Choisissez l'un de nous, et comptez sur ma foi;
Mais pour jamais de Rome il faut que je m'exile.
Pour la dernière fois, je vous offre un asile.
Adieu.

SCÈNE V

CICÉRON.

Faible tyran, garde pour tes pareils
Ton amitié, tes soins, ta honte et tes conseils;
Lâche, plus digne encor de mépris que de haine !...
Déjà le jour plus grand m'annonce que Mécène,
Qui dans ce trouble affreux s'intéresse à la paix,
Doit être dès longtemps rentré dans ce palais :
Allons. Mais il est temps que j'instruise ma fille
D'un secret qui peut perdre ou sauver ma famille.
Sur nos desseins communs craignons moins d'alar-
Un grand cœur qui sait plus que de savoir aimer. [mer
De ses frayeurs pour moi Sextus qui se défie

Ne connaît pas encor tout le cœur de Tullie.
Non, ne lui laissons plus ignorer un secret
Que ma tendre amitié lui cachait à regret.
Clodomir, devenu le fils du grand Pompée,
Ne pourra me blâmer de l'avoir détrompée.
Unissons-les; donnons à César un rival
Dont le nom seul pourra lui devenir fatal.
Essayons cependant de fléchir un barbare,
Pour suspendre les coups que sa main nous prépare;
Mais, s'il veut s'emparer du pouvoir souverain,
A son ambition nous pourrons mettre un frein.
Dieu puissant des Romains, indomptable génie,
Aujourd'hui Dieu du meurtre et de la tyrannie,
Si je ne puis changer tes décrets immortels,
Fais-moi du moins mourir au pied de tes autels!

ACTE DEUXIÈME

SCÈNE PREMIÈRE

OCTAVE, MÉCÈNE.

OCTAVE.

Oui, Mécène, je sais qu'une ardente vengeance
A souvent confondu le crime et l'innocence;
Qu'à des yeux prévenus le mal paraît un bien;
Que la haine est injuste et n'examine rien :
Mais je sais encor mieux qu'une aveugle clémence,
Loin d'arrêter le crime, en nourrit la licence.
Plus on doit épargner les hommes vertueux,
Plus il faut des méchants faire un exemple affreux.
Quel que soit mon courroux, il est si légitime
Qu'il ne me permet pas le choix d'une victime.
Le seul infortuné digne de mes regrets,
Dont la mort flétrirait à jamais nos décrets,
C'est l'orateur fameux pour qui Rome m'implore,
Et qu'un funeste amour me rend plus cher encore,
Le divin Cicéron, dont le nom glorieux
Triomphera toujours dans ces augustes lieux.
Je veux le rendre aux pleurs de l'aimable Tullie,

Et le sauver des coups de l'indigne Fulvie.
Tu l'as vu cette nuit, conçois-tu quelque espoir
Qu'il veuille en ma faveur employer son pouvoir?
Il est bon qu'en public il prenne ma défense,
Pour disposer le peuple à plus d'obéissance,
Et que par ses amis il inspire au sénat
De réunir en moi tout le triumvirat.
César, pour rétablir l'Etat en décadence,
Crut devoir s'emparer de la toute-puissance;
Il sentit, et j'ai dû le sentir comme lui. [jourd'hui.
Qu'il ne faut aux Romains qu'un seul maître au-

MÉCÈNE.

Cicéron désormais n'a qu'un désir unique ;
C'est de vous voir, seigneur, sauver la république,
D'Antoine qu'il méprise abaisser la grandeur,
Devenir du sénat l'âme et le protecteur :
Sur tout autre projet il sera peu flexible.
Cependant à vos soins il m'a paru sensible.
Essayez d'engager ce fier républicain
A vous laisser jouir du pouvoir souverain :
C'est sur ce point qu'il faut le vaincre ou le séduire.
Cicéron, dès qu'il peut vous servir ou vous nuire,
Ne vous laisse qu'un choix, le perdre, ou le sauver.
Le plus digne de vous est de le conserver.
Son amitié, son nom, ses conseils, sa prudence,
Son crédit au sénat, surtout son éloquence,
Deviendraient votre appui dans un péril pressant.

OCTAVE.

Rien n'est si dangereux, dans un Etat naissant,
Que ces hommes de bien que le public admire ;
Qui, sur le préjugé d'un vertueux délire,
N'embrassent le parti des autels ou des lois,
Que pour tyranniser les peuples ou les rois.
J'aperçois Cicéron ; laisse-nous seuls, Mécène.
(A part.)
Que sa douleur me trouble et me cause de peine!

SCÈNE II

OCTAVE, CICÉRON.

OCTAVE.

A votre nom célèbre on doit trop de respect,
Pour croire que le mien vous puisse être suspect.
Quoique des triumvirs il ait lieu de se plaindre,

Cicéron près de moi sait qu'il n'a rien à craindre.
Comme il s'agit de Rome, à ce nom si chéri
Je suis sûr de trouver votre cœur attendri,
Et que vous me verrez ici sans répugnance.
CICÉRON.
Comment avez-vous pu désirer ma présence?
César, en quel état vous offrez-vous à moi?
Ah! ce n'est ni son fils ni César que je voi:
Vos mains n'en ont que trop souillé la ressemblance,
Et Rome n'en peut trop pleurer la différence.
Malheureux! pouvez-vous, sans l'inonder de pleurs,
Sur son sein déchiré déployer vos fureurs?
O César! ce n'est pas ton sang qui l'a fait naître:
Brutus qui l'a versé méritait mieux d'en être;
Le meurtre des vaincus ne souillait point tes pas;
Ta valeur subjuguait, mais ne proscrivait pas:
Si tu versais du sang pour soutenir ta gloire,
De ta clémence en pleurs tu parais la victoire.
Et vous, sans redouter l'exemple de sa mort,
Vous semblez n'envier que son funeste sort:
Peu jaloux d'hériter de ses sages maximes,
Cruel, vous ne songez qu'à parer des victimes.
OCTAVE.
D'un reproche odieux qui blesse mon honneur,
Cicéron, modérez l'indiscrète rigueur.
Mais, pour justifier un discours qui m'étonne,
Et que mon amitié cependant vous pardonne,
César que vous venez de placer dans les cieux,
Et que pour m'abaisser vous égalez aux dieux,
En quels lieux, répondez, a-t-il perdu la vie?
Fut-ce aux bords de la Seine ou dans Alexandrie?
Est-ce aux champs de Pharsale, où pour votre bon-
La victoire à genoux couronnait sa valeur? [heur
Non; ce fut au sénat et dans le sein de Rome,
Que l'on osa trancher les jours de ce grand homme.
Et vous m'osez blâmer de répandre le sang
De ceux dont la fureur lui déchira le flanc!
Quel autre ai-je proscrit, orateur téméraire?
Je voudrais en pouvoir couvrir toute la terre:
Quelque sang qu'à sa mort j'ose sacrifier,
Je n'en connais aucun digne de l'expier.
Du meurtre de César condamner la vengeance,
C'est des plus noirs forfaits consacrer la licence.
CICÉRON.
Un meurtre, quel qu'en soit le prétexte ou l'objet,

CRÉBILLON.

Pour les cœurs vertueux fut toujours un forfait.
Mais les républicains ne se font pas un crime
D'immoler un tyran, même digne d'estime :
Ils ne regardent point leur tyran comme un roi
Qu'élève au-dessus d'eux la naissance ou la loi ;
Et, sans avoir pour lui les lois ni la naissance,
César osa des rois s'arroger la puissance.
Non que des conjurés j'approuve la fureur ;
Je déteste leur crime, encor plus son vengeur ;
Car vous multipliez à tel point les supplices,
A Brutus vous cherchez tant de nouveaux complices,
Qu'il semble que César renaisse chaque jour,
Et que chacun de nous l'assassine à son tour.
Contre un peuple à genoux armer la tyrannie,
De l'univers entier détruire l'harmonie,
Et de ses ennemis se défaire à son choix ;
Rendre le glaive seul interprète des lois ;
Employer, pour venger le meurtre de son père,
Des flammes ou du fer l'odieux ministère ;
Donner à ses proscrits pour juges ses soldats ;
Du neveu de César voilà les magistrats.
Qui vous a confié l'autorité suprême ?

OCTAVE.

Le besoin de l'état, mon épée, et moi-même.
Et de quel droit enfin osez-vous aujourd'hui
Interroger César, et César votre appui ?
Revenez d'une erreur qui vous serait fatale :
Un homme tel que moi ne veut rien qui l'égale.
Dès que César n'est plus, et qu'il revit en moi,
Qui d'entre les Romains doit me donner la loi ?
Croyez-vous rétablir, par votre politique,
D'un peuple et d'un sénat l'union chimérique ?
Ce n'était qu'un vain nom dès le temps de Sylla,
Qui s'est évanoui depuis Catilina.
Si de nos Scipions les jours pouvaient renaître,
Ce n'est que sous moi seul qu'on les verrait paraître ;
Mais vous voyez assez qu'il n'est aucun espoir
De remettre les lois dans leur premier pouvoir.
Le glaive qui vous fit gagner tant de victoires,
Et qui de nos exploits embellit tant d'histoires ;
Le glaive qui vous fit triompher tant de fois,
Vous subjugue à son tour, et triomphe des lois.
Dès qu'il faut obéir, le parti le plus sage
Est de savoir se faire un heureux esclavage.
La liberté n'est plus qu'un bien d'opinion ;

Le nom de république, une autre illusion
Dont il faut rejeter l'orgueilleuse chimère,
Source de trop de maux pour vous être encor chère.
Qu'espérez-vous enfin, quand tout est renversé,
Quand le sénat n'est plus qu'un troupeau dispersé?
Où sont vos légions pour soutenir la gloire
De ce corps dont sans vous on perdrait la mémoire?
En vain vous prétendez affranchir les Romains
Du joug qu'ils imposaient au reste des humains :
L'univers nous demande une forme nouvelle,
Et Rome un empereur qui commande avec elle.
Trop heureux les Romains si pour ce haut emploi
Ils n'avaient désormais à redouter que moi !
Mon collègue insolent vous fait assez connaître
Que d'un emploi si noble il se rendrait le maître,
Si vous pouviez souffrir qu'il osât s'en saisir;
Mais vous me choisirez si vous savez choisir.
Le cruel triumvir demande votre tête :
Son crédit l'obtiendra si le mien ne l'arrête.
Un intérêt si cher doit nous concilier.
Pour mieux détruire Antoine, il faut nous allier.
Vos vertus, vos malheurs, mon amour pour Tullie,
Mon honneur, tout m'engage à vous sauver la vie.
Vous fûtes autrefois mon premier protecteur;
Votre bouche longtemps s'ouvrit en ma faveur;
Je vous dois mes grandeurs, une amitié sincère :
Aimez-moi, Cicéron, et devenez mon père.
CICÉRON.
Abdique, je t'adopte, et ma fille est à toi,
Pourvu qu'elle consente à te donner sa foi,
Qu'elle daigne accepter l'époux de Scribonie,
Et qu'au sort d'un César elle veuille être unie.
Je doute cependant qu'élevée en mon sein,
Un tyran, quel qu'il soit, puisse obtenir sa main.
Elle vient, tu pourras t'expliquer avec elle;
Si tu l'aimes, tu dois la prendre pour modèle.
Rentre dans ton devoir, sois Romain; à ce prix
Tu deviendras bientôt son époux et mon fils;
Mais si tu veux toujours tenir Rome asservie,
Tu peux quand tu voudras me livrer à Fulvie.

SCÈNE III
OCTAVE.

L'excès où Cicéron vient de s'abandonner

M'éclaire, et d'un complot me le fait soupçonner.
C'est lui qui doit trembler, et c'est lui qui menace!
Sans Brutus ou Sextus, il aurait moins d'audace.

SCÈNE IV

TULLIE, OCTAVE.

TULLIE.
Tandis que pour lui seul je venais en ces lieux,
Cicéron tout à coup disparait à mes yeux :
Je n'en ai pas moins vu qu'une peine mortelle
Accablait son grand cœur d'une douleur nouvelle.
Se peut-il qu'un objet si digne de pitié
Ne puisse triompher de votre inimitié?
Languissant, malheureux, sans amis, sans défense,
Aurait-il de César essuyé quelque offense?
J'ai vu que tout en pleurs il s'éloignait de vous,
Et vos yeux sont encore enflammés de courroux.

OCTAVE.
Si les vôtres daignaient lire au fond de mon âme,
Ils seraient peu troublés du courroux qui l'enflamme,
Et vous jugeriez mieux des sentiments d'un cœur
Digne de s'enflammer d'une plus noble ardeur.
Quelque haine que fasse éclater votre père,
Pour oser le haïr sa fille m'est trop chère.
Je n'oublierai jamais qu'en vous donnant le jour,
C'est à lui que je dois l'objet de mon amour.
Ah! loin de l'outrager, c'est Cicéron lui-même
Qui venge ses chagrins sur un cœur qui vous aime
Plus il est malheureux, plus je m'attache à lui,
Surtout depuis qu'il n'a que moi seul pour appui.
C'est pour lui conserver et les biens et la vie
Que j'arme contre moi la cruelle Fulvie.
Lorsque César enfin s'offre pour votre époux,
Cicéron est encor plus injuste que vous.

TULLIE.
Je vous croyais toujours l'époux de Scribonie ;
Mais avec vos pareils malheur à qui s'allie!
A vous voir d'un hymen nous imposer la loi
On croirait que César peut disposer de moi ;
Et qu'au mépris des lois, au défaut du divorce,
Il peut quand il voudra m'obtenir par la force ;
Et qu'enfin, au-dessus d'un citoyen romain,
Il veut de ses amours traiter en souverain.

Encor si vous aviez abdiqué la puissance,
Ou plutôt d'un tyran abdiqué l'arrogance,
Vous pourriez à vos vœux permettre quelque espoir.
OCTAVE.
Si j'osais abdiquer le souverain pouvoir,
Quel rang pourrais-je offrir désormais à Tullie?
TULLIE.
Le rang d'un citoyen père de la patrie,
D'un Romain qui ne sait briguer d'autres honneurs
Que ceux dont la vertu couronne les grands cœurs.
OCTAVE.
Prévenu, comme vous, des chimères romaines,
Si de l'autorité j'abandonnais les rênes,
Pour régler ma fortune au gré de mon amour,
Antoine voudra-t-il abdiquer à son tour?
TULLIE.
Eh! que peut m'importer que le cruel abdique,
Dès que nous n'avons plus ni loi ni république?
Impérieux amant, qui me parlez en roi,
Savez-vous que Brutus est moins Romain que moi?
Régnez si vous l'osez ; mais croyez que Tullie
Saura bien se soustraire à votre tyrannie.
Si du sort des tyrans vous bravez les hasards,
Il naîtra des Brutus autant que des Césars.
OCTAVE.
De la part de Tullie un dédaigneux silence
Eût été plus séant que tant de violence.
Je ne m'attendais pas qu'un si cruel mépris
De tout ce que j'ai fait dût être un jour le prix.
De l'ingrat Cicéron j'ai souffert les caprices,
Sans me plaindre de lui ni de ses injustices ;
Votre père au sénat m'a souvent outragé ;
Dans ses emportements il n'a rien ménagé ;
Avec mes ennemis son cœur d'intelligence
N'a jamais respiré que haine et que vengeance ;
Tandis qu'avec ardeur je combattais les siens,
Cicéron à me perdre encourageait les miens ;
Je viens d'en essuyer la plus sanglante injure,
Sans qu'elle ait excité le plus léger murmure ;
Et l'on m'outrage, moi! je suis un inhumain,
Dont sans crime, à son gré, l'on peut percer le sein !
Pourquoi? parce qu'on veut arracher aux supplices
Du meurtre de César l'auteur et les complices,
Et que le furieux qui lui perça le flanc
S'abreuve dans le mien du reste de son sang.

César, qui jusqu'au ciel vit élever sa gloire,
Immortel ornement du temple de mémoire;
César, indignement traîné dans le sénat,
N'est point encor vengé d'un si noir attentat :
Et, si je veux vous plaire, il faut que je l'oublie;
Que je laisse un champ libre au père de Tullie,
Qui veut que de César les lâches meurtriers
Rentrent dans le sénat couronnés de lauriers,
Et que, sacrifiant à Brutus son idole,
J'aille de son poignard orner le Capitole!
####### TULLIE.
Auriez-vous prétendu qu'à vos ordres soumis
Cicéron à vos coups dût livrer ses amis;
Que, de vos cruautés spectateur immobile,
Son cœur désespéré vous laisserait tranquille?
####### OCTAVE.
D'autres soins le devraient occuper aujourd'hui.
Antoine, avec fureur soulevé contre lui,
Me demande à grands cris le sang de votre père;
Notre hymen peut sauver une tête si chère.
Quoique d'un triumvir tout soit à redouter,
A peine sur ce point on daigne m'écouter :
Le péril cependant redouble et le temps presse.
Au sort de Cicéron Rome qui s'intéresse,
Sans doute avec plaisir verrait notre union
Le terme spécieux de la proscription.
Devenez de la paix le lien et le gage;
C'est l'unique moyen de dissiper l'orage.
Je vois ce qui vous flatte en ce cruel instant :
C'est le frivole honneur d'un refus éclatant;
Mais ne présumez pas que je me détermine
A me priver du rang que le ciel me destine.
Si je m'en dépouillais, ce serait me livrer
Au premier assassin qui voudrait s'illustrer.
####### TULLIE.
Après ce fier aveu, je crois pour vous confondre,
N'avoir à votre amour que deux mots à répondre :
Je ne vous aime point. J'aimerais mieux la mort
Que de me voir un jour unie à votre sort.
Cependant, si César veut déposer l'empire,
A son fatal hymen je suis prête à souscrire;
Dût mon cœur indigné n'y consentir jamais,
Je me sacrifierai pour le bien de la paix;
Mais, si vous usurpez l'autorité suprême,
Vous pouvez de mon sang teindre le diadème.

Que ne peut ma mort seule en relever le prix,
Et sauver de vos coups tant d'illustres proscrits!
OCTAVE.
Ah! c'en est trop : songez, orgueilleuse Tullie,
Que c'est vous qui livrez votre père à Fulvie.

SCÈNE V

TULLIE.

Barbare, que mon cœur ne peut trop dédaigner,
Nous saurons mieux mourir que tu ne sais régner!
Dieux cruels, épuisez sur moi votre colère,
Ou de son désespoir daignez sauver mon père!
O Romains! que l'honneur de mériter ce nom
Coûte cher, si l'on veut imiter Cicéron!
Tout est perdu pour moi.

SCÈNE VI

CLODOMIR, TULLIE.

CLODOMIR.
Je vous cherchais, madame.
Quel trouble à mon aspect s'empare de votre âme!
Quoi! vous levez au ciel vos yeux baignés de pleurs!
N'ai-je donc pas assez éprouvé de malheurs?
Les premiers n'ont que trop exercé ma constance.
Ah! Tullie, autrefois ma plus chère espérance,
Pardonnez à mon cœur quelques transports jaloux :
L'heureux César va-t-il devenir votre époux?
TULLIE.
Eh! plût au ciel n'avoir d'autre malheur à craindre!
Vous et moi nous serions peut-être moins à plaindre.
Offrez à ma douleur de plus dignes objets.
Accablé de ses maux, consumé de regrets,
Mon père avant sa mort veut que notre hyménée
Éclaire de ses feux cette horrible journée.
Eh! que lui servira d'unir des malheureux
Menacés comme lui du sort le plus affreux?
Quel temps a-t-on choisi pour me faire connaître
Un époux qui n'aura qu'un seul moment à l'être?
Sextus, mon cher Sextus, renoncez à ma main;
Ce n'est pas moi qui dois borner votre destin.
Lorsque j'ai désiré que vous fussiez Pompée,

Hélas! qu'en ce souhait mon âme s'est trompée!
A peine mon amour voit combler ce désir,
Que je perds à la fois Sextus et Clodomir.
Pourquoi de votre nom m'a-t-on fait un mystère?
SEXTUS.
J'ai cru devoir moi-même y forcer votre père;
Je craignais de jeter dans un cœur généreux
Trop d'effroi, s'il avait à trembler pour nous deux.
D'ailleurs, convenait-il au fils du grand Pompée
De se montrer ici sans éclat, sans armée,
Lui qui ne prétendait s'offrir à vos regards
Qu'en protecteur de Rome et vainqueur des Césars?
Et que ne veut-on pas quand l'amour est extrême?
Clodomir désirait d'être aimé pour lui-même :
Sextus sans votre amour pouvait-il être heureux?
Mais en d'autres climats venez combler mes vœux.
Vous pleurez! Depuis quand votre cœur intrépide
N'oppose-t-il au sort qu'un désespoir timide?
Je viens de rassembler quelques soldats épars,
Dispersés sous leurs chefs autour de ces remparts :
Vous les trouverez tous ardents à vous défendre;
Et, si de la valeur le succès doit dépendre,
J'espère que la mienne y pourra concourir,
Ne dût-il m'en rester que l'honneur de mourir.
Dès que pour vous dans Rome il n'est plus d'espé-
Allons de la Sicile implorer l'assistance. [rance,
Ma flotte nous attend ; je règne sur les eaux :
Engageons votre père à fuir sur mes vaisseaux.
Il est honteux pour lui de se laisser proscrire.
Vous avez sur son cœur un souverain empire;
Venez : faisons-lui voir qu'un glorieux retour
Peut le mettre en état de proscrire à son tour.
S'il veut m'accompagner, je réponds de sa vie;
Et l'amour couronné répondra de Tullie.

ACTE TROISIÈME

SCÈNE PREMIÈRE
CICÉRON, TULLIE, SEXTUS.

CICÉRON.
Héritier des vertus du plus grand des Romains,
Si digne de mémoire et des honneurs divins,
Adoré dans la paix, redouté dans la guerre,
Qui vit parer son char du globe de la terre,
Fils de Pompée enfin, à cet auguste nom
Vous daignez allier celui de Cicéron !
Je ne vous ceindrai point le front d'un diadème ;
Je n'ai plus de trésors que cet autre moi-même.
O mon fils ! puisse-t-il faire votre bonheur,
Et vous être aussi cher qu'il le fut à mon cœur !
Et vous, unique bien que le destin me laisse,
Délices de ma vie, espoir de ma vieillesse,
Qui n'avez plus pour dot que mon âme et mes pleurs,
Puissiez-vous n'hériter jamais de mes malheurs !
Je veux, avant ma mort, que ma main vous unisse.
J'ai promis à Sextus ce tendre sacrifice ;
Mais, après cet hymen qui va combler vos vœux,
Fuyez, éloignez-vous d'un père malheureux.
Je ne veux plus vous voir dans une triste ville
Où les morts même ont peine à trouver un asile.
Approchez, mes enfants ; venez, embrassez-moi :
Jurez-vous dans mon sein une constante foi ;
De nos derniers adieux scellons une alliance
Que nous désirions tous avec impatience.
Que vois-je ? On se refuse à mes embrassements ?
TULLIE.
Qu'exigez-vous de nous dans ces cruels moments ?
Quoi ! lorsqu'avec bonté votre amour nous assem,
[ble-
Ne nous unissez-vous que pour mourir ensemble ?
Et comment sans frémir pouvez-vous ordonner
A Sextus comme à moi de vous abandonner ?
Quel nouveau désespoir contre nous vous anime ?
De nos soins mutuels nous feriez-vous un crime ?
C'est vous-même, seigneur, qui dans ce triste jour

Me faites malgré moi douter de votre amour.
Quoi ! ce père, l'objet de toute ma tendresse,
Qui me cherchait encor quoiqu'il me vît sans cesse ;
Ce père, qui semblait ne vivre que pour moi,
Ne pourra désormais me voir qu'avec effroi !
Quel transport imprévu de votre âme s'empare ?
Apprenez-vous d'Octave à devenir barbare ?
La flotte de Sextus nous attend tous au port ;
Faites-vous sur vous-même un généreux effort.
C'est votre fille en pleurs, cette même Tullie,
Du père le plus tendre autrefois si chérie,
Qui, la mort dans le sein, vous demande à genoux
De ne lui point ravir ce qu'elle tient de vous.
Ma vie est dans vos mains et ne tient qu'à la vôtre ;
Daignez en ce moment nous suivre l'un et l'autre ;
Ce lieu n'est point encore entouré de soldats
Qui puissent observer ou retenir vos pas ;
Nous pouvons en secret gagner les bords du Tibre :
Mon père, suivez-nous, puisque vous êtes libre
Et que vous n'êtes pas au nombre des proscrits.

CICÉRON.

Ah ! c'est moins par respect pour moi que par mépris.
Ne pouvant m'effrayer, Antoine m'humilie :
C'est pour flétrir mon nom que le cruel m'oublie.
Si sa main m'eût proscrit, l'univers aurait su
Que parmi ces héros du moins j'aurais vécu.
Pour braver mes tyrans, je veux mourir dans Rome :
En implorant ses dieux, c'est moi seul qu'elle [nomme.
Je ne priverai point de mes derniers soupirs
Ce lieu qui fut l'objet de mes premiers désirs.
J'ai tant vécu pour moi, si peu pour ma patrie,
Que je veux dans son sein du moins finir ma vie.
Si je fuyais, César qui me redoute encor,
A ses projets bientôt donnerait plus d'essor.

SEXTUS.

Cessez de vous flatter d'une espérance vaine :
César aime Tullie, et craint peu votre haine.
Dans ses murs malheureux Rome va succomber :
Croyez-vous qu'avec elle il soit beau de tomber,
Lorsqu'en lui conservant un ami si fidèle
Nous pouvons espérer de renaître avec elle ?
N'avons-nous pas ailleurs des secours assurés,
La Sicile, Brutus, Rhodes, les conjurés ?

CICÉRON.

Qui ? moi, mon fils, que j'aille errant dans la Sicile,

Allumer le flambeau d'une guerre civile !

SEXTUS.

Eh ! comment pouvez-vous désormais l'éviter?
Ce n'est pas vous d'ailleurs qui l'allez susciter.
Il n'est point aujourd'hui de climat sur la terre
Qui puisse être à l'abri des fureurs de la guerre :
Traversez l'univers de l'un à l'autre bout,
Vous trouverez la guerre et des Romains partout,
Enfants infortunés d'une ville déserte
Qui ne peut plus sentir vos soins ni votre perte.
Pourquoi vous obstiner à mourir dans ses murs ?
Donnons-lui des secours plus brillants et plus sûrs.
Croyez-vous qu'il sera pour vous plus honorable
D'être aux yeux de César traîné comme un coupable,
Pour servir de risée au soldat furieux,
Qui fera peu de cas d'un nom si glorieux ?
Rome n'est plus qu'un spectre, une ombre en Italie,
Dont le corps tout entier est passé dans l'Asie.
C'est là que notre honneur nous appelle aujourd'hui :
Rendons-nous à sa voix, et marchons avec lui.
Ce n'est pas le climat qui lui donna la vie,
C'est le cœur du Romain qui forme sa patrie.
Qui doit s'intéresser à Rome plus que moi?

(Il montre la statue de Pompée renversée.)

Voyez ces monuments de douleur et d'effroi ;
Ces marbres mutilés, dont le morne silence
N'en demande pas moins de sang pour leur ven-
Il ne leur reste plus que le nom précieux [geance.
D'un héros que l'on vit marcher égal aux dieux.
Votre sort est écrit sous ce nom redoutable,
A tout mortel fameux exemple formidable ;
Et pour le prévenir vous n'avez qu'à vouloir.
La honte suit toujours un lâche désespoir.
Il vaut mieux se flatter d'un espoir téméraire,
Que de céder au sort dès qu'il nous est contraire :
Il faut du moins mourir les armes à la main,
Le seul genre de mort digne d'un vrai Romain.
Mais mourir pour mourir n'est qu'une folle ivresse,
Triste enfant de l'orgueil, nourri par la paresse.
Ranimez-vous, mon père, et soyez plus jaloux
De la haute vertu que j'admirais en vous.

CICÉRON.

S'il est vrai que Sextus la respecte et l'admire,
Qu'il règle donc ses soins sur ceux qu'elle m'inspire.

SEXTUS.

C'est-à-dire, seigneur, que pour vous imiter
Il faut mourir ensemble, et ne nous point quitter.

CICÉRON.

Ah! Sextus, quoi! c'est vous qui voulez que je fuie!
Non, ne vous flattez pas que je passe en Asie,
Ni que, des conjurés empruntant le secours,
De mes jours malheureux j'aille flétrir le cours.
Rien ne peut m'engager à quitter l'Italie.
Cependant je suis prêt, pour contenter Tullie,
A sortir avec vous de ce triste palais.
La nuit, à Tusculum nous nous joindrons après :
Au bois le plus prochain ma fille ira m'attendre.
Dans deux heures, Sextus, ayez soin de vous rendre
Avec quelques soldats au pont Suplicien.
Le temps ne permet pas un long entretien :
Adieu. Mais avant tout je veux revoir Mécène.

SCÈNE II

TULLIE, SEXTUS.

TULLIE.

Ah! Sextus! notre fuite est encore incertaine ;
Mécène à Cicéron fera changer d'avis,
Et les plus généreux ne seront point suivis.
On vient : éloignez-vous ; c'est César qui s'avance.

SEXTUS.

Il serait dangereux d'éviter sa présence :
Le tyran nous a vus ; je me rendrais suspect
Si je disparaissais à son premier aspect.
Il croit que sur ses bords la Seine m'a vu naître ;
Et d'ailleurs je crains peu César, quel qu'il puisse être.

SCÈNE III

OCTAVE, SEXTUS, TULLIE.

OCTAVE.

Je cherchais Cicéron : je veux encor le voir,
Quoique sa dureté me laisse peu d'espoir...
Mais que fait près de vous ce Gaulois dont l'audace
Semble vouloir ici me disputer la place ?

TULLIE.

Quel rang près de Tullie auriez-vous prétendu,

Pour croire qu'à tout autre il serait défendu ?
OCTAVE.
En des lieux où je crois pouvoir parler en maître,
Sans mes ordres exprès on ne doit point paraître,
Et surtout un Gaulois. Qu'il retourne en son camp ;
C'est parmi ses soldats qu'il trouvera son rang.
SEXTUS.
Depuis quand sommes-nous sous ton obéissance,
Pour oser me parler avec tant d'arrogance ?
Le sort de mes pareils ne dépend point de toi ;
Je ne relève ici que des dieux et de moi.
Aux lois du grand César nous rendîmes hommage ;
Mais ce ne fut jamais à titre d'esclavage.
Comme de la valeur il connaissait le prix,
Il estimait en nous ce qui manque à son fils.
Sans le fer des Gaulois, le César qui me brave
Eût vu borner sa gloire au simple nom d'Octave.
OCTAVE.
Qu'entends-je ? Holà, licteurs !
TULLIE.
César, modère-toi.
Apprends que ce guerrier est ici sur ma foi,
Sur celle des Romains, dont tu n'es pas le maître,
Malgré tous les projets que tu formes pour l'être.
Si tu te plains de lui, pourquoi l'outrageais-tu ?
Penses-tu n'outrager que des cœurs sans vertu ?
S'il te faut des garants, je réponds de la sienne ;
Commence à nous donner des preuves de la tienne.
Si de l'humanité tu méconnais la voix,
Des peuples alliés respecte au moins les droits.
Sois humain, généreux, et cesse de proscrire,
Si tu veux sur les cœurs t'établir un empire.
L'art de se faire aimer et celui de régner
Sont deux arts que ton père aurait dû t'enseigner.
Mais en vain tu prétends livrer à ta vengeance
Un guerrier qui n'est point soumis à ta puissance :
Jusqu'au dernier soupir je défendrai ses jours.
OCTAVE.
Ingrate, qui des miens voulez trancher le cours,
Et de mes ennemis me rendre la victime,
Vous justifiez trop le courroux qui m'anime.
Ce n'est pas d'aujourd'hui que cet audacieux,
Qui ne veut relever que de vous et des dieux,
Dans ses divers complots plus ardent que vous-
Brave des triumvirs l'autorité suprême. [même,

Je sais qu'il a sauvé Messala, Métellus,
Lucilius, Pison, les fils de Lentulus :
Mais, malgré son orgueil, je lui ferai connaître
Que je puis à mes lois l'immoler comme un traître.
SEXTUS.
En sauvant tes proscrits, j'ai fait ce que j'ai dû :
Ton père en pareil cas eût loué ma vertu.
Toi-même, applaudissant à mes soins magnanimes,
Tu devrais me louer de t'épargner des crimes,
Et rougir, quand tu crois être au-dessus de moi,
Qu'un Gaulois à tes yeux soit plus Romain que toi.
Viole nos traités, punis-moi d'aimer Rome,
Et d'oser de nous deux être le plus grand homme.
OCTAVE.
Téméraire étranger, tu m'apprends mon devoir ;
Et ta mort...
TULLIE.
Si ma voix est sur toi sans pouvoir,
De ce rival des dieux interroge l'image ;
(Elle lui montre la statue de César.)
Que sa clémence au moins devienne ton partage.
Du grand nom de César si tu veux hériter,
Dans ses soins vertueux commence à l'imiter.
Epargne ce guerrier ; je demande sa vie :
Ose me refuser !
OCTAVE.
Imprudente Tullie,
Qui voulez de régner me donner des leçons,
Que ne me donnez-vous de plus nobles soupçons ?
De la vertu du moins empruntez le langage.
J'aurais trop à rougir d'en dire davantage.
Mais je ne crois pouvoir mieux vous humilier,
Qu'en vous abandonnant le soin de ce guerrier,
Que je crois en effet plus digne de clémence,
Qu'il ne se croit encor digne de ma vengeance.
(Aux licteurs.)
Adieu. Vous, suivez-moi.

SCÈNE IV
SEXTUS, TULLIE.

TULLIE.
Sextus, qu'avez-vous fait ?
SEXTUS.
Trop peu pour mon courroux, puisqu'il est sans effet.

Tout César n'est ici qu'un objet de colère.
Héritier de l'ingrat qui détruisit mon père,
Octave n'est pour moi qu'un rival odieux
Dont l'orgueilleux mépris m'a rendu furieux.
Tenté plus d'une fois d'en punir l'insolence...
Qu'il rende de ses jours grâce à votre présence.

TULLIE.
Sextus, ce fier rival n'en est pas un pour vous :
Un amant méprisé ne fait point de jaloux.
Mais un grand cœur doit-il céder sans espérance
Aux dangereux appas d'une aveugle vengeance ?
Ah ! quand même à César on donnerait la mort,
Son trépas seul peut-il relever votre sort ?
Tout vous promet ailleurs de hautes destinées,
Qui sans gloire, en ces lieux, se verraient terminées.
Fuyons, mon cher Sextus : fuir n'est un déshonneur
Que pour ceux dont on peut soupçonner la valeur :
Fuyons, loin de tenter des efforts inutiles.
Tandis qu'en ce palais on nous laisse tranquilles,
Allons sans plus tarder rejoindre Cicéron.
La vertu de Mécène, exempte de soupçon,
Ne nous en doit pas moins alarmer sur son zèle.
Je vois sur son départ que mon père chancèle :
Courons le raffermir. Octave est violent ;
Pour nous perdre tous trois il ne faut qu'un moment.

SEXTUS.
Ah ! ne redoutez rien ; je connais la prudence
De ce nouveau tyran peu sûr de sa puissance.
Comme il me croit Gaulois, et qu'il a besoin d'eux,
Il craint trop d'irriter ces peuples dangereux.

TULLIE.
Jugez de ses frayeurs à l'objet qui s'avance ;
C'est l'affranchi chargé du soin de sa vengeance,
Qui vient vous immoler ou s'assurer de vous.
Ah ! Sextus, laissez-moi m'offrir seule à ses coups.

SEXTUS.
Vous exposer pour moi, c'est m'outrager, Tullie.
M'enviez-vous l'honneur de défendre ma vie ?

SCÈNE V

SEXTUS, TULLIE, PHILIPPE.

SEXTUS, à Philippe.
Approche, digne chef des infâmes humains

Que César entretient pour ses lâches desseins !
PHILIPPE, à part.
Quel trouble dans mon cœur élève sa présence !
Ô mes yeux ! contemplez : voilà sa ressemblance.
Le port majestueux de cet homme divin
Qui tout percé de coups vint mourir sur mon sein.
Hélas ! si c'était lui... Mais puis-je méconnaître
Et les traits et la voix de mon auguste maître ?
Quelle horreur en ces lieux règne de toutes parts !
Dieux ! quel spectacle affreux vient frapper mes
(Il s'appuie sur les débris de la statue de Pompée.) [regards !
Chers débris, monuments de la fureur d'Octave,
Arrosez-vous des pleurs d'un vertueux esclave ;
Ou plutôt revivez, triste objet de mes vœux,
Et venez recevoir l'âme d'un malheureux.
Je me meurs.
TULLIE.
Que dit-il ? et qu'est-ce qui l'arrête ?
SEXTUS.
Avance ; à m'immoler ta main est-elle prête ?
Que vois-je ? quel mortel se présente à mes yeux ?
Grands dieux ! n'est-il donc plus de vertu sous les
[cieux ?
L'erreur qui me flattait malgré moi se dissipe.
Qui m'eût dit qu'à regret je reverrais Philippe ?
Ce fidèle affranchi du plus grand des mortels,
Qui semblait avec lui partager ses autels,
Que ses derniers soupirs avaient couvert de gloire ;
Ce Philippe, autrefois si cher à ma mémoire,
Qui sut de la vertu m'aplanir les chemins,
Philippe est devenu chef de mes assassins !
Tu pleures, cœur ingrat ! Que de torrents de larmes
Il faudrait pour laver tes parricides armes !
Va, comble tes forfaits : si tes barbares mains
N'ont point assez trempé dans le sang des Romains,
Viens, cruel, dans le mien ennoblir ton épée ;
Plonge-la dans le sein du malheureux Pompée.
PHILIPPE.
Ah, Sextus !
SEXTUS.
Serais-tu capable d'un remord ?
PHILIPPE.
Écoutez-moi, mon maître, ou me donnez la mort
Daignez vous rappeler l'histoire de ma vie :
D'aucun crime jamais elle ne fut flétrie,

ACTE III, SCÈNE V.

SEXTUS.

Lève-toi.

PHILIPPE.

Non, seigneur ; souffrez qu'à vos genoux,
Avant que de mourir, je m'explique avec vous.

SEXTUS.

Lève-toi.

PHILIPPE.

Se peut-il que mon illustre élève
Contre un infortuné s'indigne et se soulève ?
A-t-il pu soupçonner un cœur tel que le mien
De vouloir enfoncer un poignard dans le sien ?
(Il montre la statue de Pompée.)
Hélas ! depuis la mort de ce maître adorable,
Je n'ai fait que gémir de son sort déplorable.
Octave, prévenu que j'avais mérité
Qu'un maître pût compter sur ma fidélité,
Me prévint, et bientôt m'accorda son estime.
On sait que ce tyran s'est fait une maxime
D'attacher à son sort les hommes généreux
Qui par quelques vertus se sont rendus fameux.
C'est ainsi que j'ai su gagner sa confiance ;
Mais, dans l'art de tromper imitant sa science,
Philippe n'a jamais trempé dans ses forfaits,
Et Rome n'a de moi reçu que des bienfaits.
Mais c'est par d'autres soins qu'un esclave fidèle
Doit vous justifier son amour et son zèle.
Octave ne croit plus que vous soyez Gaulois :
Votre noble fierté, les accents de la voix,
Vos soins pour les proscrits échappés vers Ostie,
Et l'ardeur que pour vous fait éclater Tullie,
Alarment à tel point ce cœur né soupçonneux,
Qu'il voudrait vous pouvoir sacrifier tous deux ;
Et, sans bien pénétrer quelle est votre origine,
Il veut que cette nuit ma main vous assassine,
Sans croire cependant que vous soyez Sextus ;
Mais il vous croit du moins un ami de Brutus.
Il vient de me quitter pour passer chez Fulvie :
Je crains qu'à Cicéron il n'en coûte la vie.
Les moments vous sont chers, et c'est fait de vos
Si de ceux du tyran je n'abrège le cours.   [jours
Pour sauver l'un de vous, il faut immoler l'autre :
Choisissez du trépas de César, ou du vôtre.
Rien n'est sacré pour moi dès qu'il s'agit de vous.

SEXTUS.

L'assassinat, Philippe, est indigne de nous.
Avant que d'éclater tu pouvais l'entreprendre ;
Mais, instruit du projet, je dois te le défendre.
Je m'en ferais un crime après l'avoir appris,
Et l'on t'eût pardonné de l'avoir entrepris.

PHILIPPE.

On ne peut trop louer un soin si magnanime ;
Mais je vois d'un autre œil l'autel et la victime.
Le destin n'a point mis des sentiments égaux
Dans l'âme de l'esclave et celle du héros.
Mon devoir le plus saint, c'est de sauver mon maître.
Qui d'Octave ou de vous aujourd'hui le doit être ?
César ne fut jamais ni mon dieu ni mon roi ;
Et le plus fier tyran n'est qu'un homme pour moi.
Si, pour vous soutenir, une égale fortune
Rendait entre vous deux la puissance commune,
Et que de l'immoler vous eussiez le dessein,
Sextus pourrait ailleurs chercher un assassin.
Mais s'armer du poignard qu'un lâche nous destine,
Ce n'est que le punir alors qu'on l'assassine ;
Se laisser prévenir est moins une vertu
Que l'imbécillité d'un courage abattu.
Il ne vous reste plus qu'une fuite douteuse :
Pour le fils de Pompée elle serait honteuse.
Bientôt de toutes parts vous serez observé :
Prévenez donc le coup qui vous est réservé.

TULLIE.

Rejetez les conseils que Philippe vous donne ;
Mais fuyons, puisqu'ainsi votre honneur nous l'or-
[donne.
Allons trouver mon père, et remettons aux dieux
Le soin de nous sauver de ces funestes lieux.

PHILIPPE.

Moi je vais retrouver César : daignez attendre
Que je sois en état du moins de vous défendre.
Vous verrez, si mon bras ne peut vous secourir,
Que Philippe avec vous est digne de mourir.

ACTE QUATRIÈME

SCÈNE PREMIÈRE
CICÉRON.

Orgueilleux monument d'une grandeur passée,
Qui par celle des dieux n'était point effacée ;
Et vous, marbres sacrés de nos premiers aïeux,
Qui faisiez l'ornement de ces superbes lieux,
En vain, de vos travaux célébrant la mémoire,
Rome a cru de vos noms éterniser la gloire :
Bientôt vous ne serez qu'un horrible débris,
Et de nouveaux objets de larmes et de cris.
Déjà les rejetons de vos tiges fameuses,
D'Antoine et de César victimes malheureuses,
N'offrent plus à nos yeux qu'un mélange confus
De morts et de mourants dans la fange étendus.
(Il jette les yeux sur le tableau des proscriptions, et il voit son nom.)
Mais, parmi tant d'horreurs, quelle gloire imprévue
Vient ranimer mon cœur et briller à ma vue ?
Mon nom ne sera plus étouffé dans l'oubli,
Et dans ses dignités le voilà rétabli.
Enfin je suis proscrit : que mon âme est ravie !
Je renais au moment qu'on m'arrache la vie.
Héros infortunés, souffrez que ce tableau
Me serve, ainsi qu'à vous, de trône et de tombeau.
Je mourrai dans ton sein, ô ma chère patrie !
Eh ! que ne peut mon sang épuiser la furie
Des cruels triumvirs qui s'abreuvent du tien !
Qu'avec plaisir pour toi j'aurais donné le mien !
Au milieu des tourments je serais mort tranquille.
Je vivais pour toi seule, et je meurs inutile.
Quelqu'un vient. C'en est fait ; voici l'heureux instant
Qui va livrer ma tête au glaive qui l'attend.
Mais je l'espère en vain ; c'est le sage Mécène,
Qu'une pitié cruelle en tremblant me ramène,
Et qui me croit peut-être accablé de douleur
A l'aspect du seul bien qui peut toucher mon cœur.

SCÈNE II

MÉCÈNE, CICÉRON.

MÉCÈNE.

Malgré les soins divers dont vous étiez la proie,
Je lis dans vos regards une secrète joie
Qui dissipe ma crainte et flatte mon espoir.
César l'augmente encor dès qu'il veut vous revoir.
Ah ! Cicéron, souffrez que je vous concilie.
Pour triompher d'Antoine et pour braver Fulvie,
Accordez votre fille aux soins officieux
D'un ami qui voudrait pouvoir l'unir aux dieux :
Renoncez à l'orgueil de ces vertus austères
Qu'en des temps moins cruels se prescrivaient nos
Ce n'est qu'en se pliant à la nécessité   [pères.
Que l'on peut des tyrans tromper l'autorité.
Un torrent n'a jamais causé plus de ravage
Que lorsqu'à son courant on ferme le passage.
Laissez-le s'écouler, et nous donnez la paix :
Couronnez par ce don tous vos autres bienfaits.

CICÉRON.

César vous aurait-il chargé de la conclure,
Rebuté d'outrager les dieux et la nature ?
Moins pressé de la soif de grossir ses trésors,
Vous aurait-il promis de respecter les morts,
De ne point dépouiller leurs enfants et leurs femmes
Des biens que ce cruel prodigue à des infâmes ?
Ignorez-vous encor que des édits nouveaux
Ordonnent de fouiller jusque dans les tombeaux ;
Que son avidité, par des lois inhumaines,
Impose des tributs jusqu'aux dames romaines ?
Vous fait-il espérer que de notre union
L'instant sera la fin de la proscription ?

MÉCÈNE.

C'est pour vous que d'hier César l'a suspendue.

CICÉRON.

Eh bien ! sur ce tableau daignez jeter la vue.

(Il lui montre le tableau de la proscription.)

Pour mieux me distinguer, c'est mon funeste nom
Qui seul en fait le prix.

MÉCÈNE.

Dieux ! quelle trahison !
César aurait dicté cet arrêt sanguinaire !

Mais non : je reconnais la main du téméraire
Qui seul aura tracé cet horrible décret.
Eh ! quel autre qu'Antoine eût commis ce forfait ?
César jusqu'à ce point eut-il flétri sa gloire ?
Si je l'en soupçonnais, ou si j'osais le croire,
Loin de tenter encor de le justifier,
Je serais le premier à le sacrifier.
S'il est vrai que César ait voulu vous proscrire,
Sur ce même tableau je vais me faire inscrire.
Adieu. Si je ne puis vous sauver de ses coups,
Vous me verrez combattre et mourir avec vous.

SCÈNE III

CICÉRON.

Eh ! qu'importe à César que nous mourions ensem-
 [ble,
Et qu'un même supplice aux enfers nous rassem-
Que je plains ton erreur, aveugle courtisan, [ble ?
Si tu crois par ta mort attendrir un tyran !

SCÈNE IV

CICÉRON, OCTAVE.

CICÉRON.
Je le vois ; terminons ma course infortunée
Par l'emploi que m'avait commis ma destinée.
Parlons : fassent les dieux que mes derniers accents
Ne se réduisent point à des cris impuissants !
OCTAVE.
Cicéron en ces lieux n'a-t-il point vu Mécène ?
CICÉRON.
Je ne l'ai que trop vu pour accroître ma peine.
Mais sur un autre point, César, écoute-moi :
C'est l'unique faveur que j'exige de toi.
Je vois avec pitié que ta rigueur extrême
Attirera bientôt la foudre sur toi-même.
Si, pour nous accabler de maux et de douleurs,
La terre a ses tyrans, le ciel a ses vengeurs.
Crains, malgré ton pouvoir, que quelque main har-
Ne te punisse un jour de tant de barbarie. [die
Quels monstres ont jamais immolé des enfants ?
Peut-on trop respecter ces êtres innocents ?

Hélas ! de tes fureurs victimes lamentables,
Leurs mères ne sont pas pour toi plus redoutables,
Et cependant tu veux les priver de leurs biens ;
César leur eût plutôt prodigué tous les siens.
C'était par des bienfaits qu'il vengeait une injure :
Son fils, pour se venger, détruirait la nature.
Est-ce ainsi que tu veux succéder à César,
Ce héros qui traînait tous les cœurs à son char ?
Imite sa bonté ; crois-moi, fais-nous connaître
Que tu peux l'égaler, le surpasser peut-être.

OCTAVE.

Et pourquoi n'imputer qu'à moi seul ces décrets
Dont Rome a ressenti de si cruels effets ?
Antoine est-il pour eux un dieu plus favorable ?

CICÉRON.

Eh ! qui pourrait fléchir ce tigre inexorable,
Dans l'ivresse, l'orgueil et le luxe allaité,
Monstre que le destin n'a que trop bien traité,
Et qui pour ton malheur, nourri dans le carnage,
N'a pour toute vertu qu'une valeur sauvage ?
César, dès qu'il s'agit d'avoir recours aux dieux,
Qui d'Antoine ou de toi leur ressemble le mieux ?
Le ciel de ses bienfaits t'enrichit sans mesure ;
Respecte les faveurs que te fit la nature.
Que n'as-tu pas reçu de sa prodigue main ?
Tous les dons d'un génie au-dessus de l'humain.
Lorsqu'il ne tient qu'à toi d'être adoré dans Rome,
Te sied-il d'être Antoine, ou de n'être qu'un homme ?
Sois César, sois un dieu : tu le peux, tu le dois ;
Trop heureux que le sort te laisse un si beau choix !

OCTAVE.

Tu n'auras pas en vain recours à ma clémence,
Ni d'un sexe timide embrassé la défense.
Je souscris à tes soins : je veux en ta faveur
Abolir ces décrets qui te font tant d'horreur.
Au sort des malheureux une âme si sensible
Pour moi seul aujourd'hui sera-t-elle inflexible ?
Je viens sur ta fierté faire un dernier effort.
Qu'avec mon amitié la tienne soit d'accord.
Je ne refuse rien lorsque ta voix m'implore :
Laisse-moi triompher du fiel qui te dévore ;
Réunissons deux cœurs divisés trop longtemps
Pour des cœurs vertueux, j'ose dire aussi grands.

CICÉRON.

Octave, tu me fis admirer ton enfance :

J'attendais encor plus de ton adolescence ;
Tu m'as trompé. Les cœurs remplis d'ambition
Sont sans foi, sans honneur et sans affection :
Occupés seulement de l'objet qui les guide,
Ils n'ont de l'amitié que le masque perfide ;
Prodigues de serments, avares des effets,
Le poison est caché même sous leurs bienfaits.
La gloire d'un grand homme est pour eux un sup-
Et pour lui tôt ou tard devient un précipice. [plice,
Je n'espère plus rien, et je crains encor moins.
Garde pour tes amis tes bontés et tes soins ;
Pour en être, il faudrait aimer la tyrannie.
OCTAVE.
Déchire le bandeau d'une aveugle manie,
Erreur dont ton orgueil s'est laissé prévenir,
Et rougis des discours que tu m'oses tenir.
Que peut me reprocher ton injuste colère ?
Qu'ai-je fait qu'avant moi n'eût fait ici mon père ?
N'obéissait-on pas lorsque César vivait ?
CICÉRON.
Sois seulement son ombre, et je suis ton sujet.
Du bonheur des humains sage dépositaire,
En faisant toujours bien, ne songe qu'à mieux faire :
Sois clément, vertueux, et rétablis les lois ;
Je serai le premier à te donner ma voix.
Mais tant que je verrai des tigres en furie
Déchirer les enfants de ma triste patrie,
Je ferai de mes cris retentir l'univers,
Et je les porterai jusque dans les enfers.
OCTAVE.
Pour me livrer la guerre avec plus d'assurance,
Des hommes et des temps pèse la circonstance.
Mon père n'eut jamais que sa gloire à venger ;
Ainsi César pouvait pardonner sans danger :
Pour un autre César il n'eut point à proscrire.
Qui d'ailleurs eût osé lui disputer l'empire ?
Je ne suis entouré que de vils sénateurs,
Opprobres des humains, lâches perturbateurs
Que se fût immolés la justice ordinaire,
Dont Brutus a voulu lui-même se défaire,
Et que ce meurtrier n'a laissés dans ces lieux
Que pour m'assassiner ou me rendre odieux :
Car de mes ennemis l'indigne politique
Ne tend qu'à me charger de la haine publique.
Mais en de vains discours c'est trop nous engager :

Je ne suis pas venu pour me faire juger.
Pour la dernière fois je demande Tullie.
CICÉRON.
Faut-il que jusque-là ta grandeur s'humilie ?
D'un amour simulé laissons là les attraits.
Va, je t'ai pénétré plus que tu ne voudrais.
Les doux liens du cœur, étrangers dans ton âme,
Ne triompheront point de l'ardeur qui t'enflamme ;
C'est la soif de régner, voilà ce que tu veux :
Mais, comme il faut voiler ce projet dangereux,
Tu veux en imposer par l'hymen de Tullie ;
Faire croire aux Romains, puisqu'à toi je m'allie,
Que j'épouse à mon tour ta haine et ta fureur,
En faveur d'un hymen qui me comble d'honneur ;
Si je t'ouvre un chemin à la grandeur suprême,
Que je l'aplanis moins pour toi que pour moi-même ;
Et qu'enfin c'est moi seul qui dicte tes arrêts,
Prétexte spécieux pour m'immoler après.
OCTAVE.
Si j'avais de te perdre une secrète envie,
Qui pourrait m'engager à retenir Fulvie ?
Imprudent orateur, songe que ton orgueil
A de tes intérêts toujours été l'écueil.
S'il me faut, pour régner, l'appui d'une famille,
Qu'ai-je besoin, dis-moi, de toi ni de ta fille ?
Ingrat, si tu jouis de la clarté du jour,
Apprends que tu ne dois ce bien qu'à mon amour.
Vois ton nom.
CICÉRON.
Je l'ai vu, César ; je t'en rends grâce.
Mais il ne s'agit pas du sort qui me menace ;
Il s'agit des Romains. Pour la dernière fois,
D'un ami malheureux daigne écouter la voix.
OCTAVE.
Je n'écoute plus rien d'un ami si perfide.
Ce n'est pas l'intérêt de Rome qui te guide :
Ce fameux Clodomir, ce rival odieux,
Qu'avec tant de secret tu cachais en ces lieux,
Injurieux objet d'une lâche tendresse,
Est le seul où ton cœur aujourd'hui s'intéresse.
C'est l'amant de Tullie : ose me le nier.
CICÉRON.
Je ne chercherai pas à m'en justifier.
Pourquoi de ce rival te ferais-je un mystère ?
A-t-il trempé ses mains dans le sang de ton père ?

Ou, si c'est un forfait que d'aimer les Romains,
Implacable tyran, détruis tous les humains.
C'est dans la cruauté que brille ton courage.
####### OCTAVE.
Ah! c'est pousser trop loin le mépris et l'outrage.
Adieu, je t'abandonne à mon inimitié.
####### CICÉRON.
Va, fuis; je l'aime mieux encor que ta pitié.
Celle de tes pareils à la fois déshonore
Et celui qu'elle épargne et celui qui l'implore.

SCÈNE V
CICÉRON.

Mais que sont devenus mes enfants malheureux,
Depuis l'instant fatal qui m'a séparé d'eux?
Ma fille dans sa fuite a-t-elle été surprise,
Ou Sextus aurait-il manqué son entreprise?
Hélas! de Tusculum s'ils ont pris le chemin,
Dans mes tristes foyers ils m'attendront en vain;
Je ne reverrai plus ce couple que j'adore,
Eh! puis-je désirer de les revoir encore?
J'obtiens le seul honneur que j'avais souhaité,
Et du moins je pourrai mourir en liberté...
Mais je vois mes enfants.

SCÈNE VI
CICÉRON, SEXTUS, TULLIE.

####### CICÉRON.
              Chers témoins de ma joie,
C'est pour la partager que le ciel vous envoie.
Le destin va bientôt terminer mes malheurs,
Et mon sort est trop beau pour mériter des pleurs:
Viens, ma fille; jouis des honneurs de ton père:
Vois, lis sur ce tableau la fin de ma misère.
Sextus, vous m'avez vu le front humilié
Que parmi ces grands noms le mien fût oublié.
Je me plaignais à tort des mépris d'un barbare;
Pardonnons-lui tous deux un affront qu'il répare.
####### TULLIE.
Seigneur, est-ce donc là ce destin glorieux
Qui doit être pour nous si grand, si précieux?
Mourir dans les tourments, victime de Fulvie,
C'est mourir dans l'opprobre et dans l'ignominie.

Eh ! comment, sans rougir d'un si cruel transport,
Pouvez-vous avec joie annoncer votre mort ?
Changerez-vous toujours d'avis et de conduite ?
Un grand cœur doit avoir plus d'ordre et plus de
A peine vous formez un généreux dessein, [suite.
Qu'à l'instant même il est banni de votre sein.
A l'amour paternel un faux honneur succède ;
Et plus le mal est grand, plus on fuit le remède.
César ne vous a point encore abandonné :
Si nous mourons, c'est vous qui l'aurez ordonné.
Vous le savez, la mort n'a rien qui m'épouvante :
Des cœurs infortunés c'est la plus douce attente.
Ce qui me fait gémir, c'est de voir votre cœur
S'honorer d'un trépas qui n'est qu'un déshonneur.
Mais, de ce même fer dont l'amour de Tullie
S'est armé pour défendre une si belle vie,
Si vous vous obstinez à rester en ces lieux,
Je saurai, malgré vous, m'immoler à vos yeux.

CICÉRON.
Ah ! ma fille, étouffez ce transport téméraire.

SEXTUS.
Mon père, il vous apprend ce que vous devez faire.
Se peut-il qu'un grand cœur se montre si jaloux
Des honneurs qu'un esclave obtiendrait comme
[vous ?
Quel misérable orgueil pour une âme romaine !
Ah ! loin de nous vanter une gloire si vaine,
Rougissez de vous voir proscrit sur ce tableau.
C'est dans le ciel qu'il faut inscrire un nom si beau.
Des plus nobles proscrits je viens d'armer l'élite ;
C'est à mourir entre eux que l'honneur nous invite.
Laisserez-vous périr ces guerriers généreux
Qui s'exposent pour vous au sort le plus affreux ?
Un Romain, tant qu'il veut, peut rétablir sa gloire :
C'est en cherchant la mort qu'il trouve la victoire.
Lorsqu'il faut terminer ses déplorables jours,
Est-ce au fer des bourreaux qu'il faut avoir recours ?

CICÉRON.
Ah ! je n'aspire point aux honneurs de la guerre ;
Le ciel ne m'a point fait pour désoler la terre,
Ni pour briller dans l'art des travaux meurtriers.
Ainsi que ses vertus, chacun a ses lauriers.
Et que peut m'importer, dès qu'il faut que je meure,
Quelle main me viendra marquer ma dernière
[heure ?

Lorsqu'on ne peut plus vivre, il faut savoir mourir,
Et se rendre quand rien ne peut nous secourir.
A quoi me servira votre valeur suprême,
Plus terrible cent fois pour moi que la mort même ?
Tullie est un héros au-dessus du trépas,
Qui viendra s'élancer à travers les soldats.
Voulez-vous qu'à mes yeux on égorge ma fille
Et l'héritier qui peut relever ma famille ?
Et comment osez-vous hasarder nos amis,
Dès que le moindre espoir ne nous est plus permis ?
Dans l'ardeur de tenter une vaine défense,
Les ferez-vous périr pour toute récompense ?

SEXTUS.

Eh bien ! si rien ne peut nous sauver de la mort,
Nous mourrons tous du moins dignes d'un meil-
[leur sort.

CICÉRON.

C'est parler en soldat dont l'ardente manie
Méprise également et la mort et la vie.
Je suis père, et je dois mieux penser qu'un amant
Qui ne consulte plus que son emportement.
On n'en veut qu'à moi seul en ce moment funeste ;
Faut-il imprudemment sacrifier le reste ?
Mon sang apaisera la fureur des tyrans.
Ah ! laissez-lui l'honneur de sauver mes enfants.
Calmez les fiers transports de ce cœur indomptable :
Ma mort est désormais un mal inévitable.
Ma fille, qui n'a plus d'autre soutien que vous,
Aura-t-elle à pleurer son père et son époux ?
Adieu, mon cher Sextus ; adieu, chère Tullie :
Pour m'aimer plus longtemps, conservez votre vie :
On vient. Ah ! c'en est fait. Dieux ! quel moment
[affreux !
Hélas ! pour ma défense ils se perdront tous deux.

SCÈNE VII

CICÉRON, SEXTUS, TULLIE, PHILIPPE.

PHILIPPE, à Sextus.

Vos amis assemblés sous diverses cohortes,
Pour vous accompagner sont déjà loin des portes.
(A Tullie.)
Madame, en ce moment daignez suivre ses pas.
Du sort de Cicéron ne vous alarmez pas.
Octave, qui ne veut que semer l'épouvante,

A cru, pour ébranler votre âme trop constante,
Devoir ranger son nom au nombre des proscrits ;
Mais, malgré le courroux dont son cœur est épris,
Il ne peut consentir à livrer votre père.
Ainsi ne craignez rien de sa feinte colère.
(A Cicéron.)
Loin de vouloir, seigneur, en terminer le cours,
Il vient de m'ordonner de veiller sur vos jours.
Marchons à Tusculum, tandis qu'avec Tullie
Sextus ira se rendre au rivage d'Ostie.
     CICÉRON.
Adieu, triste témoin de mes vœux superflus :
Palais infortuné, je ne vous verrai plus.

ACTE CINQUIÈME

SCÈNE PREMIÈRE

OCTAVE.

Je le connais enfin, ce rival trop heureux
Que pour nous son nom seul rendait si dangereux,
L'audacieux Sextus, que César, trop facile,
Laissa vivre, ou plutôt régner dans la Sicile,
Et dont il n'est sorti que dans le noir dessein
De me plonger peut-être un poignard dans le sein.
Le traître n'a que trop attenté sur ma vie,
En séduisant le cœur de l'ingrate Tullie.
Que de soins différents m'agitent tour à tour !
Un peuple mutiné, l'ambition, l'amour.
Sont-ce donc là les biens que tu cherchais, Octave,
Et dont, pour ton honneur, tu n'es que trop esclave ?
Règne, puisque tu veux soumettre l'univers ;
Mais, en l'en accablant, partage moins ses fers.
Sextus, qui te bravait, échappe à ta vengeance.
Avec une valeur égale à sa naissance,
Que n'ai-je point encore à redouter de lui ?
Voilà ce qui me doit occuper aujourd'hui.
Sans être secouru que de sa seule épée,
Sextus par ses exploits fait revivre Pompée :

Nous le verrons bientôt disputer avec nous
Un fardeau dont le poids ne paraît que trop doux.
Mais je saurai bientôt prévenir son attente :
Immolons à la fois Sextus et son amante.
Heureusement Tullie est encor dans nos mains,
Et de Rome son père a repris les chemins :
Bientôt Hérennius, qui devait l'y conduire,
De son sort, quel qu'il soit, aura soin de m'instruire.
Mais Mécène paraît.

SCÈNE II

OCTAVE, MÉCÈNE.

OCTAVE.

Cher ami, que mon cœur
Avait besoin de toi pour calmer ma douleur !
Philippe m'a trahi : cet esclave infidèle,
Que je croyais si sûr et si rempli de zèle,
Par ses fausses vertus abusant mes esprits,
Etait d'intelligence avec tous les proscrits.
C'est lui qui les a tous sauvés de ma poursuite.
Et qui seul de Sextus a préparé la fuite.

MÉCÈNE.

Philippe n'a jamais mieux rempli son devoir
Qu'en trompant votre haine et votre fol espoir.
Et, d'ailleurs, devait-il vous livrer son élève ?
A ce nom si chéri déjà l'on se soulève.
Si par malheur Sextus fût resté dans vos mains,
Vous eussiez contre vous armé tous les Romains.
Mais n'êtes-vous point las de tant de barbaries,
Et d'exercer ici l'empire des Furies ?

OCTAVE.

Qu'entends-je ?

MÉCÈNE.

Les discours d'un ami vertueux,
Dont vous approuveriez le zèle impétueux,
Si de quelque retour votre âme était capable ;
Mais aux cris comme aux pleurs elle est impénétra-
Vous ne serez que trop entouré de flatteurs, [ble.
Et que trop inspiré par de vils délateurs : [mes.
C'est l'unique entretien où vous trouviez des char-
Je ne puis plus vous voir sans répandre des larmes,
L'ami que j'avais cru digne d'être adoré,
C'est le même par qui je suis déshonoré.

Tandis que c'est lui seul qui détruit, persécute,
Aux pleurs qu'il fait verser c'est moi qui suis en butte.
Vos soldats, rebutés de servir d'assassins,
M'ont déjà reproché vos ordres inhumains.
On dirait qu'en effet votre cœur sanguinaire
Fait du sang des mortels sa substance ordinaire,
Qu'il ne voit qu'à regret des hommes innocents ;
Car vous les croyez tous criminels ou méchants,
Et bientôt à vos yeux, dans son sein déplorable,
Rome n'offrira plus qu'un gouffre abominable
Que vous achèverez de combler de forfaits.
Mais, comme je suis las d'en supporter le faix,
Adieu.

OCTAVE.

Quoi ! c'est ainsi que Mécène me quitte !
D'où peut naître, dis-moi, le transport qui t'agite ?
Ah ! loin de redoubler mon trouble et ma terreur,
De l'état où je suis adoucis la rigueur.
Tu sais que dès hier j'ai cessé de proscrire.
Antoine, qui jouit avec moi de l'empire,
Pour me perdre d'honneur, par ses détours secrets,
Fait passer sous mon nom ses horribles décrets.

MÉCÈNE.

Est-ce à vous de ramper sous les lois d'un infâme
Asservi lâchement aux fureurs d'une femme ?
Triumvir comme lui, libre de tout oser,
Au plus cruel trépas il fallait s'exposer,
Et laver dans son sang une pareille injure.
Un affront vit toujours sur le front qui l'endure ;
Qui ne s'en venge pas est fait pour le souffrir.
On croirait, à vous voir tour à tour vous flétrir
Par l'odieux trafic des plus illustres têtes,
Que vous vous partagez le fruit de vos conquêtes.
Il abandonne un oncle ; et vous, un protecteur
Dont vous avez longtemps recherché la faveur,
A qui seul vous devez votre grandeur suprême,
Et qu'il fallait sauver aux dépens de vous même.

OCTAVE.

Cesse de m'effrayer, et me nomme l'objet
Qui fait couler tes pleurs.

MÉCÈNE.

Ingrat ! qu'avez-vous fait ?
Hélas ! hier encore il existait un homme
Qui fit par ses vertus les délices de Rome,
Mémorable à jamais par ses talents divers,

Dont le génie heureux éclairait l'univers ;
Il n'est plus... Son salut vous eût couvert de gloire,
Et de vos cruautés effacé la mémoire.
Qu'ai-je besoin encor de vous dire son nom ?
Ah ! laissez-moi vous fuir, et pleurer Cicéron.
OCTAVE.
Qui ? moi, j'aurais livré ce mortel admirable !
Et c'est de ce forfait toi qui me crois coupable !
MÉCÈNE.
C'est en l'abandonnant que vous l'avez livré.
De sang et de fureur votre cœur enivré,
Soigneux de me cacher la moitié de ses crimes,
Laisse au Tibre le soin de compter ses victimes.
OCTAVE.
Ah ! Mécène, un moment du moins écoute-moi :
Je ne veux entre nous d'autre juge que toi.
Moi-même, pour sauver le père de Tullie,
J'ai disposé sa fuite à l'insu de Fulvie,
Et chargé de ce soin Léna, Salvidius,
Soutenus par Philippe et par Hérennius ;
C'est par eux qu'en secret je le faisais conduire,
Sans prévoir que peut-être on pouvait les séduire.
Comment s'en défier, et surtout de Léna,
Tribun que j'ai reçu de la main d'Agrippa ?
D'ailleurs, à Cicéron Léna devait la vie.
MÉCÈNE.
C'est à son défenseur lui seul qui l'a ravie.
L'intrépide orateur a vu sans s'ébranler
Lever sur lui le bras qui l'allait immoler.
« C'est toi, Léna ! dit-il ; que rien ne te retienne.
« J'ai défendu ta vie, arrache-moi la mienne.
« Je ne me repens point d'avoir sauvé tes jours,
« Puisque des miens c'est toi qui dois trancher le cours. »
A ces mots, Cicéron lui présente la tête
En s'écriant : « Léna, frappe ; la voilà prête ! »
Léna, tandis que l'air retentissait de cris,
L'abat, court chez Fulvie en demander le prix.
Un objet si touchant, loin d'attendrir son âme,
N'a fait que redoubler le courroux qui l'enflamme.
Les yeux étincelants de rage et de fureur,
Elle embrasse Léna sans honte et sans pudeur ;
Saisit avec transport cette tête divine,
Qui semble avec les dieux disputer d'origine,
En arrache... épargnez à ma vive douleur
La suite d'un récit qui vous ferait horreur.

Nous ne l'entendrons plus du feu de son génie
Répandre dans nos cœurs le charme et l'harmonie.
Fulvie a déchiré de ses indignes mains
Cet objet précieux, l'oracle des humains :
Mais on ne m'a point dit, après ce coup funeste,
Ce que sa barbarie a pu faire du reste.

OCTAVE.

Eh bien ! sur Cicéron suis-je justifié ?

MÉCÈNE.

Si ce n'est pas César qui l'a sacrifié,
Que de sa mort du moins la plus haute vengeance
De César soupçonné fasse voir l'innocence.

OCTAVE.

Si je m'en vengerai ! Quoi ! tu peux en douter ?
Ta douleur sur ce point n'a rien à redouter :
Ma haine désormais ne peut être assouvie
Qu'en noyant dans son sang l'exécrable Fulvie.
Ce n'est pas Lucius qui m'en fera raison ;
C'est Antoine qui doit payer pour Cicéron.
Si tu m'aimes encor, va me chercher sa fille ;
Je veux de ce grand homme adopter la famille.
De tes cris, de tes pleurs tu m'as importuné ;
Rends-moi de Cicéron le reste infortuné.
Pardonne à mon dépit une fatale feinte
Qui porte à ma tendresse une si rude atteinte.
En croyant l'effrayer, hélas ! je l'ai perdu.
Par pitié, rends sa fille à mon cœur éperdu.
Je ne me connais plus : que mon sort t'attendrisse !

MÉCÈNE.

C'est vouloir de vos maux accroître le supplice.
Eh ! comment osez-vous souhaiter de la voir ?
Pourrez-vous soutenir ses pleurs, son désespoir ?
Peignez-vous les tourments où Tullie est en proie.

OCTAVE.

Ah ! n'importe, Mécène ; il faut que je la voie.

MÉCÈNE.

Il est vrai que Tullie est rentrée en ces lieux,
Et j'ai cru qu'il fallait la soustraire à vos yeux.
Sans vouloir cependant la voir ni la contraindre,
(De son juste courroux que ne doit-on pas craindre ?)
J'ai pris soin seulement qu'en ces moments affreux
On ne l'instruisît point de son sort rigoureux.
N'allez point irriter une âme impérieuse
Dont rien n'arrêterait la haine audacieuse.
Quels efforts aujourd'hui n'a point tentés son bras

ACTE V, SCÈNE III. 429

Pour Sextus, entraîné par ses propres soldats !
La dignité des mœurs, la vertu la plus pure,
Ne sont pas les seuls dons que lui fit la nature :
Tullie en a reçu la valeur de Sextus,
Les charmes de son sexe, et le cœur d'un Brutus :
Et vous la renverrez, si vous daignez m'en croire.
Tant d'amour convient-il avec autant de gloire ?
Qu'espérez-vous d'un cœur épris d'un autre amant ?
Faites-en à Sextus un généreux présent.
OCTAVE.
Mes fureurs n'ont que trop justifié sa haine...
C'en est fait, j'y consens ; renvoyons-la, Mécène :
Puisqu'il faut s'occuper de soins plus glorieux...

SCÈNE III

OCTAVE, TULLIE, MÉCÈNE.

OCTAVE.
Je la vois... Juste ciel ! cachons-nous à ses yeux.
TULLIE.
Pourquoi me fuyez-vous, César ? je suis vaincue.
Les soldats de Sextus l'ont soustrait à ma vue :
Vous avez triomphé de moi comme de lui.
Hélas ! dans mes malheurs où trouver un appui ?
Ne redoutez plus rien de la fière Tullie :
Il n'est point de fierté que le sort n'humilie.
Loin de vous refuser à mes tristes regards,
Faites revivre en vous la bonté des Césars.
Si j'ai porté trop loin les mépris et l'audace,
(Elle lui montre la statue de César.)
Au nom de ce héros, daignez me faire grâce.
Ah ! seigneur, par pitié rendez-moi Cicéron ;
Honorez-nous tous deux d'un généreux pardon.
En des temps plus heureux, votre haine endurcie
Eût été désarmée au seul nom de Tullie.
OCTAVE.
Ce nom n'est point encore effacé de mon cœur :
Un seul jour n'éteint point une si vive ardeur ;
Et des feux que Tullie allume dans une âme
Elle ne sait que trop éterniser la flamme :
Et, malgré le mépris dont vous payez mes vœux,
J'oublie, en vous voyant, que je suis malheureux ;
Et j'ose me flatter que, moins préoccupée,
Vous eussiez respecté César devant Pompée.

Le ciel ne le fit point pour être mon égal ;
Il n'est pas même fait pour être mon rival.

TULLIE.

Ah ! César, est-il temps de me chercher des crimes?
Daignez vous occuper de soins plus légitimes.
Vous avez trop connu le cœur de Cicéron,
Pour en avoir conçu le plus léger soupçon.
Si de quelque refus vous avez à vous plaindre,
Son austère vertu ne laisse rien à craindre.
A-t-il des conjurés emprunté le secours,
Ou versé dans les cœurs le poison des discours?
Il a toujours gardé le plus profond silence :
Sa fuite ne peut être un motif de vengeance,
Puisque vous-même avez ordonné son départ.
Philippe était d'ailleurs chargé de votre part,
Avec Hérennius, du soin de le défendre.

OCTAVE.

Mais, si vous n'aviez point dessein de me surpren-
Auriez-vous de Sextus accompagné les pas, [dre,
Et pour le soutenir corrompu mes soldats?

TULLIE.

Quel peut être l'effroi que Sextus vous inspire?
Ce n'est pas en fuyant qu'on dispute un empire.
L'a-t-on vu contre vous soulever les esprits,
Ou d'un nom redouté ranimer les débris?
Il en eût recouvré la puissance usurpée,
S'il se fût un moment fait voir comme Pompée.
Ah ! du sort de Sextus ne soyez point jaloux :
Philippe n'a voulu que l'éloigner de vous.
Son maître infortuné, qui n'a plus d'autre asile,
Va sans doute avec lui regagner la Sicile.
Faites-vous un ami de ce jeune héros :
Il est digne de vous par ses nobles travaux.
César, vous ignorez qu'une main meurtrière
Vous aurait, sans Sextus, privé de la lumière.
Tandis que votre haine éclate contre lui,
C'est sa seule vertu qui vous sauve aujourd'hui.
Pour l'en récompenser, permettez que mon père
Aille près de Sextus terminer sa misère :
Prenez en leur faveur des sentiments plus doux.

OCTAVE.

Mais, madame, Sextus est-il donc votre époux?
Sitôt qu'à votre hymen je ne dois plus prétendre,
Aux vœux de mon rival je consens de vous rendre.

TULLIE.

Ah ! César, vos détours sont trop injurieux.
Plus sincère que vous, je m'expliquerai mieux.
De Sextus, il est vrai, je dois être l'épouse.
Loin de vouloir tromper votre flamme jalouse,
J'avoûrai sans rougir que nous avons tous deux,
Malgré tant de malheurs, brûlé des mêmes feux :
Mais, quel que soit l'amour qu'il inspire à Tullie,
Si vous m'aimez encor, je vous le sacrifie.
Vous pouvez d'un seul mot rendre mon sort heu- [reux.
Parlez, me voilà prête à contenter vos vœux.
Un si grand sacrifice est le prix de mon père :
Rendez à ma douleur une tête si chère ;
Apprenez-moi du moins ce qu'il est devenu.

OCTAVE.

Hérennius ici n'a point encor paru.
Mécène, en attendant, prenez soin de Tullie :
Je vais sur Cicéron interroger Fulvie.

TULLIE.

Non, César, demeurez... Mais quel objet nouveau
Vient frapper mes regards sous ce triste tableau ?
Hélas ! je reconnais la céleste tribune
Que mon père occupait avant son infortune.
C'est de là que, rempli d'un feu toujours divin,
Il semblait prononcer les arrêts du destin...
Plus j'ose l'observer, plus ma frayeur augmente.
Mécène... la tribune... elle est toute sanglante.
Ce voile encor fumant cache quelque forfait.

(Elle monte à la tribune, et lève le voile.)

N'importe, je veux voir. Dieux ! quel affreux objet !
La tête de mon père !... Ah ! monstre impitoyable,
A quels yeux offres-tu ce spectacle effroyable ?

OCTAVE.

L'horreur qui me saisit à ce terrible aspect
Pourrait justifier l'homme le plus suspect.
On n'en peut accuser que la main de Fulvie.

TULLIE.

La tienne a-t-elle moins fait voir de barbarie ?
Ne lui conteste point un coup digne de toi.
O Sextus ! tout est mort et pour vous et pour moi.
Traître, pour assouvir la fureur qui t'anime,
(Elle se tue.)
Tourne les yeux : voilà ta dernière victime.

FIN.

TABLE DES MATIÈRES

Notice..
Idoménée.. 1
Atrée et Thyeste................................. 49
Électre... 93
Rhadamiste et Zénobie....................... 141
Sémiramis.. 183
Catilina.. 230
Xerxès.. 281
Pyrrhus.. 336
Le Triumvirat.................................... 385

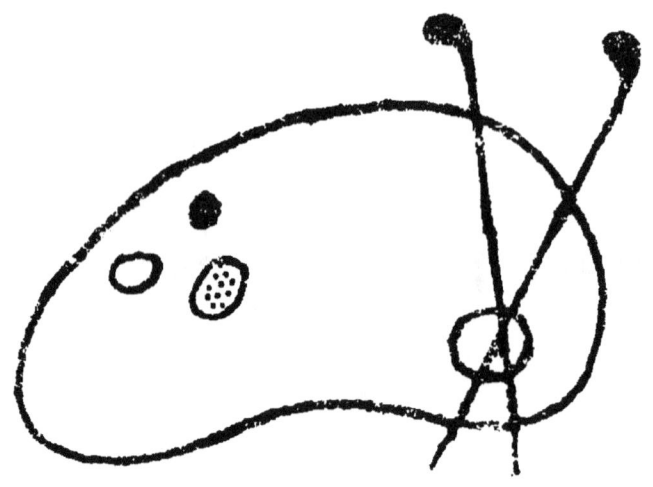

Début d'une série de documents
en couleur

A LA MÊME LIBRAIRIE

NOUVELLE COLLECTION DES AUTEURS DRAMATIQUES
DU XVIe, DU XVIIe ET DU XVIIIe SIÈCLE

Magnifiques volumes in-12, format anglais, ornés de gravures, supérieurement imprimés. Chaque volume broché.. **3 fr. 50**

Le Théâtre français au XVIe et au XVIIe siècle. Comédies antérieures à Molière. Notice sur chaque auteur par M. Édouard Fournier. 2 vol.
Pierre Corneille (1606-1684). Théâtre complet. 3 vol.
— — Théâtre choisi.
Rotrou (1609-1650). Théâtre choisi. Notice par M. **Félix Hémon**.
Scarron (1610-1660). Théâtre complet. Notice par M. **Ed. Fournier**.
J. de la Fontaine (1621-1695). Comédies et Fables.
Molière (1622-1673). Œuvres complètes. Seule édition complète en 2 vol.
Thomas Corneille (1625-1709). Théâtre choisi. Introduction par M. Édouard Thierry.
Ph. Quinault (1635-1688). Théâtre choisi. Introduction par M. Victor Fournel.
E. Boursault (1638-1701). Théâtre choisi. Introduction par M. Victor Fournel.
Racine (1639-1699). Théâtre complet.
Regnard (1647-1709). Œuvres. Introduction par M. Édouard Fournier. 2 vol.
Dancourt (1661-1726). Théâtre choisi. Notice par M. **Francisque Sarcey**.
J. de Crébillon (1675-1762). Théâtre complet. Introduction par M. **Auguste Vitu**.
Destouches (1680-1754). Théâtre choisi. Notice par M. **Édouard Thierry**.
Marivaux (1688-1763). Théâtre complet.
Voltaire (1694-1778). Théâtre complet.
Beaumarchais (1732-1799). Théâtre complet, avec une Notice par ***.
Collin d'Harleville (1755-1806). Théâtre complet. Introduction par M. **Édouard Thierry**.
Picard (1769-1828). Théâtre choisi. Notice par M. **Ed. Fournier**.
Chefs-d'œuvre dramatiques du XVIIIe siècle. 3 vol. avec une Notice sur chaque auteur par **J. Janin**.
Boileau (1635-1716). Œuvres. Introduction par M. **Édouard Fournier**.

www.ingramcontent.com/pod-product-compliance
Lightning Source LLC
Chambersburg PA
CBHW071705230426
43670CB00008B/913